# 数字出版形态研究

贺子岳　著

WUHAN UNIVERSITY PRESS
武汉大学出版社

**图书在版编目(CIP)数据**

数字出版形态研究/贺子岳著. —武汉:武汉大学出版社,2015.12
ISBN 978-7-307-17383-5

Ⅰ.数…　Ⅱ.贺…　Ⅲ.电子出版物—出版工作—研究　Ⅳ.G237.6

中国版本图书馆 CIP 数据核字(2015)第 302871 号

责任编辑:刘小娟　　　责任校对:方竞男　　　装帧设计:张希玉

出版发行:**武汉大学出版社**　(430072　武昌　珞珈山)
　　　　(电子邮件:whu_publish@163.com　网址:www.stmpress.cn)
印刷:虎彩印艺股份有限公司
开本:720×1000　1/16　印张:25.5　字数:483 千字
版次:2015 年 12 月第 1 版　　2015 年 12 月第 1 次印刷
ISBN 978-7-307-17383-5　　定价:78.00 元

# 序

近年来,我国数字出版产业产值连年大幅度递增,新的产品形态如手机出版物、电子阅读器和电子书包等不断出现和发展,商业模式不断创新并日益成熟。特别是 2010 年以来,国家加大了对数字出版产业的支持力度,原新闻出版总署《关于进一步推动新闻出版产业发展的指导意见》和《关于加快我国数字出版产业发展的若干意见》等多项政策连续出台。在各方支持下,数字出版业如沐春风,行业正实现着跨越式发展。

然而,数字出版的发展并不是一蹴而就的,当下的发展首先就面临着出版业观念陈旧、人才不足及科研滞后等问题。近年关于数字出版的研究虽然有所进展,但总的来说,微观研究较多,宏观研究较少。本书作者贺子岳教授多年来致力于数字出版研究,先后主持和参与国家及省部级多项数字出版科研项目,她的著作《数字出版形态研究》探讨了数字出版产品形态及产业运作模式,是一部有较大突破的数字出版力作。本书有下列主要特点:

第一,本书内容全面系统,不但总述了数字出版概念的演进及发展历程,归纳分析了主要的产品形态,而且逐章对各种形态产品的发展及其运作模式进行了分析,对数字出版的发展也提出了建议和主张。其内容充实,案例涵盖中外,既丰富了数字出版理论,又对数字出版实践界有重要的参考价值。

第二,本书在分类和研究思路、方法上有所创新。以电子书为例,本书提出了电子书的四种形态,即电子书数据库、电纸书(传统纸书的数字形态)、网络原生电子书和增强型电子书(指加入了多媒体及互动元素的电子书),四种形态不但在外在"形态"上有区别,而且在生产运作及分销渠道上有很大不同。作者认为,通过这样的划分,可以克服在电子书、电子期刊等研究和学习中概念混淆、思路不甚清晰的问题。

第三,本书不同于大多数数字出版研究著作的是,所论及的"形态"包括传统出版向转型后的数字形态和网络原生形态两大类。本书花费了较大篇幅对网络原生形态进行了讨论,包括网络原生电子书、开放存取出版物、维基类网络百科全书及手机出版中的原生形态等。出版界一般只重视对传统出版向数字转型相关知识的学习和研究,但对于网络原生内容的生产则掌握不够,而这类原生出版物已经对传统出版业构成极大的威胁,必须引起出版界的关注。

　　总的说来,本书研究严谨,思路清晰,内容充实,案例丰富,不但吸收了国内外研究成果,而且有自己独立的学术见解,是数字出版领域具有重要学术价值和现实意义的专著。

　　是以为序。

刘永坚

2015 年 11 月

# 目　　录

# 0 引　言

近年来,伴随经济的高速发展,以及互联网技术和移动通信技术的提高和应用普及,国民阅读习惯有了明显变化。我国的数字出版产业在短短几年内产值突飞猛进,实现了跨越式发展,呈现出产值屡创新高、手机出版异军突起、电子阅读器风生水起、数字出版盈利模式不断创新等特点。

特别是 2010 年以来,数字出版迎来了行业的春天。2010 年 1 月,原新闻出版总署印发《关于进一步推动新闻出版产业发展的指导意见》,提出了"发展数字出版等非纸介质战略性新兴出版产业"的任务。2010 年 8 月,原新闻出版总署颁布实施《关于加快我国数字出版产业发展的若干意见》(新出版发〔2007〕7 号)(以下简称《意见》),要求"以数字化带动新闻出版业现代化,鼓励自主创新,研发数字出版核心技术,推动出版传播技术升级换代,构建传输快捷、覆盖广泛的现代新闻出版传播体系"。多项支持政策的出台,使数字出版业沐浴着政策的春风,中国数字出版同时面临着跨越式发展机遇。

据中国数字出版产业年度报告课题组发布的报告,我国当前数字出版产业表现出如下特点:

(1) 数字出版产业总收入连年持续增长,各种形态的数字出版物产值持续增长

统计资料显示,数字出版产业总收入连年持续大幅度增长。我国数字出版产业的总产值 2006 年达 213 亿元,增长率为 70.15%;2007 年达 362.42 亿元,增长率为 70.15%;2008 年达 556.56 亿元,增长率为 53.57%;2009 年达 799.4 亿元,增长率为 43.63%;2010 年达 1051.79 亿元,增长率为 31.57%;2011 年,全年收入规模达 1377.88 亿元,比 2010 年整体收入增长了 31%;2012 年数字出版产业收入达 1935.49 亿元,增长率为 40.47%。[①]

从 2009 年开始,我国数字出版业整体收入在金融危机中逆流而上,首次超过传统图书出版业产值,已经成为新闻出版业的战略重点和发展方向。[②] 统计

---

① 郝振省.2013—2014 中国数字出版产业年度报告[M].北京:中国书籍出版社,2013.

② 郝振省.2009—2010 中国数字出版产业年度报告[M].北京:中国书籍出版社,2011.

资料还显示,各种形态的数字出版物产值也呈现上涨趋势。以电子书为例,我国电子书总收入在 2009 年为 14 亿元(其中电子阅读器 10 亿元,电子图书 4 亿元),2010 年达 24.8 亿元(其中电子阅读器 19.8 亿元,电子图书 5 亿元)。2011年,由于电子阅读器市场遭遇冲击,收入呈现下滑趋势,总收入为 16.5 亿元(其中电子阅读器 9.5 亿元,电子图书 7 亿元),但细观收入结构可以发现电子图书仍然净增 2 亿元。2012 年,电子图书总收入达 31 亿元,就电子阅读器来说,仍然没有走出低迷期,但电子书内容产品的收入则继续上升。2013 年,电子图书总收入则达 38 亿元。总的来说,截至 2013 年,互联网期刊收入达 12.15 亿元,手机出版收入达 579.6 亿元,网络游戏收入达 718.4 亿元。[①] 手机出版(包括手机音乐、手机游戏、手机动漫、手机阅读)的收入在 2010 年则达到 349.8 亿元,超过了数字出版总收入的 1/3,手机出版一跃而成为数字出版产业头号巨头。[②] 而在 2012 年,网络游戏又超过手机出版成为数字出版的头号出版物,其他各类产品也都创造了不菲的业绩。网络出版向无线移动、个性化按需定制和跨媒体出版发展的步伐大大加快,数字出版物日益多元化。

(2) 数字出版技术发展迅速,阅读终端不断升级

第一,手机从单纯的通信工具向移动媒体发展,已是大势所趋。从世界范围看,手机出版是必然的发展趋势。虽然我国手机出版起步较晚,但由于移动通信已经形成了相对成熟的收费模式,手机出版的盈利水平后来居上,已经成为规模最大的数字出版类型。

第二,以电子阅读器和平板电脑等为主的数字出版技术日新月异,数字阅读终端产品不断升级,新型阅读方式不断涌现。2009 年被称为"电子书元年"。在国外,亚马逊在美国推出的电子阅读器销售了约 50 万台,加速带动了自身网上书店电子图书的销售。在国内,不仅汉王科技股份有限公司(简称汉王科技)推出电纸书,方正集团联合卓望集团推出"文房"阅读器,天津津科电子有限公司(简称天津津科)推出"翰林"阅读器,还有易博士、博朗、易迪欧等也推出了各自的电子阅读器产品。紧随亚马逊 Kindle,以苹果、联想、华旗、华为等为代表的一批高科技企业也涌入市场,连续推出平板电脑。手机、电子阅读器和平板电脑已经成为数字阅读的主要工具。

(3) 我国网民数量持续增加

中国互联网信息中心(CNNIC)发布的《中国互联网络发展状况统计报告》(以下简称《CNNIC 报告》)显示,我国网民数量连年增加。截至 2013 年 6 月底,

---

① 郝振省.2013—2014 中国数字出版产业年度报告[M].北京:中国书籍出版社,2013.
② 郝振省.2009—2010 中国数字出版产业年度报告[M].北京:中国书籍出版社,2011.

我国网民数量达到 5.91 亿,互联网普及率为 44.1%,手机网民数量达 4.64 亿。<sup>①</sup> 截至 2015 年 6 月底,我国网民数量达 6.68 亿,手机网民数量达 5.94 亿。<sup>②</sup> 由统计资料可知,网民及手机网民的数量持续增加。我国网民数量和手机网民数量的增加展现出了网络出版巨大的市场潜力。

(4)数字出版模式日益清晰

用户的增长和技术的不断创新,是推动数字出版发展的原因,同时,引发了产业的持续增长。近两年,出版商在尝试多种经营思路后,已经发展出了一些比较清晰的数字出版运营模式,如以里德·爱思唯尔(Reed Elsevier,以下简称爱思唯尔)、施普林格(Springer-Verlag,简称 Springer)及中国知网(China National Knowledge Infrastructure,简称 CNKI,早期名为"中国期刊网")等为代表的数据库出版模式,以亚马逊为代表的绑定模式,以苹果为代表的 App 应用商店模式,以我国盛大文学有限公司(简称盛大文学,2015 年并入腾讯文学)为代表的网络原生电子书出版模式及数字教育出版等。这些模式有固定的产品,有独特的客户群体,有一定的盈利方式,能满足产业链各方的利益。虽然这些模式仍在发展完善之中,但它们的出现足以让数字出版产业为世人所瞩目。

数字出版是传统出版业的发展方向已为业界所公认,而本书的核心在于梳理并归纳目前错综复杂的数字出版情况,尤其是各种数字出版形态及其相应的产业运作方式或商业模式。近年来数字出版研究虽有所增长,但与实践界的发展仍有差距。一方面,由于技术日新月异的发展带动数字出版不断创新,呈现纷乱的状态;另一方面,从学术角度来看,新的研究领域会存在研究对象不甚明了或者研究方法不够科学的情况。如对数字出版、网络出版、手机出版等概念,就有不甚明了的状况;再者,如何对数字出版进行分类,各类之间有怎样的关系及特点,也不甚清楚。弄清这些关系,掌握它们的内在本质,既能提高数字出版的实践水平,又能加深对它的理性认识,这也是本书的写作目的。

---

① CNNIC 发布第 32 次中国互联网络发展状况统计报告[EB/OL].[2013-07-21]. http://tech. 163.com/special/cnnic32/.

② 中国互联网信息中心[EB/OL].[2015-07-22]. http://www.cnnic.cn/.

# 1　概　　述

　　自数字出版产生以来,相关的概念经过了较长时间的演进,先后出现了电子出版、网络出版、跨媒体出版和数字出版等。本章首先对相关概念作回顾,以便厘清各类概念及其区别。然后探讨数字出版的发展背景,并陈述数字出版发展的历程。最后列举数字出版物的主要形态,归纳数字出版的各种形态及特征,以便后面章节分别论述。

## 1.1　电子出版、网络出版、跨媒体出版、数字出版及相关概念的演进

### 1.1.1　电子出版及网络出版

　　电子出版一词的正式出现最早可追溯到 1978 年 4 月,当时 J. A. Urqart 在卢森堡"科技社会的出版未来"会议上,首次提出了电子出版的概念,指利用电子手段创建、管理、传播出版物的过程。20 世纪 60 年代,随着计算机技术的发展,美国出现了磁带版《化学题录》,这是一种新型的机读出版物,也是早期的电子出版物。[①] 电子出版最初的载体是磁带,后来陆续使用软盘、光盘、集成电路卡等为载体。在我国,1993 年经原新闻出版总署审批,国内第一批 36 家电子出版单位正式建立。[②] 此后,在我国实践界,电子出版一直沿着以磁介质、光介质为主要载体的方向发展,其发行活动是对有形载体——磁带和光盘的售卖。而在学术界,电子出版物则具有更宽泛的含义,包括通过网络传播的数字化内容产品。

---

　　① 陈光祚. 电子出版物的特征与范围[J]. 图书馆工作与研究,1995(3):13-16.
　　② 陈生明. 技术催生产业革命——数字出版发展纪略[EB/OL]. [2009-07-09]. http://www.chinaxwcb.com/index/2009-07/09/content_176223.htm.

互联网得到发展后,网络出版一词渐渐流行。周荣庭在其专著《网络出版》中指出,中国在1994年引入"网络出版"的概念。① 1997年黄少卿在《电子出版物与电子编辑》一文中初次谈到网络出版的定义,"所谓电子出版物,包括电子图书和电子报刊,是指以数字代码方式将图、文、声、像等信息存储在磁、光、电介质上,然后通过计算机或具有类似功能的交互设备予以阅读使用,用以表达思想、普及知识和积累文化,并可复制、发行的大众传播媒体"。电子出版物包括两种形式,一种是单行电子出版物,另一种则是网络出版物。② 最初人们还无法准确地将电子出版与网络出版相区别。叶敢、倪波将电子出版定义为三层含义:其一是指利用计算机进行辅助编辑排版的技术;其二不仅包括相关技术,还包括相关技术的产品;其三是指以电子形式出版和传播信息的任何技术,即所谓"无纸"出版,包括可视图文(videotex)、电子邮件(e-mail)等。③

有人指出了狭义的网络出版的定义,即认为具有合法出版资格的出版机构,以互联网为载体和流通渠道,出售并销售数字出版物的行为。④ 周荣庭则认为广义的网络出版是"利用互联网创建、管理和传递(或访问)数字内容,并为组织或个人创造价值的过程和技术"。⑤

以上对电子出版或者网络出版的定义都涉及了以下几点:首先信息可以由图、文、声、像等多种形态组成;其次信息依附于磁、光、电等介质上;最后通过计算机网络来大范围传播,并通过一定的设备进行"阅读"。因此,在本书中,将网络出版定义为:将经过编辑的图、文、声、像信息存储在磁、光、电等介质上,通过计算机网络和无线通信网络大规模复制、传播,读者凭借计算机或其他移动阅读终端设备下载或在线阅读、视听的出版活动。必须指出的是,这里的计算机网络主要是指互联网。

对于电子出版,本书则采用实践界的狭义概念,即将信息以图、文、声、像形式存储在光盘等电子介质上,通过有形载体的售卖而传播,以供读者阅读视听的出版活动。较之电子出版,网络出版具有内容和载体相分离的特征,内容依靠网络传播。当然,网络出版也分广义和狭义。按照周荣庭广义的定义,凡网上的信息传播活动都可以称为网络出版。但一般学界还是认为属于商业经营范畴的才称为网络出版,仅仅限于信息和知识公开的行为,学界只作为网络传播活动研究,而不具有"出版"的含义。

---

① 周荣庭.网络出版[M].北京:科学出版社,2004.

② 黄少卿.电子出版物与电子编辑[J].编辑学刊,1997(5):12-14.

③ 叶敢,倪波.世纪之交的编辑出版[J].编辑学刊,1997(5):2-5.

④ 高朝阳.关于网络出版中几个基本问题的探讨[J].现代出版,2000(4):31-33.

⑤ 同①.

一般在介绍网络出版时,会引出"网络出版物"的概念。对于"网络出版物",匡文波在《网络出版论》一文中,对"网络出版物"进行了定义,该定义认为网络出版物是将信息以数字形式存储在光、磁等存储介质上,通过计算机网络高速传播,并通过计算机或类似设备阅读使用的出版物。可见,网络出版物是相应的技术发展到一定阶段的产物,是电子出版物更高层次的发展。[①] 周荣庭在其专著《网络出版》中一言以蔽之:"网络出版物是面向网络最终用户的数字内容或者数字信息资源。"[②]

综上所述,网络出版物有如下一些特点:它首先是计算机与网络结合的产物;其次最终产品会以某一形态存在于某种介质中供读者使用;最后它能以大量复制的方式传播给大众。因此,本书将网络出版物定义为:存储于光、电、磁等介质上,能被计算机或其他移动阅读终端设备下载或在线阅读、视听,并能够通过网络及无线通信进行大规模传播的数字内容产品。

随着手机技术的发展,手机成为阅读载体,除了互联网外,无线网络介入出版活动之中,因此,网络出版的外延扩大,一般主要指互联网出版和手机出版。

### 1.1.1.1 互联网出版

虽然网络出版已经被广泛使用,但从词义上讲,它是一个模糊的概念,因为"网络"的概念非常宽泛,凡是网状系统的组织都可以称为"网络"。原新闻出版总署有关于"互联网出版"的定义。《互联网出版管理暂行规定》指出:"本规定所称互联网出版,是指互联网信息服务提供者将自己创作或他人创作的作品经过选择和编辑加工,登载在互联网上或者通过互联网发送到用户端,供公众浏览、阅读、使用或者下载的在线传播行为。其作品主要包括:① 已正式出版的图书、报纸、期刊、音像制品、电子出版物等出版物内容或者在其他媒体上公开发表的作品;② 经过编辑加工的文学、艺术和自然科学、社会科学、工程技术等方面的作品。"

### 1.1.1.2 手机出版

如上所述,以无线通信技术、手机技术等为基础的新的数字出版平台出现了,这就形成了手机出版平台。关于手机出版这一概念,有人认为手机出版是互联网出版的延伸[③]。但实际上手机出版并不完全依赖于互联网出版,手机出版有其独有的特征。关于手机出版的定义将在第4章详述。

---

① 匡文波.网络出版论[J].中国出版,1999(2):53-55.
② 周荣庭.网络出版[M].北京:科学出版社,2004.
③ 匡文波.手机媒体概论[M].北京:中国人民大学出版社,2006.

### 1.1.2　跨媒体出版

跨媒体出版也是与数字出版密切相关的。学界将纸质出版物定义为第一媒体,电波为第二媒体,电视为第三媒体,互联网为第四媒体,手机媒体则被称为第五媒体。从传统传媒业看,其产品一般都是单一媒体,如图书、杂志、报纸、音像、电视等。但在今天,跨媒体已成为出版传媒业的大势所趋。所谓跨媒体,即横跨平面媒体(图书、报纸、期刊)、磁光介质媒体(盒带、CD-ROM、VCD、DVD 等)、网络媒体(website),甚至移动媒体(mobile)的多媒体、多渠道平台。① 张志林指出,模拟技术是使内容和载体合一的技术,因此造就了庞大的印刷媒体生产方式下的纸媒出版产业;数字技术使内容和载体实现了分离,从而产生出全新的跨越介质的数字出版时代。② 刘红莉进一步阐述了跨媒体出版的定义:跨媒体出版指的是出版者同时传输相同内容到不同媒体上,以满足受众不同需求的过程;或者是同一套数字信息在不同媒体产品中的展现,即同一套数字信息的多用途使用。跨媒体指的是在现有信息传播技术框架内,实现相同信息源在多种信息传播媒介中的描述、表达与应用。简言之,在纸媒体传播、电子媒体传播和网络媒体传播中,实现信息要素的共享、组织方法的共享和满足应用需求的最大化。③

笔者认为跨媒体出版实质上是数字出版的一种特征,在这个时代,鉴于平台和载体的多样化,出版业追求"一次制作,多次发布"的理念。当然,"一次"不是绝对的,同样内容的出版物在其他平台上再次发布时,还是要经过加工制作。因此,跨越不同媒体出版,其产业链也有较大的变化。

### 1.1.3　数字出版

数字出版是近几年流行起来的概念。检索文献发现,在 2005 年我国正式使用数字出版一词。④ 目前,关于数字出版的定义有数十种之多,其着重点各有不同。归纳起来,有几种代表性的观点。

最早进行数字出版研究的是北京大学谢新洲教授,他在 2002 年就出版了

---

①　郝振省. 2005—2006 中国数字出版产业年度报告[M].北京:中国书籍出版社,2007.

②　张志林.印刷传播知识管理[M].北京:中国书籍出版社,2004.

③　同②。

④　《2011—2012 中国数字出版产业年度报告》摘要[EB/OL].[2012-07-26].http://roll.sohu.com/20120726/n349087211.shtml.

《数字出版技术》一书。他提出,所谓数字出版,是指在整个出版过程中,从编辑、制作到发行,所有信息都以统一的二进制代码的数字化形式存储于光、磁等介质中,信息的处理与传递必须借助计算机或类似设备来进行的一种出版形式。[①]谢新洲提出的数字出版的定义得到广泛认可和采用。徐丽芳在《数字出版:概念与形态》中认为"所谓数字出版,就是指从编辑加工制作生产到发行传播过程中的所有信息都以二进制代码的形式存储于光、磁、电等介质中,必须借助计算机或类似设备来使用和传递信息的出版"[②]。徐丽芳的观点与谢新洲类似,都强调出版介质(或载体)的作用。

还有一种观点强调二进制技术贯穿整个出版流程就是数字出版。葛存山等人认为,数字出版就是采用二进制数字代码创建、存储、传输、再现和管理数字内容的出版方式与活动。[③] 进一步讲,数字出版是以计算机数字处理技术和互联网传播技术为基础,对出版的所有环节进行数字化操作,并由此带来出版产业链、出版主体、出版产品及融合产生新的数字内容产业的出版生产方式,包括原创作品、编辑加工、印刷复制、发行销售等出版流程的数字化,以及阅读消费的数字化等。随着技术的发展,数字内容可以为用户带来更多的多媒体体验。一旦实现了所有内容的全数字化、沟通的全数字化和交易的全数字化,那么就实现了全数字出版。[④]

张立也给出了数字出版的定义:数字出版是指用数字化的技术从事的出版活动。广义上说,只要是用二进制这种技术手段对出版的任何环节进行的操作,都是数字出版的一部分。它包括原创作品的数字化、编辑加工的数字化、印刷复制的数字化、发行销售的数字化和阅读消费的数字化。数字出版在这里强调的不只是介质,还包括出版全流程。因此,数字出版既包括了新兴媒体的出版,又包括了传统媒体的出版。随着数字技术的进一步发展,未来将不再有传统出版与数字出版的划分,数字出版就是未来出版业的全部,也是未来出版业的方向。[⑤]郝振省在《2005—2006中国数字出版产业年度报告》中指出:用数字化(二进制)的技术手段从事的出版活动就是数字出版。[⑥]

---

① 谢新洲.数字出版技术[M].北京:北京大学出版社,2002.

② 徐丽芳.数字出版:概念与形态[J].出版发行研究,2005(7):5-12.

③ 葛存山,张志林,黄孝章.数字出版的概念和运作模式分析[J].北京印刷学院学报,2008,16(5):1-4.

④ 张志林,黄孝章,彭文波.数字出版新业态呼唤出版复合型人才培养创新[J].2007中国出版学科建设高层论坛,2007:140-149.

⑤ 张立.数字出版相关概念的比较分析[J].中国出版,2006(12):11-14.

⑥ 郝振省.2005—2006中国数字出版产业年度报告[M].北京:中国书籍出版社,2007.

较之谢新洲的定义,葛存山、张立和郝振省等人强调的是技术,而非出版介质。郝振省还指出:把纸介质出版物划分为传统出版领域,把光盘、磁盘等塑料介质或磁介质出版物划分为数字出版领域,其实这是一种认识上的误区,因为纸介质出版同样可能是数字出版的一部分。即不论终端阅读介质是什么,只要记录在介质上的内容是数字化的,并且记录的方式是数字化的,这种出版活动就是数字出版。① 上述三个定义显然非常宽泛。按照这个定义,数码印刷等都属于数字出版的研究范围。

另外,还有一种观点,强调出版活动的主体。郭亚军指出,数字出版是指出版机构运用数字化技术手段进行出版和销售的行为,是一种通过数字媒介对信息进行记录、储存、呈现、检索、传播、交易、阅读的信息传播行为。② 祁庭林也提出,数字出版是内容提供商将著作权人的作品数字化,经过对内容的选择和编辑加工,再通过数字化的手段复制或传送到某种或多种载体上,以满足受众需要的行为。这里的载体可以是光盘、互联网、电视,甚至纸质载体。数字出版实际上包括两方面的内容:一方面是传统出版业的数字化,另一方面是新兴数字传媒的崛起。③ 祁庭林的观点比郭亚军更进一步指出了数字出版的内容不仅来自传统出版商,还包括新兴的网络媒介。

2010 年,原新闻出版总署指出数字出版的内涵及其特征:数字出版是指利用数字技术进行内容编辑加工,并通过网络传播数字内容产品的一种新型出版方式,其主要特征为内容生产数字化、管理过程数字化、产品形态数字化和传播渠道网络化。目前数字出版产品形态主要包括电子图书、数字报纸、数字期刊、网络原创文学、网络教育出版物、网络地图、数字音乐、网络动漫、网络游戏、数据库出版物、手机出版物(彩信、彩铃、手机报纸、手机期刊、手机小说、手机游戏)等。④ 该定义从管理者的角度解释数字出版,但应该指出的是数字内容产品的传播途径并不仅仅局限于网络。

国外对于数字出版概念的提法较少,通常以数字内容产业(digital content industry)出现,也称为数字内容管理(digital content management)、创意产业(creative industry)等。1996 年欧盟《信息社会 2000 计划》中将其定义为"制造、开发、包装和销售信息产品及其服务的产业"。2009 年,在维也纳举行的第十七

---

① 郝振省.2005—2006 中国数字出版产业年度报告[M].北京:中国书籍出版社,2007.
② 郭亚军.基于用户信息需求的数字出版模式[M].上海:世界图书出版公司,2010.
③ 祁庭林.传统出版该如何应对数字出版的挑战[J].编辑之友,2007(4):4-6.
④ 新闻出版总署出台《关于加快我国数字出版产业发展的若干意见》[EB/OL].[2010-09-28].
http://www.cgan.net/news/hangyedongtai/7333.html.

届国际数字出版会议上,澳大利亚学者对数字出版下了这样一个定义:"数字出版是依靠互联网并以之为传播渠道的出版形式,其生产的数字信息内容,建立在全球平台之上,通过建立数字化数据库来达到在未来重复使用的目的。"①

综上所述,数字出版的定义林林总总,以郝振省的定义内涵、外延最为宽泛,这个定义虽然有合理性,但缺乏实用性。事实上,数字出版一直以来的内涵都是以出版介质作为分水岭的,即人们习惯于将纸质媒介作为传统出版,而涉及光盘、网络等的出版活动就列入数字出版的范畴。就连郝振省、张立等人主编的《中国数字出版产业年度报告》也并未包括所有"用数字化的技术手段从事的出版活动"。为明确学术研究对象,本书基本采用谢新洲的定义,并稍作修正。所谓数字出版,是指在整个出版过程中,从编辑、制作到发行,所有信息都以统一的二进制代码的数字化形式存储于光、磁等介质中,内容传播借助网络或者传统的发行方式(如光盘售卖),而读者通过计算机或其他终端设备来阅读和视听的一类出版活动。按照笔者的观点,数字出版涵盖电子出版、网络出版等概念。

在此值得一提的是,本书虽明确厘清了相关概念,但实践界和学界对电子出版和数字出版的区别并未达成一致认识,在很多情况下,人们认为是同义词,只是不同的叫法而已。其他与数字出版相关的概念还比较多,如电子书、开放存取、自助出版等,随着章节的展开,将逐一介绍。

# 1.2 数字出版发展概述

## 1.2.1 数字出版的发展背景

媒介的产生、发展、变迁和消亡,总是由一些力量来推动和调控的。美国学者罗杰·菲德勒认为"传播媒介的形态变化,通常是出于可感知的需要、竞争和政治压力,以及技术和社会革新的复杂相互作用而引起的"②。我国学者黄河根据罗杰·菲德勒的观点勾勒出了推动媒介变革的"三力"模型(图1-1)。

在这一模型中,技术决定"什么是可能的",受众/用户决定"什么是被需要

---

① 阎晓宏.关于出版、数字出版与版权的几个问题[EB/OL].[2013-02-21].http://www.qikan.org/Article/8706.html.

② [美]罗杰·菲德勒.媒介形态变化:认识新媒介[M].明安香,译.北京:华夏出版社,2000.

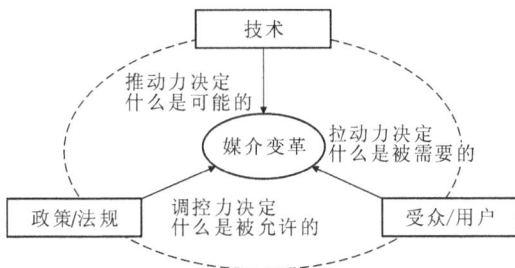

**图 1-1　推动媒介变革的"三力"模型**①

的",政策/法规决定"什么是被允许的"。数字出版活动兴起及繁荣的主要背景亦由"三力"决定,即与相关技术的发展、用户量的增加、相关政策/法规的出台有紧密关系。下面首先讨论数字出版中技术发展的背景。

#### 1.2.1.1　技术的发展

出版的发展与技术关系紧密。中国四大发明中的造纸术和印刷术都与出版相关,因此古代中国是不可否认的出版大国。20世纪后期,数字技术开创了出版的新时代,促成了互联网和无线网络的诞生及普及,阅读终端的产生和发展。在这两大技术的支持下,数字出版活动逐渐繁荣。

以手机出版为例,手机及通信技术的发展是手机出版发展的重要前提条件。手机原本只是一种移动通信工具。从开始到现在,手机总体来讲经历了三代。第一代是模拟式手机,即 1G(1st Generation)时代手机,也就是在 20 世纪八九十年代出现的"大哥大",其用途为语音传送。第二代是数字手机,诞生于 20 世纪 90 年代,这个时代称为 2G(2nd Generation)时代。新一代的数字式移动电话系统,可提供语音、数据、传真传输,以及一系列的增值服务。第三代手机开始于2000 年前后。这一时期,以语音通信为主的 2G 手机已不能满足手机用户需求,于是 2000 年前后,欧洲通信公司展开了 3G 的竞争。但 3G 需要高额费用,投资 3G 的通信商纷纷资不抵债。而投资 2.5G 的 Blu 公司取得成功。2G 的 GSM(global system of mobile communication,全球移动通信系统)升级为 GPRS(general packet radio service,通用分组无线服务技术)。这就是介于 2G 和 3G之间的 2.5G。在经过了七八年的 2.5G 时代后,2009 年,我国开始了 3G(3rd Generation)建设。2009 年 1 月 7 日,我国正式发放 3G 牌照,标志着中国正式进入 3G 时代。又经过 4 年,在 2013 年 12 月 4 日,我国又颁发了 4G 牌照,我国迈进了 4G 时代。

---

① 黄河.手机媒体商业模式研究[M].北京:中国传媒大学出版社,2011.

在通信技术发展的同时,手机本身越来越走向智能化。智能手机,是指像电脑一样具有独立的操作系统,用户可以自行安装第三方服务商提供的软件,通过此类程序来不断对手机的功能进行扩充,并可以通过移动通信网络来实现无线网络接入的这样一类手机的统称。智能手机是电脑、手机和无线网络的结合体,它可开通即时通信、邮件收发、购物等功能。在此条件下,移动商务开始发展,而针对手机的出版物也日益丰富。因此,手机逐渐成为一种阅读和视听载体。

手机的智能化,通信网络从 2.5G 向 4G 的发展是手机成为媒介的支撑。此外,短距离无线网络的发展也助手机出版一臂之力。WiFi(wireless fidelity)是一种短程无线传输技术,能够在数百米范围内支持互联网接入的无线电信号,它可以将个人电脑、手持设备(如 PDA、手机)等终端以无线方式互相连接。现在,很多公共场所有 WiFi 网覆盖,使从事各行各业的人能够快速和安全地接入互联网。WLAN(wireless local area network)是 WiFi 的支持。WLAN 无线局域网,其作用是将网络覆盖区域内拥有 WiFi 功能的计算机设备或移动终端互联起来,用户可以通过计算机、手机或 iPad 等终端以 WLAN 接入形式,随时、随地访问互联网或局域网,获取信息、娱乐资源或进行移动办公。WLAN 同样支持多媒体上传及下载功能,相比 4G 网络,WLAN 更接近传统宽带联网的带宽,因此能提供更高速而稳定的无线连接。

在网络技术方面,除了上述无线通信网络的发展,互联网自身也在近 20 年内获得飞跃的发展。其中 Web 2.0 技术的应用使得数字出版形态丰富化,自助出版、维基百科及开放存取形态产生。在移动终端技术方面,手机之外还产生专用阅读器和平板电脑等阅读终端。此外,其他技术如数据库技术、多媒体技术,以及各种各样的软件等,都获得了快速的发展。在新技术的刺激下,媒介形态产生变化并且相互融合,导致出版、发行和传播,以及阅读方式发生巨变。如今购买万里之外书店的图书,用一部手机携带数百乃至数千本图书,以及图书以视听方式阅读等,早已经不是新鲜事。在数字技术力量的推动下,我们能够在任何时间、任何地点,使用任何终端接入任何网络,享受任何服务。①

### 1.2.1.2 用户量的增加

近年来,网民及手机网民大量增加。CNNIC 于每年 1 月和 7 月定期发布《CNNIC 报告》。《CNNIC 报告》分析显示,近年来中国网民和手机网民快速增长。表 1-1是网易科技根据多次《CNNIC 报告》所做的统计。

---

① 黄河.手机媒体商业模式研究[M].北京:中国传媒大学出版社,2011.

表 1-1　　CNNIC 历年对网民和手机网民的统计汇表(资料来源:CNNIC)①

| 详细报告 | 截止时间 | 网民数量 | 宽带用户数量 | 手机网民数量 |
|---|---|---|---|---|
| 第 13 次 | 2003.12 | 7950 万 | 1740 万 | 未统计 |
| 第 14 次 | 2004.06 | 8700 万 | 3110 万 | 未统计 |
| 第 15 次 | 2004.12 | 9400 万 | 4280 万 | 未统计 |
| 第 16 次 | 2005.06 | 10300 万 | 5300 万 | 未统计 |
| 第 17 次 | 2005.12 | 11100 万 | 6430 万 | 未统计 |
| 第 18 次 | 2006.06 | 12300 万 | 7700 万 | 1300 万 |
| 第 19 次 | 2006.12 | 13700 万 | 9070 万 | 1700 万 |
| 第 20 次 | 2007.06 | 16200 万 | 12244 万 | 4430 万 |
| 第 21 次 | 2007.12 | 21000 万 | 16300 万 | 5040 万 |
| 第 22 次 | 2008.06 | 25300 万 | 21400 万 | 7305 万 |
| 第 23 次 | 2008.12 | 29800 万 | 27000 万 | 1.17 亿 |
| 第 24 次 | 2009.06 | 33800 万 | 32000 万 | 1.55 亿 |
| 第 25 次 | 2009.12 | 38400 万 | 34600 万 | 2.33 亿 |
| 第 26 次 | 2010.06 | 4.2 亿 | 3.64 亿 | 2.77 亿 |
| 第 27 次 | 2010.12 | 4.57 亿 | 4.5 亿 | 3.03 亿 |
| 第 28 次 | 2011.06 | 4.85 亿 | 3.90 亿 | 3.18 亿 |
| 第 29 次 | 2011.12 | 5.13 亿 | 3.96 亿 | 3.56 亿 |
| 第 30 次 | 2012.06 | 5.38 亿 | 3.80 亿 | 3.88 亿 |
| 第 31 次 | 2012.12 | 5.64 亿 | 未统计 | 4.2 亿 |
| 第 32 次 | 2013.06 | 5.91 亿 | 未统计 | 4.64 亿 |
| 第 33 次 | 2013.12 | 6.18 亿 | 未统计 | 5 亿 |
| 第 34 次 | 2014.06 | 6.32 亿 | 未统计 | 5.27 亿 |
| 第 35 次 | 2014.12 | 6.49 亿 | 未统计 | 5.57 亿 |
| 第 36 次 | 2015.06 | 6.68 亿 | 未统计 | 5.94 亿 |

　　①　网易科技.历年来中国互联网报告核心数据摘要[EB/OL].[2013-07-05].http://tech.163.com/special/cnnic32/.

表 1-1 显示,中国网民在 2003 年 12 月时有 7950 万,而到 2014 年 6 月激增至 6.32 亿,11 年间增加近 8 倍。手机网民规模从 2006 年 6 月统计的 1300 万增至 2015 年 6 月统计的 5.94 亿,9 年间增加超出 45 倍。截至 2015 年 3 月,我国手机用户数量已达到 12.9 亿人。[①]

网民的数量可说明用户的数量,但并不能完全解释为用户需求。历年 CNNIC 还公布了网民的应用行为调查。根据第 32 次《CNNIC 报告》,网民主要应用是即时通信、搜索引擎、网络新闻、网络音乐、博客、网络视频、网络游戏、微博、社交网站、网络购物、网络文学、电子邮件等。[②] 这些应用具体可归纳为通信、社交、获取信息和阅读、娱乐及购物等几类。而获取信息、阅读及娱乐等和出版的关系非常密切,影响出版、发行和传播,以及阅读和学习方式的变化。网民和手机网民的剧增和应用类型的丰富,说明用户需求的变化和新的市场出现。

### 1.2.1.3  相关政策/法规的支持

从 2000 年开始,我国先后出台了若干数字出版相关政策/法规,具体如表 1-2 所示。

表 1-2　　　　　**2000—2010 年间我国数字出版相关政策/法规**

| 政策名称 | 类别 | 颁发部门 | 颁布时间 |
| --- | --- | --- | --- |
| 《文化产业发展第十个五年计划纲要》 | 规范性文件 | 文化部 | 2000 年 1 月 |
| 《关于对出版物使用互联网信息加强管理的通知》 | 规范性文件 | 新闻出版总署 | 2001 年 8 月 |
| 《计算机软件著作权登记办法》 | 行政规章 | 国家版权局 | 2002 年 2 月 |
| 《互联网信息服务管理办法》 | 行政规章 | 信息产业部 | 2002 年 4 月 |
| 《互联网出版管理暂行规定》 | 行政规章 | 新闻出版总署、信息产业部 | 2002 年 6 月 |
| 《保护网络作品权利信息公约》 | 规范性文件 | 国家知识产权局 | 2002 年 8 月 |
| 《关于落实国务院归口审批电子和互联网游戏出版物决定的通知》 | 规范性文件 | 新闻出版总署 | 2004 年 7 月 |
| 《互联网著作权行政保护办法》 | 行政规章 | 国家版权局 | 2005 年 4 月 |
| 《信息网络传播权保护条例》 | 行政法规 | 国务院 | 2006 年 5 月 |

---

①　工信部:国内手机用户达 12.9 亿　4G 用户突破 10%[EB/OL].[2015-03-17]. http://tech.sina.com.cn/t/4g/2015-03-17/doc-ichmifpy0605101.shtml.

②　CNNIC 第 32 次互联网报告:整体互联网应用状况[EB/OL].[2013-07-05]. http://tech.163.com/13/0717/13/9407BUV900094NSL.html.

续表

| 政策名称 | 类别 | 颁发部门 | 颁布时间 |
|---|---|---|---|
| 《新闻出版业"十一五"发展规划》 | 规范性文件 | 新闻出版总署 | 2006 年 12 月 |
| 《电子出版物出版管理规定》 | 行政规章 | 新闻出版总署 | 2007 年 2 月 |
| 《国家知识产权战略纲要》 | 规范性文件 | 国务院 | 2008 年 6 月 |
| 《关于进一步推进新闻出版体制改革的指导意见》 | 规范性文件 | 新闻出版总署 | 2009 年 3 月 |
| 《文化产业振兴规划》 | 行政法规 | 国务院 | 2009 年 9 月 |

"十五"规划是进入 21 世纪后我国第一个五年规划。2000 年我国《文化产业发展第十个五年计划纲要》中提出国家通过实施若干重大的基础性文化资源开发项目,推动文化产业结构向高层次转换,包括国家通过重点建设中国数字图书馆工程等项目,推动文化资源的信息化建设,促进具有广阔市场前景和高新技术含量的文化产品尽快产业化。

"十五"期间,为了加强对互联网出版活动的管理,保障互联网出版机构的合法权益,促进我国互联网出版事业健康、有序地发展,原新闻出版总署根据《出版管理条例》和《互联网信息服务管理办法》,与信息产业部一起制定了《互联网出版管理暂行规定》。《互联网出版管理暂行规定》中提出了互联网出版的定义,明确了新闻出版部门在互联网出版中的工作职责,界定了互联网出版的行政审批和监督管理流程,规定了互联网出版机构的权利和义务等,为未来我国数字出版产业发展提供了法律依据。在这一阶段,我国数字出版在大的方向上,基本做到了有法可依。

2005 年之后,国家加大了数字出版的政策扶持力度。2006 年 5 月,国务院常务会议通过了《信息网络传播权保护条例》,该条例根据《中华人民共和国著作权法》,对信息网络中的信息传播做出了一系列规定,保护了著作权人在网络传播中的合法权益。2006 年 11 月,新闻出版总署举办数字出版年会,全面讨论了与数字出版相关的问题。同年,数字出版被国家列为"十一五"时期文化发展规划的重点,国家数字复合出版系统工程、国家知识资源数据库出版工程、中国古籍数字化工程、国家版权保护技术开发工程、数字化文化传播工程等 8 项数字出版工程的设立和启动,大大加快了我国数字出版业的发展。2007 年 2 月,新闻出版总署修订通过了《电子出版物出版管理规定》,为了配合当前电子出版业发展的技术进步和产业变动,该规定对前面两次的管理规定内容进行了众多修订,更加符合当前产业发展的实际需要。2008 年,新闻出版总署进行了机构调整,新设立了科技与数字出版司,以更好地管理我国数字出版产业发展。

2009年9月正式发布的我国第一部文化产业专项规划——《文化产业振兴规划》,这是继钢铁、汽车、纺织等十大产业振兴规划后出台的又一个重要的产业振兴规划,标志着文化产业已经上升为国家的战略性产业。《文化产业振兴规划》把发展数字出版、电子阅读提上重要日程。《文化产业振兴规划》中提出要做好包括数字内容、网络游戏、动漫等新兴产业在内的八大重点工作,积极发展纸质有声读物、电子书、手机报和网络出版物等新兴出版发行业态,"加强数字技术、数字内容、网络技术等核心技术的研发,加快关键技术设备改造更新",还提出了具体的相应政策措施和保障条件。①《文化产业振兴规划》对我国加快文化产业发展、推动经济结构调整有着重要意义,意味着我国文化产业经过多年的探索性发展,正迎来一个历史性拐点,即将进入一个高速增长周期。

2010年是我国数字出版发展的重要拐点,被称为"中国数字出版元年"。自2010年以后,电子书、在线阅读、手机阅读等新的阅读方式在消费者中逐步普及,我国数字出版产业繁荣发展,数字出版产业链逐渐成熟、完善。中央政府和地方政府数字出版产业政策纷纷出台。

2010年1月,新闻出版总署印发《关于进一步推动新闻出版产业发展的指导意见》,更加明确地表示支持电子纸、阅读器的发展,提出"发展数字出版等非纸介质战略性新兴出版产业"的任务和"运用高新技术促进产业升级,推进新闻出版产业发展方式转变和结构调整"的措施,"支持电子纸、阅读器等新闻出版新载体的技术开发、应用和产业化,提高数字阅读设备的质量、方便性以及版权保护水平"。

2010年8月,新闻出版总署发布《意见》。《意见》明确了国内数字出版产业发展的主要任务和总体目标:到"十二五"末,我国数字出版总产值要力争达到新闻出版产业总产值的25%,整体规模居于世界领先水平。在全国形成8～10家各具特色、年产值超百亿的国家数字出版基地或国家数字出版产业园区,形成20家左右年主营业务收入超过10亿元的具有国际竞争力的数字出版骨干企业。到2020年,传统出版单位基本完成数字化转型,其数字化产品和服务的运营所占份额具有明显优势。《意见》强调,要以数字化带动新闻出版业现代化,形成一批发展思路清晰、内容资源充沛、立足自主创新、出版方式多样、营销模式成熟、市场竞争力强、产品影响广泛的数字出版龙头企业,把数字出版产业打造成

---

① 文化产业振兴规划[EB/OL].[2009-09-26].http://www.cpll.cn/law8475.shtml.

新闻出版支柱产业。①《意见》提出要求和目标的同时,也给予数字出版产业完善的保障措施,从加强组织领导、发挥部门合力、优化资源配置、加大投入力度、搭建交流平台、加强版权保护、强化网络监管、完善法规体系、健全考评体系、加快人才培养十个方面给予数字出版全面支持。在 2010 年 10 月召开的十七届五中全会上,中央决定把文化产业着力打造成国民经济的支柱产业。国家对文化产业,对数字出版产业的重视达到了前所未有的高度。

2012 年则是我国数字出版标准体系建设取得重要进展的一年。《新闻出版资源唯一标识符 PDRI》《数字阅读终端内容呈现格式》《中国标准名称标识 ISNI》《手机出版标准体系表》和《动漫出版标准体系》等多项与数字出版相关的行业标准颁布实施。

2013 年 3 月,国务院将新闻出版总署与广电总局合并,设立国家新闻出版广电总局(正部级),为国务院直属机构,包括数字出版司等 22 个内设机构。数字出版得到进一步的重视,机构建设进一步完善,管理力度将进一步加强。此外,2013 年国家新闻出版广电总局开展"十二五"中期评估工作,按照《新闻出版"十二五"时期发展规划》和《数字出版"十二五"发展规划》的各项部署,对行业和各大企业面临的难题、存在的问题进行认真总结分析,研究出台有针对性的政策措施支持数字出版产业的发展。

2014 年,国家继续加大对数字出版的政策支持。是年 2 月,国务院颁发《国务院关于推进文化创意和设计服务与相关产业融合发展的若干意见》;4 月,国家新闻出版广电总局和财政部颁布《关于推进传统媒体和新兴媒体融合发展的指导意见》和《关于推动新闻出版业数字化转型升级的指导意见》等重要政策文件。这些文件皆强力支持数字内容生产,以及传统媒介转型和媒介融合发展。

2015 年,产业政策顶层设计日臻完善,国家先后出台了《关于积极推进"互联网＋"行动的指导意见》《关于促进大数据发展的行动纲要》和《中共中央关于繁荣发展社会主义文艺的意见》等一系列政策文件,都对数字出版产业起到有力的助推作用。

除了宏观性政策不断出台之外,针对各行业的扶持性政策也不断推出。例如,2011 年 7 月,新闻出版总署署长柳斌杰和中国移动董事长王建宙在北京签署《共同推进数字出版产业发展战略合作备忘录》,根据协议,新闻出版总署将"支持中国移动为国内新闻出版企业提供网络技术和数字产品运营服务,参与数字出版相关经营活动,并依法取得开展数字出版物网络传播业务的资质"。同

---

① 新闻出版总署关于加快我国数字出版产业发展的若干意见［EB/OL］.［2010-08-16］. http://www.gov.cn/gongbao/content/2011/content_1778072.htm.

时,新闻出版总署鼓励中国移动手机阅读基地开展数字阅读平台的建设和运营,倡导新闻出版企业成为中国移动手机阅读基地的全面合作伙伴,支持其作品在中国移动手机阅读平台的首发。①

2012年4月19日,中国移动手机阅读高峰论坛暨"悦读中国"大型移动互联网读书活动启动仪式在北京举行。此次活动已被纳入新闻出版总署全民数字阅读活动的总体方案,与"书香中国""双百工程"一起成为全民阅读活动的组成部分。

各种有利于数字出版发展壮大的条例不断颁布,这些条例都为出版革新创造了机会。当然,从目前数字出版活动的状况看,业界在寻求政策和法律支持上并不是一帆风顺的。在已经颁布的政策中,引导市场和指导产业链等建构的具体政策仍不充分,这些都需要继续探索。但不论怎样,数字出版活动的开展政策基础已经基本建立。

### 1.2.1.4 行业内在原因

除了上述"三力"以外,各行各业发展中的内在原因也是数字出版发展背景之一。数字出版并不仅仅是出版业内部革新的问题,在这个新兴的行业内部,实际上已经呈现IT、电信、互联网、移动阅读终端制造业和传媒等多行业"混战"的局面。而IT、电信、互联网等行业之所以要加盟数字传媒业的发展,一则出于数字出版业的需要,二则与行业内部发展及竞争有关。

以电信业为例,我国电信业已经形成中国移动、中国联通和中国电信"三国演义"式的竞争格局。在1993年以前,中国基础电信业主要是由邮电部垄断经营的。1993年中国联通公司的成立标志着中国电信业尝试市场化的开端。1998年,信息产业部的组建,使得中国电信从政府机构中剥离,实现政企分家,推动了电信业市场化的进程。在之后的发展中,中国电信业借鉴国外先进经验,对中国邮电电信总局进行了两次拆分,最终形成了"4+2"格局。4家电信运营商较大,它们是中国电信、中国网通、中国移动、中国联通,2家较小的是中国铁通、中国卫通。2008年5月24日,工业和信息化部、国家发展和改革委员会及财政部联合发布《关于深化电信体制改革的通告》。② 该通告指出,鼓励中国电信收购联通CDMA网(包括资产和用户),中国联通与中国网通合并,中国卫通的基础电信业务并入中国电信,中国铁通并入中国移动。该通告发布后,形成中国电信、中国移动和中国联通三家相互竞争的格局。电信业的发展历程显示,我

---

① 新闻出版总署与中国移动签署数字出版合作备忘录[EB/OL].[2011-07-05]. http://news.xin-huanet.com/fortune/2011-07/05/c_121626942.htm.

② 三部门24日联合发布关于深化电信体制改革的通告[EB/OL].[2008-05-24]. http://www.gov.cn/gzdt/2008-05-24/content_991345.htm.

国政策一直引导电信走向市场化,因此鼓励内部发展,依靠竞争胜出是行业发展的重要导向。

在"三国演义"式竞争格局的形成中,我国电信增值业务种类不断增加,逐渐成为电信业新的增长点。电信增值业务的发展,为利用手机作为媒介开展出版活动打下了基础。智能终端、云计算等新技术的发展和应用,也吸引了众多内容提供商和服务商加入手机出版的大军。而移动运营商们也逐渐认识到了电信业未来的增长亮点在"手机阅读"和"手机应用"等增值服务方面。因此,在手机出版的产业链中,移动运营商发挥了主动积极的作用。

综上所述,数字出版行业的形成由技术、受众/用户和政策/法规"三力"共同推动。在发展过程中,三股力量并不是孤立起作用,而是相互联系,共同调节数字出版行业。同时,闯入数字出版产业的其他行业众多,包括 IT、电信、互联网、移动阅读终端等,这些行业内部发展规律也促使了整个数字出版产业的形成和发展。

## 1.2.2　数字出版的发展历程

1.1 节中已经指出,数字出版经历了从电子出版到网络出版及数字出版的演进,这是一个较长的演进过程。追溯数字出版的萌芽点,大致时间在 20 世纪 50 年代,至今已经超过半个世纪,但其中很长的时间并未有什么突破,真正的发展应该在 20 世纪 90 年代之后。

本书依照产业发展理论,将数字出版产业的发展周期分为初创期(或形成期)、成长期、成熟期和衰退期,并结合载体和传播技术的变化,将数字出版的发展历程划分如下。

### 1.2.2.1　初创期

这一时期,按照技术的变化情况,又可以将其划分为磁介质时期和光介质时期。

(1) 磁介质时期(20 世纪 50—80 年代)

20 世纪 50—80 年代是数字出版的萌芽期,数字出版的主要技术支持是磁介质存储和独立分散的网络技术。磁介质主要有磁带、磁盘等,它们被选作早期的大型联机数据库的存储介质。

数字出版的萌芽可以追溯到 1951 年美国麻省理工学院的巴格利(P. R. Bagley)利用计算机检索代码对文摘进行了可行性研究。[1] 这一研究和尝试导

---

[1]　谢新洲.数字出版技术[M].北京:北京大学出版社,2002.

致了所谓"电子出版物雏形"的诞生。① 1961 年美国化学文摘服务社（Chemical Abstracts Service，简称 CAS）开始用计算机来编制《化学题录》，1964 年美国国家医学图书馆（The United States National Library of Medicine，简称 NLM）推出了《医学文摘》数据库磁带 MEDLARS。1966 年，国际上著名的联机检索服务系统 DIALOG 开始建设，并于 1972 年投入商业性运营。DIALOG 拥有覆盖各行业的 900 多个数据库，其信息总量约 15TB，在世界各国拥有检索终端，早期依靠电话线连接通信卫星网络进行人机对话和传输检索结果。上述出版物都可以算作是早期的数字出版物。在该时期，欧美发达的联机检索获得迅速发展，许多二次文献如化学文摘（CA）和工程索引（EI）等都被制作成机读数据库。②③④

1980 年，在美国新泽西技术研究所建成了电子信息交换系统，美国国家科学基金会在该系统中开办了一份期刊 *Mental Workload*，紧接着在英国的一个电子网络项目进行过程中，又出现了一种试验性电子期刊 *Computer Human Factors*。⑤ 1982 年，BBS（bulletin board system，电子公告板）服务诞生，用户可以通过电话拨号进入本地网络享用这种服务。⑥

上述出版活动中，磁介质作为存储介质是这一时期的特点，但 DIALOG 等的建设也意味着网络出版的曙光初现。

（2）光介质时期（20 世纪 80 年代后期到 90 年代前期）

采用磁介质进行磁记录，其记录密度有限。为此，人们不停地研发新的出版介质。1985 年 10 月，在德国法兰克福国际图书博览会首次展出了光盘。⑦ 光盘存储介质具有易用、存储容量大等特点，因而受到了人们的普遍欢迎，成为电子出版物的主要存储介质。从 20 世纪 80 年代后期开始到 90 年代前期，电子出版物的主要载体由磁介质过渡为光介质。

上文提到过的 DIALOG 等出版物的发展在某种意义上体现了早期数字出版的发展历程。即早期依靠各自独立的网络开展服务，而这些独立的网络终端往往难以推广和普及。例如，在我国，DIALOG 数据库通常在大城市也只拥有个位数的终端。如在互联网诞生之前的武汉，就只有两个 DIALOG 终端。这种状况就使得这种服务非常"曲高和寡"。因此，独立的检索系统在 20 世纪 90 年

---

① 徐丽芳. 数字出版：概念与形态[J]. 出版发行研究，2005(7)：5-12.

② 周荣庭. 网络出版[M]. 北京：科学出版社，2004.

③ 谢新洲. 数字出版技术[M]. 北京：北京大学出版社，2002.

④ 陈生明. 数字出版概论[M]. 南京：南京大学出版社，2011.

⑤ Langschied L. The changing shape of the electronic journal[J]. Serial Review，1991，17(3)：7-14.

⑥ 同③。

⑦ 赵锦英，芦茉莉. 国内外电子出版物的发展[J]. 中国信息导报，1997(5)：10-11.

代逐渐为光盘服务所取代。DIALOG 在 1986—1987 年就曾推出 DIALOG OneSearch 和 DIALOG 光盘。

1993 年,法兰克福国际图书博览会首次为电子出版物设立了专门展厅,这标志着人们对电子出版物重要性的认可。1994 年参展商就达到 420 家,1995 年则有来自 40 多个国家的 1100 家参展商向人们展示了集文字、图像、声音为一体的多媒体出版物。据 IBM 的一位专家估计,1995 年全世界多媒体出版物的销售额达 10 亿美元,有 4000 多个品种。[①]

在我国,1992 年底,经新闻出版总署批准,中国出版工作者协会电子出版研究会正式成立。

1993 年,清华同方光盘电子出版社正式推出多媒体光盘《邮票上的中国——历史与文化》,这是中国大陆第一张自主版权的多媒体光盘电子出版物。[②]

数据库出版(database publishing)在这一时期启动,光盘全文数据库格外引人瞩目。全文数据库是一种集文献检索与全文提供于一体的数据库,它的优点一是免去了检索书目数据库后还得费力去获取原文的麻烦,二是多数全文数据库提供全文字段检索,这有助于文献的查全。1973 年出现的米德数据公司(Mead Data Central)的 Lexis 法律数据库是最早的全文数据库。接着新闻、文学、医学、化学和专利等领域也先后推出了各种全文数据库。[③]

国内的第一个中文期刊文献数据库——“中文科技期刊数据库”是重庆维普资讯有限公司的产品。公司前身为中国科技情报研究所重庆分所数据库研究中心,成立于 1989 年。该库是在“中文科技期刊数据库”的基础上研发的。2001 年经新闻出版总署批准,“中文科技期刊数据库”以正式的连续电子出版物出版发行。1995 年,在数据库研究中心基础上重庆维普资讯有限公司成立了,并成为“中文科技期刊数据库”产品的运营机构。[④] 1993 年 2 月,北京万方数据股份有限公司宣告成立。在此之前,1990 年夏,北京万方数据股份有限公司就开发建成了容量为 1.6 万家企业的“中国企业、公司及产品数据库”。北京万方数据股份有限公司是我国第一张数据库光盘开发者。[⑤] 中国知网于 1995 年正式立项。1996 年 12 月,中国知网建立了“中国学术期刊全文数据库(光盘版)”。

---

① 谢新洲.数字出版技术[M].北京:北京大学出版社,2002.
② 陈生明.数字出版概论[M].南京:南京大学出版社,2011.
③ 陈光祚.论全文检索系统[J].武汉大学学报:人文科学版,1989(6):107-113.
④ 维普网.关于我们[EB/OL].[2012-12-13].http://www.cqvip.com/corp/about.shtml.
⑤ 一木.中国数据库产业的开路先锋——纪念万方数据公司成立六周年[J].中国信息导报,1999(2):14-15.

该产品将 1994 年以来我国 2000 多种学术期刊全文收录,研制成我国第一部大型全文电子期刊数据库。① 上述三家数据库是国内光盘时代最著名的代表。

另外,国内还有许多光盘读物。据载,1997—1999 年是我国电子出版行业发展最迅速的年代。1997 年全国出版 1025 种光盘,复制总数 700 万张,平均每种光盘复制 7000 张,比 1996 年增长 200%,其中 540 种为国内产品,占 52.7%。110 种由出版系统引进出版,占 10.7%。非出版系统单项报批出版有 375 种,占 36.6%。②

### 1.2.2.2 成长期

这一时期,按照网络技术的应用情况和移动阅读器的发展,又可以将其进一步划分为下列两个时期。

(1) 网络 Web 1.0 技术时期(1995—2000 年前后)

1995 年以后是数字出版的成长期,一件具有里程碑意义的事件发生在这一时期,促成了电子出版走向网络出版,这就是万维网(World Wide Web,简称WWW)的诞生。1991 年,欧洲粒子物理中心(CERN)发布 World Wide Web 服务。1994 年 10 月,万维网联盟(World Wide Web Consortium,简称 W3C,又称W3C 理事会)在麻省理工学院计算机科学实验室成立。也就是在这期间,互联网开始引起注意。互联网由多个计算机网络相互连接而成,而不论采用何种协议与技术的网络。互联网的产生直接导致网络出版快速发展。国外很多出版社纷纷将其出版发行的印刷型科技期刊转换成 PDF 或 HTML 格式并同时在互联网上发行。③ 在美国,60%的传统期刊都推出了在线期刊,1995 年美国在互联网上发行电子版学术刊物 142 种,1996 年为 1465 种,1998 年增长到 5000 多种。④ 美国商务出版社所拥有的 1200 种期刊在 1998 年有 90%设立了自己的网站。⑤ 国外其他重要事件还有:爱思唯尔旗下的 ScienceDirect 全文电子期刊数据库的前身 TULIP 项目在 1990 年开创;⑥1996 年 6 月,施普林格数字出版业务启动SpringerLink 项目。1998 年 2 月实现在线优先出版功能,用户能够使用可播放视频。

---

① 赵蓉英,邱均平.CNKI 发展研究[J].情报科学,2005(4):626-634.

② 陈生明.数字出版概论[M].南京:南京大学出版社,2011.

③ 刘锦宏.网络科技出版模式研究[M].武汉:武汉理工大学出版社,2010.

④ 黄铭锋.浅谈网络电子期刊的发展[J].情报探索,2004(1):28-29.

⑤ 孔薇.期刊网络出版的优势及持续发展的对策[J].电子出版,2005(2):6-8.

⑥ 爱思唯尔 Elsevier 的发展历程[EB/OL].[2012-05-28].http://china.elsevier.com/elsevierdnn/ch/%E5%85%B3%E4%BA%8E%E7%88%B1%E6%80%9D%E5%94%AF%E5%B0%94/%E6%A6%82%E8%A7%88/tabid/625/Default.aspx.

1994 年,网络出版概念引入我国。1995 年 5 月 17 日,我国公用计算机互联网 ChinaNet 向社会开放,向用户提供所有 Internet 服务,标志着我国的 Internet 进入商业化阶段。① 1998 年起,电子出版技术开始向网络出版技术转型。

1993 年,北京世纪超星信息技术发展有限责任公司(简称北京超星公司)创立。1997 年,北京超星公司首家提出并研发成功基于互联网的数字图书馆技术,并于 12 月底开通我国第一家互联网上的数字图书馆——超星数字图书馆②。1998 年,其以 PDG 技术入选国家图书馆"数字图书馆"建设项目,帮助国家图书馆数字化 17 万种中文图书,并与国家图书馆合作开通"网上读书"栏目,取得了数字图书馆建设的初步成功。③

1995 年 1 月,《神州学人》电子杂志开始在互联网上发布信息,成为我国第一本上网的中文期刊。④ 1997 年 1 月,人民日报社主办的人民网进入国际互联网。⑤

21 世纪来临之前,光盘数据库走进网络。1999 年中国期刊网的开通宣告了 CNKI 进入了网络版时代。2001 年 4 月,方正阿帕比公司发布了阿帕比(Apabi)网络出版整体解决方案,陆续提供电子书、数字图书馆、电子公文和电子报刊等。⑥ 传统图书、报纸、期刊集成上网成就了数据库出版这种商业模式,这是数字出版行业中首先成熟的商业模式。这种模式以 B2B 为特征,由图书馆购买供其读者使用,以学术出版(STM 出版)为主。这种出版是传统出版内容通过网络的再发布。

这一时期,网络出版初兴,数据库出版,期刊、报纸上网,以及网络书店开创是这一时期的主要业绩。在技术上,以 Web 1.0 为特征,网络出版仍然与传统出版一样保持精英出版的传统。虽然在 2000 年之前,已经有论坛和原创文学网站(如"榕树下"等诞生),但其真正的发展则在 2000 年之后。

---

① 周荣庭.网络出版[M].北京:科学出版社,2004.

② 超星数字图书馆原网址　http://www.ssreader.com.现官网　http://book.chaoxing.com/.

③ 超星数字图书馆简介[EB/OL].[2013-09-20].http://tsg.bzpt.edu.cn/s/64/t/62/19/bb/info
6587.htm.

④ 杨开显.论发展中的网络期刊[J].重庆交通学院学报:社会科学版,2004,4(1):140-142.

⑤ CNNIC 发布中国互联网发展大事记[EB/OL].[2003-07-18].http://www.people.com.cn/GB/
14677/14737/22035/1973748.html.

⑥ 走进 Apabi[EB/OL].[2012-05-28].http://www.apabi.cn/.

（2）数字出版多样化发展时期（2000 年前后至今）

首先，进入 21 世纪之后，Web 2.0 技术广泛应用。Web 2.0 的主要特征是用户自助提交内容，用户既是网站内容的浏览者，又是网站内容的制造者，这就意味着 Web 2.0 网站为用户提供了更多参与的机会。在此技术条件下，内容的制造者草根性加强。Web 2.0 技术诞生后被广泛应用，产生了多种网络出版平台，主要有博客、维客、原创文学网站、开放存取等平台。

其次，从 20 世纪末期，商界就开始电子阅读器的探索。以美国"火箭书"为初始，经过多次失败，最终，随着亚马逊电子纸技术的 Kindle 推广成功，宣告电纸书时代的来临。

最后，从 21 世纪初开始，手机技术的发展使手机不再仅仅是一种通信工具。智能手机得到发展，与之相关的手机增值服务类型也大量涌现。随着手机应用需求发展，商家又开始了平板电脑的尝试，结果获得成功，这就是苹果公司的 iPad。

综上所述，笔者认为国内乃至世界数字出版发展有四个时期，总体上来说仍未进入成熟阶段，因为至今一些数字出版模式的发展仍然不稳定，行业仍然在探索中发展。1995—2000 年前后这一时期，以数据库出版为主，形态比较单一，内容资源多局限于学术文献，影响面也局限于学者和学生。第二阶段从 2000 年前后延续至今，呈现出多种新形态并存、载体多样化、受众面扩大和数字出版机构大量增长的局面。

## 1.3  数字出版物的主要形态

数字出版的第二阶段从 2000 年以后开始延续至今。Web 2.0 的应用和移动阅读终端技术的创新，使数字出版从创作、发布、传播及最后的产品形式都发生了变化。这一阶段呈现产品多元化发展特征。

### 1.3.1  数字出版物的主要类型

以下罗列的是当前的主要数字出版物。一是传统出版物在网络上的延伸或衍生，如电子图书、电子期刊、电子报纸和增强型出版物等；二是网络新兴出版物，如开放存取出版物、手机出版物、网络原生电子书、博客和维基类网络百科全书等。

### 1.3.1.1　电子图书

电子图书,也称电子书、网络图书、数字图书,称谓上基本互通,英文为 ebook,是 electronic book 的缩写。电子图书是数字出版的重要内容,戈奈特集团认为电子图书是 1999 年出现的十大技术之一。随着技术不断变化,电子图书含义也在不断发展。电子图书产业针对不同的载体,形成了不同的生产模式,其产品构成元素也不尽相同。国内学者程三国和马学海将电子图书分为 Ebook 1.0、Ebook 2.0 和 Ebook 3.0,并指出 Ebook 1.0 即传统印刷图书对应的电子版,Ebook 2.0 为"从生产到发布都只有数字化形态的原生电子书",Ebook 3.0 即增强型电子书[①]。程三国等人的划分反映了电子图书业产品的三种形态,但根据实业界产品的情况,笔者认为目前的电子图书实际上有四种类型:电子图书数据库、电纸书、增强型电子图书和网络原生电子图书。图 1-2 具体展示了电子图书分类。

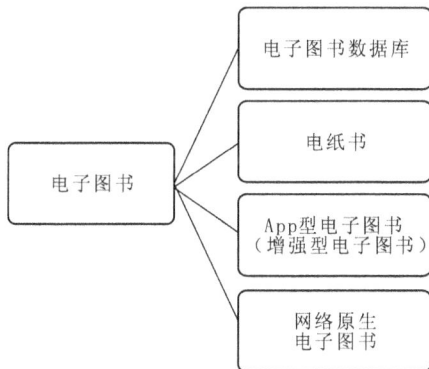

**图 1-2　电子书的主要形式**

电子图书数据库是数据库出版物(含图书、报纸、期刊、会议文献、学位论文、标准等内容),是指数据库出版商整合传统图书的版权资源,加工成数据库,辅以知识服务,方便读者使用的一类数字出版物。该类数据库以 B2B 模式为主,通常售卖给图书馆,再由图书馆提供给读者使用。该模式以学术出版为主,是最早成熟的数字出版模式。

电纸书是传统纸本图书的电子版,专用电子阅读器是这种书的阅读器,给用户形成"电子＋书"的组合印象,现在手机和平板电脑也可阅读这种图书。通常由电纸书产业链主导者整合传统出版资源,联络产业链上下游,定制一定的电纸

---

① 程三国,马学海.把握电子书产业发展的步伐[J].出版科学.2012,20(2):10-14.

书格式和专用电子阅读器,并打造分销平台,因而形成了独特的经营模式,本书称之为电纸书模式。

增强型电子图书,也称 App 型电子图书。因为这种图书最常见于苹果应用商店(Application Store,简称 App Store)及其他应用商店,所以称之为 App 型电子图书比较形象。App 型电子期刊和 App 型电子报纸也是因此而得名。这种内容产品除了文、图、表等平面静态阅读要素以外,还集成了声音、视频、动画等,效果犹如静态图书的增强版,故国外称为 Enhanced Ebook,翻译为增强型电子图书(后文多采用增强型电子书的名称)。例如,App Store 中下载的《新概念英语》既有原文、译文、详解,又有朗读和跟读功能,还配有辅助资料"语法大全"。增强型电子图书适用于教育、儿童图书和科普等领域,其载体主要是具有多媒体功能的平板电脑和手机。

网络原生电子图书是指从生产到发布都以数字化形态呈现的电子书,这类产品虽仍然属于图书,但运作过程及原理与传统图书完全不同,将在下文解释,此处不再赘述。

### 1.3.1.2 电子期刊

电子期刊英文名为 E-magazine、E-journal,目前或称数字期刊、电子期刊,由于都凭借网络传播,因此都属于网络期刊,称谓上基本互通。传统期刊与传统图书的区别主要在于期刊是连续出版物,每期设置有栏目,文章长度有一定限制等。关于电子期刊,一般具有传统期刊类似的特征,或根本就是传统期刊的数字化。但由于技术条件不断变化,电子期刊的形式、特点与内涵也在不断地变化,电子期刊的主要形式有:① 期刊数据库。② 电纸期刊。③ 增强型电子期刊,即 App 型电子期刊。以上三种电子期刊与电子图书的分类一致,其内涵也类似。④ 开放存取期刊,属于学术出版模式。⑤ 网络多媒体杂志,融合声音、文字、图片、视频等元素,将资讯、话题等生动有趣并且更加人性化的内容呈现在读者面前。网络多媒体杂志在内容特征上基本与 App 型电子期刊一致,但网络多媒体杂志先于 App 模式诞生,在互联网上有单独的出版平台,杂志制作者多来自草根队伍。目前国内网络多媒体杂志业界做得比较好的公司目前有 Poco[①]、Zcom[②]、Xplus[③] 等。可以直接在线阅读和下载,也可通过客户端植入,在手机和平板电脑阅读。网络多媒体杂志已经逐渐和 App 型电子期刊合为一种业务模式。实际上,电子期刊只比电子图书多出一种类型——开放存取期刊。

---

① Poco 官网　http://read.poco.cn/.
② Zcom 官网　http://www.zcom.com/.
③ Xplus 官网　http://www.xplus.com.cn/.

### 1.3.1.3　电子报纸

电子报纸英文名为 E-paper,也称网络报纸、数字报纸,称谓上基本互通,目前国内更常用数字报纸。为与上文电子图书和电子期刊保持一致,本书采用"电子报纸"的称谓。电子报纸最初从"报纸网络版"发展而来。电子报纸分类如下:①报纸数据库。②电纸报纸。③增强型电子报纸,即 App 型电子报纸。以上三种电子报纸与电子图书的分类一致,其内涵也类似。④户外公共终端报纸。户外公共终端是指设立在户外公共场所的大型多媒体显示屏幕。目前对于户外公共终端的新闻信息服务还处在非常初级的阶段,已推出了这项业务的有解放日报报业集团的 S-treet、《人民日报》街头阅报栏、河南日报报业集团大河多媒体信息港等。以上四种电子报纸与电子图书、电子期刊如出一辙。

### 1.3.1.4　开放存取出版物

开放存取(open access,简称 OA),在国内也被称作"开放获取",本书采用"开放存取"这一译法。它是一种秉承"开放""共享""自由"宗旨的学术出版模式。在西方国家,学术出版领域一般分为科学(science)、技术(technology)与医学(medicine)三个方面,所以西方一般用"STM 出版"代表学术出版。

开放存取出版物包括开放存取仓储(OA 仓储)和开放存取期刊(OA 期刊)两大类。虽然开放存取出版物实现的途径不同,但开放存取出版物都与"自我典藏""同行评议""读者免费使用""作者付费"等关键词有关。因此,虽然开放存取依赖 Web 2.0 技术实现,但与同样依赖 Web 2.0 技术的网络原生电子书的生产模式大相径庭,是一种独特的出版模式。

### 1.3.1.5　手机出版物

手机出版是出版界习惯的称呼,其实就是针对手机而开发内容产品的相关出版活动,它依托于互联网和无线网络,在数字出版中独树一帜。手机出版物最早见于日本,2000 年,世界上第一部在手机上出版的小说《阿由的故事》在日本面世。而手机出版目前最成功的模式也见于日本的 I-mode,I-mode 是日本的一种手机无线传输标准,与 WAP(wireless application protocol,无线应用传输协议)类似,只不过 I-mode 只在日本国内流行并使用,遵循 I-mode 传输标准的手机可以很方便地从互联网上订阅或者下载特定的信息。日本的出版商利用这种便利的无线传输,向手机用户提供手机书或者手机杂志服务。

在我国,从世纪之交至今 10 多年的时间里,手机报、手机游戏、手机出版、手机动漫、手机小说和手机报纸等各种手机出版物类型如雨后春笋般发展起来,并且有了较好的市场基础。虽然手机出版物类型多样,但国内商界在其运作上则主要是应用商店模式和手机阅读模式(详细分析见第 4 章"手机出版研究"),其中手机游戏等动态的手机出版物对应的出版模式是应用商店模式,而静态的无论图书、杂志还是其他出版物,对应的出版模式是手机阅读模式。另外,微出版物(微小说、微电影等)主要针对小屏幕手机开发,但目前商业模式不明晰。

2010 年我国手机出版的产值为 249.8 亿元,首次在数字出版各个行业中排第一。① 手机图书、报纸、期刊多来自下文中要提到的电纸书报刊和网络原生读物等。但手机屏幕小,可演示多媒体出版物,这使手机读物在写作和编辑方面都具有与电纸书读物等不同的一些特点。而且,手机出版物在数字出版中地位重要,所以本书认为手机出版宜作为单独一章研究。

### 1.3.1.6 网络原生电子书

网络原生电子书是指在 Web 2.0 条件下,网络写手上传的作品,由于其是网络原生,故而得名。国内外网络原生电子书出版模式有所不同,以中美两国较为典型。在美国,以 Smashwords 公司为代表,被称为"自助出版"。在我国,网络原生电子书多为网络原创文学作品,商家以盛大文学为代表,网络原创文学作品,包括小说,诗歌、散文等多种形式,但以小说为主。

网络原生电子书的运作过程及原理完全与传统出版不同,它的日渐成熟对传统出版构成了有史以来最大的威胁。还应该指出的是,网络原生电子书与开放存取都是 Web 2.0 在数字出版方面的应用。但前者是在大众出版领域,后者在学术出版领域,且开放存取期刊保留有传统期刊出版中的同行评审制度。

### 1.3.1.7 博客

博客一词始于 1997 年 11 月,美国程序员 Jorn Barger 将这种在线日记称作"Weblog",其意是 log on web。而 Peter Merholz 于 1999 年将其简称为"blog",被广泛接受。博客是一种个性化的网页,其拥有者按年月日顺序写下文章并按由新到老的日期顺序显示文章。博客在经历了一个较慢的萌芽阶段后,就迅速发展,比如于 1996 年成立的 Xanga(http://www. xanga. com)博客网站,到 1997 年仅有 100 篇网络日志,但是截至 2005 年 12 月,Xanga 上已经有超过 2000 多万篇网络日志。同样,截至 2011 年 2 月,博客搜索引擎"Technorati"②已经能索引出超过1.56 亿篇网络日志。博客在世界范围内流行。

---

① 郝振省. 2009—2010 中国数字出版产业年度报告[M]. 北京:中国书籍出版社,2011.
② Technorati 网址　http://www. technorati. com/.

自 2006 年开始,博客的应用扩散到政务、商务、社会交往等各个领域,渗透社会生活的各个方面,展露强势的发展劲头,以博客为选题的书亦开始涌现,如《老徐的博客》[①]《潘石屹的博客》[②]《病忘书》[③]《不许联想:一个无聊人和他的无聊博客》[④]等。虽然博客内容参差不齐,但就其实质来说,博客是 Web 2.0 条件下的自助出版。总的来说,博客不如原创文学网站那样大规模地进行商业化出版活动。

### 1.3.1.8 维基类网络百科全书

1995 年美国程序员沃德·坎宁安(Ward Cunningham)成立了 wikiwikiweb 网站。他为了方便社区群交流而发明了波特兰模式知识库(Portland Pattern Repository),其初衷是使所有社区人员都能编辑网站中的内容以便共创与共享。但是在初期,技术不完善,协作方式也相当简陋。后来他又开发了一些辅助工具,在这个过程中,逐渐确定了 wiki("维基")的概念,它是一种以网络为基础,多人协作写作的技术。早期这些协作式技术只在小范围内使用,后来,这种多人协作式的创作模式被网络百科全书之父 Jimmy Wales 注意到了,于是他于 2001 年创办了维基百科网站[⑤],将维基这种多人协作式写作技术推向大众的视野。维基百科网站的性质是一"本"在线式的大英百科全书,它也是目前最大的采用维基技术的网站。维基百科的诞生和发展刺激了此类网站产生,也导致百科全书出版的变革。目前《大英百科全书》已经不再出版纸质版,而是全面转向数字出版。维基类网络百科全书是开放式运作模式,但采用的是网民协同编辑制度。

### 1.3.1.9 数字内容包

前面阐述的各种类型的数字出版物各有其特点,但还有一种数字出版物采用的是"一体多翼",即一个"主题＋多元"的辅助材料,共同形成一个内容包,又由于这种内容包是数字化的,故本书称之为数字内容包。这是一种"打包"出售的产品,多用于教育出版。一般呈现形式是"主教材＋多元的辅导资料",其目的是通过提供多种教学资源,以最大限度地满足教师教学需要和学生学习需要。这种形式与上述各种形式完全不同,故本书将其单独列为一类。

---

① 徐静蕾. 老徐的博客[M]. 北京:中信出版社,2006.

② 潘石屹. 潘石屹的博客[M]. 武汉:长江文艺出版社,2006.

③ 北京女病人. 病忘书[M]. 天津:天津人民出版社,2004.

④ 王小峰. 不许联想:一个无聊人和他的无聊博客[M]. 上海:上海人民出版社,2006.

⑤ 维基百科官网  https://www.wikipedia.org/.

### 1.3.2　数字出版物的主要形态归纳

上述列举了九种常见的数字出版物,对九种出版物细分并归纳分析后,可发现其中相当一部分是重叠的,如表 1-3 所示。

表 1-3　　　　　　　　　主要数字出版物及其对应的出版模式

| 类型 | 子类型 | 特点 |
|---|---|---|
| | 电子图书数据库 | 数据库出版模式,以学术出版为主,是最早成熟的数字出版模式 |
| | 电纸书 | 内容来自传统纸书,和阅读器组合而形成了"电子＋书"的模式,可称之为电纸书出版模式 |
| 电子图书 | 增强型电子图书(或 App 型电子图书) | 手机应用出版模式,App 型电子图书以多媒体效果为特色 |
| | 网络原生电子图书 | 美国的网络自助出版模式和我国的网络原创文学出版模式,通常针对大众出版 |
| | 期刊数据库 | 数据库出版模式,以学术出版为主,是最早成熟的数字出版模式 |
| | 电纸期刊 | 内容来自传统期刊,属于电纸书出版模式 |
| | 增强型电子期刊(或 App 型电子期刊) | 手机应用商店模式,App 型电子期刊以多媒体效果为特色 |
| 电子期刊 | 开放存取期刊 | Web 2.0 技术条件下的网络学术出版模式。有同行评审制度 |
| | 手机杂志 | "手机阅读"出版模式与手机应用出版模式都生产手机杂志 |
| | 网络多媒体杂志 | 属于网络自助出版,通常有自己的网络出版平台,但逐渐进入手机应用商店平台分销,可与 App 型电子期刊合并为一类 |
| | 报纸数据库 | B2B 的数据库出版模式,以学术出版为主,是最早成熟的数字出版模式 |
| 电子报纸 | 手机报 | 属于"手机阅读"出版模式 |
| | 电纸报纸 | 内容来自传统报纸,属于电纸书出版模式 |
| | 增强型电子报纸(或 App 型电子报纸) | 手机应用出版模式,App 型电子报纸以多媒体效果为特色 |
| 开放存取出版物 | 开放存取仓储 | Web 2.0 技术条件下的网络学术出版模式。无同行评审制度 |
| | 开放存取期刊 | Web 2.0 技术条件下的网络学术出版模式。有同行评审制度 |

(注：类型列左侧为"数字出版物")

续表

| 类型 | 子类型 | 特点 |
|---|---|---|
| 数字出版物 | App 类出版物 | 手机应用商店模式,App 类出版物以多媒体效果为特色,典型的有增强型电子书和游戏等 |
| | 手机报纸、手机小说、手机动漫等 | 属于"手机阅读"出版模式,与 App 类出版物相比,具有静态阅读特征,以文字图片为主 |
| | 微出版物 | 包括微小说、微电影等,目前商业模式不明晰,未来前景不明,但微出版物能适应手机小屏幕和碎片化时间阅读的特点 |
| | 网络原创文学 | Web 2.0 条件下的大众出版物 |
| | 博客 | Web 2.0 条件下的出版物,内容比较零散,不是典型的网络原生电子书运作模式 |
| | 自助出版电子书 | 属于网络自助出版模式 |
| | 维基类网络百科全书 | Web 2.0 技术条件下的网络免费工具书出版模式,有协同编辑制度 |
| | 主要包括电子教材包 | 主要用于教育出版,一般需要配合搭建网络平台 |

其中左侧第二列分组标注为:手机出版物、网络原生电子书、网络免费工具书、数字内容包。

数字出版的状况犹如"乱花渐欲迷人眼",通常学者在研究各种类型数字出版物的时候,多是按照传统方式来划分,即按照电子图书、电子报纸、电子期刊等分类来研究问题。而电子图书、电子报纸、电子期刊又可继续细分为数据库出版物型、电纸型、网络原生型和 App 型等,这样数字出版物就呈现出很复杂的局面。笔者认为以传统出版物特征来划分数字出版物,并不能代表数字出版物的本质形态。对表 1-3 进行比较分析,就可以看出相近的特征来。除去重复性的,笔者认为具有代表性特征的数字出版物形态是:① 数据库出版物,主要内容来自传统图书、报纸、期刊,并以集成方式出版;② 电纸出版物,内容来自传统图书、报纸、期刊,以单本方式发布并销售;③ 手机出版物,内容构成复杂,包括电纸型出版物、网络原生出版物、App 型出版物及微出版物;④ 网络原生出版物,成规模的产品主要是我国的网络原创文学和美国的自助出版电子书;⑤ 开放存取出版物,包括开放存取仓储和开发存取期刊;⑥ 网络免费工具书,其中维基类网络百科全书最为典型;⑦ 数字内容包,以数字教育出版产品为代表。

近年来如火如荼的数字出版活动,多在这七种基本形态下发展,或是采用综合性发展思路,或是专一性发展。

综合性的发展以亚马逊公司为例,亚马逊2007年开始进军数字出版,当年推出第一代专用电子阅读器Kindle。截至2011年9月,Kindle Store中版权电子图书已逾百万,Kindle模式很快获得成功,被认为是亚马逊整合传统图书资源,打造电纸书产业链的楷模。

亚马逊很快又进军网络原生电子书。2010年6月它推出了Digital Text Platform(简称DTP)项目,2011年6月更名为Kindle Direct Publishing(简称KDP①),翻译为"亚马逊直接出版",顾名思义,就是绕开传统出版商的意思。这个项目借助Kindle的优势,也取得了商业上的成功,使亚马逊成为自助电子书销量最大的平台。

近年来,因亚马逊还致力于搭建音乐商店和视频点播服务,业界纷纷预测亚马逊可能成为平板电脑玩家,并向应用服务靠拢。果然,亚马逊在2011年4月推出在线商店——安卓应用商店(App Store for Android),用户可以使用电脑或手机登录并选择下载安卓平台应用程序。紧随其后,2011年9月28日,亚马逊宣布推出平板电脑Kindle Fire。此外,亚马逊还发展MP3、Video、Could Player和有声图书等项目。

总的来说,亚马逊在发展数字出版上采用多元化经营策略,主线发展三种形态:一是电纸书,整合传统出版商的版权资源,销售针对专用电子阅读器Kindle的产品,这就形成了亚马逊的电纸书模式;二是线上自助出版项目,发展网络原生图书,绕开传统出版商,直接和作者对话;三是销售针对液晶屏移动阅读终端的应用类产品,包括应用软件、游戏、Video等。亚马逊的三种形态产品也开发针对手机的格式。亚马逊在数字出版道路上并未涉足开放存取出版、数据库出版,因为学术出版不是它的定位。亚马逊也参与数字教育出版活动,它先期就推出大屏幕的Kindle DX,其目的是销售传统教材的PDF版,因为PDF格式是最好的显示纸本图书原样的格式。

另外,以学术出版为例来说明七种形态中的数据库出版和开放存取出版的发展。数据库出版是目前最为成熟的数字出版商业模式。世界大型学术出版商爱思唯尔于1990年开始着手数字出版工作,经过数年的努力建成包含大型数据库ScienceDirect②的信息平台,它可提供爱思唯尔期刊的在线检索和全文下载服务。此数据库采用B2B模式,销售给图书馆,再由图书馆提供给读者查阅。此模式切合时代需求,因此迅速占领市场。其他数据库出版商也纷纷推出产品,

---

① DTP网址 https://kdp.amazon.com/.
② ScienceDirect官网 https://www.sciencedirect.com/.

如德国的施普林格的 SpringerLink 数据库[①]、威利父子的 Wiley InterScience 数据库[②]、汤姆森学习出版集团旗下的 Thomson Gale 数据库、麦格劳·希尔旗下的 Digital Engineering Library、牛津大学出版社的牛津在线数据库等。

国内的数据库出版事业同样欣欣向荣。目前清华同方知网（北京）技术有限公司的中国知网数据库[③]、重庆维普资讯有限公司的中文科技期刊数据库[④]、北京万方数据股份有限公司的万方数据库[⑤]、北京超星公司的超星读书[⑥]、北大方正科技公司的 Apabi 中文电子图书数据库等都是国内著名的数据库。

关于开放存取出版，这是 Web 2.0 条件下学术出版的发展，是一种非营利性的出版模式，在学术界得到广泛提倡。由于开放存取出版的影响较大，学术出版商逐渐接受开放存取出版。施普林格是商业数据库出版商中第一个认可并支持这种模式的出版企业。2004 年 7 月，施普林格还创建并实施了开放选择（springer open choice）的出版模式。[⑦] 不过，由于开放存取的非营利性质，较多的开放存取出版物都是在专门的平台上发布。国际上著名的开放存取平台有美国科学公共图书馆（the Public Library of Science，简称 PLoS），英国生物医学中心（BioMed Central，简称 BMC），哈佛大学的 HighWire Press，美国高能物理研究所理论部创建的 arXiv.org 等；国内有中国科技论文在线、中国预印本服务系统等。其中一些开放存取期刊已经被爱思唯尔、施普林格等的数据库产品选用。

维基类网络百科全书从理念来讲，与开放存取出版一致，都是提倡"共享"，且都是借助于 Web 2.0 技术。但这种模式内容包罗万象，并不局限于学术出版。另外，"协作编辑"也是其独有的特色。维基类网络百科网站的经营者一般专注于经营这种独特的内容产品，很少再涉足开发其他形态的数字出版产品。但从经营模式来说，已经有非营利和营利两种发展道路。

七种形态中的数字内容包如前所述，主要出现在数字教育出版之中，国外培生集团是生产这类产品的先锋。这种内容形态也并不仅仅局限于教育出版。我国的《有道词典》《金山词霸》等也以这种形态呈现。《有道词典》以权威词典为主体，辅以"百科""翻译""单词本"和"云图书"等多种帮助语言学习的栏目。《有道词典》中还包含有"有道学堂"网络平台，内含"口语达人""实用英语""听说练习"

---

① SpringerLink 官网　http://link.springerlink.com/.

② Wiley InterScience 数据库官网　http://onlinelibrary.wiley.com/.

③ 中国知网数据库官网　http://www.cnki.net/.

④ 中文科技期刊数据库官网　http://www.cqvip.com/.

⑤ 万方数据库官网　http://www.wanfangdata.com.cn/.

⑥ 超星读书官网　http://book.chaoxing.com/.

⑦ 代杨,俞欣.施普林格:从传统出版向数字出版跨越的策略分析[J].出版发行研究,2008(10):11-14.

等课程。当然,《有道词典》从工具书入手,但最后还是以教育平台的方式出现。因此,笔者认为数字内容包这种形态的最好应用是在数字教育和学习领域。

# 1.4 本章小结

笔者认为对数字出版的研究都是大多从两种角度来进行的。一种是按照传统出版物的类型划分,将数字出版物划分为电子图书、电子期刊及电子报纸等;另一种是按照实践界呈现出的不同数字出版模式研究,这就使得研究令人眼花缭乱。笔者认为,这些研究方法虽然都有一定的道理,但并不能系统反映数字出版物现实的形态和对应的运营模式。本书尝试从产业及产品特征出发,划分数字出版的形态及其出版模式,一则根据新时代的特点提出了一些新的形态,二则对新时代中运营模式相同的出版物类型(如图书、报纸、期刊)进行了合并。这就形成了目前主要的数字出版产品形态,它们是:① 数据库出版物,对应的是传统出版物集成上网产生的数据库出版模式。② 电纸出版物,内容来自传统出版的图书、报纸、期刊,是静态出版物,对应电纸书出版模式。③ 手机出版物,这类出版物构成复杂,因所有形态的数字出版物都以手机为阅读终端进行阅读和视听。但下列三种形态和模式是手机出版中最具有代表性的:一是动态的"App 应用"形态(包括增强型电子图书和游戏等),对应的商业模式是应用商店模式;二是静态的读物,对应"手机阅读"出版模式,其内容资源与电纸书及自助出版模式有所重叠;三是微出版物形态,有可能形成"移动互联网原生读物",但目前产业尚不成熟,暂不做重点研究。鉴于手机出版物在数字出版中的重要地位,本书将手机出版作为单独一章进行研究,但其内容产品与"电纸出版物"有重叠。④ 网络原生出版物,对应的经营模式主要有国内的网络原创文学模式和美国的自助出版模式。⑤ 开放存取出版物,对应的模式主要是开放存取期刊出版模式。⑥ 维基类网络百科全书,对应的经营模式有以维基百科网为代表的非商业化独立运营模式、以互动百科为代表的商业化定位的独立运营模式和百度百科以搜索引擎为依托的多平台结合模式。⑦ 数字内容包,对应的是数字教育出版中的课程服务模式、产品模式、电子教育产品模式和电子书包模式。下面对这七种出版物及其出版模式分别进行研究。

# 2  数据库出版研究

数据库出版物是重要的数字出版物之一。数据库出版则是一种历史悠久，极具生命力的数字出版模式。甚至可以说，在数字出版的概念产生之前就已经有了数据库出版的实践。目前，在各种数字出版物生产中，唯有数据库出版商业模式最为成熟，已经处于稳步发展阶段。鉴于数据库出版在行业中的地位，本书首先探讨数据库及其出版模式。

## 2.1  数据库出版概述

### 2.1.1  数据库的定义

关于数据库的定义可谓众说纷纭，从不同的角度可做出不同的阐释。这些定义又可进一步分为狭义和广义两种。无论是狭义还是广义，都揭示出了数据库某一方面的特征，能够帮助我们更好地理解和认识数据库。

狭义的定义是从计算机科学的角度做出的解释。王亚平在其主编的《数据库系统工程师教程》中，对数据库做出了如下定义：数据库是指长期存储在计算机内的，有组织的，可共享的数据的集合。数据库中的数据按一定的数学模型组织、描述和存储，具有较小的冗余度，较高的数据独立性和扩展性，并可为各种用户共享。[①]

J. Martin 给数据库下了一个比较完整的定义：数据库是存储在一起的相关数据的集合，这些数据是结构化的，无有害的或不必要的冗余，并为多种应用而服务；数据的存储独立于使用它的程序；对数据库插入新数据，修改和检索原有数据均能按一种公用的和可控制的方式进行。当某个系统中存在结构上完全分

---

① 王亚平.数据库系统工程师教程[M].北京：清华大学出版社，2004.

开的若干个数据库时,则该系统包含一个"数据库集合"。①

其他一些从计算机科学角度阐释的定义在此不再赘述了。虽描述各有特色,但其实质是一样的,即:① 数据库是一个有穷的集合体。② 数据之间有较复杂的逻辑关系。数据库不但存储数据,而且连同其间的逻辑关系一起存储。③ 数据库具有数据共享和数据独立等特性。④ 数据冗余小,可检索。

广义的定义是从社会科学的角度理解数据库的。本书借鉴的是法律意义上的数据库的概念。1992 年 5 月 13 日,欧盟在《欧盟理事会数据库法律保护指令草案》(以下简称《草案》)中第一次从法律意义上定义数据库。《草案》第 1 条第 1 款规定:"数据库是指以电子方式编排、存储和访问的作品或材料,以及数据库的运作所必需的电子材料,例如,获取或表达数据的分类词汇汇编、索引或系统等的集合。"这里的数据库仅指电子数据库。

1996 年 3 月 11 日,在经过多次修改后,欧洲议会和欧盟理事会颁布了《欧盟数据库法律保护指令(96/9EC)》(以下简称《欧盟指令》)。其中第 1 条第 2 款规定:"数据库是指经系统或有序的编排,并可通过电子或其他手段单独加以获取的独立的作品、数据或其他材料的集合。"这是法律上第一次明确提出数据库的概念,其中第 1 条第 1 款规定:"本指令涉及任何形式数据库的法律保护。"这表明法律意义上的数据库比技术意义上的范围广泛得多,不仅包括电子数据库,还包括传统意义上的非电子数据库,如字典等。

随着计算机技术、互联网技术和通信技术的飞速进步,数据库得到了极大的发展。国外数据库的理论知识和实践成果传入我国,我国数据库建设实践进展顺利,在各行各业开花结果。国内学者也纷纷联系实际,对数据库进行定义。

杨晋萍认为:"所谓数据库,一般是指文学、艺术、音乐、书目、录音资料、图像、数字、事实、数据或其他形式的作品的数字化汇集,但须特别指出的是,它不包括建立或操作数据库所使用的计算机程序。"②

李敏认为,数据库是指按一个特定目的收集起来的、供一个和几个数据处理系统使用,按一定规则组织存放在计算机存储设备中,以供检索的一大批信息的集合。③

寿步等人认为,数据库是指"在计算机存储设备上合理存放的相互关联的数据的集合,这些数据按照一定的数据模型组织、存储,并能以最佳的方式,最少的

---

① 王伟.数据库的法律保护问题研究[D].成都:西南财经大学,2009.
② 杨晋萍.话说网络的著作权[J].中国青年科技,1999(11):33-35.
③ 李敏.数据库与知识产权保护[J].现代图书情报技术,2005(5):79-80.

数据重复,被用户共享使用。"①

从我国学者的定义中可以看出,他们认为的数据库仅指电子数据库,而笔者研究的也是这种形式的数据库。由此,笔者结合《欧盟指令》中的定义,认为:数据库是指经系统或有序的编排,并可通过电子手段单独加以获取的独立的作品、数据或其他材料的集合。

在此值得一提的是,电子数据库和非电子数据库之间的鸿沟并不是不可逾越的。非电子数据库是指用传统的纸介质等非电子形式编排、存储和使用的数据库,如词典、百科全书、年鉴等。如今由于扫描仪的广泛应用,非电子数据库很容易被转化为电子数据库。从另一个层面来说,非电子数据库资料可能是制作电子数据库的原材料。

## 2.1.2 数据库的类型

关于数据库的类型,一般常见的是按照信息层次分类,可以将数据库分为源数据库和参考数据库。

### 2.1.2.1 源数据库

源数据库是指存储全文、数值、结构式等信息,能直接提供原始信息和具体数据,用户不必再查询其他信息源的数据库,主要包括数值数据库和全文数据库。

数值数据库是指存储以自然数值形式表示的数据或信息为主的数据库。数值数据库可以提供各类统计数字,如人口统计资料、气象数据、地质资料、科学技术实验数据、市场调研数据等。数值型数据是人们从文献资料中分析提取出来或者是从试验、观测、统计工作中得到的,能够直接加以利用的原始事实性信息。

全文数据库是指存储原始信息全文或主要部分的一种源数据库,如图书全文数据库、期刊全文数据库、学位论文全文数据库、会议论文全文数据库、专利全文数据库等,用户按照某种检索条件,使用某种词汇或短语进行检索,便可直接检索出含有这一词汇或短语的原始信息全文。1973 年,美国米德数据中心建成了世界上第一个面向公众查询的大型全文数据库——Lexis 法律全文数据库。此后,全文数据库成为全球文献数据库的重要发展方向,也是目前发展最快的数据库。

---

① 寿步.计算机知识产权法[M].上海:上海大学出版社,1999.

#### 2.1.2.2　参考数据库

参考数据库是指存储一系列描述性信息内容,指引用户到另一信息源获得完整的原始信息的一类数据库,主要包括指南数据库和书目数据库。

指南数据库也称事实型数据库,指存储某些有关客体,如机构、人物、产品、法律法规、基金、疾病、活动等对象,只做一般性事实描述的数据库。

书目数据库又称二次文献数据库,是指存储目录、题录、文摘等书目线索的数据库,相应的数据库出版物为图书馆目录数据库、题录数据库和文摘数据库等。书目数据库的作用是为用户指出获取原始信息的线索。书目数据库是最早出现的数据库。1961 年,由美国化学文摘服务社利用计算机编制出版的《化学题录》,不仅是最早的成型的数据库出版物,还是公认最早的数字出版物的雏形。

另外,按照存储介质分类,可以将数据库分为磁带数据库、磁盘数据库、光盘数据库和网络数据库。按照信息表达方式分类,可将数据库分为文本数据库、图片数据库、声频数据库、视频数据库和多媒体数据库。其中,多媒体数据库产品目前逐渐受到重视,是较好的学习资料,如我国的新东方多媒体学习库。其他特定类型的数据库还有特色文献数据库、专题数据库和古籍数据库等。数据库划分标准不同,类型也就不同。常见的如上所述,其他不再赘述。

### 2.1.3　数据库出版的定义

虽然对数据库的定义很多,关于数据库的研究也浩如烟海,但关于数据库出版定义的探讨并不多。学者周荣庭认为:数据库出版是利用数据库技术实现电子出版的过程和技术[①],他强调技术在数据库出版中的作用。清华大学邓婷、沈波在《纸质数据库与数字化数据库出版模型的对比》一文中指出:数据库出版是出版的重要领域,数据库将零散的信息、知识和经验加以整理汇编,通过高效、快速的检索方法,使人们可以更加便捷地使用这些信息资源[②]。该定义揭示了数据库出版的部分特点,但没有明确给出数据库出版的定义。

笔者认为数据库出版(指电子数据库出版)是指运用数据库技术为主的多种技术,集成零散的独立作品、数据或其他材料,经过系统、有序的编排,存储在磁、光等介质中,形成数据库产品,采用类似出版物的传播和发行方式,并最终可通过计算机或者类似设备加以获取的出版活动。必须再强调,数据库之所以与出

---

①　周荣庭.网络出版[M].北京:科学出版社,2004.

②　邓婷,沈波.纸质数据库和数字化数据库出版模型的对比[J].科技与出版,2007(10):46-48.

版挂上钩,是因为以下几个因素:一是数据库出版的产品是数据库本身,它是一种内容产品,其资源多来自出版商;二是数据库采用类似图书的发行和售卖方式;三是数据库出版商大多是由传统出版商转型而来;四是尽管技术性强,数据库仍然需要编辑加工,这些活动与传统出版物的编辑加工过程有类似之处。总而言之,数据库出版的基础之一是传统出版,故我们将这种表面上是"技术活",实则生产原理蕴涵传统出版原理的活动称为出版,更准确地说,数据库出版是数字出版活动之一。

## 2.1.4　数据库出版的特点与优势

### 2.1.4.1　数据库出版是一种集成式出版

集成式出版表现之一是产品拥有海量的内容。如爱思唯尔的 ScienceDirect 数据库收录的期刊超过 2500 份,后来更是耗资 4000 万美元启动 Scopus 项目,将所有收录的期刊都回溯到创刊年。集成式出版表现之二是整体价值大于个体价值的简单相加。换言之,数据库的整体价值并不等于构成数据库的作品或其他信息材料的个体价值之和。

数据库出版是一种集成式出版,还体现在数据库中的内容既具有独立性,又具有相关性。之所以说数据库的内容具有独立性,是因为数据库中的每一个词条、每一篇文章、每一份数据都是可以单独下载或在线阅读的;也可以对数据库中的内容或数据进行添加或删除的操作,但不影响数据库中存储的其他内容或数据。同时,组成数据库的材料之间有着某种相关性。因为数据库并非是内容杂乱无序的集合,而是根据一定的目的和要求,按照一定方式,经过系统地筛选、编排,形成的有机统一体。

### 2.1.4.2　检索功能强,信息挖掘程度深

数据库具有极强的检索功能。可检索既是数据库的特点,又是其相对于纸质出版物的优势之所在。尽管一些大型数据库内容庞杂、层次繁多,用户的检索目的和角度也不同,但是数据库能够通过多种检索方式,如初级检索、高级检索和专业检索,提供不同的检索字段,如主题、关键词、著者、期刊等来满足不同用户的需求。近年来,随着数据挖掘、人工智能、数据推送等新技术的发展,数据库系统还可以揣度人们感兴趣的信息,进而推荐给读者,实现智能检索。同时,借助于数据仓库等技术,数据库产品能进一步揭示文章间的相互关系。例如,期刊文章之间可能存在多种相关性,或者出自于同一本期刊,或者由同一作者写作,或者关注的是同一主题,或者采用了相同的关键词,或者引用了同一篇文章,又

或者被同一篇文章引用等。数据库系统本身能够深入地挖掘出这些文章的各种可能的联系。

以 SCI 为例,SCI 原本只是一种强大的文献检索工具。它打破以往数据库按主题或分类途径检索文献的常规做法,设置了独特的"引文索引",即将一篇文献作为检索词,通过收录其所引用的参考文献("越查越旧")和跟踪其发表后被引用的情况("越查越新")来掌握该研究课题的来龙去脉,从而迅速发现与其相关的研究文献。"越查越旧,越查越新,越查越深",这也是科学引文索引当初建立的宗旨。①

我国的 CNKI 推出的"知网节"服务,从某种程度上可以看作是对 SCI 这种引文索引检索模式的一种学习和模仿。图 2-1 是截取的一个知网节。

所谓知网节,就是指提供单篇文献的详细信息和扩展信息浏览的页面。通过知网节,我们可以一目了然地看到文献之间的关系,有助于快速地获取信息。图 2-1 中,节点文献是指研究者搜索到并打开的那篇文献,参考文献是这篇文献参考过的文献,二级参考文献是本文参考文献的参考文献,引证文献是指引用本文的文献,二级引证文献是指本文引证文献的引证文献,共引文献是指与本文有相同参考文献的文献,同被引文献则是指与本文同时被作为参考文献引用的文献。

### 2.1.4.3　数据库销售以 B2B 模式为主

数据库出版发展之初就是以团体用户为销售对象。团体用户主要包括图书馆、科研机构、政府机关和公司企业等。图书馆为建设资源和充分利用资源,会组成图书馆联盟。特别值得一提的是,我国部分高等学校图书馆组成的联盟——中国高等教育文献保障系统(China Academic Library & Information System,简称 CALIS),它在购买数据库产品时具有很强的议价能力。在面对国外爱思唯尔等数据库出版巨头的涨价风波时,CALIS 发挥了协商和沟通作用。随着团体用户市场竞争激烈,趋于饱和,数据库出版商开始重视个人用户这一"长尾"市场,个人用户的比重呈现逐步增长的趋势。但是团体用户,特别是高校图书馆、科学院系统图书馆和大型公共图书馆的购买资金稳定,购买力较强,仍然是购买数据库的主力军。

---

① 徐菊. 商业性文献数据库的营销策略研究[D]. 上海:华东师范大学,2008.

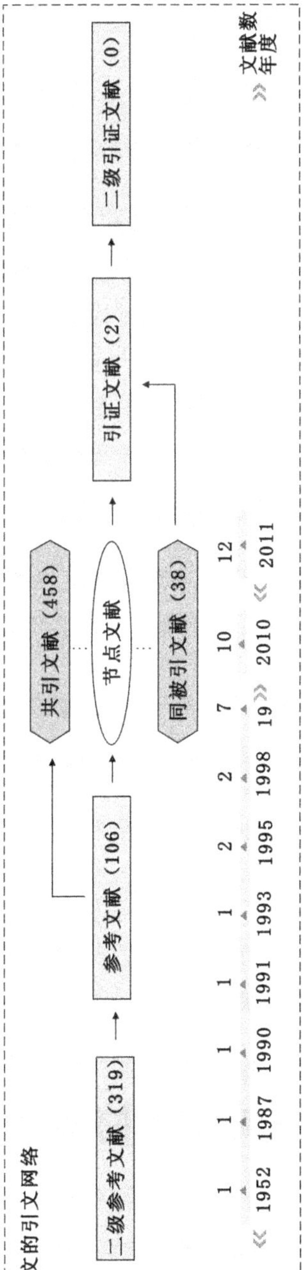

图 2-1 知网节[①]

① 本图出自"中国知网"。

### 2.1.4.4 编辑、修订方便

首先,数据库出版不必等所有的资料都齐全,可以边采集资料边出版发行,极大地促进了知识的积累和传承。其次,数据库修订也比较快捷,免去了传统出版修订的冗长环节。在数据库出版中,排版是由系统自动完成的,而且可以实现对一些错误数据的整体替换和修改,大大提高了工作效率。最后,可方便地添加或删除数据库条目。数据库的基本组成单位是一个一个的词条,这些词条都是独立的,可以单独访问。数据库出版者可以对数据进行添加或删除,但不会影响数据库中存储的其他数据。此外,在互联网时代,只要有相应的终端设备,数据库出版者就可以随时随地对数据库进行各项更新修改的操作。

### 2.1.4.5 具有较强的文化保存与传播功能

数据库是保护文化遗产、促进文化传播最直接、最有效的手段之一,成功的数据库出版对人类知识的积累和传承起着非常重要的作用。数据库可以通过文献、图片、录音、录像等多种形式,对文化遗产进行全面和系统的记录。特别是在一些非物质文化遗产的保护问题上,构建数据库已经成为非物质文化遗产保护工作的重要环节,也是迅速了解、掌握各地非物质文化遗产资源情况的重要方式和途径。

以我国正在建设的"中国语言资源有声数据库"为例,这是国家语言委员会正在开展的一项工程,该工程的目标是将中国各县域的语言(包括地方方言和地方普通话)记录下来,永久保存。随着普通话的推广与普及,以及使用方言的老一辈的离去,以后很多地方方言和地方普通话将不复存在,而数据库能够将这些语言文化很好地记录和保存下来,供后世人学习和研究。再比如说现在很多地方都在建设的地方文献数据库就是反映某一地区的政治沿革、经济发展、文化源流、风俗民情等的出版物。做好地方文献工作,对建设有特色的图书馆和保护当地的文化遗产都具有极其重要的意义。

# 2.2 数据库出版的发展历程

按照产业发展特点来划分,数据库出版大致可以划分为三个阶段,即数据库出版产业形成阶段(1951—1980 年)、数据库出版产业成长阶段(1980—1995 年)和数据库出版产业成熟阶段(1995 年至今)。

## 2.2.1 数据库出版产业形成阶段(1951—1980 年)

### 2.2.1.1 形成阶段发展概述

1951 年,美国麻省理工学院的巴格利(P. R. Bagley)利用该校的旋风(Whirlwind)计算机检索代码对文摘进行的可行性研究,被视为数字出版的萌芽。[①]

1954 年,美国国防部研究所海军兵器中心研制出了基于 IBM701 计算机的信息检索系统,将计算机首次用于批示检索。[②]

1959 年,美国匹兹堡大学卫生法律中心建立了全文法律信息检索系统。[③]

以上事件都是对数据库出版的有益尝试,为 20 世纪 60 年代数据库发挥出其真正的实用价值埋下了伏笔。进入 20 世纪 60 年代后,按字母顺序排列的、以磁存储器为载体的书目数据库登场。

1961 年,美国化学文摘服务社利用计算机编制了《化学题录》,这是公认的数字出版物的雏形,也是最早的数据库产品。《化学题录》属于数据库中的书目数据库。

1964 年,美国国家医学图书馆(NLM)正式对外发行了知名的《医学文摘》数据库磁带 MEDLARS,并使用该系统进行医学文献的批式检索。[④] 这是早期比较有代表性的数据库出版物。而 MEDLARS 系统是美国国家医学图书馆 1960 年就着手设计的。

1965 年,美国化学文摘服务社首先出版了磁带形式的《化学与生物领域》(CBAC)。[⑤] 同年,美国国家科学基金会、国家卫生协会和国防部,联合建立了 CAS 化学注册系统数据库。

1967 年,生物科学情报服务社设立了磁带版发行机构。

1969 年,工程信息公司也建立了同样的机构,工程索引(EI)被制作成机读数据库。同年,美国国会图书馆发行了 MARC 书目磁带。[⑥]

1971 年,美国空军的国家航空航天局(NASA)实验室使用修改过的软件,在纽约州的医学图书馆,对 MEDLARS 数据库实现了最早的联机检索。也是在这一年,美国国家医学图书馆(NLM)自己生产的联机系统 MEDLINE 投入运行。

① 谢新洲.数字出版技术[M].北京:北京大学出版社,2002.
② 张文毅.关于数据库发展史的回顾与思考[J].图书与情报,1989(3):47-50.
③ 徐丽芳.数字出版:概念与形态[J].出版发行研究,2005(7):5-12.
④ 刘冬亮.我国数据库产业发展与战略研究[D].长春:东北师范大学,2009.
⑤ 徐菊.商业性文献数据库的营销策略研究[D].上海:华东师范大学,2008.
⑥ 同②.

1972 年,始建于 1966 年的洛克希德公司开始运用其生产的历史最悠久的联机信息服务系统——DIALOG,为多家数据库生产者提供 DIALOG 服务,步入了商业性运营的轨道。截至 1974 年,洛克希德服务的数据库生产者达到了 18 个。[①] 也是在 1972 年,系统开发公司(System Development Company,简称 SDC)旗下的 ORBIT 检索服务社也将其开发出的 ORBIT 系统投入商业性运营。ORBIT 检索服务社于 1965 年建立,ORBIT 系统逐渐演变成后来的 OR-BIT 数据库。

1973 年,米德数据中心(Mead Data Central,简称 MDC)开发出了 Lexis 法律全文数据库,提供给法律界使用。这是最早的全文数据库。

总之,在 20 世纪 60 年代后期到 70 年代,欧美发达国家的数据库出版产业获得了迅速发展,许多具有重要参考价值的学科目录和文摘数据库问世。

### 2.2.1.2 形成阶段的主要特点

(1) 数据库生产者主要是政府机构

纵观 20 世纪 80 年代以前各国不同数据库生产者所占的比例,均是以政府机构为主。政府机构自身拥有内容,同时将内容组织、加工,形成数据库产品,向一些团体用户销售。另外,非营利性组织也参与了这一阶段的数据库出版活动。它们以图书馆、学会及大学里面的机构为主,如美国国家医学图书馆、美国国会图书馆、匹兹堡大学卫生法律中心等。少数的营利性组织如美国化学文摘服务社、工程索引公司、生物科学情报服务社等,开始生产、出版和发行数据库。

(2) 美国遥遥领先于其他国家

美国在各种科学技术及综合国力方面位居全球第一,这为其发展数据库产业创造了良好的条件。20 世纪 70 年代起,英国、法国、德国等欧洲国家也开始意识到数据库在数据存储、信息资源处理方面的强大功能,政府部门开始作为主导者和投资者,进行数据库的生产。数据库生产和联机检索在这些国家也迅速发展起来。但是由于起步本就晚于美国,再加上经济、科学、技术等各方面实力弱于美国,这些国家的数据库产业水平与美国差距明显。

(3) 数据库产品不成熟

形成阶段数据库产品主要以磁带、磁盘为载体。此外,还呈现出以下特点。

① 数据库数量少、规模小、主题局限。以美国为例,美国杰奇门(Gechman)参考许多资料后,分析得出了以下数据:1969 年,美国书目和非书目数据库的总数为 25 个,1970 年为 50~100 个。虽然在 20 世纪 70 年代,投入生产数据库的

---

① 张文毅. 关于数据库发展史的回顾与思考[J]. 图书与情报,1989(3):47-50.

政府机构增多,数据库数量迅速增加,但到 1975 年时,其总数也只是 301 个而已。1975—1980 年 6 年的时间内,数据库数量翻番,超过了 600 个。[①] 总之,这一时期的数据库数量仅以百为单位。数据库的主题也很局限。美国早期数据库的生产者是美国国防部或者美国国家航空航天局等政府机构或者部门,它们投资和生产数据库的目的是存储科学研究中日益庞大和复杂的数据,帮助科研人员更快地进行运算,做出决策,进而促进航天技术和国防技术的发展。早期数据库的生产者及其生产目的,决定了数据库主题的局限性。

② 数据库类型单一,以书目数据库为主。早期的数据库受到计算机技术和通信技术的限制,只能提供简单的、枯燥死板的文字信息,并且多是文摘和书目信息,即以二次文献数据库为主。如美国化学文摘服务社利用计算机编制的磁带数据库《化学题录》和《化学与生物领域》(CBAC),工程索引公司出版发行的工程索引(EI)数据库,美国国会图书馆发行的 MARC 磁带数据库,都是书目数据库。虽然米德数据中心(MDC)开发出了 Lexis 法律全文数据库,但这一阶段全文数据库数量还是比较少。

③ 数据库检索功能薄弱。该阶段经历了批式检索和联机检索两个阶段。批式检索又称脱机检索,是指用户将检索要求送往检索中心,由专职操作计算机的人员进行检索,然后将检索结果返回给用户的一种检索方式。这是当时在磁带上进行信息检索的唯一方式。这种检索方式缺乏用户与系统的直接交流,检索要求表达不清,导致最终的检索质量受影响。联机检索是指用户使用终端设备,通过通信网络或线路,在联机检索中心的数据库中直接进行检索并获得信息的过程。在这种检索方式中,用户通过通信网络与相关信息检索系统的终端计算机直接连线进行"人机对话",能较好地表达检索需求,从而提高了查全率和查准率。联机检索是对批式检索的一种进步,但联机检索仍然比较麻烦,需要使用特定的命令,检索者需要接受专门的培训。

### 2.2.2　数据库出版产业成长阶段(1980—1995 年)

进入 20 世纪 80 年代之后,美国的数据库产业突飞猛进,继续保持高速增长。由于更多的商业性机构和公司纷纷投资和生产数据库,市场日益拥挤,竞争日趋激烈。仅 1980—1984 年,数据库总量就翻了三番,由 20 世纪 80 年代初的600 个一跃超过了 2400 个。成长阶段的时间范围为 1980—1995 年。

---

① 徐菊. 商业性文献数据库的营销策略研究[D].上海:华东师范大学,2008.

### 2.2.2.1 成长阶段发展概述

1980 年,米德数据中心继 1973 年推出 Lexis 法律全文数据库后,又生产了 Nexis 数据库,在全球范围内为企业提供商业和法律全文信息服务,米德数据中心借此取得了巨大的成功。紧随其后,医学、文学、化学、新闻和专利等领域也都推出了各种全文数据库。

1982 年,美国书目检索服务公司(Bibliographic Retrieval Services, Inc., 简称 BRS)开发出名为 BRS/SEARCHD 的检索包,为用户提供了一套简便的指令系统。该公司成立于 1976 年,总部位于纽约。最初它提供医学数据库信息服务,随后逐步提供专业性数据库检索服务。发展到 1986 年 2 月,BRS 拥有公用数据库 110 个,私人数据库 40 个,信息存储量达 5000 万篇,其中包括不少全文记录。[①]

随后,一直处于前列的两个服务机构——DIALOG 和 BRS 公司均建立了面向卫星通信网络终端用户,可使用个人计算机采用简单提问语言查找大众化数据库的服务机构。DIALOG 的"DIALOG 知识索引"和 BRS 的"BRS After Black"是为公众晚间安排的两项服务,以供查找大众化数据库。[②]

这一阶段,数据库产业也日益为社会所承认。《美国情报科学协会》杂志于 1980 年刊登了《展望》这一论述科技联机系统论文丛书中的文章。《科学》杂志也发表了以电子数据库为主题的长篇论文。[③]

1983 年,日本的索尼公司和荷兰的飞利浦公司联合生产出了世界上第一张只读光盘。存储技术的发展,使数据库出版实现了又一次的跳跃。光盘凭借着存储容量大、体积小、要求设备简单、易于操作、使用保存方便、检索费用低等诸多优点,很快被运用到数据库出版中,成为数据库产品的新载体。加上这一阶段计算机的普及,光盘数据库凭借成本和检索便捷等优势,吸引了更多的使用者,也使得数据库产业化、商业化成为可能。

光盘数据库从问世到 20 世纪 90 年代中期,在文献信息检索中一直发挥着举足轻重的作用。SCI CDE、El Compendex、DAO、CA on CD 和 INSPEC 等是这一阶段最具代表性的数据库。[④]

### 2.2.2.2 成长阶段的主要特点

成长阶段数据库出版的主要特点体现在以下几个方面。

---

① 龚国伟. BRS 公司及其联机检索系统简介[J]. 情报科学,1987,8(5):80-84.
② 张文毅. 关于数据库发展史的回顾与思考[J]. 图书与情报,1989(3):47-50.
③ 同②.
④ 林佳,杨毅. 文摘索引型数据库检索系统的现状与发展趋势[J]. 图书情报工作,2007:68-73.

（1）成长阶段数据库生产者由营利性组织领跑

20 世纪 80 年代以来，生产者中商业性公司所占的比例越来越高，逐步领跑数据库出版产业。虽然政府数据库所占比例逐渐下降，但商业数据库的迅速增长是建立在政府数据库的基础之上的。换言之，是政府数据库成就了商业数据库的繁荣发展。

（2）美国的垄断局面被打破

20 世纪 80 年代，英国、法国、德国等国家逐渐认识到数据库产业作为信息产业的组成部分的重要性，纷纷建立自己的数据库产业。在欧洲国家中，以法国推行独立自主方针表现最为坚决。法国生产数据库的机构超过 100 个，其中58％为政府机构。法国共有情报中心 15 个，QUESTEL 中心和 G. CAM 中心是其中最重要的两个，各拥有数据库三四十个之多。亚洲国家中做得比较好的则是日本。截至 1985 年，日本在其所拥有的 1290 个数据库中，1/6 为本国所生产。从 1986 年起，日本政府还向制作数据库的民间企业在资金方面提供财政支持，促进数据库产业的发展。[①]

（3）数据库产品本身在这一阶段变化显著

从载体来看，光盘数据库在这一阶段占主导地位，磁盘数据库少量存在。此外，数据库产品的其他特点如下。

① 数据库数量激增、容量扩大。以美国为例，Kathleen Young Marcaccio 在其专著《计算机可读数据库：一份目录与数据资料书》（*Computer-readable Database：A Directory and Data Sourcebook*）中提供了 1975—1990 年间美国数据库数量统计，如表 2-1 所示。

表 2-1 **1975—1990 年美国数据库数量统计**

| 年份 | 1975 年 | 1977 年 | 1979 年 | 1985 年 | 1988 年 | 1989 年 | 1990 年 |
|---|---|---|---|---|---|---|---|
| 数据库数量/个 | 177 | 208 | 259 | 2016 | 2696 | 3338 | 3982 |

从表 2-1 我们可以看到，1979—1988 年，10 年时间内数据库的数量翻了九番。1990 年，数据库产量达到了近 4000 之众，超过世界数据库总量的 60％[②]。

这一时期，随着数据仓库技术应用于数据库，容量在几百 GB 以上的超级数据库出现了。[③] 表 2-2 是美国 1975—2000 年数据库记录条数的列表。表 2-2 显示，20 世纪 70 年代数据库的记录条数还只是以千万计；到 20 世纪 80 年代则以

① 张文毅. 关于数据库发展史的回顾与思考[J]. 图书与情报，1989(3)：47-50.

② 谢新洲，一凡. 欧美数据库产业的发展现状[J]. 情报学报，1997,16(6)：434-442.

③ 同②.

十亿为单位；20 世纪 90 年代时，则是以百亿为单位了。

表 2-2 **1975—1990 年美国数据库记录条数统计**[①]

| 年份 | 1975 年 | 1985 年 | 1996 年 | 1997 年 | 1998 年 | 1999 年 | 2000 年 |
|---|---|---|---|---|---|---|---|
| 记录条数/亿 | 0.52 | 16.8 | 108 | 110.3 | 120 | 128.6 | 152.5 |

② 数据库类型多样化，数据库主题延伸。有关数据显示，1990 年，图像、图形数据库的数量比 1988 年增加了 47 倍。[②] 同时，声音型数据库从 1988 年的 1 种，增加到了 1995 年的 300 种。[③] 文献数据库的比重仍然是最大的，其中，以 1980 年的米德数据中心的 Nexis 为开端，文献数据库的重要类型之一——全文数据库在各种文字型数据库中异军突起。据统计，1985 年，全文数据库所占比例只有 28％；而到 1995 年时，其在文字型数据库中所占比例达到了 50％。书目数据库的比例则从 1985 年的 57％下降了 33％，只占 24％。[④] 数据库的主题也大范围延伸，这一阶段数据库几乎涉及每一个主要领域及成百上千个细分领域，如商业、经济、金融、文学，甚至音乐、电影、饮食等。

除了上述特点以外，数据库检索功能增强，服务模式也有所突破。这一阶段数据库出版商开始推出了一些个性化的服务，如定题服务、文件索引服务、联机订购服务、存储服务等。但整体看来，数据库出版商提供的仍然是简单的文献查询和传输服务。另外，光盘数据库仍然是一种过渡产品，有待发展。

总的来说，这一阶段，由于政府积极引导、合理调控及个人计算机的普及和光盘的出现，数据库出版赢得了大量的用户，使得数据库产业全面商业化与市场化成为可能；关于数据库保护的法律也越来越多，并出现了专门针对数据库的数据库保护法。

### 2.2.3  数据库出版产业成熟阶段（1995 年至今）

兴起于 20 世纪 90 年代的互联网给数据库产业注入了新的活力。数据库与互联网相结合后，信息内容变得广泛而深刻，并能实现及时更新和全天候传播，网络数据库的优势在互联网时代极大地体现出来。从 1995 年开始，数据库出版产业借助互联网的发展而走向成熟。

---

① 表中数据参见 Gale Directory of Databases，Detroit，Gale Co.，2002.
② 董小英. 国际数据库产业发展：历史与现实[J]. 计算机世界，1991(3)：15.
③ 同②。
④ 谢新洲，一凡. 欧美数据库产业的发展现状[J]. 情报学报，1997，16(6)：434-442.

### 2.2.3.1　成熟阶段发展概述

1993 年是世界信息资源开发史上具有重要意义的一年。同年 9 月 15 日，美国政府率先颁布了《美国国家信息基础设施：行动计划》（NII 计划），主要内容是以互联网为雏形建设"信息高速公路"。这是美国在全面步入信息化社会之际实施的一项长远的、具有划时代意义的重大战略决策。在这一信息资源开发战略中，一项重要的内容即为重点建设数据库资源，促进网络信息资源的开发和利用。

到 1999 年，美国登记在册的数据库已有 3 万多个，且数据库的规模大、容量大、功能齐全，更新速度快，商业化程度极高。[①]

紧随其后，英国、法国、加拿大等欧洲国家，以及以日本为主的亚洲国家也提出了类似的政策，鼓励在本国建立"信息高速公路"。

1990—2000 年是网络数据库逐渐增加时期，前期光盘数据库仍然具有优势地位，后期网络数据库表现出了强劲的增长势头。尤其 2000 年前后，我国互联网和个人计算机呈现普及之势，通过 B2B 模式，即图书馆资金购买后提供给图书馆用户使用的方式。这一时期，数据库出版走向稳定，成为数字出版中最成熟的商业模式。

### 2.2.3.2　成熟阶段的主要特点

成熟阶段完善的风险投资机制为数据库出版的发展提供了良好的环境和充足的资金来源；数据库技术、传输媒体技术、存储媒体技术、感觉媒体技术、表示媒体技术、显示媒体技术等数字出版技术及检索技术等多项技术的全面发展，加之各项技术标准逐渐统一，加快了数据库出版产业做大做强的进程；同时由于互联网时代，侵权变得易如反掌，为保护数据库出版商和作者的权益，相应法律制度也都建立起来。

从内容提供商与集成商方面来看，成熟阶段内容提供商更为丰富。营利性组织中，拥有内容资源的众多传统出版机构积极参与进来；非营利性组织中，学术团体和图书馆的表现突出。这一阶段还诞生了专业性的集成商，不仅仅集成独立的内容产品，更集成数据库产品；拥有原始内容资源的组织和机构参与数据库出版，使得内容提供商与集成商的界限逐渐融合，走向消失。也正是在这一阶段涌现出了不少国际性数据库出版商巨头，他们引领了这场变革。数据库出版商之间虽有合作，但竞争也十分激烈。为了在新一轮的洗牌中胜出，数据库出版商尝试了优先数字出版、开放存取等新型出版模式。

---

[①]　范晓虹. 新时期美国政府的信息资源开发战略[J]. 中国信息导报，1999(3)：16-17.

从产品和服务来讲,网络数据库逐渐取代光盘数据库成为主流,数据库出版商由提供文献服务转向提供更高层次的知识服务。同时数据库的结构和功能大大优化,服务方式更为多样。

从终端和用户方面来看,成熟阶段由于移动通信技术的发展和多种便携式终端的出现,数据库也实现了移动阅读。数据库移动阅读也是未来数据库出版产业发展的又一重要趋势。多种便携式终端的出现,加上电子商务走进大众的生活和数据库出版商对个人用户的重视,这一阶段个人用户较前一阶段在数量上有了更大增长。

总的来说,在这一阶段数据库出版产业链成熟,产品及服务呈现多样化和差异化。市场成熟,一定程度上趋于饱和。

## 2.3  数据库出版模式分析

商业模式是模式中的一种。现代西方"模式化运动"之父、模式思想与模式理论的创立者 Christopher Alexander 认为,所谓模式,是指遵从某种规则或规律反复出现的思维方式或表现,每一种模式都是针对某一特定环境中某类频繁发生的问题给出的基本解法。① 也就是说,模式具有很好的重复性,遵循一定的流程来描述一个在我们的环境中不断出现的问题。

关于商业模式的定义,不同学者给出了不同的说法。定义商业模式的过程,其实就是运用简单的描述方法来表达复杂的商业系统的过程,因此必须抓住商业系统的某种本质属性,通过描述本质属性来统领和表现商业系统的其他方面。②

国外学者泰莫斯采用系统方法提出了商业模式的定义。泰莫斯(1998 年)认为"商业模式是指一个完整的产品、服务和信息流系统,包括每一个参与者和其在其中起到的作用,以及每一个参与者的潜在利益与相应的收益来源和方式。在分析商业模式过程中,主要关注企业在市场中与用户、供应商、其他合作者的关系,尤其是彼此间的物流、信息流和资金流。Osterwalder 和 Pigneur(2002 年)认为商业模式是"对企业提供给顾客什么样的价值、公司的组成结构及为了获得收益和稳定的收入来源,公司和它的合作伙伴是如何创造、营销、传

---

① [美]C.亚历山大.建筑的永恒之道[M].赵冰,译.北京:知识产权出版社,2004.
② 匡文波,孙燕清.数字出版商业模式的国际经验及其启示[J].重庆社会科学,2010(6):67-72.

递这种价值和核心关系的描述"。① 学者 Osterwalder(2004 年)在综合了各种概念共性的基础上,提出了一个包含九个要素及其之间关系构成的参考模型,用以描述公司的商业模式。这些要素包括"价值主张、消费者目标群体、分销渠道、客户关系、价值配置、核心能力、合作伙伴网络、成本结构、收入模型"。学者 Oster-walder、Pigneur 和 Tucci(2005 年)提出"商业模型是一个理论工具,包含大量的商业元素及它们之间的关系,并且能够描述特定公司的商业模式"。Aphrodite Tsalgatidou 等人则认为商业模式是"企业产品、服务与信息流的合理组合,还包括竞争者分析及企业收入来源"。国内学者李振勇则认为商业模式是"为实现客户价值最大化,把能使企业运行的内外各要素整合起来,形成一个完整的高效率的具有独特核心竞争力的运行系统,并通过最优实现形式满足客户需求、实现客户价值,同时使系统达成持续赢利目标的整体解决方案"。②

我国出版学学者程三国在谈到期刊商业模式时认为商业模式是"企业的价值主张,是企业创造价值的核心逻辑",包括卖给谁、卖什么和差异化能力等三个方面的内容。③ 肖叶飞、王业明在《数字出版的商业模式与产业链重构》一文中认为数字出版商业模式是企业在特定的环境下,通过经营管理有效地组织生产要素,有偿地为消费者提供其需求的产品和服务,以此实现盈利模式化的方式和途径。④ 其中内容组织、产品和服务、盈利方式为三个重要的组成部分。

尽管学者们对商业模式的表述和解释各不相同,但是通过梳理我们不难发现,商业模式一般都包含了以下几个方面的内容:一是产品生产或服务提供的主体,即各种各样的企业,这些企业有着各自的定位和价值主张;二是企业的经营内容,即企业必须提供具有竞争力的产品或服务;三是企业必须有明确的产品或服务对象;四是企业必须有合理的收入来源方式。笔者基于以上理论研究,构建出了成熟阶段数据库出版模式示意图,如图 2-2 所示。

图 2-2 中,数据库出版的主体是数据库出版商,产品即数据库和各种服务,服务对象即团体用户或个人用户,合理的收入来源包括团体用户订阅费、个人用户订阅费及其他一些盈利方式如流量费等。图 2-2 中的各个环节构成比较复杂,以下笔者逐一对之进行阐述。

---

① Osterwalder A, Pigneur Y. An e-business model ontology for modeling e-business[J]. In the Proceedings of the 15th Bled Electronic Commerce Conference-reality: Constructing the Economy, Bled, Slovenia, 2002(6): 75-91.

② 李振勇. 商业模式:企业竞争的最高形态[M]. 北京:新华出版社,2006.

③ 程三国. 期刊经营的商业模式[N]. 中国图书商报,2001-11-13.

④ 肖叶飞,王业明. 数字出版的商业模式与产业链重构[J]. 编辑之友,2011(7):67-70.

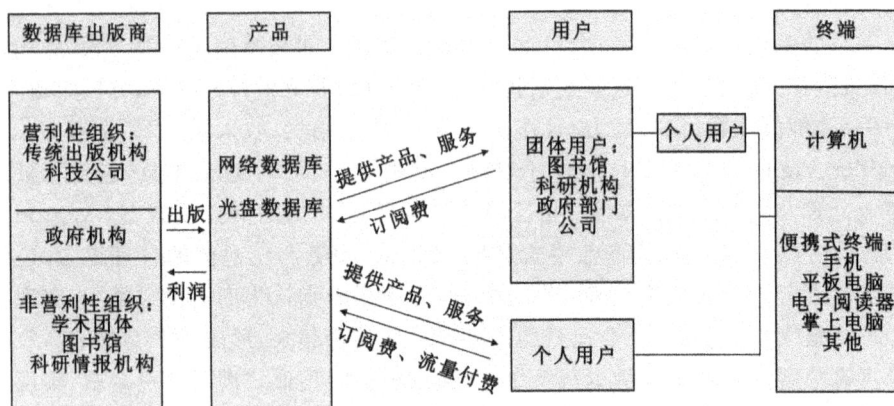

图 2-2　成熟阶段数据库出版模式示意图

## 2.3.1　数据库出版商

数据库出版商的构成比较复杂。早期数据库生产者以政府机构为主,当时政府机构有实力和需求进行数据库生产。1980—1995 年,生产者中营利性组织所占的比例越来越高,逐步领跑数据库出版产业;而政府机构和非营利性组织的比例则下降。这是商业化的数据库出版的成长阶段,众多商家已经意识到这个模式的商业价值。

1995 年以后,数据库出版产业链真正走向完善,表现在更多拥有内容资源的传统出版社、期刊社和报社加入内容提供商队伍。非营利性组织中,学术团体和图书馆也有非常突出的表现。例如,美国科技信息协会(Institute of Scientific Information,简称 ISI)通过其科学网(Web of Science)提供世界三大引文索引——科学引文索引(Sciences Citation Index,简称 SCI)、社会科学引文索引(Social Sciences Citation Index,简称 SSCI)和艺术与人文科学引文索引(Arts and Humanities Citation Index,简称 A & HCI)的检索[①];又如,美国联机计算机图书馆中心(Online Computer Library Center,简称 OCLC)旗下的联机联合目录数据库(WorldCat)上线,成为了世界上最大的书目数据库。这些内容提供商的加盟使数据库内容范围扩大,产品日渐丰富。

20 世纪 90 年代末,随着内容提供商中传统出版机构的加盟,诞生了一批专业内容集成商。内容集成商的主要任务是整合传统内容商的期刊、图书和

---

① 徐丽芳.网络科技期刊发行模式研究[J].出版科学,2009,17(6):79-85.

报纸资源等,将之集成上网,并提供一站式的知识服务,如 EBSCO 的 EBSCO Online 等。国内的中国知网、北京超星公司和方正集团等就是典型的内容集成商。

随着数据库出版产业的发展,国际出版集团纷纷开展数字出版活动。这些国际出版集团拥有丰富的内容资源,自身能够生产庞大的数据库,这就是图 2-2 中的"数据库出版商",如爱思唯尔就是集内容提供者和内容集成商双重身份于一体的代表。爱思唯尔旗下有多家出版社和期刊社,加之其资金实力雄厚、技术过硬,因此能够将自身拥有的海量内容资源集成数据库形式。其 Scopus 过刊数字化项目,更是将其之前近 200 年内出版的 400 多万篇文章全部电子化。

图 2-2 中,未将内容提供商和内容集成商分割成两个角色,而是将内容提供商和内容集成商统称为数据库出版商,目的是想反映出二者融合的趋势,并且方便后文的讨论。

## 2.3.2 产品

### 2.3.2.1 数据库的载体与类型

从数据库载体和类型方面来看,早期的数据库产品以磁带、磁盘为载体,以书目数据库为主。进入 20 世纪 80 年代以后,世界各国的数据库数量增长速度加快,光盘数据库在这一阶段占主导地位,磁盘数据库少量存在。到了数据库产业的成熟阶段,随着互联网的快速发展,网络数据库比例大幅度增加,其他载体形式的数据库产品式微;而全文数据库成为骨干产品,同时书目数据库仍然并存,且一些数据库混合了全文形式和书目形式,如下文提到的 Prospect,部分文章提供全文,仍有部分文章只提供书目信息。

网络数据库以互联网为信息管理和传输平台,数据管理和发布及传输能力得到极大的提高。其优势和特点具体表现在以下几个方面:一是数据更新速度快,能够实现周更新,甚至日更新。如 SCI、ISTP、BA、EI 等著名文摘索引的印刷版、光盘版一般为每季度或每月更新,相应的网络版数据库通常是每周更新,而电子报纸的更新速度则以小时、分、秒计算。二是数据量大,一次文献多。如 ISI Web of Science 数据库集拥有多年积累下来的海量内容资源,并且与剑桥大学出版社及 OCLC 等众多机构建立了良好的合作关系。在 ISI Web of Science 这个平台上,用户能够检索到所需文献,可以掌握命中文献的收录与引用、被引用和相关文献信息等信息。这对了解某一主题、某一研究的发展历程及趋势很有帮助。三是以网络为平台,理论上能实现全天候服务,可打破时间和地域的限制。四是网络数据库检索界面友好,在线帮助完善,操作简单。网络数据库的用户界面设计通常直观清晰、图文并茂,如不同的文献类型用不同的图形符号表示,生动直观。用户一般可不接受检索方面的训练,只要按照提示,一步步去做就可以顺利完成检索任务。其他优点还有:不占用物理上的存储空间,节省成本;互动性更强。当然网络数据库也有其缺陷,比如,要求具备较好的网络条件,如果网络条件不够好,经常会发生一些意外网络故障;因特网上同时使用的用户过多时,还会因拥挤造成访问受阻。

从数据库收录的出版物类型来看,期刊全文数据库是最主要的,其次是报纸和图书数据库。另外,如专利文献、会议录、学位论文、工具书和多媒体资料等,所有文献类型都有数据库产品。如国外常见综合性数据库 Proquest,收录1971 年以来的 2974 种综合性期刊和报纸的文摘/索引;EBSCO 的 Academic Search Premier 收录超过 8230 种出版物,包括期刊、报纸等多种类型出版物;EBSCO 的 Business Source Complete 收录报纸、期刊等多种类型的出版物的全文或部分全文;EBSCO 的 Communication Complete 收录期刊及会议论文等;德国施普林格是世界上著名的科技出版集团,通过 SpringerLink 系统提供其学术期刊及电子图书的在线服务;爱思唯尔出版集团是全球最大的科技与医学文献出版发行商之一,ScienceDirect 是该公司的核心产品,是全学科的全文数据库,提供 2200 多种同行评议期刊。我国的中国知网收录的出版物类型包括期刊、报纸、学位论文、会议文献等;多媒体数据库产品有"正保多媒体数据库",它包括医学视频数据库、会计视频数据库、建设视频数据库;知识视界还生产有"视频教育资源库"等;代表性的工具书也较多上线,如 Encyclopedia Britannica Online;集成性的多语种的工具书有 Global Reference Center(全球资源参考中心),提供日文、韩文、简体中文等不同语种的大英百科。

### 2.3.2.2 数据库内容

数据库内容覆盖面极其广泛,包括综合性和各种专业数据库及特色数据库。综合性数据库自不用说,上文提到的 EBSCO、施普林格和爱思唯尔及我国的CNKI、万方和维普等都是内容涵盖面广泛的综合性数据库,在数据库产品中担当大梁。与此同时,数据库产品细分化发展。特色数据库是建库单位根据自身特色文献资源和用户特定需求开发、有着独特内容的数据库;具有专业学科、区域特征、地方文化、馆藏特色等诸多特点,如存储潮汕地区丰厚的历史文献资源的"潮汕文献数据库"。专题(主题)数据库是指关于某一特定学科、特定主题或某一专门问题的数据集合的数据库。专题数据库可以提供专业性、专题性服务。CNKI 的专题数字图书馆中就建有约 20 种专题数据库,如"'三新农'视频库""中国城建数字图书馆"等。再如 CNKI 的行业知识服务平台下细分医药卫生、农业、企业、党政机关、法律和基础教育 6 个一级子库,而在每个子库下面,又涵盖了许多细分的数据库。以一级子库——医药卫生为例,下面又包含有中国医院数字图书馆、中国医院知识仓库、人民军医出版社图书数据库、中国典型病例大全、医学手机报等 7 个二级子库。

### 2.3.3 服务

数据库产业除了生产数据库产品本身之外,服务也是重要的附加产品。产品因服务而增值,服务和产品不可分割。重要的服务方式包括"知识服务"和"一站式检索服务"等多样化的服务方式,下面逐一进行阐述。

#### 2.3.3.1 知识服务

数据库产品早期(数据库出版产业形成阶段)提供的服务为"文献服务",即简单的文献查询和传输服务。到数据库出版产业成熟阶段,数据库内容激增,加之数据挖掘、知识库、数据推送、智能代理等技术的推动,数据库出版商开始将自己的角色定位为知识服务商。这一阶段,从服务的角度讲,可以称为"知识服务"阶段。数据库出版商的主要责任不再是单纯地进行数据的堆积,而是理解用户的目标、想法和工作模式,解决用户的困扰,帮助用户筛选数据,快速、准确地找到有价值的信息,让数据库平台成为提高用户效率的工具,帮助用户节省时间的手段。一言以蔽之,用户比资源更加重要。数据库出版商越来越积极地参与用户知识生产、创新活动,与用户资源管理者(图书馆)合作,共同面对知识服务模式的变革。

知识服务是一种将知识从文献、信息的单元中分离出来,并可进行独立存取的新型信息服务模式。简单地说,在这种信息服务模式下,数据库存储、管理和处理的对象不再以文献为单位,不再局限于文献之间的参考关系和主题聚类,而是深入文献中包含的数据、信息、知识,挖掘文献背后众多知识单元之间的联系和差异。在知识服务方式下,数据库能够挖掘出某一文献的引证文献、相似文献、相关作者、相关机构、相关检索词、合著作者、研究基金等,能从不同层次揭示知识、规律的演化,比较和分析知识脉络的发展和联系。如施普林格的 Author Mapper 就是借助平台文献内容、元数据检索及 Mapping 技术,为科研人员提供简单、易用的动态接口,使读者、作者能够辨识科技论文过去与未来的发展趋势,在相近的领域内找出审稿人、专家,在科研领域和学术的空间中探索和发掘更广泛的相互关系等。<sup>①</sup> 其他的如 THOMSON REUTERS 的引证地图，ELSEVIER SCOPUS 的机构档案，我国 CNKI 推出的"知网节"等都是建立在对文献信息的重组、分析基础之上的。

相对于早期的文献服务，以关键词检索为例，在文献服务阶段，检索"数据库"一词，结果仅仅为含"数据库"关键词的文章；在知识服务模式下，检索同样的关键词，不但能得到这些文章，而且能链接到这些文章的"来龙去脉"，即图 2-1 所示的"知网节"。一篇文章的相关链接有参考文献、引证文献、共引文献、同被引文献等。这样，相关理论发展的"前世今生"就会比较清楚地呈现在用户（研究者）面前。

知识服务模式体现了数据库出版商对用户获取信息和使用信息行为模式的准确理解及把握。知识服务的目的是帮助用户在使用信息时做出判断和解决问题，用户需要的不再仅仅是庞大的文献资源，或某一篇文献等具体目的，而是隐藏在文献中的信息和知识。

知识服务以用户为中心，这决定数据库平台也必须进行一系列的变革。首先是实现对不同类型、不同来源的信息和文献的统一检索。信息用户从一个知识点入手便可完成对所有相关知识的发现、获取与管理。

### 2.3.3.2 一站式检索服务

一站式检索即所有的数据库产品汇聚在同一个信息平台上，提供统一的检索平台，用户在这一个平台上通过统一的检索方式，就能够查找到并且阅读相应的文献，实现数据库信息检索与原文获取的一体化。一站式检索使数据库更具开放性、扩展性、动态性与整合性；数据库系统的扩展整合方式更为灵活多样；扩展整合技术更为先进；扩展整合的资源与服务的范围更大、更广。在数据库与纸质资源、数据库与网站资源、二次文献与一次文献、同一开发商的不同数据库、不同开发商的不同数据库及图书馆的不同信息服务（数据库检索、馆际互借、原文订购等）之间实现无缝链接将易如反掌。用户通过同一平台即可迅速检索、获取各种不同的信息资源，享用各种信息服务。一言以蔽之，一站式检索为用户提供了一个集成化的资源利用环境，帮助用户解决了不断增长的信息资源带来的诸多资源利用方面的困扰。

---

① 王轶帅,陆思霖.国外综合性网络全文数据库的特点及其对图书馆的启示[J].科技情报开发与经济,2009,19(30):5-7.

　　一站式检索服务的设计理念被数据库开发商广为采用,但实行一站式检索的先锋是 DIALOG 公司。该公司最初由美国洛克希德导弹航空公司所属的一个情报科学实验室建立,建立后获得了巨大的发展。DIALOG 作为世界上规模最大和历史最悠久的联机信息服务系统,自 1972 年开始提供检索服务以来一直称雄于世界信息服务业。DIALOG 目前包含 900 多个联机数据库,收录数据库范围来源于世界各国,收录文种主要为英文,收录的数据库类型包括目录型、全文型、数值型、名录指南型等多种,收录数据库的主题涉及社会科学、科学技术及知识产权等多个领域。

　　DIALOG 作为全球最大的联机检索系统,其平台价值胜过企业本身数据库的价值,DIALOG 整合数据库的能力也远远胜过其建库的能力。DIALOG 的 900 多个联机数据库中,大量的数据库通过并购、采购、租借而来,DIALOG 专注于打造权威、全面、先进的检索平台。DIALOG 可检索的数据库中不乏德温特世界专利(WPI)、美国化学文摘(CA)、英国科学文摘(INSPEC)、美国工程索引(EI)、法国论文索引(PASCAL)等世界级权威文献库,也有像邓白氏电子黄页(D & BOUN'S)、美国商务市场研究(BCC MARKET RESEARCH)这样的世界著名商情类数据库。一个好的平台为用户提供友好的检索界面,完善的检索帮助,快速、准确的检索,全面的数据,具备较高的检全率和检准率。DIALOG 不仅仅因其生产的数据库而闻名,更因其是全球最大的联机检索平台而著称。

### 2.3.3.3　丰富的个性化服务

　　数据库出版商定位于知识服务商之后,针对团体用户中的个人使用者和个人购买用户,以及团体用户中的管理成员,都提供了许多个性化和智能化的服务,主要包含定制服务和存储服务两大类。

　　定制服务是指用户向系统输入自己的信息需求,然后由系统或人工进行有针对性的搜索,最后定期将有关信息推送给用户。因为定制服务多借助于电子邮箱、RSS 或其他方式进行信息推送,所以也有很多学者将这类服务称为推送服务或定制推送服务。存储服务是指数据库系统通过一定的技术手段,为用户开辟一定的存储空间,帮助用户在操作过程中保存对自己有用的信息。根据定制和存储的内容,定制服务和存储服务又可以细分为以下类别,如表 2-3 所示。

表 2-3 　　　　　　　　　　**数据库个性化服务方式一览表**

| 服务方式 | 服务名称 | 服务内容 |
|---|---|---|
| 定制服务 | 定题推送 | 也称专题推送,是指根据用户定制的学科、主题、课题等,把相关的最新进展通知给用户 |
| | 刊物定制 | 也称目次推送,是指系统定期地把用户选定期刊的最新目次发送给用户 |
| | 引文提醒 | 也称引文推送,是指当数据库中有新文献引用了用户指定的文献时,系统便会通过邮件通知用户 |
| | 产品信息通告 | 也称产品信息推送,是指定期发送有关数据库服务和产品的最新消息,如数据库更新信息、新增功能及用户培训资料等 |
| | 检索式定制 | 用户在对检索策略进行保存的同时,可以进行邮件或者 RSS 定制,每当数据库有新增文献时,系统会筛选出与保存检索式匹配的文章发送给用户 |
| | 界面定制 | 用户根据自己的习惯、偏爱、关注内容设计个性化界面,包括栏目、布局、显示方式、语言、颜色等 |
| 存储服务 | 检索策略存储 | 用户可以保存经常使用的检索策略,任何时候无须重复输入检索式,即可执行检索获取检索结果 |
| | 检索结果存储 | 以 PDF 格式、HTML 链接或导出至文献管理工具的方式将检索结果存储 |
| | 常用刊物存储 | 把用户最关注的期刊或图书存储起来,可以随时点击题名浏览 |
| | 操作历史存储 | 操作历史是用户操作行为的记录,为用户回溯自己的操作提供了线索 |

值得说明的是,MyLibrary 服务系统是图书馆提供以上个性化、智能化服务最常用的方式。如 ISI Web of Knowledge 要求用户注册时填写姓名、密码、邮箱、职称、学科等项目,这些信息很好地支撑了其多样化、个性化服务功能的实现。MyLibrary 服务系统很类似于现在的一些电子商务平台推出的个人账户管理平台,如当当网的"我的当当"。

针对团体用户的购买者,数据库出版商则推出了"机构图书馆"服务系统。此外,数据库出版商还为团体用户提供数据库的"在线管理"功能。通过"在线管理"功能,数据库能够为团体用户的管理者提供使用统计报告、事项通知及在线服务热线等。"在线管理"功能是图书馆电子资源建设(是否续订该数据库)的重要参考依据,图书馆通过使用报表进行馆藏电子信息资源的评价与分析。

### 2.3.3.4　开放性和互动性服务

Web 2.0 提倡交流、分享和自组织。网络数据库也正在继承并发扬这种精神,越来越具有开放性和互动性。以爱思唯尔为例,为了帮助用户实现对学术资源最大限度地挖掘和使用,增强用户与期刊之间的互动和使用黏度,全方位满足用户需求,爱思唯尔围绕高端的内容资源开发出了各种数字化产品。爱思唯尔采用了基于最新语义网技术的 Reflect(反映),这项技术可以自动标注论文中的科学术语,集中展示来自多个常规生命科学领域数据库的内容资料。之后,为了增强论文的可视化,提高作者科研探索的成效,使他们与内容的互动更为高效,爱思唯尔还将谷歌地图引入在线期刊库。这些在线解决方案和产品可以有效提高科研人员对内容资源的获取速度和效率,共建学术出版的创新社区。[①]

在我国,互动和开放方面做得较好的要数维普数据库。维普社区是维普数据库最具特色的板块,也是其相较于 CNKI 和万方等数据库的一个亮点。用户可以在社区中讨论当前的热点问题,进行学术交流。社区部分还设有问题悬赏栏目,这个与百度知道、新浪爱问是同种性质的服务。回答对了问题,可以兑换到一定数额的账户资金,这些资金能够用来购买维普数据库的其他产品。这些方式很好地刺激了用户,提高了他们的参与度。

其他很多数据库在其提供的个性化服务中也融入了相似理念,如设置收藏共享,让有共同研究兴趣的用户分享资源;提供基于标签的收藏管理等。

### 2.3.3.5 提供信息解决方案成为服务趋势

由于各种各样的信息越来越多,人们工作时使用资讯的时间也越来越多。特别是对一些专业人员来说,不仅要花时间收集整理信息,更要花时间分析信息。人们对信息资讯的要求越来越高。过去,用户只要求出版商提供的资讯数据库具有全面、权威的内容,信息的检索获取方便、快捷;现在,他们还会要求信息资讯的可操作性,直接帮助他们在工作或者学习中做分析和判断,并为特定的问题提供可能的答案,这也是当今知识服务的一种重要实践形式——提供信息解决方案。这是一种非常高层次的知识服务。目前,爱思唯尔、汤姆森等数据库出版巨头正在往这一方向发展,立志成为信息解决方案提供商。

以针对医疗的信息解决方案为例,医生看病的工作流程可以分解为阅病历、问症状、下诊断、开处方等步骤。爱思唯尔为医生的工作流程开发了相应的产品:医生看病时,可以先在爱思唯尔的 EmpoweRx 电子平台提取病人的病历,然后在电脑上输入病人的症状,从 MD Consult 数据库提取有关的诊断信息和参考资料。MD Consult 是爱思唯尔出版的美国最大的临床和诊断信息数据库。医生还可回到 EmpoweRx,连线到爱思唯尔的药品数据库,针对症状,EmpoweRx

① 方卿,王清越.关于数字出版模式的思考(一)——内容资源主导模式[J].中国出版,2011(17):35-37.

会列出各种同类药及其副作用,提醒医生那些与名牌药有同等效力但价格便宜的普通药。最后,医生使用爱思唯尔的 First Consult 在线诊疗系统,将处方传到病人所在地的药店。[①]

除此之外,数据库出版商还能将数据库产品嵌入律师、会计师、投资人和风险管理人员的工作流程中,为他们工作中的多个环节提供信息解决方案。而这些工作人员一旦在工作流程中用上了某个数据库出版商的产品和服务,便被"套"住,再要更换其他公司的产品就十分困难。这种服务方式不受经济景气程度或图书馆经费的影响,在这个新市场,收入利润更稳定,盈利率更高。

### 2.3.4 用户和终端

数据库的用户主要是政府机构、图书馆、资料室和情报所等团体用户,一般由机构用户如图书馆购买,再提供给图书馆的读者使用,多借助计算机阅读。近年来,个人用户增加较快,原因如下:一是数据库出版商在以图书馆为代表的团体用户已趋近饱和的情况下,对个人用户日益重视,在定位为知识服务提供商之后,推出了许多个性化服务,受到了更多个人用户的青睐。二是数据库出版商针对个人用户提供的多种支付手段,方便了付费查阅。

另外还有一个重要原因:2007 年以后,各种便携式移动阅读终端纷纷问世,如专用电子阅读器、平板电脑和手机。针对这一形势,各数据库出版商也推出了适宜在这些终端上阅读的形式,如可以在 iTouch、iPhone 上查询、阅读和购买施普林格数据库的内容,而我国的 CNKI 也于 2012 年推出了手机知网和中国知网手机报。载体的方便性和数据库出版商的移动应用的推广措施,促进了用户对碎片化时间的利用,从而促进了个人用户的增加。

### 2.3.5 收入模式

在数据库出版成熟阶段,收入模式由单一走向多元,既有基于产品的一次销售收入模式,又有基于服务等的二次销售收入模式。只不过不同性质和背景的数据库出版商在收入模式上会有所偏重。施普林格和爱思唯尔这样的营利性公司会偏重基于产品的一次销售收入模式,这样它们才能获得高昂的利润。而非营利性的数据库出版商则会以二三次销售收入为主,如广告费、赞助费、论文版面费和审理费等。

---

① 练小川.专业出版的三个阶段[J].出版参考,2008,16(24):36.

### 2.3.5.1 一次销售收入模式

数据库出版商针对团体用户和个人用户,收费方式是不一样的。团体用户,主要是收取订阅费,这是一种预付费模式。数据库出版商为团体用户提供包库和镜像两种服务方式。订阅数据库的年限,可以是半年、一年或者两年,但是多数团体用户会选择订阅一年,第二年再续订或者订阅数据库出版商新增加的内容,因此也有学者称这种形式的订阅付费为年费模式。团体用户的订阅费受订阅的数据库、订阅者规模、订阅时间和同时使用的用户数量(又称并发数)四方面的影响。规模和并发数越大的团体用户,所支付订阅费当然也越高。在团体用户购买图书数据库时,订阅费除了受订阅时间、订阅者规模的影响外,还会受到"复本数"的影响,有学者将其称为复本数销售模式。"复本数"概念本用于纸本图书采购中,是指购买同一本书的数量,电子书数据库销售中维持了纸本书复本数计算模式。例如,某图书馆购买两个复本,则同一本电子书在同一时间段内只能被两个人借阅,后来的读者只能等待先借者"还回"这本书后才能借阅。图书数据库中的"复本数"概念与期刊数据库中的"并发数"有异曲同工之妙。所谓"并发数",是指同一时间对使用同一文献或同一数据库的人数的限定。

针对个人用户,则有订阅费和流量计费两种模式。订阅费的模式在图书数据库和大众期刊类数据库中比较常见,如超星数字图书馆就可以提供包月,或者包两个月的订阅。龙源期刊网的用户则可以选择订阅某一份期刊一个季度、半年或者一年。

在学术类数据库方面,个人用户一般会选择流量计费模式。流量计费是一种按篇按页计费的方式。流量计费模式又可分为三种。

一是预付费模式。用户需要注册和登录,支付时需要账户中有足够的余额,用户可以通过多种方式给账户充值。如中国知网的个人用户可以通过购买知网卡给账户充值,也可以通过支付宝、财付通、银联、汇付天下、神州行卡充值或者移动(联通、电信)短信充值,还可到邮局或银行汇款。在流量计费的预付费模式中,阅读卡模式是一种可以单列出来的模式。不同数据库出版商都会推出自己的阅读卡,如中国知网的知网卡、维普的维普阅读卡、超星数字图书馆的星卡。

二是即时付费模式。用户无须注册和登录,检索到相关文献时,可以通过手机或支付宝单篇支付,支付后获得全文提取码,然后就可以方便、快捷地获得文章了。即时付费是随着电子商务的普及、支付手段的多样才得以实现的。

三是后付费模式。也就是先使用,后付费的模式。如 FirstSearch(OCLC旗下的数据库产品)下面的一些全文数据库,用户可以选择按月结算方式获得阅读 FirstSearch 文章全文的服务。[①]

最后值得注意的是,由于技术所提供的便利性和可能性,数据库出版商允许用户根据自己的需要选择合适的付费模式。用户也可以采用混合付费的模式。同样以 FirstSearch 为例,用户如果要使用未订阅的数据库,可以选择阅读卡支付的预付费模式或者信用卡即时支付模式。如果某一段时间内会经常使用某一数据库,下载其全文时,就可以选择根据阅读量月结算的后付费模式。

### 2.3.5.2 二次销售收入模式

二次销售收入模式是指出售版面费以换取收入的模式。数据库出版商既可以将版面出售给广告主发布广告,又可以将版面卖给作者以获得论文版面费或者处理费。

广告收益模式,也称"第三方"盈利模式,即凭借免费的数字内容吸引受众,最终通过网络广告和其他收费的增值服务获得收入。比如,我国的 CNKI 和维普网都提供广告服务,维普网还特别整理出了适合在自己的平台上发表的广告形式,如期刊征稿广告、教育培训招生广告、会议会展广告和企业品牌推广广告等。而国外数据库出版商在广告收入模式方面更为健全,有多种广告形式,如网站横幅、竖幅广告,关键字赞助,直邮广告等。以美国生物医学中心(BMC)为例,其一年的广告收入可达上百万美元。

收取论文版面费或论文处理费的收入模式在开放存取出版模式中更为多见。数据库出版商在积极尝试开放存取模式,并收购一些开放存取公司之后,也会有一部分收入是来自这种模式。

### 2.3.5.3 三次销售收入模式

三次销售收入模式是指数据库出版商利用自身的品牌影响力来获得赞助、开发附加产品以增加销售收入的模式。收取赞助费是非营利学术团体的主要收入来源。增值或衍生产品收入也有较多案例,如 CNKI,在便携式终端普及,人们养成通过手机等阅读的习惯后,于 2012 年推出了知网手机报这一衍生产品。知网手机报的内容十分丰富,主要是按学科、专业分类,如出版学术周报、图书情报与数字图书馆周报等。

此外,数据库出版商还可以通过举办会议、培训、展览等活动来增加收入。

---

① 刘锦宏.网络科技出版模式研究[M].武汉:武汉理工大学出版社,2010.

# 2.4 国外数据库出版发展中的重要策略

国际性数据库出版商并不是一蹴而就的,在这些公司的发展过程中,下列策略值得我们注意。

## 2.4.1 重组和并购策略

如上文所述,国际性数据库出版商在数据库出版发展过程中诞生,他们引领时代变革,从而使产业走向成熟。而国际性数据库出版商中相当一部分是传统出版商,他们在新技术条件下,率先实现了从传统出版商向数字出版商的转变。在这个过程中,为整合内容资源和吸收新的技术,传统出版商们采取了并购、重组等策略,这些策略是其转型成功的重要原因。

以爱思唯尔、施普林格、约翰·威利等传统出版商为例,10余年来,这些公司通过在全世界范围内的并购和重组,使得它们自身无论是作者、编辑队伍,还是销售市场,都呈现出全球性分布的格局。如2005年1月,德国的施普林格出版社收购荷兰的克鲁维尔出版社,两者合并后,通过SpringerLink提供网络全文服务。施普林格的这次收购举措,巩固了自己国际综合出版商的地位。2007年,美国ProQuest与CSA(*Cambridge Scientific Abstracts*,《剑桥科学文摘》)重新组合成ProQuest CSA。

国际性数据库出版商不仅会收购一些小型的、优秀的出版社、期刊社,还会收购原本就极其知名的数据库出版商。如1999年,爱思唯尔收购创建于1884年的美国工程信息公司(EI),后者早在1969年就生产出工程索引机读数据库。爱思唯尔在这一轮的竞争和洗牌中后来居上,成为数据库出版商中的翘楚。

## 2.4.2 合作策略

合作也是产业发展的重要策略。数据库出版商之间的合作包括以下两个方面:一是数据库出版商将其他数据库产品整理到自身的平台上,二是本数据库产品入驻其他数据库平台。前者是数据库提供商为了满足用户不断增长的形势下对信息规模和品质的双重要求;后者是数据库提供商增大自己的产品与用户的接触机会,保证自己数据库中的资源能够被用户通过不同的渠道轻易地搜寻和获取。简言之,即数据库出版商之间的界限被打破,互相渗透、融合。如 DIALOG 不仅仅提供数据库,更成为一个平台、一个数据库超市。其之所以能够成为超市式的平台,得益于与其他数据库出版商之间的合作,一个公司是无法生产出数以千计的数据库产品的。加入 DIALOG 这个平台的其他数据库则增加了自己被检索的几率。也正是出于加大内容传播范围的考虑,2012 年 6 月,爱思唯尔与 EBSCO Publishing(EP)达成了合作协议,爱思唯尔旗下的 ScienceDirect 数据库入驻 EBSCO Discovery Service™(EDS)服务平台。EBSCO Information Services 与 7.9 万家出版社合作,提供 30 多万种学术资源,它是一家提供完整横跨纸本与电子订购使用与管理、研究数据库的供应商。①

为了争夺用户,数据库商还与功能强大的搜索引擎公司合作,这种合作也是互联网时代的一种营销方式——拉动式网络营销。通过与以谷歌为代表的搜索引擎公司合作,能把终端读者拉到自己的数据库出版平台上来。这种营销方式针对性强,效果好,也不会占用和浪费大量营销资源。例如,2006 年 10 月,施普林格与谷歌建立技术合作关系,用户通过谷歌可以检索到 SpringerLink 2.0 中相关文献资源。2006 年,SpringerLink 2.0 平台的全文下载量比 2004 年增长了 300%,2007 年第一季度全文下载量甚至与 2006 年全年持平。至此,谷歌成为 SpringerLink 最大的访问者来源。②

数据库出版商还与数据挖掘的软件公司合作。早前,爱思唯尔旗下数据库 ScienceDirect 整合了 NextBio 独特的基于本体的语意工具及高质量的公共数据,为研究者提供了一个更能提高发现力和生产力的知识平台。2012 年 6 月,爱思唯尔又与全球知名的图书馆自动化软件公司艾利贝斯集团(Ex Libris ® Group)达成合作,将艾利贝斯的资源发现与获取系统 Primo Central 应用于爱思唯尔的科技医学全文数据库 SciVerseScienceDirect 中。③

数据库出版商还直接与产品用户携手合作,共同举办一些创新学术活动,成立学术社团组织。通过这种合作,数据库出版商既能使自己的数据库产品更好地融入用户的学习和生活中,又能更好地理解用户的行为,了解他们的需求,指导自身更好地进行产品和服务设计。而针对图书馆、研究机构等团体用户,数据库提供商的合作手段比较丰富,如与提供数据库、馆藏资源的无缝链接;举办学

---

① 周益. 爱思唯尔大力拓展专业数据库内容的传播［EB/OL］.［2011-06-08］. http://www.bookdao.com/article/23211/.

② 代杨,俞欣. 施普林格:从传统出版向数字出版跨越的策略分析[J]. 出版发行研究,2008(10):11-14.

③ 同①。

术研讨会,促进国内外图书馆的交流与沟通;积极参与图书馆的教学研究项目,并对个案进行科学分析;提供各种统计分析(如用机构用户成员或学生对某一数据库的使用数据分析报告)、评估工具,为用户在进行科研创新和制订发展决策时提供数据支撑。只有真正参与用户的科研工作,对科研工作的一系列环节、流程与具体步骤了如指掌,数据库提供商才能根据不同流程的不同需求,提供相应的信息产品与服务。

## 2.4.3 对内容发布模式的创新

数据库出版商在内容发布方面,不断创新出版模式,主要如下。

### 2.4.3.1 优先数字出版

优先数字出版(也称 Online First),是指以互联网、手机等数字出版方式提前出版印刷版期刊或图书的内容。《科学》杂志的优先数字出版平台"Science Express"对优先数字出版的定义是:一种在印刷之前选择部分论文进行电子出版的预出版服务。[①]

期刊的优先数字出版走在了图书的前面,因为对于期刊内容来说,时效性更为重要。优先数字出版不仅在学术上具有价值,还在经济上具有很大意义。其优势体现在以下几个方面。

① 提高了学术研究成果的查询速度和利用效率,解决了学术论文发表时滞过长的问题。优先数字出版节省了等待期刊版面时间、排版印刷时间、邮寄时间、图书馆编目上架时间,作品一般可以提前半年与读者见面,增强了学术期刊的竞稿能力和影响力。

② 开辟了学术期刊个人网络订阅市场,扩大了学术研究成果的影响。优先数字出版的稿件可以被广大读者通过互联网、手机等多种途径订阅、检索、下载,也可以由出版者通过电子邮件和手机短信主动向读者推荐、推送。

③ 拓展了学术期刊的网络广告市场。以拓展用户为目的,期刊主办单位可以尝试在网络平台和手机下载平台上投放广告。

④ 为创办纯数字期刊奠定了基础。出版印刷版学术期刊使期刊成本高居不下,如果优先数字出版模式逐渐被广大读者所接受,那么降低期刊成本,主办机构和读者实现双赢的局面则不远了。

⑤ 编辑发稿方式比较灵活。以 CNKI 优先数字出版平台为例,其既可以出

---

① About Science Express [EB/OL]. [2013-06-08]. http://www.sciencemag.org/site/feature/express/introduction.xhtml.

版经编辑定稿的稿件,又可以出版编辑部决定录用但尚未编辑定稿的稿件;既可以以期为单位出版,又可以以篇为单位出版。

优先数字出版方面的实践成果较多。早在 2010 年上半年爱思唯尔等数据库出版商就创办了"优先数字出版期刊或图书",出版内容包括录用稿、单篇定稿。爱思唯尔在 ScienceDirect 平台上将其优先数字出版命名为"In Press"。

施普林格的期刊优先数字出版项目名为 Online First。施普林格不仅进行期刊的优先出版,还涉足了图书优先数字出版。在进行图书优先数字出版时,施普林格依然坚持其专业化、特色化路线,将电子图书的重点放在 IT 领域。

其他如 *Nature* 拥有优先数字出版项目"出版物在线预出版"(Advance Online Publication)、*Science* 有优先出版项目"Express"等。中国知网在原国家新闻出版总署的支持下,于 2010 年 10 月正式启动了中国学术期刊优先数字出版,开启了中国学术期刊数字出版的新纪元。

中国知网是优先数字出版的集成性出版平台,它是目前我国这种经营方式最典型的案例。我国大多数学术期刊印刷出版普遍滞后,电子版期刊都是在纸质版出版之后扫描上传才能进行网络传播,这样不利于期刊自身发展和各行各业的知识创新、评价与应用。为了改变这种落后和被动局面,中国知网学术期刊优先数字出版平台应运而生。

该平台提供录用稿出版、单篇定稿出版、整期定稿出版三种优先出版模式。系统提供了采编平台,包括编辑加工和主编审发两个步骤,发行方式有 10 种,具体如图 2-3 所示。中国知网制定符合国际标准的 DOI 著录规范,并为优先数字出版期刊文献标注 DOI,保证优先数字出版期刊文献网络出版时间、出版网址的唯一性,期刊编辑部保证在期刊印刷版上进行相应著录。中国知网还提供编辑部自主出版平台,期刊可以自行独立操作,随时随地进行出版。论文在中国知网优先数字出版平台一经出版,国内外用户即可同步在中国知网所提供的多种数字通道获取最新文献。[①]

需要强调的是,优先数字出版期刊有主办单位、编辑单位和出版单位,其出版内容属于正式出版。这是与开放存取模式有所区别的地方。

---

① 优先数字出版形态浅析[EB/OL].[2013-04-24].http://news.xinhuanet.com/info/2013-04/24/c_132336660_2.htm.

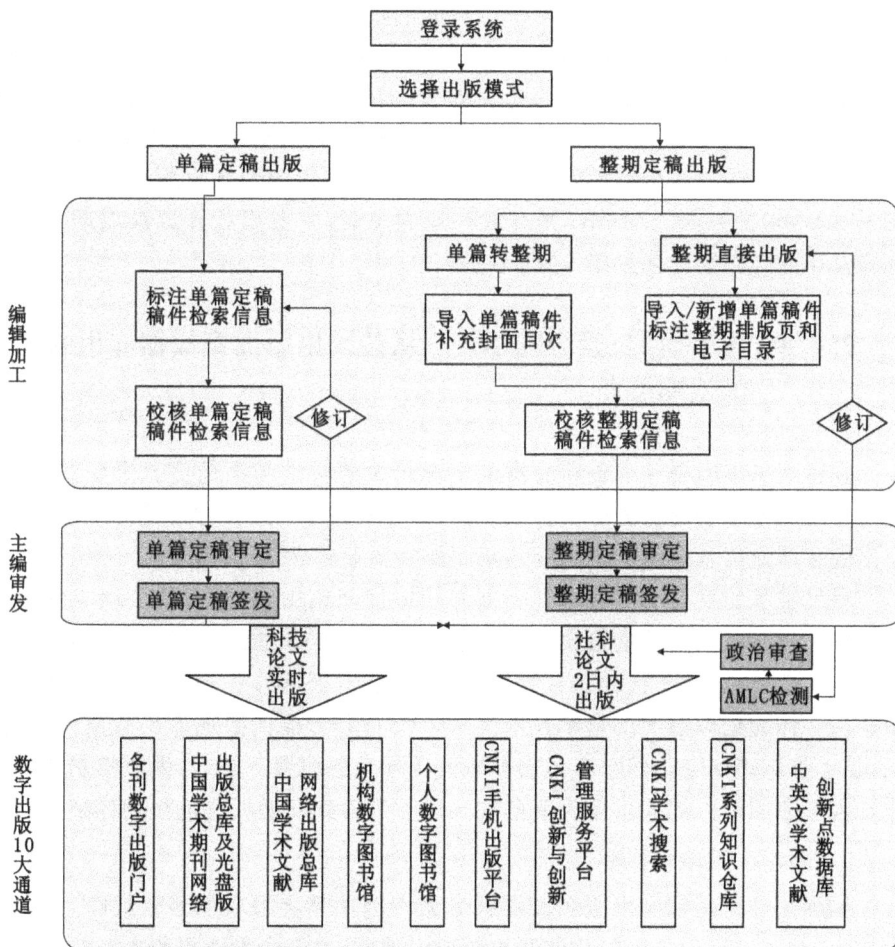

图 2-3　中国知网学术期刊优先数字出版平台示意图[①]

### 2.4.3.2　开放存取出版

施普林格是商业数据库出版商中第一个认可并支持开发存取出版模式的出版企业。2004 年 7 月,施普林格创建并实施了"开放选择"(Springer Open Choice)的出版模式。[②]这一模式一经施普林格提出,就受到世界出版界的广泛关注。"开放选择"是对开放存取出版理念的进一步发展。在施普林格的"开放选择"套餐中,作者必须宣布该文献开放共享,并支付 3000 美元的出版费用。

① "中国知网"学术期刊数字出版平台帮助文档[EB/OL]. http://caj.cnki.net/EAPF/help/help.htm.

② 代杨,俞欣.施普林格:从传统出版向数字出版跨越的策略分析[J].出版发行研究,2008(10):11-14.

施普林格对开放存取的文章也坚持严格的同行评审原则和程序。与广义上"开放存取"不一样的是,施普林格推出的"开放选择"并不意味用户"免费获取"。施普林格拥有其开放存取出版物的完全版权,只允许文章作者将发表的文章放在机构指定的数据库中。而在 2008 年,施普林格为了获取优质的内容资源,也为了巩固自身在开放存取领域的地位,用数倍于并购传统期刊出版社的交易额完成了对 BMC 的并购。[①] BMC 是开放存取的先驱,主要出版开放存取期刊。关于开发存取的详细论述见第 6 章。

### 2.4.4 案例研究:爱思唯尔——从传统出版商到数据库出版商的战略分析

爱思唯尔集团是一家英荷合资的全球最大的科学与医药信息出版商,也是从传统出版向数字出版转型最为成功的出版商之一。科学与医药信息出版、法律出版和商业信息提供是爱思唯尔集团的主要业务领域。

爱思唯尔的发展史其实也是一部并购史加开拓史,并购与其公司主营业务相关的、盈利高、增长快的公司,剥离非核心业务。与此同时,爱思唯尔抓住了机遇,早在 20 世纪 90 年代初期开始,就着手数字出版,是这一领域当之无愧的开山鼻祖。作为全球最大的科学技术及医学(STM)方面的数据库出版商,毫无疑问,爱思唯尔现如今仍然牢牢地占据着其领导者的位置。那么,爱思唯尔是如何成长为一个国际数据库出版巨头的呢? 以下是对其发展战略进行的详细分析。

#### 2.4.4.1 国际化战略

国际化战略是如今出版和传媒巨头无一例外都会采取的经营战略,爱思唯尔作为专业出版商,走国际化路线更是得天独厚,这是由专业出版本身的优势所带来的。因为科学是跨越国界和文化的,且多用具有国际语言之称的英语进行出版,比起大众出版和教育出版,更容易实现其国际化的目标。爱思唯尔实施国际化战略从其创立至今的一系列并购案中就可以看出来。

1937 年,爱思唯尔将卡勒的《有机化学》翻译成英语出版,大大提高了自身作为英语科学论文专业出版社的威望。[②] 第二次世界大战后,借助荷兰在国际出版历史的声望和理想的地理位置,它转而拓展国际市场服务。

---

① 王轶帅,陆思霖.国外综合性网络全文数据库的特点及其对图书馆的启示[J].科技情报开发与经济,2009,19(30):5-7.

② 刘益,马长云.励德·爱思唯尔集团的经营概况分析[J].科技与出版,2011(2):27-30.

1991 年,爱思唯尔以 4.4 亿英镑收购了英国的麦克斯维尔集团旗下拥有 400 种期刊的培格曼出版社和柳叶刀杂志社。这次合并加强和扩大了爱思唯尔出版的期刊的范围(涉及社会科学期刊),使其占据了科学、技术和医学类市场的领导地位,并基本上形成了爱思唯尔业务的国际布局。

1993 年,爱思唯尔又通过兼并英国里德公司进入英国市场。这在公司成长历程中具有里程碑式的意义。

如今通信技术和网络技术的极大发展,更是为爱思唯尔在全球范围内开展业务提供了绝好的机遇。集团在出版各个方面都实现了全球化,作者资源遍布全球,审稿、编辑、生产、服务也全部通过在线系统进行,销售环节更是在全球展开。例如,爱思唯尔旗下的重要产品,现盈利状况良好的 ScienceDirect 全文数据库,销售给了全球各个国家的大学图书馆、研究机构等。

### 2.4.4.2 专业化战略

爱思唯尔在 1880 年创办之初就秉承出版高质量的文学名著和学术著作的信念。而后,由于历史原因荷兰成为科学思想与科学出版的聚集地,于是爱思唯尔将业务中心转移到国际性科学出版物,开始踏上了成为全世界最大的科学技术医学出版商的征程。对于成为全世界最大的科学技术医学出版商这一目标,爱思唯尔从没有动摇过。爱思唯尔作为专业出版集团,信息和资源是其主要的发展动力,它在进行市场扩张时,一系列的兼并和收购都是围绕着它的核心业务——专业出版进行的。

1972 年与北荷兰出版公司和医学文摘出版社两家公司合并,进入信息技术领域。1997 年,收购美国细胞出版社和生物医学数据库。2001 年,医学全文数据库——MD Consult 加入爱思唯尔。2007 年 12 月,爱思唯尔收购了临床实践模式资源中心。在收购这些生物医学相关公司或数据库后,爱思唯尔又将它们与集团旗下的海涅曼集团的业务进行整合。海涅曼集团的业务包括学术期刊、全球医学出版和医学信息业务。通过这一系列的并购,爱思唯尔极大地丰富了自己在生物医学方面的资源。从 2001 年开始,爱思唯尔就已经成为全球最大的科技和医学出版机构,其地位至今无法撼动。

值得一提的是,1972 年,爱思唯尔与北荷兰出版公司和医学文摘出版社合并时,它只是刚刚涉足信息科技出版行业,而后的一系列兼并与收购,爱思唯尔逐渐掌握了科学、技术、医学(STM)方面最全面、最丰富的信息和资源,进而成为每一个专业细分板块的领先者。

为了更好地集中自己的核心优势,爱思唯尔并不是一直在做加法,还在做减法。其对教育出版态度的转变,就是一个很好的例证。在 2006—2007 年不到两年的时间内,爱思唯尔果断地出售了其旗下与教育相关的所有业务。从此,爱思唯尔彻底地由多元化向专门化转型,不做教育出版,只做专业出版。

通过集中自己的核心优势,将优势产品做大、做强,爱思唯尔充分享受专业化所带来的"规模经济",即通过专业分工来获得递增效益,建立核心竞争力和竞争优势,进而降低风险,获取最大利润。①

### 2.4.4.3　数字化战略

爱思唯尔在实施国际化战略、专业化战略,以及后文即将提到的信息服务战略时,主要使用的是并购手段。而在数字化战略方面,爱思唯尔则是当之无愧的开拓者、领头羊。

数字出版业务最为核心的工作就是资源的积累与整合,以建立世界级的权威内容。如果没有海量内容资源作为支撑,数字技术与网络技术带来的便捷性就无法实现。爱思唯尔集团拥有几百年的出版历史,其内容资源得天独厚。利用自身资源积累优势,爱思唯尔从20世纪70年代末期就开始了其数字化之路。

1979年,爱思唯尔尝试开发电子期刊传输项目——Adonis,其试图通过新技术快速传递科技信息。这种早期的IT试验,与现在互联网信息传输有着密切关联。这个尝试由于过于超前,当时未能成功。1991—1995年,爱思唯尔又启动了TULIP项目,主要任务是在大学本地网中试验电子期刊传播方法。开始时只有42种期刊传递到美国9所大学,后来增加到80多种。这个项目最终获得了成功,在1997年演化成了功能强大且包括海量数据库的ScienceDirect信息在线平台。1979年,ScienceDirect数据库提供爱思唯尔1800多份期刊的在线检索和全文下载服务。

ScienceDirect数据库的诞生是爱思唯尔走数字化之路的关键一步。关于ScienceDirect数据库的诞生原因,ScienceDirect开发筹备组曾经的成员,现任爱思唯尔期刊总监的马丁·唐柯在接受科学时报记者采访时说:"20世纪90年代中期,我们清楚地看到网络时代正在起飞,这是一个机会而不是挑战。我们实验性地将单个期刊放在网上,并探索这种技术的潜在能力。通过这项试验,我们首先学会了如何使用这种技术。然后我们明白了它对阅读量和订户的意义。这让我们拥有足够的知识来启动公司的电子期刊数据库项目,即ScienceDirect项目。公司也意识到,从纸本到电子版的转化势在必行,因此,在数字化项目上投入了大量资金。"②由此我们不难看出,爱思唯尔之所以现在走在传统出版向数字出版转型的前列,是因为其早先领导层敏锐的洞察力和英明的战略决策。换

① 任殿顺. 对当前出版业多元化经营的再思考——几位集团老总观点的启示[J]. 出版发行研究,2009(3):21-24.
② 王丹红. 爱思唯尔期刊总监马丁·唐柯:品牌源于品质[N]. 科学时报,2007-07-03.

句话说,爱思唯尔在起跑线上时,就已经赢了。

　　值得注意的是,ScienceDirect 数据库从 1990 年开始实施到 1997 年问世,其间的 8 年都是只投入而没有任何产出。在该数据库问世之后的头几年,收益也不太可观。但是爱思唯尔已经耐住了产品研发 8 年间的寂寞,不断积累,后面的忍耐也就不值得一提了,毕竟已经开始慢慢回收成本了。而投入近 20 年后,才是 ScienceDirect 收获颇丰、大赚一笔的时候,对此,我们不得不佩服爱思唯尔在投资方面的长远眼光。

　　爱思唯尔在确定了走数字出版的战略路线后,又于 2000 年投资 4000 多万美元,启动过刊数字化项目——Scopus。这一项目是将爱思唯尔在之前 100 多年时间里积累和出版的 400 多万篇文章全部数字化。如今,Scopus 已成为全球最大规模、回溯时间最长的文摘和引文数据库。这种大投入、大手笔,充分显示了领导层的气魄,以及公司向数字出版转型的坚定不移的态度。

### 2.4.4.4　信息服务战略

　　近年来,数据库产品因为各种原因,价格逐年上涨。而图书馆用来购买纸质和数字资源的经费却没有实现同步的增长,购买能力下降。图书馆用户一直是数据库出版商争夺的焦点。但是这一市场已经明显饱和,增长乏力。加上单纯的文献服务已经不能满足用户的要求,用户需要的是一个帮助他们分析文献中信息和数据的工具,在这种形势下,爱思唯尔积极地调整自身定位,致力于知识服务的提供,并且是知识服务中较高层次的解决方案提供商。1999 年,爱思唯尔收购了创建于 1884 年的美国工程信息公司(EI)。美国工程信息公司是世界上最大的工程信息提供者之一,也是世界领先的应用科学和工程学在线信息服务提供者。2006 年,爱思唯尔旗下的律商联讯,作为全球领先的专业资讯服务商开始推行全新战略——“全面解决方案”。这是爱思唯尔发展史上的又一次重大事件,标志着爱思唯尔集团从当初单纯的专业图书和期刊出版商蜕变为以提供数据库等各种数字产品为核心的知识服务提供商。爱思唯尔在数据库的开发过程中,秉持着以用户为中心的原则,密切结合用户需求,进行内容集成。爱思唯尔在开发数据库产品时,将其原先积累的 100 多年的图书期刊内容全面数字化,并把大部分传统出版业务融入提供知识服务的新型业务中来。

　　此后,爱思唯尔所进行的收购及其他举措,都是为了帮助自己在相应的专业细分领域更好地提供知识服务。

　　2007 年 3 月收购了 Beilstein 重要的化学数据库,与原先化学方面的业务整合后,可在相应的专业领域提供在线解决方案。12 月收购了临床实践模式资源中心,则是为了向医护人员提供决策支持和相应的知识服务。

　　2008 年 1 月,收购为医患双方提供诊疗结果分析及风险识别和管理的服务商 MEDai 公司。随后,2 月又以 41 亿美元的高价收购了美国风险管理及数据收集公司——Choice Point。Choice Point 公司与爱思唯尔旗下的律商联讯一样,为全球知名的法律、保险、智力咨询公司,从事风险管理业务,为政府决策、金融投资、犯罪稽查等领域服务。

这一连串的互补性收购,使爱思唯尔集团增强了提供专业出版及数字解决方案方面的实力。公司通过卖出买进的方式将自己的业务领域集中在具有核心竞争力的内容产业上,用其强大的购买能力,以最低的成本整合资源,以达到最大效益。至此,爱思唯尔完成了它的又一次华丽转身,从以纸质出版业务为主的媒体垄断巨头转型为一个专注于高定价、高增长率的全球性信息提供商,并成为该领域的领头羊。爱思唯尔已全面转向知识服务,并在国际数据库产业的格局中独霸一方。

# 2.5　我国数据库出版产业的发展状况

## 2.5.1　我国数据库出版产业发展概述

以美国为代表的发达国家走在了世界前列,引领全球数据库出版产业的发展方向。我国数据库建设和发展情况比其要晚 15～20 年。图 2-4 是笔者做出的一个简要的对比图,从中可以看出我国与全球数据库出版产业的发展差距。

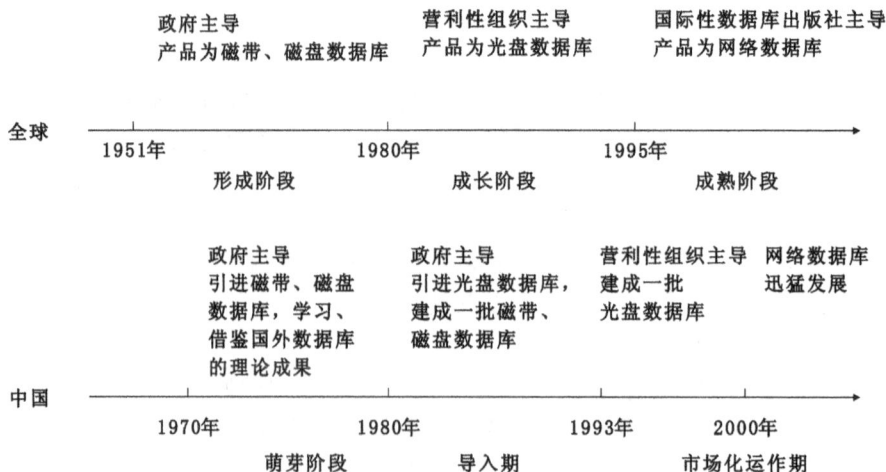

图 2-4　我国与全球数据库出版产业的对比分析图

如图 2-4 所示,1970—1980 年是我国数据库出版的萌芽期;1980—1993 年是导入期;1993 年之后,进入市场化运作期。

### 2.5.1.1 萌芽期

20 世纪 70 年代中后期,我国图书情报界作为带头者,开始引进、学习和借鉴国外数据库的理论和成果。一些有条件的情报机构和图书馆等甚至成立专门的研究小组。但是由于这一时期汉字处理问题在计算机运用过程中没有解决,只能通过手工建立中文数据库。1975 年,中国科技情报所和北京图书馆组织全国 500 多个单位,编制了大型综合主题词表《汉语主题词表》,为建立汉字文献数据库奠定了基础。[①] 同年,北京文献服务处引进了收录政府研究报告的 GRA 数据库,展开了一些实验性服务;1978 年,机械部情报所使用英国两种磁带数据库为用户提供批式查询服务。

### 2.5.1.2 导入期

1980—1993 年,计算机技术得到较大应用,各项性能大有提高,并解决了汉字在计算机处理中的难点。计算机在国内一些大中图书、情报、科研等单位逐步得到广泛应用,CD-ROM 技术取得实质性进展,我国开始利用国外光盘数据库。加上国家采取措施,致力于提高文献资料的使用效率,重视数据库的建设并给予财政上的支持,我国数据库的开发与建设开始从点到面全面铺开,迅速发展,建成了为数不少的中小型数据库。

在这一时期,我国数据库产业主要大事有:1980 年,化工部信息硬件司等单位率先研究并建设了第一批中文数据库,其中以中国化学化工文献库为代表。1981 年,中国科技信息研究所与中国医药总局情报所合作,成功开发出中国药学文献数据库。1983 年,由清华大学倡议,组织全国 360 多所高校参加研究建设中国高等学校学报数据库,还召开了我国首届国家经济数据库会议。1984 年,我国加入了国际科技数据委员会(COOATA),并由中国科学院组织国内各有关部门,成立了 COOATA 中国委员会。1987 年,国家信息中心成立,拟订建设 134 个数据库的规划,其中几个重要的数据库建设项目列入了国家"七五"重点科技攻关项目。1988 年,中国产品信息数据库等建立。1992 年,中文科技期刊数据库、中国专利公报数据库问世。

这一阶段对国外数据库的引进工作并没有中断。20 世纪 80 年代北京文献服务处引进国外机读文献的磁带进行数据库小规模批式服务。1986 年国家海洋局首次引进两种 CD-ROM 光盘数据库。1987 年北京图书馆引进美国 ERIC

---

① 赵翙.中外数据库产业发展阶段及特点[J].现代情报,2001(5):18-19.

光盘数据库。[①] 与此同时,国际上一些知名的数据库出版商陆续进入我国市场。但是由于微机尚未大面积普及,价格还比较昂贵,相应服务设施也没有跟上,网络没有建立,因此数据库并没有得到广泛应用,其巨大的经济和社会价值还没有体现出来。

### 2.5.1.3　市场化运作期

1993 年,以中国第一家数据库专业公司——北京万方数据股份有限公司的正式成立为标志,我国数据库产品开始进入市场,数据库产业也以经济法人的姿态服务大众。[②] 同年,重庆维普资讯有限公司在中国科技信息研究所重庆分所数据部的基础上成立,加速将信息产品推向市场。北京超星公司也在这一年成立,成立后的北京超星公司长期致力于纸张图文资料数字化技术开发及相关应用与推广。

1993—2000 年,我国自建数据库可谓硕果累累,建成的多为光盘数据库。如 1993 年生产的中国化学文献数据库,中国机电工业十万企业及产品商情数据库;1994 年生产的中国生物医学文献数据库;1995 年北京图书馆建立的中国国家书目数据库、中国企事业单位咨询数据库;1996 年建立的中国人民大学书报资料中心文献资料全文数据库、中国百家报刊精选数据库等。[③] 1995 年,《中国学术期刊(光盘版)》正式立项。1996 年,国家新闻出版总署批准《中国学术期刊(光盘版)》出版。

从数据库的容量来看,1995 年我国数据库容量在 10MB 以下的仍占 33%,10～100MB 的占 42%,而大于 100MB 的仅占 25%。只有一些少量的国内比较著名的数据库容量在 300MB 以上,如中国学术期刊光盘数据库容量为 500～600MB,位居国内第一。[④] 我国数据库平均容量约为 175MB。2000 年,北京万方数据股份有限公司对《中国数据库大全》进行了跟踪调查,发现我国数据库容量稍微有所提高。但总体看来,这一阶段我国数据库的平均容量大概只处在美国 20 世纪 70 年代的水平。

从数据库的主题来看,截至 1995 年,从数据库收存的信息内容看,书目数据库约占 66%,数值性、事实性数据库约占 34%。[⑤]

---

① 徐菊.商业性文献数据库的营销策略研究[D].上海:华东师范大学,2008.

② 尚海永.网络环境下高校图书馆资源共建共享的实现[J].图书馆学刊,2006(1):47-48.

③ 谢琳惠.我国数据库产业的现状、问题及对策[J].中国图书馆学报,2007,33(5):93-94.

④ 国家计划委员会.中国数据库大全[M].北京:中国计划出版社,1996.

⑤ 中国科技信息研究所.我国科技电子信息资源的开发和利用研究[M].北京:北京图书馆出版社,1999.

20世纪末,我国政府推出了知识基础建设工程,提出要建立国家层面的知识库,在政策层面为数据库出版的发展注入了催化剂。加之进入21世纪后,计算机技术、通信技术和数据库技术全面发展,以及计算机得到普及,我国网络数据库得到了极大的发展。图2-5是我国互联网信息中心统计的《2005年中国互联网络信息资源数量调查报告》[1]中的在线数据库数量柱状图。由图2-5可以清晰地看出,跨入21世纪后,我国在线数据库的发展是多么迅速。而1995年出版的《中国数据库大全》中则显示,当时收录的数据库仅为1038个,多为光盘数据库。

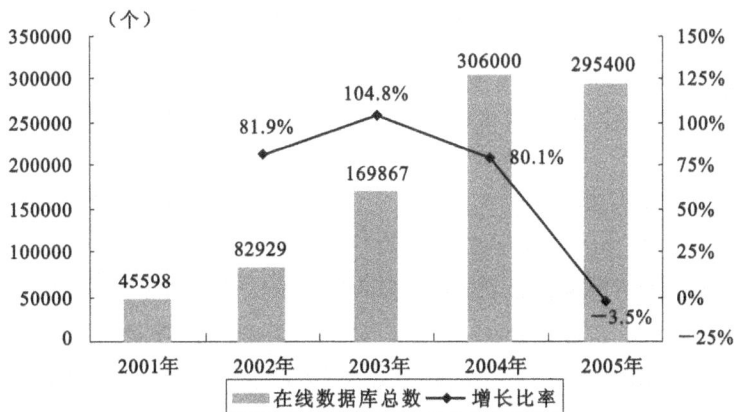

图 2-5　我国历年在线数据库数量及发展情况[2]

## 2.5.2　我国数据库出版产业的主要问题

综观我国数据库出版产业模式,与国外数据库出版产业比较类似,笔者不再赘述,以下主要着眼于我国现阶段数据库出版产业的不足与缺陷展开论述。

### 2.5.2.1　科技公司主导,传统出版机构参与不足

在我国,数据库出版产业的领头羊多为科技公司,如同方知网(北京)技术有限公司、方正集团、北京超星公司、北京万方数据股份有限公司和重庆维普资讯有限公司等,它们整合传统出版商的内容,通过提供技术服务并代理发行数字内容而获得收益。我国传统出版机构在数据库出版领域的参与度不高,主要是因为传统出版机构对新技术适应较慢,并且传统出版机构大多规模比较小,内容资源有限。

---

[1]　该报告是对每年的数据进行统计的,并且在2006年以后没有再出。
[2]　图片来源:《2005年中国互联网络信息资源数量调查报告》。

可喜的是近两年来,许多拥有内容资源的传统出版机构纷纷涉足数据库出版,如我国的人民军医出版社、知识产权出版社、法律出版社、中国水利水电出版社等。但这些出版社因为技术及相关数据库研发人才的欠缺,再加上资金、实力不足,多半是与方正集团等科技公司合作。

### 2.5.2.2 自我积累的模式限制了其扩张速度

国外的数据库出版巨头,如前面提到的 DIALOG、STN 等,大多集结了多个信息内容提供商的数据库产品。这些数据库出版巨头拥有多样化的内容资源,并且通过并购进行规模扩张和业务拓展。而走在我国数据库出版前列的 CNKI 和万方等,其发展壮大的模式与国外数据库产业的差异较大。我国的数据库出版商主要以资源的自我积累求得发展,商业性并购在其资源整合与规模扩张的过程中所起的作用微乎其微。

资源的自我积累主要包含内容资源的积累和用户资源的积累两个方面。以期刊为例,内容资源的积累体现在收录更多种期刊或回溯到更早的时间。但这种内容资源的积累是有限的,因为我国的期刊总数不超过 10000 种,能回溯的年代也比较有限。也正因为如此,我国 CNKI、万方和维普等期刊数据库资源重复严重。用户资源的积累主要体现在其服务范围的扩张与延伸。通常,我国的数据库出版商是通过发展地区性信息服务分支网络、设立镜像站点、提供包库检索等方式来扩大信息集团用户。

资源的自我积累这一发展方式如果缺乏高品质内容的支持,以及凭借高品质的内容和便捷的检索方式赢得的用户的高度黏着性和依赖性,短期内也难以实现超常规的发展。可以说,资源的自我积累这一模式在很大程度上限制了我国商业性数据库出版商的发展。

### 2.5.2.3 资源重复建设严重,数据库结构不合理

数据库出版商盲目建库,使得资源重复建设严重。仅以 CNKI 旗下的中国学术期刊网络出版总库、维普资讯的中文科技期刊数据库、万方数据的数字化期刊数据库的简单对比来说明这种重复建设的严重性。以下数据的采集日期为2012 年 12 月 15 日。

CNKI:截至 2012 年 10 月,中国学术期刊网络出版总库收录国内学术期刊7900 多种,全文文献总量 3500 多万篇。维普资讯:中文科技期刊数据库收录期刊 8000 余种,全文文献总量 2000 余万篇。万方数据:收录自 1998 年以来国内出版的各类期刊 7000 余种,其中核心期刊 2800 余种,论文总数量近 2000 万篇。

目前我国期刊有 9000 余种,这 9000 余种期刊是以上三家数据库出版商的内容来源。中国学术期刊网络出版总库和中文科技期刊数据库收录的期刊不仅

数量上接近,种类也基本相同。这种重复建设既浪费了数据库建设者的时间、人力和资金,又增加了图书馆等团体用户的购买成本,因为很多高校图书馆同时购买了这两个数据库。

从数据库的类型来看,在我国现有的数据库中,文摘类等二次信息数据库比例过高,占 70% 以上;全文类等信息数据库比例偏小,只占近 30%。而在国外,全文数据库的比例是占绝对优势的。以日本为例,全文类信息数据库所占比例在 70% 以上。数据库中数据覆盖的年限也是反映数据库质量的标志之一。虽然目前文摘型数据库比例逐步降低,全文型数据库比重加大,但是事实型、数值型等类型数据库还不能够满足市场需求。我国的数据库覆盖年限大都在 10 年以下,而国外数据库的覆盖年限在 10 年以下的仅占 15%～20%,大多数数据库的覆盖年限在 30 年以上。[①]

从数据库的主题来看,我国商情类数据库所占比例很小,科技、工程类专业数据库占主要地位,比例超过了 80%;而面向社会经济发展的社会经济类商情数据库只占不到 20%。

#### 2.5.2.4　数据库规模偏小

中国科技信息研究所对全国 142 个数据库的抽样调查显示,数据库记录在 10 万条以下的占 73.32%,100 万条以上的大型数据库占 5.6%,数据记录超过 1000 万条的特大型数据库为 0。而同期国际数据库的数据记录分布水平为:大型数据库占 11%～26%,其中数据记录为 1000 万～1 亿条的特大型数据库占 2.78%,数据记录在 1 亿条以上的巨型数据库占 0.36%,数据记录在 100 万条以下的小型数据库的平均数据记录为 11.3 万条。[②] 在数量规模上,我国数据库数量与发达国家也有较大差距。资料显示,我国目前数据库总容量约为世界数据库总容量的 1%,产值也只有世界数据库总产值的 0.1%。[③]

其他问题还有:我国数据库产业面临激烈的国际竞争。国外施普林格、爱思唯尔等数据库产品强势进入我国,而我国进入国际数据库市场的产品却不多。当然,这不是一个单纯的问题,与我国的语言背景和科技背景有关。但数据库产业也应随着我国经济实力和科技实力的增强探索走向国际市场的道路。

总而言之,数据库出版从 19 世纪 50 年代萌芽到现在,经过 60 多年的努力,取得了巨大的发展,成为数字出版模式中最成熟的商业模式。本章总结了数据

---

① 季星,丁胜.我国商业数据库产业发展状况分析[J].科技情报开发与经济,2007,17(22):109-111.

② 同①。

③ 徐菊.商业性文献数据库的营销策略研究[D].上海:华东师范大学,2008.

库出版发展的历程,并详细分析了其商业模式,以及国外数据库出版中的主要经验。与国外相比,我国数据库出版在内容、产品和服务等方面都存在一定差距。但我国数据库产业仍然是我国数字出版业的翘楚。与后面要阐述的电纸书等相比,我国数据库出版产业比较稳定,只是行业领头商缺少传统出版商的身影。正因如此,传统出版界益发深感数字时代的危机。

# 2.6  本章小结

数据库出版是最成熟的数字出版模式,主要用于学术出版市场,通常由内容数据库商售卖给图书馆,再由图书馆提供给研习者。本章探讨了数据库出版的内涵及特征、类型及发展历程,剖析了数据库出版模式,分析了国外数据库出版发展中的重要策略。对比中外数据库出版发展,笔者认为,我国数据库生产中存在传统出版机构参与不足、内容资源不充分、数据库建设重复等问题。国外数据库发展的经验则包括通过重组和并购优化资源,通过合作壮大资源,并不断创新内容发布模式,改善服务。目前,国内图书、期刊、会议文献和博硕论文等已有相当程度的发展,较能满足用户的需要,但在图书、期刊、会议文献数据库生产中,国内的传统出版社话语权极低,应设法改善这种状况。另外,从市场情况看,国内商情类数据库、事实型及资料性数据库还比较缺乏,未来国内数据库应向这方面开拓。

# 3 电纸书出版研究

电纸书是近年兴起的概念。第 2 章已经指出了数字出版物中存在一种新的形态——电纸书,它呈现的形式是电子阅读器+传统图书的电子版,这就形成了一个"电子+纸书"的概念——"电纸书"。但此处用"书"不过是遵从业界通常的称呼,实际上在这类出版物中,不仅仅含有图书,还含有报纸、期刊。本书中的"电纸书",有时指这种出版模式中的内容产品——传统图书、报纸、期刊的电子版,有时也指这种出版模式本身。本章主要讨论电纸书的出版原理,但欲剖析电纸书,应首先分析电子书的发展脉络。

## 3.1 电纸书及相关概念

### 3.1.1 电子书和电纸书

电子书,或称电子图书(eBook 或 e-Book),是指将数字化的文字、声音、视频和图像等信息编辑加工后存储在磁、光、电等介质上,借助网络传播或传统图书渠道发行,并利用计算机或类似功能的阅读设备使用的数字出版物。它具有传统出版物中图书的特征,有特定的书名和著者名,取得了版权保护。[①]

一般认为电子书这个概念包含以下三要素:① 电子图书的内容。它指其内容或是传统纸书的电子版或网络原生图书等。② 电子阅读器。它包括个人计算机、专用电子阅读器、手机及平板电脑等。③ 电子图书的格式及相关阅读软件。如国内方正电子书格式 CEB,Kindle 电子书的格式 AWZ,国际数字出版论坛(International Digital Publishing Forum,简称 IDPF)规定电子书格式 EPUB

---

① 定义参考了联合国教科文组织对图书的定义:凡由出版社(商)出版的不包括封面和封底在内 49 页以上的印刷品,具有特定的书名和著者名,编有国际标准书号,有定价并取得版权保护的出版物。

等。本书中的电子书是指电子书的内容,针对不同的载体或由不同的出版模式产生的内容产品,可形成电子书的不同形态,如电子书数据库、电纸书、网络原生电子书、增强型电子书(App 型电子书)等。

本章讨论的对象是电纸书,从内容上来讲,它是传统纸本图书的电子版,一般情况下有版权归属和书号,其载体以专用电子阅读器为主,还辅以平板电脑和手机。这是最接近传统图书的电子书。通常是先出版纸书,再推出纸书的电子版,或同时推出,其产业链上游是传统出版商。

"电纸书"名称来历与"汉王电纸书"有关。汉王科技将其专用电子阅读器产品注册为"汉王电纸书",其内预装有大量公版的传统纸书,配套的"汉王书城"销售的也是传统纸书的电子版。而且这种类型的电子书最先推广成功的是亚马逊的 Kindle,Kindle 捆绑销售的也主要是传统纸书的电子版。因此,电纸书这种叫法很能反映其与"书"的渊源,它实际上是随着专用电子阅读器的发展而发展起来的。本章的主要内容就是分析"电纸书"的渊源及其出版活动。关于出版,一般可以表述为:社会上的各种作品,包括文稿、图片、信息、音响、录像制品等原件,汇集到出版机构以后,经过审定、选择、编辑和加工,使用一定的物质载体,复制成各种形式的出版物,通过流通渠道传播到全社会。[1] 在电纸书生产活动中,既包含内容产品,又有一定的传播发行渠道,且有针对性的物质载体,这就已经全面构成了出版活动的内涵,故本书称之为电纸书出版。

应该指出的是,市场上关于电子阅读器及电子书、电纸书等概念存在一定程度的混乱,很多商家将专用电子阅读器称为电子书。本书中电子书取内容上的电子书含义,而电子阅读器则仅仅指硬件。电纸书则为电子书的类型之一。

### 3.1.2　电子阅读器的种类

前文已经多次提到电子阅读器,但对电子阅读器的概念并未厘清,在此应做说明。电子阅读器也称电子书阅读器、手持阅读器等,其英文为 eReader (Electronic Reader),或者 E-book Device,E-book Reader 等,它是一种专用的可浏览电子图书的硬件式工具。从广义上来说,凡可以用来阅读书的电子产品都可称为电子阅读器。以下是广义电子阅读器的常见种类:

① 专用电子阅读器。以亚马逊的 Kindle 为代表,这种阅读器的主要功能是阅读,所以称为"专用",本书中提到的电子阅读器多指这种专用电子阅读器,台湾地区又称纯电子阅读器。

---

① 边春光.编辑实用百科全书[M].北京:中国书籍出版社,1994.

② 平板电脑。其功能多样化,阅读功能也较强大。但对阅读来说,平板电脑不是"专用"。iPad 是苹果公司于 2010 年发布的最著名的平板电脑,其功能定位于苹果的智能手机 iPhone 和笔记本电脑之间。其通常提供音频或视频播放功能、电子书阅读功能和互联网浏览功能等。

③ 手机。这里的手机指智能手机,其功能多样化,可兼顾阅读功能。由于用户普遍随身携带手机,因此,手机是充分利用碎片化时间的最方便的阅读载体。

④ 电子助学设备。其包括电子辞典、学生电脑、学习机、电子书包、点读机等,属于教育电子产品类,一般限于数字教育出版。

⑤ 掌上电脑。可兼顾阅读功能。

⑥ 掌上游戏机。如 PSP 等,可兼顾阅读功能。

⑦ 多媒体播放器。如 mp3、mp4、mp5 等,可兼顾阅读功能。

上述七类硬件都能阅读电子书。但究其阅读功能和方便程度,以专用电子阅读器、平板电脑和手机胜出。其中专用电子阅读器是电纸书产业的发力者。它本身的发展又经历了液晶显示屏和电子纸显示屏(本书简称"液晶屏"和"电纸屏")两个阶段,并且在电纸屏阶段取得商业上的成功,以下对电子纸技术做些介绍。

## 3.1.3 电子纸技术介绍

电子纸技术实际上是一类显示技术,一般具有超薄轻便、可弯曲、耗电低的特点。其视觉感几乎与纸完全一样,但又可以像液晶显示器一样不断刷新显示内容。

实现电子纸技术的途径主要包括电泳显示(electrophoresis display,简称 EPD)技术、胆固醇液晶显示技术及电润湿显示技术等。目前全球 90% 以上的电子纸均采用 EPD 技术,因此电泳显示器几乎与电子纸画上等号。

电子纸的概念首先由美国施乐公司在 20 世纪 70 年代提出。1996 年 4 月,麻省理工学院的贝尔实验室利用电泳技术发明了电子墨水(electronic ink,简称 e-ink,又称电泳油墨)。电子墨水是一种液态材料,因此被形象地称为电子墨"水"。电子墨水可被印刷到任何材料的表面来显示文字或图像信息,它让我们完全摆脱了原有显示设备的概念束缚。1997 年,麻省理工学院的电子墨水项目走出实验室,成立 E-ink 公司,专注于有良好阅读体验的电子纸的市场化研究。2001—2005 年,E-ink 先后与飞利浦和索尼合作。2005 年,飞利浦退出,台湾元太科技工业股份有限公司(以下简称元太科技公司)正式接手 E-ink,负责电子墨水的量产的推广。在电泳显示技术的发展过程中,E-ink 公司、美国施乐公司、飞利浦公司、元太科技公司等作出了重要贡献。

元太科技公司是当前全球最大的电子纸制造商,市场占有率超过 90%。元太科技公司在推广电子墨水显示技术的过程中,在国际上获得索尼和亚马逊的支持;在国内,元太科技公司则得到天津津科电子有限公司和汉王科技公司的支持。

索尼的专用电子阅读器 LIBRIe 的头炮打响使科学家意识到电子纸产品的应用环境已经趋于成熟。电子纸一改以往对比度低、只能显示黑白文字等缺陷,利用电泳等技术,2010 年前后推出了彩色电子纸(元太科技、LG 等商家推出)、折叠的电子纸产品(LG Display 率先推出)。

除了 e-ink 技术,研发电子纸的主要商家还有台湾达意科技(SiPix)、美国高通光电科技(Mirasol)、台湾台达电子(Bridgestone)、富士通等公司。但元太科技公司毋庸置疑是全球电子纸龙头厂家,而元太、友达和台达都集中在台湾地区,因此台湾目前成为全球电子纸产业中心。

### 3.1.4　电纸书的特征

与传统纸书和其他类型的数字出版物相比,电纸书与阅读器相结合后有下述特点。

① 具有检索的功能,可检索到文本的段落,并可以按用户要求输出或打印。电子图书的文本是读者控制下的具有全文检索功能的"活体",比纸书拥有更大的利用价值。[①]

② 电子阅读器还可以帮助用户实现普通纸质图书无法实现的功能,如字体大小可调;电子阅读器本身带有多部字典,可提供生词查询功能和实时翻译功能;电子阅读器还可容纳数万本图书,并可提供电子图书管理功能;电子阅读器可提供背光供用户在黑暗处看书。

③ 用户可以对电纸书进行类似对纸书的操作,如在文字边上加注、圈点、摘抄、做"书签"等。

④ 相较于网络原生电子书,电纸书内容来源于传统纸书,经过编辑的严格审查和编辑,属于优质内容。电纸书的这种精编精校的生产加工模式对于文化传承、科教发展有不可或缺的作用。

---

① 谢新洲.电子出版技术[M].北京:北京大学出版社,2006.

⑤ 相较于增强型电子书,电纸书是静态的,以文字为主,辅以图片,适合深阅读,而前者娱乐性较强。

⑥ 电纸书的主要载体——电纸屏阅读器,有利于视力保护,而以平板电脑和手机为主要阅读载体的 App 出版物对视力保护不利。

其他优点,如互动功能强、方便购买和下载、利于环保,等等,与其他数字出版物一致。电纸书的主要缺点是技术上不甚成熟,例如,彩色显示技术现今才入市,其显示效果尚待市场检验,就目前而言,大多电纸屏阅读器只能黑白显示。电纸书的标注技术也不成熟,不能达到传统纸书随意圈点标注的效果;电纸书产业的不成熟也给用户带来极大的不便。例如,亚马逊的 Kindle、苹果的 iPhone 和 iPad 等都被厂商绑定在自建的图书分销平台上。这对消费者来说,意味着必须购置多台阅读器,这是极其不公平的。

# 3.2 电纸书的发展历程及现状

电纸书的发展是以专用电子阅读器的发展为主线的。按照其发展状况可以分为以下三个时期。

其一,萌芽时期(1960—1998 年)。这一时期,出现了第一部真正意义上的商业电纸书,以及电脑可阅读的各种格式的电纸书,在阅读终端上则依赖电脑。阅读器概念在这一时期萌芽。

其二,第一代电子阅读器时期(1998—2004 年)。也可称为电子阅读器产业试水时期,阅读器产品纷纷采用液晶显示屏技术。

其三,第二代电子阅读器时期(2004 年至今,即现阶段),这一时期又可划分为两个阶段。2004—2007 年是第二代阅读器导入期,电子墨水技术投入商用,电纸屏阅读器投产。2007 年至今,在数字出版的先进国家是产业腾飞时期,在国内则是产业波动发展期。

## 3.2.1 早期电纸书的发展

从 20 世纪 60 年代至 1998 年,这一时期是电纸书的早期发展阶段,它的发展沿着作为内容的"书"和作为硬件的阅读器的发展展开。

1968 年，著名计算机科学家 Alan Kay 设想将电脑做成平板"Dynabook"，然后作为儿童教育工具来发布。① 虽然直至今日这种 Dynabook 也未能投产，但它已经具有平板电脑的影子，为人们探寻新的阅读载体指明了方向。1971 年，由米歇尔·哈特（Michael Hart）负责的古腾堡工程（Project Gutenberg）②正式启动，因为坚信有朝一日计算机会走近普通公众，米歇尔·哈特决定将书籍电子化，并通过网络传播，让地球上的任何一个人都能够通过这种便捷的方式得到自己心仪的图书。

也还是在那个全球使用网络不足百人的 20 世纪 70 年代，一位专门出版恐怖小说的出版商——Bob Gunner 将部分图书内容放在网络上，供人免费阅读。他的这一举动为网络时代的先行者提供了一份饕餮大餐。

第一部真正意义上的商业电纸书诞生于 1987 年。这一年一本名为《下午》的电纸书开始通过 5 寸的软盘对外发行。1993 年，格伦·豪斯曼（Glenn Hausman）创办的目录字节公司（BiblioBytes）成为世界上第一个电纸书出版商。至此从事专业电纸书出版的公司也开始层出不穷。

实体的电子阅读器的产生可以追溯到 1996 年由美国线上出版社与 3Com 公司推出的"掌上向导"（PalmPilot）。由于它可以从网上下载书籍，当年推出之后，许多网站为配合 PalmPilot 的发售，将一些不受著作权限制的书籍在网络上重新格式化，以方便读者下载。虽然 PalmPilot 具备了阅读功能，但究其主要功能还是为了商务通信，它仍属于掌上电脑的范畴。

2000 年 3 月 14 日，网上出现了一本短篇小说，这是美国著名的恐怖小说作家斯蒂芬·金的新作《骑弹飞行》（Riding the Bullet）。该作发布第一天，就有 40 万人成功下载，而要求下载的用户则多达 200 万人。2000 年 7 月 24 日，斯蒂芬·金推出了第二部短篇小说《植物》（The Plant）以连载的形式在其个人网站（www.stephenking.com）上发表，每次下载费用为 1 美元。在小说推出的前 15 小时，就有 4 万多人进行下载，付费率在 76% 以上。③

最初人们通过计算机阅读电纸书，经历了纯文本阅读（TXT）和使用专业格式进行阅读的两个阶段。主要专业格式有 PDF（美国 Adobe 公司开发的电子读物文件格式）、EXE、CHM、HLP 等文件格式。至今在互联网上仍然存在着大量

---

① 再回首 人类史上最重要 50 款装置发明［EB/OL］.［2010-11-30］. http://digi. 163. com/10/1130/18/6MOQ2GLJ001618JV. html.

② 谷腾堡工程（Project Gutenberg）常简写作 PG，由志愿者参与，致力于文本著作的电子化、归档及发布。该工程肇始于 1971 年，是最早的数字图书馆。其中的大部分书籍都是公有领域书籍的原本，古腾堡工程确保这些原本自由流通、格式开放，有利于长期保存，并可在各种计算机上阅读。

③ 谢新洲. 电子出版技术［M］. 北京：北京大学出版社，2006.

这些格式的免费电纸书,其中部分图书是公版书,而相当一部分是盗版电纸书。这些图书涉及的主题有限,大众读物及人文科学居多,学术出版物和科技图书少。制作这些图书的人,多数是一些自愿者,他们提倡资源共享。提供这些图书的网站基本不依靠售卖电纸书盈利,而多采取广告盈利模式。虽然这些图书在某种程度上破坏了出版业的秩序,但这些免费资源也逐渐改变了人们的阅读习惯,最终,电纸书渐渐走入大众的视野。

以计算机为载体的阅读方式的弊端是有目共睹的,读者不可能搬着计算机走来走去。20 世纪 90 年代,在抛弃了耗能大、不便于携带的计算机后,某些"嗜书潮人"转而使用掌上电脑(PDA)下载和阅读书籍,走到哪儿读到哪儿,他们称得上是使用移动阅读器的先驱,并为之后的移动阅读奠定了良好的受众基础。在这种情形下,作为内容的电纸书和作为载体的电子阅读器,终于有了结合的基础,于是出现了下节所陈述的专用电子阅读器。

### 3.2.2 电纸书初创期(1998—2004 年)

电纸书初创期即第一代电子阅读器时期。第一代电子阅读器是指早期采用液晶显示屏技术的专用电子阅读器。1998 年 10 月,美国新媒体公司(NuvoMedia Inc.)推出了名噪一时的专用电子阅读器"火箭书"(Rocket Ebook),该书仅重 0.6 千克,大小等同于一本平装书,可以容纳 4000 页的图书量,用户需要将网上购买的电纸书先下载到本地电脑上,再导入"火箭书"里。火箭书成为真正意义上电子阅读器诞生的标志。同年 11 月,软书出版公司(SoftBook Press Inc.)开发的电子阅读器"软书"(Softbook)上市。与"火箭书"不同的是,"软书"可以通过自带的调制解调器直接登录软书出版社的网络书店进行付费下载,不需要计算机做中介。SoftBook 还具有加密技术,对版权的保护比较好。1999 年初,Everybook 公司推出的上市产品 Everybook 号称是真正的电纸书,从宣布之日起就受到广泛的关注。同年,Librius 公司推出的千禧年阅读者(Millennium Reader)是当时电子阅读器中最轻也是最廉价的。2000 年 1 月,美国的 Gemstar 电纸书集团公司正式成立,它在股市上收购了生产"火箭书"的新媒体公司和软书出版公司。但 2002 年 6 月 Gemstar 宣布中止其电子阅读器的销售业务,并很快关闭电纸书内容的销售。

在我国,天津津科在 2000 年推出世界首部阅读不耗电电纸书,列入天津市科委重大科技攻关项目。2004 年天津津科推出电子阅读器"翰林 E 读王"。2000 年 8 月 31 日,辽宁出版集团和美国秦通公司联手推出中文电子阅读器"掌上书房"。① 2003 年,广州金蟾软件研发中心有限公司推出"易博士电子阅读器"。② 方正科技集团股份有限公司(简称方正科技)在 2005 年推出过"书行天下"(E312)、"君阅天下"(E612)等液晶屏电子阅读器产品。回顾我国专用电子阅读器市场的发展历程,国内厂商诸如广州金蟾软件研发中心有限公司、方正科技在早期发展中功不可没。

总而言之,1998—2004 年是电子阅读器产业试水时期,国内外市场上曾经多次上市过不同品牌的液晶屏电子阅读器,它们大多昙花一现。在视觉感上,它们与纸书相去甚远,且内存小,以"火箭书"举例,内存仅 4MB,仅能存放 10 本或加起来相当于 4000 页左右的图书而已。③

曾经在软书出版公司工作过的麦克尔·麦斯认为第一代阅读器在经历了2000 年高峰之后就进入冬眠期。他总结失败的原因有五条④:

① 电子书品种不多。2000 年,能够提供给阅读器购买者的电子书品种极度匮乏,这是当时阻碍电子阅读器公司发展的重大问题。

② 电子书价格太昂贵。2000 年,很多电子书的价格与纸书精装本一致。定价高与品种少加在一起,让很多人认为电子书并不是物有所值。市场就这样进入了停滞状态。

③ 阅读器的设计不太好。当时的电子阅读器使用液晶显示屏,和电脑一样容易引起视觉疲劳。

④ 定期连续出版物还没有准备好进入电子出版时代。尽管阅读器被称为"电子阅读器",但观察使用者的态度和使用模式就会发现,阅读器在很多方面更适合阅读定期连续出版物(报纸和杂志)。但当时连续出版商还未准备进入阅读器市场。

⑤ 营销水平不高。缺乏与用户的有效沟通,市场根本不可能起飞。

除了麦克尔·麦斯总结的五条原因外,电子书分销平台缺位、电子阅读器价格高昂、电子图书格式复杂繁多等,也是第一代阅读器失败的主要原因。其中一些问题至今仍然存在,困扰着第二代阅读器的发展。

---

① 王松.辽宁出版集团隆重推出第一代标准电子图书[J].出版参考,2000(21):3.

② 易博士搭建"类淘宝"平台[EB/OL].[2010-07-16].http://finance.ifeng.com/leadership/qyts/20100716/2415628.shtml.

③ 赵亮.电子书阅读器,现在与未来的桥梁——2009 年电子书阅读器产业的发展与影响述评[J].数字图书馆论坛,2010(6):1-19.

④ 麦克尔·麦斯.2000 年电子书为什么失败了?[EB/OL].[2010-05-03].http://www.bookdao.com/article/4349/.

### 3.2.3 电纸书产业成长期第一阶段(2004—2007 年)

电纸书产业成长期第一阶段即第二代电子阅读器时期。第二代电子阅读器时期又可划分为两个阶段:2004—2007 年是第二代专用阅读器生产的早期,其产品基本未获成功。2007 年至今是电纸书产业的真正成长期。

在第二代阅读器早期,日本索尼公司是生产电子阅读器的先驱。索尼早在2004 年 3 月就上市了一款名为 LIBRIe 的电子阅读器(图 3-1),售价在 4 万日元(折合人民币 3100 元左右)。索尼解释 LIBRIe 来自于英文"Libreria"(书店)。索尼同时开始了电纸书的租赁服务"Timebook Town"[①],由于内容支持不力,LIBRIe 乏人问津,2007 年 5 月停产。相对后来亚马逊的 Kindle,LIBRIe 也具有开创意义,只是和商业价值无关——它是世界上第一款采用电子墨水技术的电纸屏电子阅读器[②]。

图 3-1 世界上第一款电纸屏电子阅读器 LIBRIe

2006 年 9 月,索尼重整旗鼓再次发布了电子墨水技术的电子阅读器 Sony Reader PRS-500,这在当时来说是一场阅读方式的技术革命。索尼专为用户准

---

① 索尼推出电子书 LIBRIe 并开通"TT"服务[EB/OL].[2004-03-26].http://tech.sina.com.cn/other/2004-03-26/1301339730.shtml.

② 小书仓怎样抗衡大平台?[EB/OL].[2011-10-23].http://www.bookdao.com/article/29456/.

备了 CONNECT 电纸书商店,购买各种读物。但 350 美元高昂的售价,以及操作中的一些不便,导致市场反响不佳。2007 年,索尼又推出了升级版 Sony PRS-505 Reader,它的亮度、响应时间和对比度都比第一代产品提高了 20%,支持 PDF、EPUB、TXT、LRF 多种格式电纸书,技术上有明显进步,价格也比前者降低了 50 美元。①

荷兰伊利兰特(iRex)科技有限公司也是电子阅读器发展道路上的探索者。伊利兰特是荷兰皇家飞利浦公司脱胎出来的公司。2005 年,伊利兰特公司推出了电子阅读器伊利亚特(iLiad),它是首款使用全屏手写技术的电纸屏阅读器,当时引起强烈反响。伊利兰特还以专攻大屏幕阅读器(其最小的阅读器也是 8 寸屏幕)著称,但伊利兰特公司终在 2010 年电子阅读器春天来临之际由于经费耗尽而宣布破产。②

2006 年 12 月,天津津科推出了我国第一款电子墨水屏阅读器产品翰林 V8 和翰林 V6(V6 是 V8 的简版,推出后不久停产)。这家从 21 世纪初就涉足电子阅读器行业混战的中国厂商,在投产电子墨水屏阅读器后,与日本索尼、荷兰 iRex 公司并称世界三大电子阅读器厂商。在 2008 年前的国内电子阅读器市场上,也一直享有"南金蟾、北津科"的盛名③。"南金蟾"指广州金蟾软件研发中心有限公司,也是一家一直致力于电子阅读器事业发展的公司,先期曾经与天津津科和荷兰伊利亚特等公司合作销售电子阅读器,并开发有自己的液晶屏阅读器"易博士"。之后在 2007 年推出电纸屏阅读器④,并在内容上以与期刊和报纸合作为特色⑤。

在本阶段,以索尼为代表的商家在这一时期已经认识到电子纸屏幕技术的价值。索尼是这一时期的先锋。索尼洞悉硬件的作用,但在依赖内容的电子阅读器领域内,它们对内容产品的提供力度不足。索尼并未将电子阅读器真正推向商业上的成功,而后来的亚马逊则更加洞悉内容的价值,所以一再拉低终端的

---

① 走进索尼第二代电子书[EB/OL].[2007-12-22].http://tech.sina.com.cn/s/s/2007-12-22/0129530016.shtml.

② 赵婷,廖小珊,任晓宁.电子书厂商 iRex 宣破产　电子阅读器前路不平坦[EB/OL].[2010-07-02].http://ip.people.com.cn/GB/12036759.html.

③ 环球企业家:电子阅读器十年磨一剑[EB/OL].[2010-03-01].http://tech.qq.com/a/20100302/000150.htm.

④ 易博士官网:产品种类及技术[EB/OL].[2007-07-16].http://www.jcnip.com/Article_Show.asp?ArticleID=124.

⑤ 易博士官网:已有合作伙伴[EB/OL].[2007-07-16].http://www.jcnip.com/Article_Show.asp?ArticleID=121.

价格,同时绑定内容的销售。电纸屏是这一时期最大的技术创新,它的视觉感与纸书非常相近,为后期亚马逊 Kindle 的成功打下了市场和技术基础。

### 3.2.4　电纸书产业成长期第二阶段(2007 年至今)

2007 年至今是电纸书产业的真正成长期。这一阶段阅读器以电纸屏为主,液晶屏为辅。成功的商业模式始于亚马逊 2007 年 11 月第一代 Kindle (Kindle 1)的推出。平板电脑则是液晶屏阅读器的代表,始于 2010 年 1 月 iPad 的上市。手机作为阅读终端,应归功于智能手机的普及。这一阶段,国外电纸书商业模式已然成熟,阅读器产品日渐多样化,内容分销平台经营成功。

2007 年因亚马逊推出 Kindle 1 而成为世界数字出版发展史上的里程碑。Kindle 1 是一款应用电子墨水技术的阅读器。同期亚马逊还推出了 Kindle Store,目的在于为 Kindle 用户提供内容产品。但行业的真正热闹在两年后才到来。亚马逊在 2009 年 2 月初推出 Kindle 2;同年 5 月,亚马逊公司又推出了其 9.7 英寸屏的 Kindle DX,旨在进军高校教科书及电子报纸市场;10 月,亚马逊公司又推出了 Kindle 国际版。电纸屏阅读器的连续推出和 Kindle 电纸书销量的持续增长,使亚马逊在短短的两年内就稳坐上了电纸书霸主的地位。随着 Kindle 越来越得到认可,亚马逊商业模式也日益成熟,成为电纸书行业学习的典范。

这一时期的其他重要事件有:索尼于 2009 年 3 月与谷歌公司共同宣布将谷歌 50 万种公版图书提供给索尼的电纸书网站,这一举措使得当时索尼的电纸书销售网站可供图书品种数超过 60 万种,显然,索尼在竭力打造内容分销平台。2009 年 10 月,美国最大的实体书店巴诺书店(Barnes & Noble,简称 B & N)推出了电纸屏电子阅读器"Nook"。该阅读器是双屏阅读器,即屏幕为一块电子墨水屏幕加一块液晶触摸屏[①]。用户可以通过小屏幕上的触摸操作来浏览图书目录或更改设置,再通过上方大屏看书。在技术上还特别值得指出的是彩色电纸屏阅读器的推出。2009 年上半年,富士通公司正式销售其 2007 年发布的可支持 26 万种色彩的 FLEPia 电子阅读器,这是世界上第一台商业销售的彩色电纸屏阅读器。[②]

---

① B & N 双屏 Android 系统电子书正式发布[EB/OL]. [2009-10-21]. http://digi.it.sohu.com/20091021/n267603158.shtml.

② 富士通发布全球首款 FLEPia 彩屏电子书阅读器[EB/OL]. [2010-03-18]. http://www.mydoo.con/xinpin/dianzhishu-621.html.

对于电子阅读器的产量等的统计数据,主要来自几家市场分析公司。全世界电纸屏阅读器的上游厂商几乎都集中在台湾,因此来自台湾的数据受到重视。据台湾 Digitimes Research(http://www.digitimes.com.tw/)报道,全球电子阅读器销售在 2008 年是 70 万台,2009 年 382 万台。[①] 市场经济信息提供商 IHS 公司公布的《IHS iSuppli 中小尺寸屏幕产品市场跟踪报告》(*IHS iSuppli Small and Medium Displays Market Tracker*)显示,2010 年专用电子阅读器(该报告原文称"专用电子阅读器"为"纯电子阅读器")全球出货量1300 万台,2011 年专用电子阅读器全球出货量相比 2010 年增长 108%,达到 2710 万台。[②] HIS 分析,2011 年专用电子阅读器销售的强劲增长主要来源于电纸书零售商为应对苹果公司的 iPad 平板电脑竞争而对低功耗单色阅读器设备所采取的大力促销。未来几年专用电子阅读器的出货量还将继续增加,但增长速度将显著降低,比如,2012 年的出货量为 3710 万台,增长率减少 2/3,相比 2011 年只有 37% 的增长。[③] 市场研究公司 Juniper Research 估计,到 2016 年电子阅读器设备销量将达 6700 万台。[④] 相较于 2011 年电子阅读器的销量来说,增长空间依然巨大。其他市场预测公司对电纸屏阅读器的预测虽有数据不同,但总的趋势是一致的,就是未来几年内将持续增长。

关于全球电子阅读器的市场份额情况,360 市场研究网统计显示:2009 年亚马逊为 68.6%、索尼为 17.7%、汉王科技为 7.7%。[⑤] 按照台湾 Digitimes Research 的数据,2012 年第四季度亚马逊占全球出货量份额约为 55%,紧随其后的是日本 Kobo(20%)、巴诺(Barnes and Noble)(10%)和索尼(6%)。[⑥] 汉王科技跌出世界电子阅读器大商前列,很大程度上说明了我国电子阅读器行业的艰难发展情况。

---

① DIGITIMES:全球电子书全年出货量将超千万台[EB/OL]. [2010-06-30]. http://news.163.com/10/0630/19/6AEU0VM300014AED.html.

② 2011 年电子书阅读器全球出货量增长翻番[EB/OL]. [2011-12-21]. http://www.bookdao.com/article/32220/.

③ IHS iSuppli:2011 年全球电子阅读器出货量增长 108% 增长率放缓[EB/OL]. [2012-01-18]. http://www.199it.com/archives/22598.html.

④ Juniper Research:2016 年全球电子书阅读器销售将增至 6700 万台[EB/OL]. [2011-11-16]. http://www.199it.com/archives/18403.html.

⑤ 360 市场研究网:2009—2010 年全球电子阅读器市场发展现状研究[EB/OL]. [2010-11-10]. http://www.shichang360.com/subject/8/792.shtml.

⑥ 预计电子书阅读器第四季度出货量为 457 万台[EB/OL]. [2012-11-14]. http://tech.qq.com/a/20121114/000189.htm.

作为内容的电子书销售状况也有一些统计数据。据 Forrester 研究,美国电子书销售额从 2009 年的 3.01 亿上涨到 2010 年的 9.66 亿,涨势惊人。其中亚马逊占 72% 的份额,苹果占 5% 的份额。① 2011 年,据 PaidContent. org 的一项报告,Goldman Sachs 在 2011 年 2 月做过一次研究,亚马逊和巴诺公司的市场份额分别是 58% 和 27%,苹果公司电子书销售商市场份额为 9%。排在第四位的则是 Kobo 公司,其市场份额为 6%。② 此外,谷歌作为海量内容模式的代表,其谷歌电子书店在电纸书行业也举足轻重。位于加拿大多伦多的 Kobo 公司在这个行业新近崛起,Kobo 公司为全球收入排名前三的电商巨头、被称为日本亚马逊的乐天公司收购③。

2015 年,奥地利咨询顾问鲁迪格·威辛巴特发布的《2015 全球电子书报告》描述了世界主要图书市场的电子书发展全景:英国与美国明显领先于其他国家,数字出版已经达到整体市场的近 30%。非英语国家,电子书市场比例低于 10%,中国 1% 左右,德国 4.3%,荷兰 4.7%。其中,美国 2014 年成人大众电子书市场达 15.82 亿美元,占据了成人大众图书市场的 27.2%,其中亚马逊占据 67% 的市场份额。④

美国是世界上电纸书产业发展最为成熟的国家。在美国,自 2007 年 Kindle 上市之后,不但 Kindle 等专用电子阅读器销量持续增加,而且其内容产品销售涨势惊人。种种成就说明美国电纸书业已经形成了成熟的商业模式,包括上下游之间的合作模式、利润分成、定价规则等。另外,世界上主要电纸书大商也在美国,如亚马逊、巴诺、苹果及谷歌,它们之间已形成了有序的竞争局面。

## 3.2.5 国内电纸书行业现状概述

在美国等领先国家电纸书产业蓬勃发展的同时,国内电纸书行业则紧跟国外同行的步伐艰难前进。以下介绍国内电纸书产业的现状。

---

① 资料来源:百道网《2011 中国电子书产业研究报告》。

② 苹果 iBook store 将参展美国图书博览会,宣传 iPad 电子书[EB/OL]. [2011-05-18]. http://www. feng. com/apple/news/2011-05-18/Apple_iBookstore_Book_Fair_will_be_exhibiting_at_the_United_States_to_promote_e-books_iPad_235542. shtml.

③ 日本乐天收购 Kobo 影响深远[EB/OL]. [2011-11-14]. http://www. bookdao. com/article/30473/.

④ 2015 全球电子书报告显示市场份额持续增加[EB/OL]. [2015-05-12]. http://www. chuban. cc/gjcb/201505/t20150512_166755. html.

3.2.5.1 国内电纸书行业发展时间进程

在国内市场上,据百道研究院《2011 年中国电纸书产业研究报告》,2008 年以前,我国大陆电纸屏电子阅读器只有两款。2008 年之后,在亚马逊 Kindle 的带动下,我国电纸书市场开始逐步升温。2008 年 10 月,汉王科技推出首款电纸书产品,并将其产品命名为"汉王电纸书"。2009 年 9 月,汉王电纸书单月销量超过 Sony Reader,成为排在亚马逊 Kindle 之后的全球第二大电子阅读器品牌。①

2009 年 3 月,中国移动手机阅读基地由中国移动集团委托浙江移动建设和运营,②以手机和电纸屏阅读器为内容载体,整合手机报和网络文学等。同年国内老牌电子阅读器商方正科技公布支持 3G 的电纸屏阅读器"文房"(We-Found),售价高达 4800 元,令业界咂舌。③ 方正科技曾是中国电子阅读器的先锋公司,推出过液晶屏的"书行天下"等产品,由于市场推广不成功而退出。但方正科技在 2009 年又重回这个市场。关于中国电信商涉足数字出版,开创"基地"模式,将在第 4 章"手机出版研究"中具体论述。

百道研究院《2011 年中国电纸书产业研究报告》统计显示,2009 年电纸屏阅读器上市品种增加到 41 种,到 2010 年,上市品种增加到 94 种。专业研究机构清科研究中心发布的《2010 年中国电子阅读器市场报告》显示,2009 年,国内电子阅读器销售量达 61.18 万台,同比增长 4 倍多。2009 年被认为是中国电子阅读器市场发展元年。④

2010 年,电子阅读器市场一片繁荣。中国电纸屏电子阅读器销量达 103.49 万本。⑤ 从 2010 年开始,液晶屏阅读器进入电纸书市场。国内从 2010 年下半年开始,引发了液晶显示屏电子阅读器热。根据百道研究院统计,2007 年液晶屏电子阅读器上市品种为 0 种;2008 年为 2 种;2009 年为 3 种;2010 年第一季

---

① 汉王的营销路径[EB/OL].[2010-07-16]. http://finance.ifeng.com/leadership/scyx/20100716/2415629.shtml.

② 中国移动:2011 年手机阅读业务将持续稳定增长[EB/OL].[2011-01-11]. http://tech.sina.com.cn/t/2011-01-11/10305081981.shtml.

③ 方正文房电子书售价确定 3 年 4800 元[EB/OL].[2009-10-22]. http://www.it.com.cn/diy/monitor/news/2009/10/22/17/653478.html.

④ 2010 年 Q1 中国电子阅读器市场销量达 24.9 万部 汉王超半壁江山[EB/OL].[2010-05-12]. http://finance.ifeng.com/gem/news/20100512/2177181.shtml.

⑤ 去年中国电子阅读器销量达 103.49 万部[EB/OL].[2011-01-06]. http://money.163.com/11/0106/14/6PNJKM5500253B0H.html.

度为 5 种,第二季度为 4 种,第三季度为 29 种,第四季度为 28 种①。当时,国内液晶屏电子阅读器中多有山寨货,由于制造液晶屏电子阅读器并不需要高新技术,产品推出呈现爆发增长之势。

2010 年 1 月苹果 iPad 的成功上市②,显示了液晶屏电子阅读器并非仅仅被山寨厂商看好,为液晶屏阅读器在电纸书行业中赢得一定份额。iPad 的成功一则因为硬件功能全面,外观时尚精美;二则因为苹果的 iBook store 电子书分销平台的成功经营,其销售的电子书的份额几年来一直在世界前四位。2010 年 11 月,巴诺推出了著名的 Nook Color③,这也是一款液晶屏阅读器。

2011 年,国产电子阅读器受到国外产品的冲击。iPad 在 2010 年 4 月进入中国,其价格与当时的国产专用电子阅读器相差不远,而 iPad 的华丽外观和多元化功能对用户的吸引力更大。为了对抗 iPad 的冲击,从 2011 年四五月开始,国内电子书市场就掀起了一波接一波的降价狂潮。据报道,汉王电纸书大幅降价,最高降幅超过 40%。随后,纽曼、爱国者等涉足电纸书的企业纷纷跟风降价④。价格调整后,国产电子阅读器面临的是利润下降和亏损的尴尬。进入 2011 年后,占据国内电子阅读器市场半壁江山的汉王科技"将出现 4000 万元至 5000 万元的业绩亏损"⑤。方正科技、爱国者又相继宣布退出电子阅读器硬件业务。山寨货和贴牌货厂商也陆续退出市场。仅仅一年之后,电子阅读器进入低谷。电子阅读器市场已经由"诸侯割据"演变成汉王科技与盛大两家的战斗⑥。汉王科技董事长甚至宣称"剩者为王",表示要"坚守电子书市场"⑦。业界人士普遍认为,电纸书行业从售卖终端时代走到了平台建设时代,也就是说,分销平台的建设成为下一个发展阶段的主要任务。

---

① 程三国,马学海,林成林.2011 年中国电纸书产业研究报告(内部出版物):121.

② 【苹果历史上今天】2010 年 4 月 3 日第一代 iPad 上市开启"后 PC"时代[EB/OL].[2013-04-03]. http://appdp.com/topic/15391/.

③ 巴诺书店推出彩屏电子阅读器 Nook Color[EB/OL].[2010-10-27]. http://tech.sina.com.cn/it/2010-10-27/12084796080.shtml.

④ 电子书行业洗牌 传方正、爱国者将退出[EB/OL].[2011-08-06]. http://www.ebrun.com/ebnews/23869.html.

⑤ 电子阅读器市场:喧嚣之后"一地鸡毛"?[EB/OL].[2011-05-04]. http://www.chinanews.com/cul/2011/05-04/3016352.shtml.

⑥ 电子书市场只剩盛大汉王两家[EB/OL].[2011-08-24]. http://www.chuban.cc/ky/qy/201108/t20110824_92827.html.

⑦ 汉王刘迎建:剩者为王 依然会坚守电子书市场[EB/OL].[2011-12-02]. http://tech.hexun.com/2011-12-02/135918204.html.

总的来看,从 2009—2011 年中国电子阅读器销量呈现增长趋势,2009 年中国销售量为 61.18 万台,2010 年销量为 103.49 万台,但到 2011 年涨势趋缓,环比下降起伏不定。2011 年前三个季度销量在 91.09 万台,超过 2010 年同期,如图 3-2 所示。

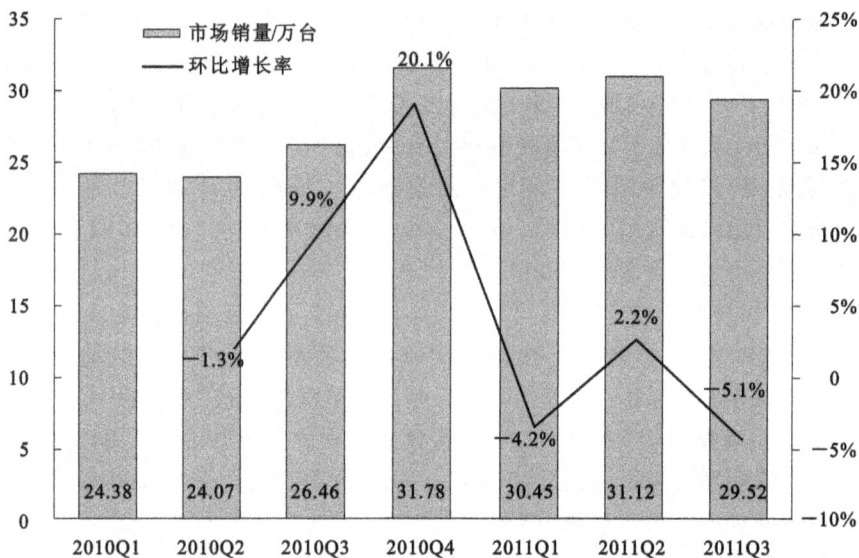

图 3-2　2010Q1—Q3 中国电子阅读器市场销量①

2013 年 1—4 季度,中国电子阅读器市场销量在 28.25 万台、31.12 万台、29.5 万台、29.44 万台之间徘徊,但汉王科技市场份额跌破 60%。而 2013 年6 月,亚马逊 Kindle 电子阅读器开始在亚马逊中国等网站销售。②此后,中国电子阅读器市场逐渐归于理性。

3.2.5.2　国内专用电子阅读器品牌简介

现阶段国内电子阅读器品牌众多。其中,国内老牌厂商主要为天津津科、广州金蟾软件研发中心有限公司和方正科技等,它们是液晶屏电子阅读器的开发者,天津津科和易博士又率先推出电纸屏阅读器。方正科技曾一度放弃电子阅

---

① 资料来源:易观国际。
② 国内电子书阅读器市场现状分析[EB/OL].[2015-07-30].http://free.chinabaogao.com/dianzi/201507/0I021BN2015.html.

读器战略,然而又在热潮中回归竞争队伍。汉王科技、华为、台电、润为、艾利和、易万卷、欣悦博、EDO、Onyx、博朗、联想、华硕、LG、爱国者、纽曼、OPPO 等厂商也相继跟进。[①] 汉王电纸书在这一阶段中地位突出,以销售硬件见长的汉王科技在市场份额中独占鳌头。

除了大陆厂商外,外资电子阅读器生产商是市场竞争的重要参与者。2009年底,韩国艾利和(iriver)成为第一家进驻中国的外资电子阅读器厂商。艾利和本是一家致力于数码产品的公司,在 2010 年 4 月发布 iRiver Story,同年 8 月发布 Cover Story。

面向北美和欧洲市场的 Sony Reader、Kindle 及 Nook 等事实上也进入了中国市场。已经公开的统计显示,亚马逊的 Kindle 在 2010 年占市场份额在个位数之间,见图 3-3。但在 2013 年 6 月,亚马逊才正式进入中国市场。

液晶屏电子阅读器以其多功能为特色进入电纸书行业。2010 年 4 月,苹果公司 iPad 上市,两个月内销售 200 万台。苹果的 iPad 一炮走红后,其他国际一线厂商紧随其后纷纷推出自己的平板产品,国内商家也加入了竞争行列。

关于国内电子阅读器的市场份额,根据清科研究中心统计(图 3-3),大陆汉王电纸书市场份额虽然有变化,仍然持续第一。汉王市场份额在 2011Q3 首次跌破 60%。盛大推出 Bamboo 的时间在 2010 年 8 月,采取低价策略抢夺市场,Bamboo 测试期间价格为 998 元。2011 年 6 月又宣布 Bambook 将以 499 元销售。其他公司市场份额不大。另外,中国台湾和一些外国品牌在国内占有一定的份额,如台电及亚马逊 Kindle 等。国内方正、翰林,以及韩国艾利和等占有一定份额。

总的来讲,电子阅读器市场风生水起、纷繁复杂,其商家大都集中在 IT 生产商、科技公司、移动运营商、互联网内容提供商等,多方抢滩电纸书市场,但传统出版社参与程度不高。为了更好地满足用户的个性化需求,电子阅读器的功能服务不断提升。大约 60% 的电子阅读器具备 3G 或 WiFi 上网功能,无线技术、网络连接功能快速、便捷地实现了电纸书下载,为读者提供丰富内容;图片浏览、手写批注、语音朗读、触屏等功能服务不断提升。彩色和柔性屏幕相继推出。总的来说,技术发展速度较快,服务功能有所增强。

---

① 2010 年 Q1 中国电子阅读器市场销量达 24.9 万部　汉王超半壁江山[EB/OL].[2010-05-12]. http://finance.ifeng.com/gem/news/20100512/2177181.shtml.

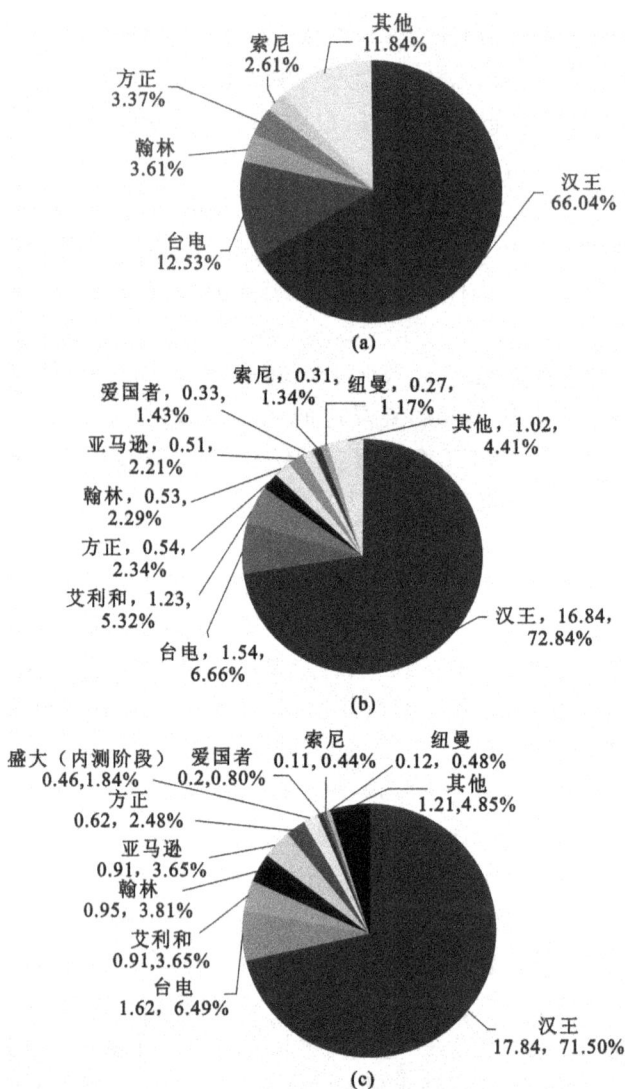

图 3-3　清科研究中心发布的 2010Q1—Q3 中国电子阅读器销售份额饼图（单位：万部）①②③

(a) 2010Q1 中国电子阅读器市场典型厂商销量占比情况；(b) 2010Q2 中国电子阅读器品牌终端销售占比情况；

(c) 2010Q3 中国电子阅读器典型品牌终端销售占比情况

———————————

①　2010 年 Q1 中国电子阅读器市场销量达 24. 9 万部　汉王超半壁江山[EB/OL]. [2010-05-12].
http://research. pedaily. cn/201005/20100512171116. shtml.

②　2010 年 Q2 中国电子阅读器终端销量达 23. 12 万,小幅回落[EB/OL]. [2010-07-08]. http://
research. pedaily. cn/201007/20100708177039. shtml.

③　电子阅读器混战恐步入版权怪圈　外围企业蓄谋分羹市场[EB/OL]. [2010-10-13]. http://
research. pedaily. cn/201010/20101013198177. shtml.

3.2.5.3　国内电子书分销平台现状

网络分销平台是指由某个网络运营商研发提供的,用于帮助供应商搭建、管理及运作其网络销售渠道,帮助分销商获取货源渠道的平台。电子书属于内容产业,因此,一般这类平台称为内容分销平台。它是电子书产业链的重要一环,起着连接上游内容提供商和下游终端商的作用。亚马逊 Kindle 成功后,我国商家纷纷效仿,推出自己的电子阅读器产品,2009—2010 年,电子阅读器市场表现活跃。进入 2010 年后,我国电子书商家意识到电子书分销平台的重要性,于是,各类平台不断涌现。

内容分销平台是电子书发行的主要渠道。我国内容分销平台的发起者来自各方,主要有传统出版商、传统发行商、终端设备商及网络服务商。表 3-1 所列是国内主要电子书的分销平台。

表 3-1　　　　　　　　　　　国内主要电子书的分销平台

| 发起者类型 | 主办方 | 平台名称/上线时间 | 业务特点 |
|---|---|---|---|
| 传统出版商 | 中国出版集团 | 大佳书城/2011 年<br>http://www.dajianet.com/ | 主营电纸书分销 |
| 传统发行商 | 四川文轩在线电子商务有限公司 | 九月网/2010 年<br>http://www.9yue.com | 主营电纸书分销 |
| | 上海新华解放数字阅读传媒有限公司 | 新华 e 店/2011 年<br>http://www.xhestore.com/anonymous/index.xhtml | 主营电纸书分销 |
| 终端设备商 | 汉王科技 | 汉王书城/2008 年<br>http://www.hWebook.cn/ | 经营电纸书、报刊及网络原生电子书分销 |
| | 小米公司 | 多看阅读/2012 年<br>http://www.duokan.com | 提倡精品阅读,分销电纸图书、漫画及报刊,含少量网络原创文学图书 |
| 科技公司 | 掌阅科技有限公司 | 掌阅书城(iReader)/2008 年<br>http://www.ireader.com | 分销网络原生电子书为主,兼分销少量电纸书 |
| 电信商 | 咪咕数媒 | 咪咕阅读/2015 年<br>http://www.cmread.com/u/index | 经营网络原生电子书、漫画、电纸书及听书分销 |
| 网络原生书商(网络原创文学平台) | 腾讯文学 | 起点中文网/2003 年<br>http://www.qidian.com/Default.aspx | 主营网络原生电子书生产及分销 |
| | 中文在线 | 17k 小说网/2006 年<br>http://www.17k.com/ | 主营网络原生电子书生产及分销 |

| 发起者类型 | 主办方 | 平台名称/上线时间 | 业务特点 |
|---|---|---|---|
| 电商 | 当当网 | 当当数字馆/2011年<br>http://e.dangdang.com/ | 主营电纸书分销 |
| | 京东商城 | 京东数字商品/2012年<br>http://e.jd.com/ | 经营电纸书、杂志、数字音乐、网络原创、有声读物及多媒体图书分销 |
| | 亚马逊 | 亚马逊中国/2013年<br>http://www.amazon.cn/ | 主营电纸书分销,有专属阅读器Kindle |
| | 淘宝网 | 阿里文学网/2015年<br>http://www.aliwxw.com/ | 主营网络原生电子书生产及销售 |
| 门户网站 | 网易 | 网易云阅读<br>http://yuedu.163.com/ | 经营电纸书和网络原生电子书分销 |
| | 凤凰新媒体 | 凤凰书城<br>http://yc.ifeng.com/ | 经营电纸书和网络原生电子书分销 |
| 搜索引擎商 | 百度 | 百度阅读/2011年<br>http://yuedu.baidu.com/ | 经营电纸书和网络原生电子书分销 |

表3-1只列了代表性的平台,如终端设备商平台列入了"多看阅读",但实际上"华为阅读"等也属于终端设备商搭建的平台;又如,电商平台还有"天翼空间"和"沃阅读";网络原生电子书平台还有"纵横中文网""创世中文网"和"逐浪网",等等;科技公司经营的平台还有"塔读文学""爱阅读",等等。各类平台各自有一定的特点。传统出版商和传统发行商搭建的平台主营电纸书,吸纳一些网络原创文学精品。但传统出版商对数字出版的趋势把握反而不及科技和网络公司,分销平台影响小,电商平台才是电纸书的主要销售者。搜索引擎商、电商打造的数字出版平台优势在于海量的用户群、成熟的广告客户群及多方位立体式的传播功能,能够极大程度地提升影响力和知名度。终端设备商打造的分销平台技术实力强,主要依靠终端销售获得利润,其弱点是整合上游内容提供商资源比较困难。科技公司的分销平台以阅读客户端经营著称,一般阅读软件评价较高。各大分销平台仍在不断整合和兼并之中,如,腾讯兼并起点中文网,百度收购"91熊猫看书",阿里巴巴收购"书旗小说"等。

总的来说,电子书产业在平台建设方面还是取得了一定的进步,几年来经过了从无到有的过程。目前,我国大大小小的电子书内容资源发行平台共有几十个,平台开放性逐渐增强。一方面,平台所提供的内容并不局限于自己的产品本身,都以开放的心态与版权所有者合作;另一方面,平台可以直接与互联网、手机、电子阅读器、平板电脑等多种终端设备对接,真正为用户提供跨场景、跨媒体、跨介质的阅读体验。

目前平台建设方面最主要的问题有:平台规模小、内容分散。各类平台中主营电纸书的少,分销网络原生电子书(网络原创文学)的多。从内容资源的数量上来看,平台电纸书资源匮乏,很难形成类似于亚马逊的海量内容分销平台;从内容资源的种类上来看,电纸书内容资源更新缓慢,且大都集中在文学、社科、经济、少儿等方面,专业性图书较少;此外,国内平台聚客能力也很低,网站人气不足。这些都是电子书产业下一阶段必须突破的主要问题。

# 3.3 电纸书产业链分析

就传统出版业而言,在"出版—印刷—发行"三位一体的传统出版产业链中,出版内容资源完全掌握在出版环节的企业手中。无论是出版物产品的印刷与销售,还是出版物产品的版权转让和衍生产品的授权使用等,基本都是由出版环节来决定,印刷和发行环节处于从属地位。数字出版较大程度地改变了出版产业链的构成,传统出版商已经不再是产业链的完全掌控者,网络分销商亚马逊、移动阅读终端商苹果等都有可能成为产业链的主导者。因此,我们就不得不重新探讨数字技术时代出版产业链的构成,具体就本章而言是电纸书产业链的构成。相较于传统出版产业链,这条产业链较长,包括作者、传统出版商、技术服务商、网络分销平台商、移动运营商、阅读器生产商,最后到达读者,如图 3-4 所示。

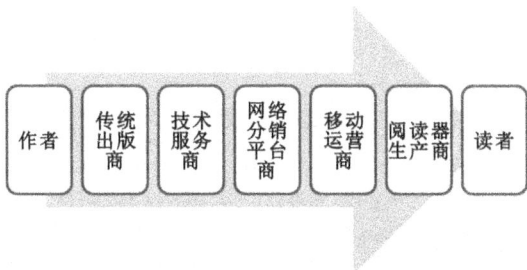

**图 3-4 电纸书产业链示意图**

电纸书内容的提供者为作者和传统出版商(含传统出版社、期刊社和报社),它们组成了产业链的上游。电纸书的内容是传统图书的电子版,是由社会精英创造的,其质量较高,由文、图、表等平面静态阅读要素构成。出版商是上游的核心,由于传统出版商在制作电纸书的同时并没有放弃传统印刷书报的出版,对于传统出版商来说,其生产成本并非降低了而是升高了,因此他们在参与数字内容提供的过程中,能否取得实质性的盈利成为传统内容提供商最看重的问题,也决定了他们在这条产业链中的合作态度。另外,由于传统出版商过去在与作者签订版权合同的时候,考虑问题不够周全,更没有考虑网络传播权等问题,致使电纸书版权状况比较复杂,影响了电纸书产业的发展。

技术服务商也在电纸书产业链上游中担当重要角色。所谓技术服务商,是指在该产业链中提供技术研发和支持的企业。技术服务商的主要职责是研发电子书阅读软件及格式转档等。在过去,技术服务商负责将纸质图书或电子文本转化成为一定格式的电纸书。以我国规模较大的四大技术服务商方正集团、北京书生电子技术有限公司、北京超星公司、中文在线为例,他们凭借各自开发的阅读软件和图书转化软件将成千上万本纸质图书搬上了网络,为网络读者打造了一个庞大的网络数据文库,他们拥有上百万的电纸书资源,在成立之初占据了全国电纸书市场90%以上的份额。后来移动阅读兴起,技术服务商又为各种阅读器研发了支持不同格式的阅读软件。如汉王电纸书的格式是 htxt,Kindle 的格式为 AWZ,等等。技术服务商也可能属于产业链的中游。如北京超星公司等,在打造了内容分销平台后成为产业链的整合者,属于产业链的中游。

网络分销平台商是产业链的中游。笔者将网络分销平台商的主要职能概括为:内容管理、内容推广、内容交易、用户管理等。内容管理,即将电纸书内容聚合起来,进行仓储式管理与分类,进行货物的货量调整。内容推广,即将最新最全的电子书内容产品信息呈现到平台上,或附加相关的评论、广告语或读者反馈信息加强销售,甚至通过点对点的方式将适合不同读者的内容信息推送到不同的用户面前。内容交易,即与顾客发生货物与资金的交易关系,使顾客能够在该平台上完成一站式购物。用户管理,即对网络分销平台的注册用户进行管理,包括统一注册、登录管理、用户权限及用户信息等。通过对用户的管理,可以为内容推销提供针对性营销。

电子阅读器的生产商、移动运营商和读者是电子书产业链的下游。电纸书的阅读器主要是电纸屏的专用阅读器,辅以平板电脑及手机。出版业是资源性产业,一般掌握资源者就拥有产业控制权。按照这个理论,阅读器生产商仅仅是产业链的一个环节。但就目前情况来说,电纸书产业的大商如苹果和汉王等都是不折不扣的阅读器生产商,这与新产业发展的初级阶段技术的重要性有关,但随着技术的成熟,内容产品的重要性最终会凸显出来。

在电纸书产业链中,还需要无线网络服务,一般来说,移动运营商在电纸书产业链中的角色相当于传统出版中的物流角色,只赚取流量费。但在我国数字出版活动中,中国移动等移动运营商非常活跃,在电纸书产业中也充当整合产业链的角色。

# 3.4 电纸书商业模式分析

电纸书目前已经形成了绑定模式、硬件模式、海量内容模式、硬件内容联营模式等商业模式。本书主要是以这些模式的主要特征命名这些模式的,但关于电纸书的商业模式有不同的说法,本书尽量将这些模式的各种命名列出,以便于互相参照。另外,符合"电子+纸书"特征的运营模式还有以中国移动阅读为代表的"基地模式"。由于这种模式由电信商发起,而且内容来源多元化,故放在第4 章"手机出版研究"中论述。

## 3.4.1 绑定模式——以亚马逊 Kindle 和苹果 iBook 为代表

### 3.4.1.1 绑定模式的模型及特征

绑定模式,是指阅读器硬件与内容绑定在一起而形成的封闭的商业模式。在这种模式中,阅读器生产商在售卖终端产品的同时通过一定比例的盈利分成来聚合内容提供商,打造阅读器专属格式的电子书库及分销平台,在线出售给阅读器用户。阅读器生产商除了拥有阅读终端外,还汇集了海量的电子图书"软"资源,基本构造出了(或能够控制)一个独立完整的产业链。绑定模式示意图如图 3-5 所示。

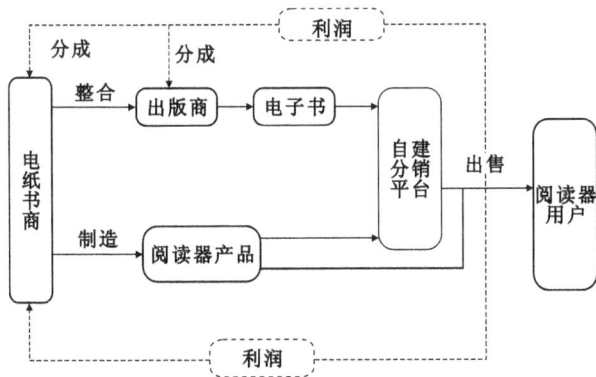

图 3-5 绑定模式示意图

图 3-5 中传统出版商和作者完成内容提供。绑定模式的发起者整合传统出版商版权资源,加工成阅读器的专属格式,并自建电纸书分销平台。电纸书分销平台与阅读器是无缝连接的。电纸书销售和阅读器销售是这个模式中盈利的来源。整个模式以阅读器为中心,完成对内容提供商和读者的绑定。

亚马逊、巴诺和苹果等都是绑定模式的代表。就其本质而言,亚马逊Kindle的成功受苹果"iPod＋iTunes"商业模式的影响与启迪。[①] 亚马逊充当阅读器生产商和电纸书分销平台经营者,并整合内容资源,与传统出版商协同推动市场的成熟。

通过分析,可以发现采用绑定模式者,一般需具有以下条件。

(1) 对内容资源掌控能力较强[②]

发起者可以聚集雄厚的图书资源,绝不会出现其他电纸书平台上缺少内容的尴尬局面。如目前亚马逊网络书店在线销售的 Kindle 电纸书已经超过 100万种,这个数字还在不断攀升。亚马逊拥有庞大的内容资源与其在经营网络书店中形成的强大实力有关,传统出版商在与亚马逊的谈判或抗争中筹码不高,很难抗拒在其平台上销售书籍的诱惑。

(2) 庞大的用户群

亚马逊是全球最大的电子商务平台,商品极其丰富,多年来聚集了大量消费者。苹果手持终端凭借其突出的性能、精美时尚的外观,以及出色的营销策略,很快就拥有了巨大的消费群体。两者虽然走不同的道路聚集客源,但聚客能力强、拥有庞大的客户群是其共同的重要特点。

(3) 运营管理体系较为完善

亚马逊运营网络平台经验丰富,在经营 Kindle Store 平台时,对 Kindle Store 采用统一运营管理机制。其流程管理有序,营销体系完善,客户满意度较高,这些很快成为 Kindle Store 的核心竞争优势。

(4) 技术实力雄厚

由于这种模式需要整合软硬件,因此,必须拥有强大的技术实力。亚马逊在扩张中不断收购技术公司,从而掌握了电子书产业中的核心技术。无论是Kindle还是苹果手持终端,无疑都受到消费者很高的评价。

---

① 亚马逊 Kindle 运营模式对中国数字出版的可鉴性[EB/OL]. [2010-05-24]. http://tech. 163. com/10/0524/14/67F5S09M000915BF. html.

② 同①。

### 3.4.1.2 电纸书的定价制度①

合理的商业模式还必须包含合理的产品定价制度。在绑定模式的形成过程中,还形成了电纸书的定价制度。目前,电纸书的定价制度有两种:批发制和代理制。

亚马逊公司是电纸书批发制的创立者。所谓批发制,是指电纸书分销商从出版社购得电纸书,制定统一价格销售电纸书(一般来说价格较低),在这个制度中,出版社无权规定图书价格。亚马逊的具体做法:一种电子书新书比照其纸版精装本的零售价格,50%批发到亚马逊,亚马逊应按 15 美元以上的盈利价格出售,但实际上是按 9.99 美元亏本零售。批发制中,消费者获得较大实惠。

亚马逊的批发制实施背景主要有以下两点:① 亚马逊为了使自己的阅读器迅速普及达到主导电子书市场的目的,采取了亏本卖电子书、促销 Kindle 的经营策略。② Kindle 成功上市之前,亚马逊经营纸质图书多年,形成强大的图书营销平台。在这个过程中和传统出版商建立了关系,使之能够从传统出版社处得到批发的版权授予。

批发制带来的最大缺陷是作为内容提供商的传统出版商在产业链中的话语权空前降低。一些传统出版商抱怨根本不知亚马逊的盈利情况,更难以洞察分成的合理性。加之亚马逊在平台上搭建 Kindle Single 等自助出版模式,使传统出版社感到空前的危机。于是,2010 年,在批发制实行两年后,终于爆发代理制与批发制之争。

2010 年 4 月 1 日,由美国大众图书出版业中规模最大的 6 家大型出版社中的 5 家,即哈珀·林斯、阿歇特、西蒙与舒斯特、企鹅及麦克米伦联合推出电子书代理制定价模式。2011 年 3 月 1 日,六大出版社中唯一一家没有采用代理制的兰登书屋也加入其中。② 他们以如此身份、如此一致的行动推行代理制,自然值得关注。

那么什么是代理制? 按照百道年度电子书产业报告里的总结就是,"出版社制定电子书的零售价格,所有电子书零售商按此价格销售电子书。在这个制度安排中,电子书零售商并不是真正的卖家;他们不过是纯粹的投送渠道,消费者通过这个渠道将钱传递给出版社,而出版社通过这个渠道把电子书提供给消费者。作为渠道或者代理商,电子书零售商获得一定比例的委托费,适用税种和税

① 拨开电子书代理制定价模式的迷雾[EB/OL].[2011-03-12].http://www.bookdao.com/article/15956.

② 同①。

率不同于零售商"。<sup>①</sup>

在已经形成的商业模式中,苹果公司 App Store 销售的常规做法,很可能启发了大型传统出版社提出代理制。苹果于 2010 年 1 月发布,4 月上市销售,而代理制提出的日期也就在 4 月 1 日,于是苹果这样的大公司被自然拉进电子图书定价制度的发展中,并在其中起代理制开创者的角色。在图书代理制中,出版商制定图书价格,其中 30% 归亚马逊及其他电纸书零售商,70% 归内容提供商。

从代理制的实行来看,直接效应是涨价,直接损害的是消费者的利益。图书不是生活必需品,因此涨价直接抑制电子图书的消费,涨价还严重不符合读者对电子书廉价的直观预期。另外,代理制让出版社拿到的定价权的发挥空间非常有限。代理制仍然需要所有的出版社和所有的零售商均接受才行。到目前为止,代理制电子书的价格,只在 15 美元以下浮动,也就是在批发制价格到亚马逊亏本促销价格之间,且变动很少。

无论代理制缺陷如何,这场冲突的结果是亚马逊接受代理制。亚马逊陆续和西蒙与舒斯特出版公司、新闻集团旗下哈珀·林斯出版公司等达成了自行定价电子书协议。<sup>②</sup>

### 3.4.1.3 绑定模式小结

绑定模式运行 4 年后(从亚马逊 Kindle 成功上市算起),成为许多移动阅读器厂商参考的范本。业界在下述几个方面,对它形成了比较一致的看法。

(1)商业模式日趋成熟

以亚马逊网络书店为纽带和枢轴,Kindle 与亚马逊书店构成了一套完整的电纸书直销体系。苹果以 iTunes 为桥梁,使 iTunes Store 与 iPod 互相支持,形成了"iPod+iTunes"的商业模式。苹果在学习亚马逊和承接 iPod 经验的基础上,进一步发展出了"iPad+iTunes+App Store+iBooks"模式,使得液晶显示屏阅读器能够与电纸屏阅读器分享电子书市场。二者已经形成了数字出版界从硬件、软件到服务的整条消费链条。我国无论汉王电纸书、当当电纸书,还是盛大电纸书等品牌商家无不想学习这种模式。

(2)相对完善的版权保护

版权保护是数字出版产业发展的重要基础。Kindle 的成功很大一部分原因在于亚马逊庞大的电纸书库,而这一模式的核心在于对版权的有效保护。亚马逊自己开发"AZW"格式,并采用云技术。Kindle 也绑定了读者,很多种格式

① 程三国,马学海,林成林.2011 中国电子书产业研究报告[R].百道网,2011:79.
② 亚马逊狙击苹果 允许出版商对电子书自由定价[EB/OL].[2010-04-01].http://tech.qq.com/a/20100401/000175.htm.

的电纸书不能在 Kindle 上阅读。而 Kindle 用户购买了一本电纸书之后,只能在同一款 Kindle 阅读器上阅读,转借等都受到限制。这些方式虽不能完全杜绝盗版,但就目前来说,亚马逊及与其方式类似的苹果版权保护制度相对完善,使传统内容提供商能比较放心地为其提供内容。

(3)容易形成垄断

分销平台的聚货能力和聚客能力,以及硬件阅读器的广泛出售,已经成为亚马逊等成功发展的基石。而一旦拥有这种能力,其他没有打通产业链的出版商们也就很难与其竞争。目前全球的电纸书市场中美国的电纸书销量占绝大优势,而美国电纸书商家多采用封闭模式。亚马逊更开展 Kindle Single 业务和直接出版业务(digital text platform,简称 DTP,网址 http://dtp.amazon.com/),绕开传统出版商,直接控制内容的生产。这样有可能会导致一个结果,即亚马逊将统治整个电纸书市场,成为操纵价格、销售及任何与电子书有关的一切事情的主宰者。

(4)不易于复制、变通

尽管亚马逊这种封闭模式得到了业界诸多人士的肯定,任何一家企业想要复制这种模式却并不容易。封闭模式对于担当整合角色的厂商要求非常高。现在国内还很难找到一家企业可以在内容聚合能力,资源管理、发布和推送能力,技术研发能力上都做到出类拔萃。此外,内容通道是否顺畅、3G/4G 运营环境的差异等因素,都会对封闭模式形成制约。

即便其他厂家不照搬亚马逊模式,亚马逊本身想在海外打开市场也不容易。若亚马逊要打开中国市场,首先要面临的就是各种严格的图书报刊、电子出版物的实体和互联网出版、发行、批发、零售的法律限制,除非和国内企业合作,否则亚马逊将无法涉足外资的禁区领域,更无法经营电纸书销售业务。除此之外,亚马逊还要面临中国电纸书盗版猖獗的问题。即便硬件和品牌的侵权尚可以通过专利商标保护在一定程度进行制止,但电纸书的盗版问题肯定会让亚马逊头痛不已。

(5)对消费者的绑定

封闭模式最不合理之处是用户一旦选定了阅读器,就不能购买其他分销平台的电纸书。现在很多消费者都被迫同时拥有不同的阅读器,这对消费者来说很不公平,从长期看必将有碍电纸书产业的发展。

对消费者绑定后,也使得消费者不得不接受商家一些不合理的行为。例如,Kindle 与亚马逊的连接使得用户完全被亚马逊掌控在手里。2009 年 7 月,亚马逊未经用户允许强行从用户的 Kindle 设备中删除了两本书,此举激怒了读者也引发了大规模的争议。亚马逊解释说删除的书引发了版权纠纷。但无论商品是否涉及非法售卖,现实产品的零售商绝不会闯进顾客家中强行收回顾客已经购买的商品,亚马逊却对已发售的 Kindle 电纸书及用户享有这种特权。

应该指出的是,Kindle 模式和 iPad 模式不尽相同。最初亚马逊是硬件和内容双盈利,随着 Kindle 推广成功,硬件成本下降,亚马逊逐渐走向内容模式。而 iPad 属于综合性的娱乐终端,属于"硬件+内容"双盈利模式。iPad 功能多样化,其内容平台有两个,即 App Store 和 iBook Store,二者更像实体商店中的连锁书店,目前 App Store 是苹果内容盈利的主要来源。

### 3.4.1.4　亚马逊案例——从电纸书分销商到多种数字内容产品分销商

亚马逊(网址 www.amazon.com)位于美国华盛顿州的西雅图,是网络上最早开始经营电子商务的公司之一,也是美国最大的一家网络电子商务公司。它成立于 1995 年,其创始人是杰夫·贝佐斯(Jeff Bezos)。在创立之初,贝佐斯曾经设想了 20 种适合于网络销售的商品,包括图书、音乐制品、杂志、PC 机和软件等,最后他选择了销售图书,因为他认为图书市场还没有形成垄断,即使是巴诺连锁书店的市场份额也不过 12%。因此,图书就被作为网上书店零售的突破口。亚马逊建立起来以后,就开始了迅速扩张的历史。1997 年,亚马逊网上书店股票在纳斯达克上市。之后,亚马逊的在线销售产品几乎囊括了所有的行业,先后涉足软件、服装、花卉、电器、古董、影视、旅游、照相器材、图书、电脑产品等市场[1],并进入欧洲、亚洲等各大洲及各国市场。2009 年,亚马逊的年终财务报告显示,它的年收入达到了 240 亿美元,其中多媒体/图书类别的销售收入为 59.6 亿美元,占总收入的 1/4。这个数字超过了所有传统出版或数字出版行业中最大的公司,同时,亚马逊的图书收入还在稳步增长中[2]。数年来,亚马逊在图书销售中的不菲业绩,使其掌握了大量读者需求方面的信息,并与传统出版商建立了密切的合作关系。在此背景下,亚马逊终决定进军数字出版行业,下文对亚马逊相关数字出版方面的产品及配套平台做一个较系统的介绍。

(1) 阅读器产品

① Kindle。亚马逊划时代的硬件产品是 Kindle。2007 年第一代 Kindle 诞生,2009 年初 Kindle 2 推出,2010 年 8 月 Kindle 3 发布。此后,每隔一定周期,亚马逊就会推出各式 Kindle。早在 Kindle 2 推出时贝佐斯就宣称,简单方便的用户体验是 Kindle 产品提供给用户的核心价值。借助 Kindle,用户在 60 秒之内可以开始阅读任何一本书。Kindle 提供的便捷购书方式和无线图书下载功

---

① 罗紫初. 出版学基础研究[M]. 太原:山西人民出版社,2005.

② 周益. 亚马逊的成功之道[J]. 现代出版,2011(2):62-65.

能,大大降低了购买的门槛。有统计显示,每个 Kindle 用户购买图书的数量,是其购买 Kindle 之前的 2.7 倍。Kindle 还降低了发行成本,增加了出版商资金周转速度和净利润。在外观上,Kindle 比较朴素,没有苹果 iPad 电子书华丽的动画。Kindle 只能左右翻页,支持标准的屏幕亮度和字体大小设置。它还保持了传统阅读的体验,可以画重点、做笔记等。①

IDC 调查显示,2011 年 3 月,全世界的电子阅读器销售量达到 1280 万部,其中 48% 的机型是 Kindle。用数字化的阅读体验来代替报纸、广告等的纸质体验被科幻电影无数次渲染过,Kindle 则是有史以来第一个成功的电子阅读器。目前很多草根作者更是在这个平台上盈利生存,健康的生态圈逐渐形成。②

在过去几年里,亚马逊的 Kindle 阅读器的用户只能从亚马逊书店买书,且 Kindle 仅支持亚马逊专有的电纸书格式 Mobi/AZW。这些措施保证了一旦读者在 Kindle 上或亚马逊网上商店购买了电纸书,就会被锁定在亚马逊的生态圈里。

用户可以通过 Kindle 硬件设备,方便地购买电纸书,但亚马逊并不满足于 Kindle 促成的电纸书销量,在移动互联网出现爆发式增长时,亚马逊公司还开发了各种应用程序(如 Kindle for Mac、Kindle for iPad 等),将 iPhone、iPad、黑莓和 Android 系统的移动设备变成自己的电纸书销售终端。

② Kindle Fire。亚马逊已经在电子商务和电纸书市场取得了领先的优势。近年来,因亚马逊致力于搭建音乐商店和视频点播服务,业界纷纷预测亚马逊可能成为平板电脑玩家,并向应用服务靠拢。2011 年 9 月 28 日,亚马逊宣布推出平板电脑 Kindle Fire,其质量仅为 414 克,售价 199 美元,比 iPad 2 的最低售价低 60%;为深度定制的 Android 2.3 操作系统。

(2)内容分销

① Kindle Store。Kindle Store 是亚马逊最主要的电纸书分销平台。购买 Kindle 不但带了一个电子阅读器回家,而且将书店一起带回了家。亚马逊在 Kindle 中还绑定了内容分销平台 Kindle Store,旨在为 Kindle 用户提供电纸书。最主要的电纸书是传统图书的电子版,故我们称亚马逊为电纸书商。早在 2011 年 9 月,Kindle 电纸书(Kindle eBook)品种已超过了 100 万,且不包括无版权书

---

① 亚马逊 B2C 商业模式外壳下的秘密[EB/OL].[2010-05-06]. http://tech.ifeng.com/vc/detail_2010-05/06/1491776_2.shtml.
② 亚马逊云版阅读器让苹果陷入两难[EB/OL].[2011-08-15]. http://www.cpp114.com/news/newsShow_145640_1.htm.

籍,而 2007 年前仅仅 9 万[1],Kindle 店里超过 80 万种图书的价格在 9.99 美元及 9.99 美元以下,包括 65 种《纽约时报》最畅销图书。在 Kindle 上还可阅读数以百万计的免费、无版权保护、在 1923 年前出版的图书。[2] 此外,截至 2011 年 5 月 Kindle Store 中还有杂志 94 种、报纸 167 份。其中,美国报纸为 81 份,国际报纸为 86 份。[3] 美国另一电纸书分销平台 Google eBook store 中的电纸书品种数大约为 300 万(公版书或孤儿版),其中 10 万为收费品种。美国的另一电纸书大鳄苹果公司的 iBook store 中约有 3 万本免费书(拜古腾堡项目所赐)及 6 万多本来自大型出版商的电纸书,大部分电纸书售价为 9.99～14.99 美元[4]。虽然 Google eBookstore 中的电纸书品种更多,但从商业价值来看,仍然是亚马逊的 100 万种版权书居上风,且这个数量还在以较快的速度增长。图书、期刊等品种多样性是亚马逊取胜的关键。

② Kindle Singles。除了传统图书的电子版,亚马逊 Kindle 还可绑定销售 Kindle Singles 图书,这是一个短篇项目出版平台。[5] Kindle Singles 中的文章一般长于典型杂志文章,但短于大多数图书(作品篇幅大多为 1 万～3 万字)。该类书籍售价将比一本普通的电纸书便宜很多(价格为 0.99～4.99 美元)。Kindle Singles 也可以在 Kindle 阅读器、iPad、iPhone、iPod touch、Mac、PC 黑莓和 Android 系统的阅读器上阅读。

Kindles Singles 是自助出版平台,任何人都可以向亚马逊提交作品,并申请进入 Kindle Singles 类别。亚马逊在声明中"呼吁广大作家、思想家、科学家、商业领袖、历史学家、政治家和出版人"上传自己的作品。亚马逊认为 Kindle Singles 的长度"刚好足够表达出一个绝佳的想法,允许有足够的研究、辩证和例子。这种长度适用于商业课程、表达政治观点、科学论文或时事点评"。

③ Kindle Direct Publishing（Kindle 直接出版,简称 KDP）。这是亚马逊另

① 亚马逊:Kindle 电子书已超过 100 万部[EB/OL].[2011-09-28].http://tech.163.com/11/0928/23/7F2V16BL000915BD.html.

② 亚马逊二季度净利 1.91 亿美元 同比降 8%[EB/OL].[2011-07-27].http://tech.163.com/11/0727/05/79UP6N8I000915BF.html.

③ Kindle 今年或为亚马逊创收 54.2 亿美元[EB/OL].[2011-05-12].http://news.imeigu.com/a/1305172562485.html.

④ iPad 上的电子书:iBooks vs. Kindle[EB/OL].[2010-04-06].http://www.bookdao.com/article/2821/.

⑤ 亚马逊推 Kindle Singles 按长度为电子书归类[EB/OL].[2010-10-14].http://www.dayoo.com/roll/201010/14/10000307_103710150.htm.

一个自助出版项目,该平台面向全世界作者提供自助出版服务,详细内容见"网络原生电子书出版研究"一章。

Kindles Singles 和 KDP 是亚马逊试图改变传统出版行业的游戏规则的标志。由于绕开了传统出版社,简化了出版流程,降低了出版成本,图书售价相对较低,而作品在平台上销售后,作者可以获得 70% 的分成。亚马逊此举对出版商威胁极大,会导致作者抛弃传统出版商,从而将原本会流向传统出版商的著作资源变为 Kindle 专有。

④ 在线商店安卓应用商店。亚马逊凭借网络书店起家,在步入数字出版行业以后,首先是销售传统图书的电子版图书。此后,亚马逊分销在内容产品方面走综合化发展道路,不但发展自助出版项目,而且推出 Kindle Fire,意在进军应用产品。

亚马逊在 2011 年 4 月推出在线商店安卓应用商店,旨在与苹果应用商店和谷歌应用商店分享市场。苹果公司为遏制亚马逊应用商店的发展,曾经提起诉讼,要求其停止在线零售,称其不正当地使用了苹果应用商店 App Store 的商标。这场官司以苹果败诉而告终,App Store 被认为是一个通用术语,不会导致苹果与亚马逊之间的服务产生混淆,苹果无权要求禁止亚马逊使用 App Store 词组。[①] 这个案例反证了苹果对亚马逊应用竞争力的重视。

⑤ MP3 Store(又称"亚马逊 MP3")。亚马逊还经营有数字音乐商店。早在 2007 年,亚马逊就推出了"亚马逊 MP3",直接切入苹果 iTunes 领域,成为娱乐内容供应商。经过几年的发展,亚马逊 MP3 在音乐爱好者心目中的影响力与日俱增。2009 年,CNET 的 3 名资深编辑曾对亚马逊和苹果的两个数字音乐商店进行了一次全面测评,测评结果显示:在用户界面和收录曲目的数量上,亚马逊 MP3 要略逊苹果 iTunes 一筹;在音质方面,两者打成平手;在兼容性方面,亚马逊 MP3 得到的评价要比苹果 iTunes 高出很多,亚马逊销售的数字音乐可以在几乎任何音乐播放器中播放,而苹果一如既往执着于自有的音乐文件格式;在价格方面,亚马逊 MP3 一些热门歌曲也可以用 0.79 美元买到,专辑的最低价格只有 2.99 美元,而苹果 iTunes 歌曲的价格为 0.99 美元、专辑 9.99 美元。亚马逊 MP3 的低价策略成为吸引用户的一个重要因素。目前,亚马逊 MP3 市场份

---

① 苹果败诉　法官允许亚马逊使用 App Store 名称[EB/OL]. [2011-07-07]. http://www.bookdao.com/article/23691/.

额位居第二,其销售量仍然次于苹果 iTunes。①②③

⑥ Amazon Video on Demand(又称"亚马逊 VOD",现名"Instant Video"),即亚马逊视频点播服务。2008 年,亚马逊又成功进入了流媒体服务领域,当年 9 月,亚马逊网站推出视频点播服务亚马逊 VOD。亚马逊 VOD 服务可在 Mac 电脑上运行,视频传输的速度很快,服务运行良好。VOD 用户可以选择租或买一部电影直接观看,价格分别是 3.99 美元和 14.99 美元。亚马逊 VOD 的优势,在于其自身经营 B2C 网站和 IMDb 网站上积累的大量对影视产品感兴趣的深度用户,以及成熟的网络零售商业模式,内容、价格优势和较低的运营成本。亚马逊 VOD 被视为苹果最大的对手。④⑤

亚马逊其他内容产品方面的服务还包括 Digital Games & Software,Audible Audiobooks 及 Cloud Player 等,如图 3-6 所示。

Instant Video  MP3 Store  Cloud Player  Kindle  Cloud Drive  App Store for Android  Digital Games & Software  Audible Audiobooks

**图 3-6  亚马逊内容产品分销平台⑥**

(3) 开展传统出版业务

2011 年 5 月,"亚马逊出版"(Amazon Publishing)诞生。亚马逊在 5 月初宣布将出版包含畅销书作家康妮·布洛克威(Connie Brockway)在内的多位作者的多部小说作品。10 月亚马逊不惜花 85 万美元重金购买美剧 *Laverne and Shirley* 中的明星佩妮·马歇尔(Penny Marshall)回忆录。亚马逊还公布了它以科幻、幻想和恐怖为主要内容的第七个出版品牌 47North,其他亚马逊出版品牌还有 Amazon Encore, Amazon Crossing, Powered by Amazon, Montlake Romance,Thomas & Mercer 等。

亚马逊进军传统出版,引起传统出版业的担忧。如美国最大实体零售连锁书店——巴诺书店的 CEO 威廉·林奇(William Lynch)就透露,如果不能同时

---

① 亚马逊网上零售 MP3  iTunes 等商家面临真正竞争[EB/OL].[2007-09-26]. http://ent. sina. com. cn/y/2007-09-26/14321731031. shtml.

② 亚马逊:现金奶牛的商业模式创新[J/OL]. 软件与信息服务,2010(4). [2011-10-08]. http:// ubikr. com/archives/1303.

③ 亚马逊扩张数字出版产业链  多媒体阅读将成重点[EB/OL].[2011-04-08]. http://cul. china. com. cn/book/2011-04/08/content_4119896. htm.

④ 同③。

⑤ 亚马逊推视频点播服务;iTunes 迎来最大对手[EB/OL].[2008-09-05]. http://hn. rednet. cn/c/ 2008/09/05/1587024. htm.

⑥ 本图截于亚马逊官网主页。

售卖亚马逊出版的纸本书和电纸书产品,那就不会在巴诺书店中售卖相应的实体书。而传统出版社对亚马逊的商业行为显然更为警惕。如果亚马逊签下了足够多的畅销作家,很可能就会对美国六大出版社造成威胁,从而支配美国传统出版。业界有说法认为,亚马逊长期以来都"希望能自上而下地掌控整个书业"。①②

(4) 其他辅助性服务项目

亚马逊还开展了一些辅助性服务,这些服务虽然不能直接盈利,但有助于加强平台的吸引力。

① 开展数字借阅服务。亚马逊 2011 年 4 月宣布将推出"亚马逊公共图书馆借阅计划"③,2011 年 9 月又宣布 Kindle 用户将可以借阅全美 1.1 万美国图书馆免费电纸书④。

② 推出"用户向好友赠送电纸书"的功能。2010 年 11 月 22 日,亚马逊公布一项新功能,允许用户向好友赠送 Kindle 电纸图书礼物。用户可以向"任何具有电子邮件地址的人赠送 Kindle 电纸书,不要求对方必须是 Kindle 电子阅读器用户",只需下载相应版本的 Kindle 应用,用户可以在计算机及移动设备上阅读 Kindle 电纸书,其中包括 iPad、iPod touch、iPhone、Mac、PC、黑莓和 Android 手机。⑤

③ 为 Kindle 电纸书推出"看内页"功能。2011 年 8 月,亚马逊为 Kindle 用户带来了一项新的功能——"看内页"(Look Inside)。这个功能可以让用户通过网页浏览器先下载一部分免费的内容样本,在看过样文之后再决定是否下载和购买全本电纸书。这一功能在亚马逊的纸质书销售中早已采用,但引入电纸书则是首次。⑥

④ 向付费用户推出电纸书订阅服务。据《华尔街日报》的报道,亚马逊

① 引人瞩目的亚马逊出版业务[EB/OL]. [2011-09-14]. http://www. bookdao. com/article/27473/.

② 亚马逊进军出版业被指挑战底线:或遭大公司抵制[EB/OL]. [2011-05-30]. http://tech. sina. com. cn/i/2011-05-30/10575587823. shtml.

③ 亚马逊将让 Kindle 用户借阅全美图书馆数字书[EB/OL]. [2011-04-21]. http://net. chinabyte. com/80/11976580. shtml .

④ Kindle 用户可借阅 1.1 万个美国图书馆的数字图书[EB/OL]. [2011-09-22]. http://tech. 163. com/11/0922/10/7EI2727R000915BF. html.

⑤ 亚马逊推新功能 用户能给好友赠送 Kindle 电子书[EB/OL]. [2010-11-22]. http://www. cnetnews. com. cn/2010/1122/1946009. shtml.

⑥ 亚马逊为 Kindle 电子书推出"看内页"功能[EB/OL]. [2011-08-22]. http://www. bookdao. com/article/26288/.

2011 年 9 月宣布一项计划：向 Prime 用户（亚马逊的付费用户，年费 79 美元，可享有免运费等服务）推出电纸书订阅服务。根据计划，Prime 用户将可以进入亚马逊的线上图书馆，还可以每月免费阅读一定数量的著作。①

⑤ 电子图书租赁服务。2011 年 8 月，亚马逊推出 Kindle 教材租赁服务，提供多家出版社的数万本教科书的租赁。这项服务可以让学生节省高达 80％的教材购买费用。Kindle 电子教科书可以在 Kindle 阅读器上使用，同时为 PC、Mac、iPad、iPod touch、iPhone、黑莓、Windows Phone 和 Android 操作系统在内的所有移动终端开发了应用。②③

（5）亚马逊经验小结

亚马逊在发展过程中，首先为我们展示了一个庞大的 B2C 网络商店，然后凭借其自身在经营网络书店时积累的图书营销经验和与传统出版商的关系，开始分销电纸书，即为传统出版商销售传统纸书的电子版。此后，亚马逊在内容产业上迅速扩张，如自助出版、App 产品、数字音乐、流媒体服务及进军传统出版业务，等等。在出版业方面，亚马逊从一个电纸书分销商，向综合化内容产品分销平台商发展。总结亚马逊的发展道路，以下方面值得我们注意。

① 打造产品生态圈。亚马逊产品含硬件和服务平台两个主要方面，其产品和服务多样化，已经形成良性的生态圈。

Kindle 电纸屏阅读器生态圈包含：阅读器 Kindle，拥有 100 万图书的 Kindle Store，自助出版平台 KDP 和 Kindle Single 及其他辅助性服务，包括电子图书借阅、电子图书的"看内页"服务，以及电子教材租赁等功能。Kindle 模式中还有广告服务，这些服务不但可以加强 Kindle 的吸引力，而且可盈利或补贴 Kindle 硬件低价销售带来的损失。

Kindle Fire 的背后，也是亚马逊的一系列服务：100 万图书的 Kindle Store；Audible 有声书——第一大在线有声书商店；亚马逊 MP3 商店，世界第二大音乐商店；在线商店安卓应用商店；亚马逊 VOD；亚马逊云音乐服务，等等。

亚马逊在打造数字内容生态圈时，还注重电子图书与纸质书的结合销售，其结果是不仅 Kindle 销售量增加，Kindle 图书销售量增加，纸质书的销售额也增加。在亚马逊推出平板电脑以后，生态圈将更加完备，多样化的产品得到更好的展现。

————————————

① Amazon：向 Prime 用户推电子书订阅服务［EB/OL］.［2011-09-14］. http://www.pcpop.com/doc/0/708/708393.shtml.

② Kindle 教材租赁一大亮点：笔记标记可以保留［EB/OL］.［2011-08-05］. http://www.bookdao.com/article/25286/.

③ 亚马逊推 Kindle 电子教科书租赁服务　节省 80％书费［EB/OL］.［2011-07-19］. http://www.bookdao.com/article/24232/.

如何将亚马逊内容产品卖给 Kindle 和 Kindle Fire 之外的移动设备,亚马逊对其也进行了研究。针对 iPhone、iPad、黑莓和 Android 系统的移动设备开发了应用。此外,亚马逊发布基于浏览器的 Kindle 云阅读器(Kindle Cloud Reader),它是一个基于网页端的应用,目前支持 Chrome 和 Safari 浏览器。该云阅读器采用了 HTML5 技术,用户可以从云端阅读书籍或下载到本地离线阅读,可以在 PC、Mac、Linux、Chromebook 及 iPad 等终端使用。利用这款基于浏览器的 Kindle 应用,亚马逊绕开了苹果的分成制度,不再需要向苹果支付 30% 的分成,而可以将内容卖给苹果终端持有者。①

② 低价策略。亚马逊历来采取低价策略。因网络销售减少了很多实际环节,所以,低价在实际上也有可能。亚马逊曾利用低价策略与实体零售巨擘沃尔玛竞争。在数字出版方面,由于先行一步,亚马逊很快就走上了低价之路。2007 年 11 月推出的 Kindle 1 的价格为 399 美元,2009 年 2 月推出的 Kindle 2 的价格为 359 美元,2010 年 8 月发售的 Kindle 3 WiFi 版价格为 139 美元。到 2011 年 9 月,亚马逊发布 Kindle 4 价格被称为"屠杀":最低端的 Kindle 阅读器以 79 美元现身,Kindle Touch WiFi 版 99 美元,3G+WiFi 版 149 美元。Kindle Touch 在尺寸、质量上都较接近巴诺书店上半年推出的 139 美元的 Nook Color。相比之下,Nook Touch 具有比 Kindle 小的售书平台,不完善的云同步,且 Nook Touch 价格更高,因此,业界纷纷认为等待 Nook Touch 的将是被屠杀的命运。另一个受到严重挑战的是 iPad。与 Kindle 4 同时发布的 Kindle Fire 价格为 199 美元,而 iPad 2 依照不同配置价格在 499 美元以上。"我们用不高端的价格打造高端的产品"②,这是亚马逊对外的宣称。亚马逊依托自建的全球第一大在线销售渠道、完善的在线服务将成本压缩到极致。巴诺书店股价因此暴跌 10%。而从索尼、Kobo 到国内的汉王等电纸屏阅读器厂商对之几乎无还击之力,只能祈祷亚马逊慢点进行本土化。

当然,亚马逊的低价策略是有风险的,业界一般认为亚马逊 Kindle Fire 是亏本销售。这很像是 Kindle 平台刚刚推出时。当时亚马逊以高价向出版社购买电子书授权,再以低价卖给读者,每本新书据称会亏损 5 美元。但早期的亏损打破了电纸书市场不温不火的局面,迎来了电纸书销售的爆发式增长,最终亚马逊开始通过电纸书销售获利。目前,亚马逊新一轮的低价措施结果尚待观察。

---

① 亚马逊发布基于浏览器的 Kindle 云阅读器[EB/OL].[2011-08-18]. http://www.chinanews.com/cul/2011/08-18/3267725.shtml.

② 屠杀的序曲——亚马逊发布山寨价位平板、阅读器[EB/OL].[2011-09-28]. http://www.ifanr.com/54185.

已经有分析师预测亚马逊将暂时亏损。纵观亚马逊历史,低价是其重要的策略,但也是一条风险极大的道路,学习者当慎重对待。

③ 注重"用户体验"。亚马逊多次表示要成为世界上最能以顾客为中心的公司,注重客户体验是其成功的一个关键要素。亚马逊的客户体验包括了最低的价格、最迅速的交货及最可靠的网络[1]。为此,亚马逊不断改进物流、搜索技术、平台上可供产品的丰富程度、购买的方便性、商品展示的直观性、售后服务的温馨,以及低价政策等。就 Kindle 而言,亚马逊优良的服务,使他们能够有自信宣布,Kindle 的使命,是要在 60 秒内,让读者可得到世界上任何语言、出版印刷过的任何图书。亚马逊的成功是强大用户购物体验的直接结果,无论是在理念还是实践上,都为电子商务开发者提供了值得效仿的参考。

④ 善于利用"数据"。亚马逊依靠平台优势,记录和统计了大量用户行为数据,这些"数据"是实现和检验"用户体验"的依据。在亚马逊,技术研发和营销决策是以数据为基础的。例如,在进行新功能测试时,亚马逊会根据测试数据反复调整与修正功能。据卓越网有关人士称,在中文的卓越亚马逊网站,一天会进行几百次试验,如使用不同的算法来推荐商品,或改变购物车在屏幕上出现的位置。进行这些试验的成本很低。这些试验结果得来的数据,可以帮助网站优化 UI 设计,给顾客提供更好的购物体验。

⑤ 成功的投资战略[2]。亚马逊关于媒介及图书出版方面的收入已占整体收入的 1/4,并且该方面的收入还在增长,但传统出版业从行业整体上来说,处于下降或者说危机之中。事实证明,亚马逊多年来关于图书出版方面的持续投资是正确的,是符合发展趋势的。在亚马逊的众多收购中,有相当一部分是直接支持其图书业务的。例如,2005 年 4 月,收购专注于移动设备电子书的法国电子书公司 Mobipocket. com;2007 年 2 月,投资社交网络站点 Shelfari,2008 年 8 月,收购该公司;2007 年 5 月,收购美国最大的有声读物出版商之一 Brilliance Audio,Inc. ;2008 年 4 月,以 3 亿美元加承担负债的条件购得 Audible. com;2008 年 12 月,收购用户超过 1 亿 1 千万的在线图书超市 AbeBooks 及其六家子公司;2009 年 4 月 27 日,收购 Lexcycle Inc. ,这家公司的产品是 Stanza,这是一款为 iPhone、iPod、iPad 开发的电子书阅读程序;2010 年 1 月,收购 Touchco,Touchco 生产用于电子阅读的、具有触摸功能的彩色柔性显示屏幕。归纳上述投资路线,可以看出亚马逊投资视频内容和有声内容很早,甚至早于 iPad 推出。

---

① 骆驼亚马逊:穿过黄沙是绿洲[EB/OL]. [2009-07-07]. http://finance. qq. com/a/20090707/006280_2. htm.

② 周益. 亚马逊的成功之道[J]. 现代出版,2011(2):62-65.

这些都显示出亚马逊投资对象的多样性和对发展趋势把握的准确性。亚马逊的战略使其既获得了技术,又获得了客户,从而加速了产品的转型和对自身的市场渗透。Audible(有声图书)和Mobipocket(电子书)就是平台收购的好例子。两家公司都有能够创造客户的技术以利于亚马逊的电子商务转型。

总的来说,亚马逊是一家富有创新精神的公司。亚马逊的第一次扩张是从卖书到卖百货,此后,亚马逊为卖家提供第三方仓储物流服务、销售数字音乐、进行视频点播服务、打造Kindle、开展电纸书借阅服务等。在B2C模式上,亚马逊已经超越了网络零售商的定义。在图书出版和发行上,亚马逊掀起了出版革命。总之,从1996年贝佐斯在西雅图某家车库创业以来,亚马逊蜕变为一家涉足软硬件领域、横跨实体经济与虚拟服务的公司,在这个过程中,创新和拓展精神始终是亚马逊的精神核心。2009年,美国著名的高端商业杂志 *Condé Nast Portfolio* 评选出当今全球科技领域最具创新力的25人。在这份名单中,亚马逊公司创始人贝佐斯排在第二,位列苹果传奇人物乔布斯之前。这个排名也是对亚马逊创新精神的肯定。

### 3.4.2 硬件模式——以汉王电纸书为代表

#### 3.4.2.1 硬件模式的模型及特征

硬件模式也可被称作"预装书模式",是指在销售阅读器的同时,预装一定数量的免费电纸书来促进阅读器销售,商家可以通过售卖阅读器的所得利润来补贴商家购买电纸书的差价。这种模式相当于零售商场的"买一赠一"销售模式。在上述绑定模式中,电纸书作为商品按一定价格对外销售,带来直接盈利。但是当付费习惯的阻碍和大量盗版的存在使得直接出售电纸书的模式变得十分脆弱时,"免费赠送图书"就成为商家的经营策略选择。

谈到"免费",需要先了解一下著名的经济类畅销书《长尾理论》的作者克里斯·安德森(Chris Anderson),在他的新著作《免费:商业的未来》中提出了这样一个理论:免费成就商业的未来。他认为免费的含义不是字面上看起来那么简单,林林总总的免费归根结底都表现为同一实质——让钱在不同的产品之间转移,这种转移被称为"交叉补贴"。在硬件模式中,阅读器一般高价出售,而为了弥补用户的经济损失,则"补贴"一定数量的预装书,从而使用户感到"物有所值"。硬件模式尤其被阅读器生产商为主导的产业链所采用。

硬件模式示意图如图 3-7 所示。

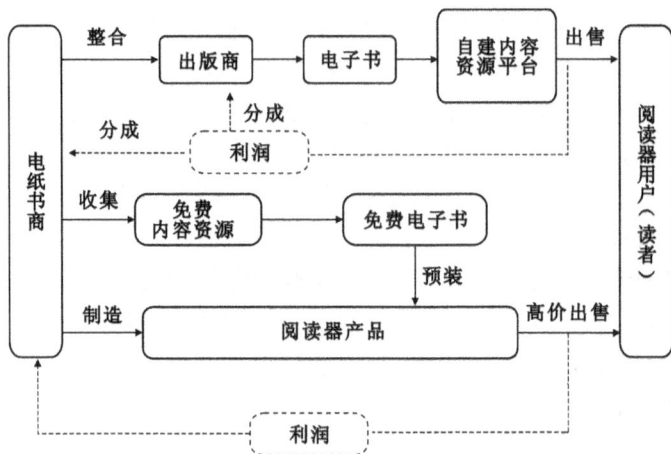

图 3-7　硬件模式示意图

硬件模式主要出现在我国。我国电子阅读器当前产业链方面存在一个尖锐矛盾：因为阅读器的销量不高，没有较大的利润空间，出版社不肯冒着被侵权的风险轻易与技术商合作。反之，缺乏内容支撑的阅读器销售又难以为继。无奈之下，许多阅读器厂商不得不考虑自己"搭台唱戏"，对用户赠送公版电纸书，以弥补内容资源方面的缺憾。硬件模式在技术方面还有一个特点：由于厂家基本依靠阅读器来盈利，对电纸书的格式设置往往是开放性的，会支持常见的 txt、pdf、chm 等网络上可以下载到的免费书籍的格式。

在国内，汉王科技和上海世纪出版集团的"悦读"等是硬件模式的代表。汉王科技推出的"汉王电纸书"上市仅 5 个月就销售出 5 万多本，带动公司业绩增长了 100% 以上。但作为终端厂商的汉王科技在产业链中有一个致命的缺陷，即它不能掌控内容资源，获取热门畅销书的版权需要花费巨大代价。知名出版社和网络文学网站更是不在意这一点蝇头小利。寻求资源无果的情况下，汉王电纸书内容只能以经典读物，特别是以版权保护到期、不需交付版权费的名著为主。汉王科技在市场形势逼迫下，搭建"汉王书城"。但由于"汉王书城"是出版业的"外来妹"，在内容资源整合上能力不足。其预装的公版书则商业价值有限，导致阅读器销售渐渐惨淡。

### 3.4.2.2　硬件模式的利弊分析

（1）快速聚拢人气

将电纸书作为买一赠一的赠品，确实能在短时间内吸引不少人气，迅速为销售打开市场。搭赠电纸书，看似为用户解决了"无书可读"的后顾之忧。加之现代商业环境下，太多的促销活动培养了人们对于"免费"的敏感度，但凡涉及"免费"二字的商品,总是格外受到消费者的青睐和追捧。汉王科技成为目前国内最大的阅读终端设备制造商,不能不说与其成功的营销策略有关。

(2) 不利于持久发展

虽然硬件模式在一定时间内对于产品的宣传和销售起到了促进作用,但从企业发展的角度来说,硬件模式并不利于企业的持续发展。对于读者来说,预装图书以旧书和公版书为主,吸引力并不大。就其本质来说,电子书预装是以硬件销售为导向,无视电子书内容价值,违背了电子书的市场规律,是一种存在先天缺陷的临时策略。[①]

### 3.4.2.3　汉王科技案例分析[②③④]

汉王科技是中国电子阅读器产业的领军商家。该公司成立于 1998 年,是文字识别技术与智能交互产品引领者,以多年的科研成就为底蕴,在联机手写识别、OCR、数位绘画板等领域拥有多项自主知识产权的核心技术,并且汉王科技于 2010 年 2 月在深圳证券交易所成功上市。

2008 年 10 月,汉王科技推出首款电纸书产品"汉王电纸书"。该产品基于 e-ink 电子墨水技术和手写识别技术。汉王科技后续推出了各类型号产品近 40 种,包括 F21、D21、D20、N618、N518、N517、N516、N510 等。凭借汉王电纸书强大的广告宣传及市场开拓能力,汉王科技在 2009 年实现 154.60% 的增长速度。2009 年 9 月,汉王电纸书销量超过 Sony Reader,成为排在亚马逊 Kindle 之后的全球第二大电子阅读器品牌,当年销量近 50 万台,国内市场份额超过 80%。2010 年,汉王电纸书营业额达到 12.37 亿元[⑤],销量达 70.49 万部,占 2010 年中国电子阅读器销量的 70% 左右[⑥]。

汉王电纸书的商业模式比较有代表性,即上文所述的硬件模式。主要盈利方式有:通过出售汉王电纸书获得盈利;通过用户下载电子图书付费,与内容提供商分成获得盈利。

汉王电纸书具有较强的技术优势,在"硬"的方面,其阅读器在国内市场上具

---

①　2011 年中国电子书产业十大趋势[EB/OL].[2011-01-03]. http://www.bookdao.com/article/13356/.

②　汉王-易观智库　http://www.enfodesk.com/SMinisite/index/articledetail-type_id-5-info_id-350.html.

③　汉王科技官网　http://www.hanwang.com.cn/.

④　汉王书城　http://www.hwebook.cn/.

⑤　电子阅读器市场:喧嚣之后"一地鸡毛"? [EB/OL].[2011-05-04]. http://www.chinanews.com/cul/2011/05-04/3016352.shtml.

⑥　2010 年国内电子阅读器销量破百万[EB/OL].[2011-02-23]. http://ebook.zol.com.cn/217/2176503.html.

有一定的先进性。为了强推汉王电纸书,汉王科技在销售的阅读器中预装公版图书,实行"买一赠一",而阅读器售价极高,汉王科技从中获利,这是主要的盈利方式。

在"软"的内容上,为配合汉王电纸书销售,汉王科技构建电子图书分销平台"汉王书城",为用户提供电纸书的内容资源。目前已经拥有图书、杂志、报纸及免费书等频道。与汉王科技的合作内容提供商主要有 17xie、北京大学出版社、春风文艺、华文天下、新华先锋、江山文学网、阅读网、环球时报、双语时代、中国日报等。汉王科技按照一定的比例与内容提供商分成。汉王科技分成模式为"二八模式",汉王分成 20%,内容商分成 80%。尽管汉王科技在分成模式上相当优惠,但由于汉王科技是出版业的"外来妹",对其经营内容产业,上游出版商多持观望态度,另外,读者对"汉王书城"的认可也较差,致使汉王电纸书很难实现从硬件盈利模式向内容盈利模式转变。

2011 年,国产电子阅读器受到 iPad 等产品的冲击。根据易观国际的数据,2011 年前三季度汉王电子阅读器占中国市场份额的比例分别为65.4%、64%和59.6%①。数据显示,汉王科技仍处于国内电纸书市场的领先地位。然而汉王科技虽然拥有电纸书市场极大份额,2011 年仍然出现 4000 万~5000 万元的巨亏。② 易观的《2011 年第三季度中国电子阅读器市场季度监测》数据也显示,中国电子阅读器销量下降,截至 2011 年,第三季度市场销量为 29.52 万台,环比下降 5.1%③。汉王科技带动了中国电纸书产业的发展,但到 2011 年,汉王科技也引领着电纸书产业步入了寒冬。

为了应对困境,汉王科技宣布将加大与内容提供商的合作,以"终端+内容"战略在移动阅读领域开疆扩土。目前,汉王科技处于困难的时期,而当当、京东和亚马逊中国等电商则进入内容分销领域。当当网等入局,是否预示着中国电纸书产业从"硬件时代"走向"内容时代"? 目前,用户正拭目以待。

### 3.4.3 海量内容模式——以谷歌 Google Play Store 为代表

"软"内容与"硬"设备的联盟与合作,是电纸书市场成熟乃至腾飞的硬道理。电纸书产业除了绑定模式和硬件模式外,凭借海量内容盈利也是一个发展方向。

---

① 易观国际:2011Q1-Q3 中国电子阅读器市场份额.

② 电子阅读器市场:喧嚣之后"一地鸡毛"?［EB/OL］.［2011-05-04］. http://www. chinanews. com/cul/2011/05-04/3016352. shtml.

③ 汉王科技去年巨亏 当当网以内容为主谋突破［EB/OL］.［2012-01-14］. http://news. xkb. com. cn/caijing/2012/0114/180255. html.

谷歌搭建海量电纸书分销和传播平台,是典型的海量内容模式。

### 3.4.3.1 海量内容模式的模型及特征

以谷歌为代表的海量内容模式示意图如图 3-8 所示。

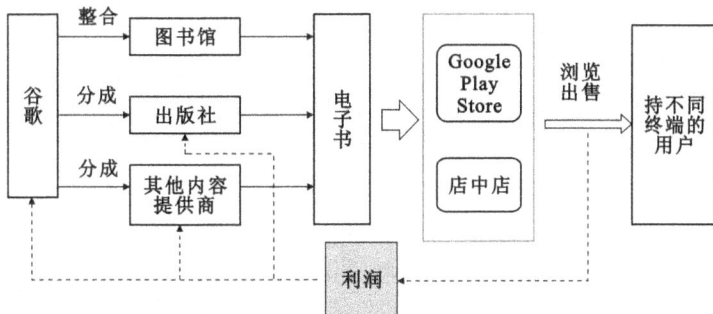

**图 3-8　海量内容模式示意图**

海量内容模式给予我们的启示是:打造海量"软"内容,打造开放式内容分销和传播平台,或许是电纸书产业发展的另一条大路。目前,与谷歌同样是搜索引擎服务的我国百度公司,也于 2011 年推出"百度阅读"(http://yuedu.baidu.com/),其合作商包括广东省出版集团、复旦大学出版社、太白文艺出版社等传统出版商,以及纵横中文网、17K 小说网等网络原创文学网站等。目前看来,百度在商业模式上模仿谷歌的成分较大。

(1)海量内容模式的特点

① 内容资源空前丰富。在这种模式中,产业链主导者寻求与图书馆和出版社合作,掌控海量的内容资源,包括来自图书馆的公版书和孤儿版图书,以及来自出版社的有版权图书。亚马逊的图书资源再丰富,也不过是靠一己之力,而海量内容模式中,内容资源提供者众多。

② 平台具有开放性。其一,在阅读器上是开放的。如谷歌内容分销平台针对世界上主流阅读器,将海量图书转化为多种格式的电子书,并不刻意将读者绑定在某一种阅读器上。其二,平台欢迎"店中店"入驻。平等的分成制度会让越来越多的内容提供商参与进来,甚至可以把数以千百计的出版社和报刊、杂志社整合成一个电子书库。而非商业化运作的图书馆,也在其平台上广泛传播内容资源。

③ 盈利模式多样化,其中广告盈利成为重头戏。无论谷歌还是百度,都是世界上有名的搜索引擎服务商。从事数字出版之后,由于财力雄厚,品牌实力强大,这些海量平台似乎并不急于立刻获得电子书售卖方面的盈利,而是稳步加强平台的内容优势。究其原因,与谷歌等在投入数字出版产业之前广告盈利模式已经成熟有关,打造海量的内容平台与公司的总目标是一致的,能加强谷歌及百

度大平台的吸引力,从而有利于公司宏观上的发展。

(2) 海量内容模式的利弊

① 有利于打造健康的产业链。如前所述,很少有企业能够拥有亚马逊那样的实力,单靠自己一手打造出一条完整的产业链,而完整的产业链又是确保产业运作的根本。海量内容模式能促进领域内各环节优秀的企业的诞生,在每一个环节上分工明确,保证了产业链的有效运行,实现长期稳定发展。尽管全产业链的亚马逊模式发展迅猛,但笔者仍然认为绑定模式不利于发挥长项。从长远来看,其危害消费者利益,并最终会危害大多出版商家的利益。

② 经营方式有待完善。就目前情形来看,对于那些缺乏规模的出版企业而言,入驻内容分销平台是最好的选择。但是在这种模式中,参与的各方企业对于自身所扮演的角色轻重抱有争议,在制订用户付费模式,以及如何就利润进行划分的问题上还未给出一个明确的程序机制,导致现有的平台中,频频出现一些利益冲突。并且这种模式的代表,还未能表现出预计的收益和市场份额。由此看来,海量内容模式也有很长一段路要走。

### 3.4.3.2　谷歌案例分析

谷歌搭建海量内容平台是有一定的历史背景的。在 2004 年之前,谷歌与出版商就已达成了合作协议 Google Print Publisher Program,收集这些出版社已出版或即将出版的出版物。2004 年 12 月 14 日,为了获取更多的图书资源,谷歌宣布与美国纽约公共图书馆、哈佛大学图书馆、斯坦福大学图书馆、密歇根大学图书馆以及牛津大学图书馆的合作计划(Google Print Library Project),将这些图书馆的馆藏图书扫描制作成电子版,建立谷歌数字图书馆。Google Print Publisher Program 和 Google Print Library Project 构成著名的 Google Print 服务的内容。谷歌通过这些活动收集了大量的公版书和有版权的图书。谷歌根据图书的版权情况提供不同层次的服务:对于公版书,谷歌允许用户阅览全文;对于版权保护期内的图书,用户只能阅读其目录、摘要,或含关键词的全文片段,但是谷歌提供全文的搜索及收藏该书的图书馆链接。Google Print 计划实行以来,谷歌数字化了大量图书,并与传统出版商建立了良好的合作关系。此外,谷歌作为最大的搜索引擎公司,还拥有数量巨大的客户群。因此,谷歌电子书店(Google eBookstore)的推出势在必行。

2010 年 5 月,谷歌公司发布 Google Editions 计划,宣布即将推出电子书营销平台。2010 年 12 月 6 日,全世界期待已久的 Google Editions 以 Google eBookstore(谷歌电子书店,网址 http://books.google.com/ebooks/)面目上市。从拥有的图书数量看,谷歌电子书店一经推出,便已经成为最大的内容商。据统计,亚马逊在 2011 年销售的图书才 100 万种,而 Apple iBook 只有超过 5

万种的图书。谷歌电子书店中的电子书品种在 2010 年上线时达到 300 万种左右,其中 10 万种为收费品种。<sup>①</sup>

谷歌采取灵活多样的经营方式。第一,谷歌电子书店采用的是代理制模式,为出版商经销图书,Google Play Store 在产业链中仅仅充当零售渠道,出版社可自行制定电子书的零售价格,图书销售后,Google Play Store 和出版商按照37:63 的比例分成。<sup>②</sup> 第二,谷歌还与网络书店合作销售电子书。如果电子书通过合作网络书店销售,出版商将从中获得 45% 的利润分成,剩下的 55% 在网络书店和谷歌之间分成<sup>③</sup>。第三,谷歌鼓励传统出版商在谷歌电子书平台上开店,其收入大部分归出版商所有。谷歌这一行为对传统出版商有良好的促进作用,为传统出版商向数字出版转型提供了平台。第四,谷歌还采用"电子书分销联盟"模式销售电子书。成为电子书分销联盟成员首先需要注册一个 Google AdSense账户并通过认证,然后加入 Google Affiliate Network 并取得认证,最后注册成为谷歌电子书分销联盟成员<sup>④</sup>。Google AdSense 和 Google Affiliate Network 都是谷歌推出的广告联盟业务。网站加入广告联盟就成为谷歌广告发布会员,会员可以在自己网站内放置谷歌广告,谷歌根据广告被点击次数支付佣金。谷歌将这个方式用于销售电子书,联盟网站可加入谷歌任何一款电子书的链接,并与谷歌分享该链接带来的盈利。

谷歌在 2012 年 3 月将安卓官方应用商店 Android Market、Google eBookstore 和音乐商店合并为 Google Play Store<sup>⑤</sup>,以进一步整合内容资源,进行合理化经营。总结谷歌的海量内容模式,可以看出开放性是其一大特征。开放性特征的第一表现是平台开放。谷歌在 2010 年公布 Google Editions 计划后,这种开放性影响巨大,一定程度上导致其他电子书分销平台走向开放。第二,这种模式决定了对阅读器的开放性。例如,谷歌是世界上拥有最多品种的电子书分销平台,但谷歌却未自产专属阅读器,而是以开放的姿态提供多种格式的图书产品,持有支持这些格式的相应终端设备,都可以在谷歌电子书店中购书或阅读免费书籍。

---

① Google 电子书店开张 300 万册图书上架[EB/OL].[2010-12-08].http://tech.sina.com.cn/i/2010-12-08/08494957592.shtml.

② 谷歌高管称将于明年二季度推出电子书[EB/OL].[2009-10-30].http://tech.sina.com.cn/i/2009-10-30/00323550214.shtml.

③ 同②。

④ 谷歌推出电子书分销联盟项目[EB/OL].[2011-06-17].http://www.bookdao.com/article/22702/.

⑤ Android官方应用商店、谷歌书店和音乐商店合并为 Google Play[EB/OL].[2012-03-07].http://www.cnbeta.com/articles/175841.htm.

### 3.4.4 联姻模式

并不是每一个数字出版的参与者都拥有亚马逊、谷歌等的财力及品牌知名度。在企业没有能力涉足更多领域的时候,与另一领域的某个企业联姻成为打开市场最便捷、有效的方式。这种模式是一种企业之间的联姻,我们姑且称之为联姻模式。

#### 3.4.4.1 联姻模式的模型

当前的移动出版产业联姻案例比比皆是,但不管这些企业采取了怎样的联姻策略,其模式图都可表达成图 3-9 所示形式。

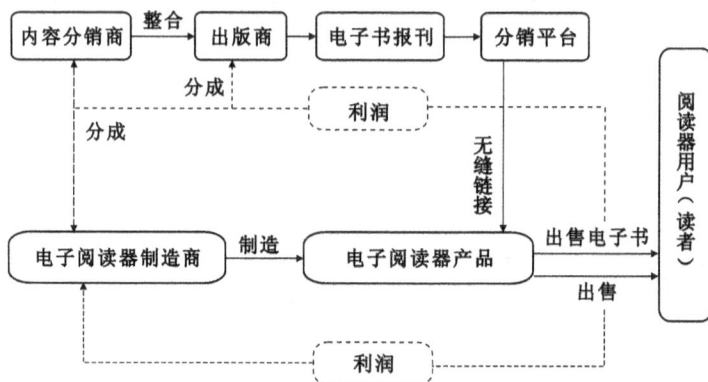

图 3-9  联姻模式示意图

如图 3-9 所示,在联姻模式中,内容分销商(或分销平台商)与电子阅读制造器商产生合作关系,然后将内容产品转化为一定格式的电子书,并将自己的电子书资源向合作商的阅读器用户开放。内容分销商和电子阅读器制造商按协议分成利润。

联姻模式被数字出版界广泛采用。如谷歌在产业初创期,就曾与索尼联姻。据报道,2009 年,谷歌宣布向索尼电子阅读器开放电子书,这样一来,索尼的电子书库就增加至 150 万,远远超过亚马逊①。国内比较知名的案例如易博士与龙源期刊联手推出易博士 M218B,其中易博士开发阅读硬件设备,龙源期刊网则提供内容,目前龙源是全国最大的移动数字报纸运营者;北京方正阿帕比技术有限公司与易博士合作,使易博士 M218B 支持方正电子书阅读格式 CEB,读者

---

① 索尼携手谷歌卖电子阅读器  多企业叫板亚马逊[EB/OL]. [2009-07-30]. http://www.techweb.com.cn/world/2009-07-30/421532.shtml.

可以轻松阅读超过 30 万册的 CED 格式图书;艾利和阅读器 Story 系列内置"读览天下"(http://www.dooland.com/)在线书店,可随时下载最新杂志。从上述实例可以看出,联姻模式的根本即"合作",通过企业之间的合作关系,可以建立起一条完整的产业链,从而达到盈利的目的。

### 3.4.4.2 联姻模式利弊

联姻模式利弊如下:

第一,参与联姻的企业可选择性强。联姻模式是一种组合模式,因此它的任何一个环节,在不破坏产业链完整性的前提下,都可以被其他企业替换,这种模式具有较大的灵活性。

第二,有效杜绝垄断。在联姻模式中,产业链中各企业关系比较均等,任何企业想占据垄断地位,都会导致其他企业的不满或退出,彼此相互牵制。在这种情况下,每个企业只有恪守本分,才能将产业做强做大,最终获得更大利润。

第三,联姻模式比较适合我国出版业的现状。我国传统出版业集中度不高,而平台商及终端商缺乏亚马逊、谷歌和苹果的实力。我国汉王科技勉力主导产业链,目前看来,并不见得是一个成功的案例。联姻模式则比较适合各类企业的情况,从龙源期刊和易博士的合作来看,二者并不见得是业界巨头,但有着良好的经营背景。我国类似情况的企业较多,都可从中得到启示。

# 3.5　本章小结

电纸书产业从 2007 年 Kindle 诞生算起,至今发展不过 8 年有余,其取得的成就是惊人的。目前,其已经形成了一定的产业模式和游戏规则,相关技术也得到发展,读者正日益习惯阅读数字出版物,电纸书本身的销售量也正逐渐增加。以亚马逊为代表的巨擘们则相继出笼,在数字出版舞台上起到推波助澜的作用。我国电纸书产业在国际领先国家的带动下,从 2008 年开始,进入产业波动发展阶段。目前行业已经生产出了大量专用电子阅读器品牌,建立了较多的电纸书分销平台,传统出版商也逐渐步入这个行业。这些都是我们近年取得的成就,但同时我们应该看到,大量的问题仍然存在于这个行业。

① 我国电纸书产业链整合不力且过于狭小。首先,终端商受困于无内容,内容方受困于无销售平台,网络平台又难以整合上游内容商和下游终端商。其次,不少电纸书商都试图打造(或掌控)全产业链,形成不少狭小产业链,定位非

常模糊,各自控制一定的内容,有自己专属的格式,让读者无所适从,严重影响用户满意度。

② 我国电纸书商业模式仍然不成熟。国外无论 Kindle、Nook 还是苹果等,都已经形成了成熟的商业模式,而我国电纸书商业模式仍然不甚清晰。汉王科技、易博士、方正和龙源等都没有获得业界的认可。

③ 格式转换成本居高不下。一方面,阅读器操作系统复杂,一种书往往要转换为几种格式。另一方面,大多阅读器自创专属格式,使得电纸书格式复杂,加工成本高。

④ 内容分销平台薄弱。首先,分销平台聚货能力不足。目前数字平台众多,但普遍起步晚,规模小,版权分散,定位不准确。其次,我国分销平台聚客能力较差。方正番薯网号称拥有 60 万种电纸书,但自从 2009 年 7 月上线至当年 12 月,注册人数不足100 人。平台环节的薄弱,造成整个电纸书产业链的分裂,在这种情况下,产业链上游无法对发展数字出版持肯定态度。而下游阅读器销售也颇受影响,一定程度上造成了阅读器对礼品销售模式的依赖。

数字出版中的共性问题在电纸书产业中也存在,主要有:传统出版社转型缓慢、数字出版人才匮乏、数字阅读习惯和消费者付费习惯仍有待培养、盗版问题,以及相关技术不成熟等。

# 4 手机出版研究

手机作为一种移动载体可承载内容产品,这一点与专用电子阅读器一样,所以说手机出版的内容有相当部分与电纸书中的内容是重叠的。但手机作为载体自有其特殊性:第一,智能手机是液晶屏,可承载多媒体内容,是 App 类出版形态的理想载体;第二,手机屏幕小,内容产品有"微"特征,也是微出版物形态的理想载体,其写作和编辑方式特殊;第三,由于手机并不是专用的阅读器,其产业链中手机商和移动运营商作用非常大,这就导致内容提供商在其中的弱势,因而其产业运营模式有独特之处。

## 4.1 手机出版概述

### 4.1.1 手机出版的概念

对于手机出版(mobile publishing)的定义,说法较多,但含义相对趋于一致。早期的手机出版定义强调手机出版是网络出版的组成部分。代表学者是匡文波,他认为,所谓手机出版,就是以手机为媒介的出版行为,是网络出版的延伸。他还认为,目前手机正在成为互联网的重要终端,手机出版是网络出版的延伸和组成部分。手机与互联网的结合正在使手机媒介成为一个具有发展潜力的出版平台。[①]

《2005—2006 中国数字出版产业年度报告》认为,手机出版是另一种网络出版形式,它虽然与互联网出版有联系,但不能简单地说成是互联网出版的延伸。该报告认为:手机出版是指将已加工后的数字作品以无线通信技术为手段,按照特定的付费方式向手机用户发布的一种出版形式。在这里,"加工后的数字作

---

① 匡文波.手机媒体概论[M].北京:中国人民大学出版社,2006.

品"主要是由手机的内容提供商来供应的,包括报社、出版社、唱片公司、网络运营商等,或者由移动运营商自己提供;数字作品的内容包括新闻、小说、漫画、音乐、游戏、图片等;其特定的付费方式包括包月收费、按条计费和按流量计费等多种模式。①

《2008中国数字版权保护研究报告》在这个定义的基础上做了一定的修正,该报告指出,手机出版是指手机出版服务提供者使用文字、图片、音频、视频等表现形态,将自己创作或他人创作的作品经过选择和编辑加工制作成数字化出版物,通过无线网络、有线互联网络或内嵌在手机载体上,供用户利用手机或类似的移动终端阅读、使用或者下载的传播行为。② 该定义不但指出了手机内容产品的表现形态,而且强调了有线和无线网络这个要素,以及移动终端要素。

宫承波认为,手机出版是指借助手机移动信息平台,将文字、图片、视频等信息数字化,按照特定的付费方式传递给信息终端用户使用的新型出版方式。所以根据这个定义,手机报、手机杂志、手机小说、手机游戏、手机音乐等都属于手机出版的范畴。③ 该定义明确指出了手机出版物的类型。

张文俊的定义是:凡手机渠道传输都可视为手机出版。他认为所谓手机出版,是指加工后的数字作品以无线通信技术为手段,按照特定的付费方式向手机用户发布的一种出版形式。数字作品的内容包括新闻、小说、漫画、音乐、游戏、图片等。无论内容是来自出版社、报社、唱片公司,还是互联网等,只要是经过手机的传输渠道传输,供手机用户阅读的,就可定义为手机出版。④

我国手机出版标准制定小组编制的《手机出版标准体系》(2009)对手机出版的初步定义是:将有知识性、思想性、娱乐性的信息内容经过具有国家行政管理部门赋予合法资质的机构编辑加工后,以数字代码方式,通过手机出版服务提供商、网络提供商,在手机等移动终端上发布、传播和运营等活动的总称。该定义强调出版者资质。

综合上述定义,手机出版的要素有:① 内容产品范围较广,不仅包含文字图片,还包含声频、视频和游戏,也就是说产业链上游范围较广。② 终端不仅包含手机,还包含其他移动终端。③ 内容传输依靠无线、有线网络或嵌入手机。④ 用户接受行为不仅仅包含阅读,还包含视听。⑤ 付费方式较特殊。

还有一种说法为"移动出版",其中"移动"是指载体的可移动性,即载体主要包

① 郝振省.2005—2006中国数字出版产业年度报告[M].北京:中国书籍出版社,2007.
② 郝振省.2008中国数字版权保护研究报告[M].北京:中国书籍出版社,2008.
③ 宫承波.新媒体概论[M].4版.北京:中国广播电视出版社,2012.
④ 张文俊.数字新媒体概论[M].上海:复旦大学出版社,2009.

括手机、专用电子阅读器和平板电脑。Stephen Sottong 在 *The Elusive E-book* 一文中谈到移动阅读是通过一种可便携移动的,类似 Sony Reader 或者 Kindle 的专门电子阅读器进行阅读的活动,通过具有阅读功能的 PDA、手机等电子设备进行的阅读活动也属于此类范畴。国内学者罗丁瑞在《网络出版新形态研究》一文中,谈到移动出版是一种"以内容代理商(出版社)、通道提供商(移动公司、联通公司)及服务提供商(如华友世纪通讯有限公司)为内容源头,以无线传播为主要传播方式且以移动式手持终端为阅读载体的一种互联网出版形态"。①

笔者认为,手机出版不过是业界的一种习惯说法,手机仅仅是最为方便和大众化的一种移动载体而已,其他主要移动载体还包括专用电子阅读器和平板电脑。本书按照习惯说法,仍然称相关出版活动为手机出版。手机出版是基于移动载体的一类出版活动,是指内容提供商、网络服务商等通过移动互联网和互联网,将内容产品进行发布和销售,用户使用移动载体进行阅读和视听的出版活动。

手机出版的内容范围较广,按照产品运作方式主要有四类:一是传统媒介内容产品;二是网络原生内容产品;三是 App 类内容产品(包括增强型出版物);四是微出版物,包括微小说、微电影,或新闻的缩微版等。这类产品适应了手机屏幕小的特点,但也不仅仅适用于手机。由于内容产品的形态不同,手机出版形成不同的分销平台和出版模式,如表 4-1 所示。

表 4-1　　　　　　　手机出版物及其对应的分销平台和出版模式

| 内容产品形式 | 与手机相关的分销平台 | 备注 |
| --- | --- | --- |
| 传统媒介内容产品 | 有众多手机报分销平台;但电信商"阅读基地"整合性强,成为最主要的分销平台 | 电信商极力打造"阅读基地",形成了"基地模式",与第 3 章所述的电纸书经营模式有所不同,内容综合性更强。其内容产品主要包括传统图书对应的电子书和网络原生书等,内容以静态图书为主 |
| 网络原生内容产品 | 由"阅读基地"分销或原生平台自我分销 | 网络原生内容产品主要出自美国的自助出版和我国的网络原创文学出版 |
| App 类内容产品 | 应用商店分销 | 这类内容产品因苹果公司创建的"应用商店"而发展起来 |
| 微出版物 | 商业模式尚不清晰 | 这类内容产品最能体现手机作为阅读载体的特征,或可发展成为手机原生读物 |

与手机出版和移动出版相关的概念是"第五媒体"(或"手机媒介")。按照第

---

五媒体研究中心发布的《第五媒体行业发展报告》定义:第五媒体是指基于无线通信技术,通过以手机为代表的移动终端,展现资讯内容的媒介形式。其中,第一媒体是纸媒,以报纸、杂志为代表;第二媒体是广播媒体;第三媒体是电视媒体;第四媒体是互联网媒体;第五媒体是以手机为代表的移动终端。需要指出的是,关于手机是否是一种"媒介",目前学界在概念的界定上还有争议。但手机作为内容产品的载体已经是毫无疑问的了,本书研究基于手机等移动载体的出版活动,故采用"手机出版"这个词汇。

此外,由于手机的首要功能是通信,其次才是媒介功能,因此必须厘清电信产业和出版产业的分水岭。电信产业和出版产业的交集带在"电信增值业务"方面。属于通信功能拓展和优化的,应该是电信产业,如用户采用短信方式交流、沟通应是典型的电信产业。而"短信"这一形式被用来展现内容产品等,则是典型的出版行为。

## 4.1.2　手机出版的特点

相较于其他出版形式,手机出版具有如下优点:

① 受众的广泛性。CNNIC《第 32 次中国互联网络发展状况统计报告》称,截至 2015 年 6 月底,我国手机网民规模达 5.94 亿,手机已经成为我国网民的第一大上网终端。手机网民增长主要因为智能手机功能越来越强大;移动上网应用出现创新热潮;同时手机价格不断走低,"千元智能机"的出现大幅降低了移动智能终端的使用门槛,从而促成了普通手机用户向手机上网用户的转化。《CNNIC 报告》说明,手机媒体影响深远,未来还有可能超过互联网,其受众的广泛性不容置疑。

② 传递的即时性。手机的便携和永久在线特点,使手机传播异常方便。无论是用户接收内容或发布内容,都是即时的。如用户可利用微博即时自生内容,而新闻等也能随时传递到用户的手中。

③ 随身便携性。随身便携是手机作为载体最为核心的特质。手机媒体这种移动性特质使人们的身体移动性与世界的连接性进行结合,使人们的媒介消费空间变得立体并且呈现出无缝连接的趋势。对于用户而言,这一情形使得用户接收信息更加便捷。而用户由于工作紧张,生活压力大,很少能有较长时段的阅读时间。大多阅读时间集中在上下班路途中,等车间隙中等,而手机随身携带,可以方便地利用手机阅读信息,变碎片化时间为黄金阅读时光。

④ 传播的互动性。手机媒体具有新媒体双向传播的特点,颠覆了传统媒体的单向传播形式。用户在消费内容产品时,可随时进行评价、转发等。

⑤ 手机传播的针对性。一方面,手机媒体运营商容易根据电脑记录形成对用户习惯的分析,便于有针对性地提供内容产品;另一方面,手机是一种更加私人化的终端,方便用户定制产品。这些都有利于产品开发。

⑥ 手机出版物的多样性。手机集常用功能于一体,电脑虽然功能强大,但与手机相比,也缺乏便携性和通信功能。借助手机的多样化功能,手机出版物也形式多样,主要有手机报、手机杂志、手机图书、手机电视、手机讯息、手机音乐、手机博客/微博、手机搜索及手机社会网络等。

⑦ 手机支付的方便性。手机出版的优势是手机可以作为个人信用系统。手机在低小风险的小额支付应用上,已经成为方便的认证模式和支付手段。对用户手机支付习惯的培养,有望带动其他数字出版形态支付习惯的形成。

手机出版也具有一些弱点,主要有:手机屏幕小、内存有限、持续供电时间不长、网络质量不高,等等,都限制了手机出版的发展,但这些情况也在改进之中。

# 4.2  手机出版物的类型

手机出版才兴起时,一般把针对手机的数字内容产品称为手机出版物(mobile publication),它是数字出版物的一类。所谓数字出版物,是一种没有物化形态的出版物,即将数字化的信息、知识等内容,以文字、图片、视频、音频等形式进行加工而形成的出版物。《出版管理条例》中对出版物的定义是:内容依附于介质上的有形出版物。结合这两个概念,一般认为"手机出版物就是通过手机进行阅读的数字出版物"。[①]

前面已经谈到过手机内容产品可以分为四类,即传统媒介内容产品、网络原生内容产品、App 类内容产品(或称增强型出版物),以及微出版物,包括微小说、微电影或新闻的缩微版等。但近年来出现的手机出版物多延续传统出版物的划分方法,并结合内容方面的特点,常见的主要有手机报、手机杂志、手机图书、增强型电子书、手机游戏、手机音乐、网络原创文学等。

---

① 郝振省.2005—2006 中国数字出版产业年度报告[M].北京:中国书籍出版社,2007.

### 4.2.1 手机报/手机杂志

手机报和手机杂志出版方式类似,一般以手机报更为典型,以下仅以手机报为代表来进行分析。

#### 4.2.1.1 手机报概述

手机报(mobile newspaper)是短信、彩信、WAP 和 IVR 业务的应用,是传统新闻媒介与电信增值业务结合的产物。关于手机报,目前还没有权威定义。CNNIC 在 2009 年的《手机媒体研究报告》中认为:"所谓手机报,是将传统媒体的新闻内容通过无线技术平台发送到手机上,从而在手机上实现阅读短信新闻、彩信新闻等功能(的业务)。"[①]匡文波认为:手机报是将纸质报纸的新闻内容,通过移动通信技术平台传播,使用户能通过手机阅读到报纸内容的一种信息传播业务[②]。手机报具备以下几个要素:传播的渠道是移动信息平台;传播的终端载体是手机;传播的内容是时政、社会、娱乐和实用资讯等信息;传播的对象是手机用户[③]。

一般认为,手机报产生有几个条件:一是传统媒体面临严峻挑战,需要在新媒体中寻求新的生存空间;二是中国移动、中国联通所运营的新兴移动通信媒体,以巨大的客户群体令传统媒体艳羡不已;三是手机报自身的魅力[④]。尤其对突发性新闻事件的短信传播,更加凸显其优势。最初的手机报,其内容来自于传统媒介,但后来发展到网络新闻媒介也大力开发手机报。

手机报的特点与手机出版的特点一致,如手机报互动性强、可即时接收和传播、有利于开展定制服务等。手机报类型也是多样化的,能够实现多维阅读。它所发送的新闻,可以是一个包含了图片、文字、声音、动画、链接功能的多媒体数据包。用手机阅读新闻可以带来丰富的阅读体验。手机报内容还具有"微"特征。由于手机屏幕小,长篇阅读不便。为了改善阅读效果,手机报的经营者一般将新闻编辑成适合手机阅读的短文本。如果用户需要进一步获取详细内容,可链接至网页。这些特点都显示了手机报阅读的灵活性,是其魅力所在。

---

① CNNIC 发布中国手机媒体研究报告(2008 年 12 月)[EB/OL]. http://tech.sina.com.cn/z/WAP2009/index.shtml.

② 匡文波.手机媒体概论[M].北京:中国人民大学出版社,2006.

③ 李丹丹.手机新媒体概论[M].北京:中国电影出版社,2010.

④ 手机报的由来及历史成因[EB/OL].[2009-09-22]. http://media.sohu.com/20090922/n266913607.shtml.

4.2.1.2　手机报的类型

目前中国的手机报的主要类型有:短信型手机报、彩信型手机报、WAP 型手机报、IVR 语音型手机报、客户端应用软件类型手机报、3G/4G 手机报,等等。

（1）短信型手机报

手机短信（short message service,简称 SMS）具有实用、易用、费用经济、可群发等特点,因而成为人们日常生活不可或缺的沟通方式。短信型手机报是 SMS 的应用,是手机报的雏形。

短信型手机报可实时报道新闻信息,凡能接发短信的手机都可以订阅短信型手机报。其主要优点有:运用短信群发平台、操作简便、发送到达率高;用户可以将短信二次传播;传播范围广、传播成本低、大众化特征明显。短信型手机报的主要缺点是:容量小,一次最多只能传送 70 个汉字,一般一条信息只能承载一个新闻事件。因此,短信型手机报不适合承载深度新闻。伴随着手机功能的提升和价格的下降,短信型手机报逐渐被彩信型手机报代替。

（2）彩信型手机报

彩信（multimedia messaging service,简称 MMS）,意为多媒体信息服务。彩信型手机报是我国手机报的主要形式,它是彩信技术在手机报业务方面的应用。著名的《中国妇女报·彩信版》就是这种形式。彩信型手机报更类似于传统报纸,是一种个性化的出版形式。用户通过订阅方式获取信息,报社通过移动运营商将新闻以彩信方式发送到手机终端上,方便用户离线观看。

与短信型手机报相比,彩信型手机报具有如下优势:① 内容丰富。除基本的文字信息外,更配有彩色图片、声音、动画、震动等多媒体的内容。图文并茂,生动直观。② 信息容量大。普通短信只能容纳 70 个汉字,而容量为 50kB 的彩信,能容纳 8 幅图片或 25000 个汉字。③ 彩信的广告表现力较强。从理论上讲,彩信型手机报可以模仿传统媒介依赖广告盈利的模式。但彩信型手机报不及短信型手机报灵活,一般早晚各发一期。其内容多是传统报纸的翻版,原创较少。彩信型手机报以图文格式呈现,不支持链接,用户不可以通过直接点击链接进行互动,可以回复彩信,但资费较高。

（3）WAP 型手机报

用户可以借助手机、专用电子阅读器、平板电脑等无线终端通过 WAP 上网。WAP 型手机报就是将信息内容以 WAP 网页的形式呈现给读者。类似于浏览互联网,读者通过手机登录指定网站,可以阅读到当天的新闻信息,只是阅读载体变成了手机。WAP 型手机报比彩信型手机报信息含量更大,可针对彩信内容深度报道;可拓展用户参与互动的渠道;可引导用户浏览更多资讯内容;可全天 24 小时提供各类新闻及资讯、图片和动漫等。

（4）IVR 语音型手机报

IVR 即互动式语音应答，是 interactive voice response 的简称，为基于手机的无线语音增值业务的统称。移动用户只要拨打特定接入号码，就可根据操作提示收听、点播所需的语音信息或参与聊天、交友等互动式服务。IVR 语音型手机报是一种"可以听的手机报"。它以真人读报的形式，供用户拨打收听。IVR 业务在终端设备上几乎可以不受手机型号的限制，任何一部可以通话的手机都能使用，因此这种便捷的操作方式也使其迅速得到了很多不愿意或者根本没有时间探究手机复杂应用的客户的接受。有人认为 IVR 语音型手机报是手机广播，但事实上它的内容提供商是纸质报纸，而非广播电台。由于这种方式与一般的读报方式不同，因此，IVR 语音型手机报成为手机报中主流的可能性不大。

（5）客户端应用软件类型手机报

客户端应用软件类型手机报实际上是一种应用软件，智能手机的用户通过预装或下载的客户端软件，可离线或在线读取手机报内容。这种基于客户端软件的手机报，支持原版阅读、列表导读、往期记忆、视频、音频、动画、新闻评论等多种功能。客户端内容更新与报刊发行同步，能让用户随时随地接收到全球最新资讯。

（6）3G/4G 手机报

3G/4G 手机报是随着 3G/4G 概念的兴起而逐渐兴起的，其基本架构是"彩信＋WAP"模式。它的具体做法是将彩信的功能定位在提醒，当符合手机报用户定制要求的新闻发生后，就通过彩信提醒用户。彩信的具体内容是吸引人的概要性标题及部分文字导读，然后加上手机 WAP 网站的链接。如果用户对这条新闻感兴趣，就可以点开链接，访问 WAP 网页浏览。这一做法与腾讯网的即时弹出窗口播报和用户有某种程度相关的新闻的做法有异曲同工之妙。[①]

其他还有增强型手机报，是指在 3G/4G 网络和终端的支持下，根据内容表现的需要，综合了文本、音频、视频等多媒体技术，具有更人性化的浏览体验和更丰富的交互特性的手机报，可称为手机多媒体报刊。[②] 这种手机报一般对网络和终端能力有较高的要求。增强型手机报将为增值服务的拓展提供更大的空间，其中广告是最具潜力的一种。可通过文字链接、图文、动画、视频、游戏等发布形式，实现显性广告及隐性广告（公司志、产品志、互动游戏等）的发布。增强

---

① 3G 手机报：报网融合的第三极［EB/OL］.［2010-03-22］. http://media. people. com. cn/GB/40628/11195513. html.

② 张玉良，钟致民，杨广龙. 3G 手机报业务发展前景研究［J］. 移动通信，2007，31（10）：47-50.

版手机报对内容制作有更高的要求,产业链更加复杂,其业务模式有待探索。

### 4.2.2　增强型出版物

前面已经提到增强型手机报,它属于增强型出版物。增强型出版物是一类在新技术环境下形成的新型出版物,它包括增强型电子书、增强型电子报刊等。常见的为增强型电子书,由于它多从应用商店中购买或下载,所以前文也称之为App型电子书。它指除了文、图、表等平面静态阅读要素以外,集成了声音、视频、动画、实时变化模块、交互模块等要素的多媒体图书。[①] 增强型电子书的阅读终端要求液晶显示屏,主要为平板电脑和手机。

增强型电子书的名称尚不固定。谷歌电子书店中,此类书都标识为"Enhanced Ebook",因此本书采用增强型电子书这个名称,增强型出版物名称由此而来。

另有一些叫法,如Vook,它是video+book的合称,即介于录像和图书之间的出版物形态。Vook一词最早由美国互联网企业家布瑞德雷·因曼(Bradley Inman)提出。2009年4月《纽约时报》《这是数字图书的未来吗?》一文发表后,该词受到了广泛的关注。[②]

还有Interactive Book,翻译为"交互式电子书",现在Knfb ReadingTechnology[③]和Disney Digital Books[④] 等都推出这种读物。

多媒体读物也是对这类出版物的一种称呼。多媒体的英文单词是multimedia,它由multi和media两部分组成。它不仅仅包含某一种类型的媒体信息,更集成了各种类型的媒体,并把它们有机地结合起来,提供充分的检索、统计等交互功能,这类出版物的典型是百科全书类、教育类电子出版物。[⑤] 多媒体读物其实就是增强型出版物的同义词。

归纳起来,增强型出版物具有以下主要特点:

① 内容的集成性。通过软件编程,能够对文字、声音、视频及交互信息进行组织和集成。一般来说,读物声情并茂,引人入胜,内容直观。

② 阅读体验的非线性。多媒体技术的非线性特点将改变人们线性的阅读

---

① 程三国,马学海,林成林. 2011中国电子书产业研究报告.

② "Vook"面世与书业创新启示-阅读模式[EB/OL]. [2011-12-05]. http://www.bookdao.com/read/434.

③ Knfb ReadingTechnology官网　http://www.knfbreader.com/.

④ Disney Digital Books官网　http://disneydigitalbooks.go.com/.

⑤ 谢新洲.数字出版技术[M].北京:北京大学出版社,2002.

模式,可以借助超文本链接的方法,进行跳跃式、选择性阅读。

③ 阅读过程中的交互性。传统媒体的信息交流是单向的,受众被动接受信息,而多媒体技术则可以实现双向交流。

增强型出版物是新技术环境下数字出版物发展的一条路径。目前,从已有的出版范围来看,一般儿童出版物、教育出版物,以及科普等读物比较适合采用这种形式。与电纸书和网络原生读物相比,不但其概念内涵和特征不同,而且其生产和传播方式也有所不同。

增强型出版物对传统内容行业产生了强烈的影响,但目前来说也有不少问题。

① 就内容制作环节来说,国内各方内容提供商和技术服务商整合尚未成功。增强型出版物加工环节复杂,目前传统出版行业缺乏这种加工人才;而技术能力强的开发者,往往缺乏内容资源的版权。

② 其阅读形式备受争议。很多喜爱阅读的读者认为,这种越来越像电影、游戏或者别的什么东西的书不应当是阅读的主流,会对年轻人的思维产生碎片式影响,使年轻人对线性读物的阅读能力下降,最终导致其逻辑思维能力和抽象思维能力的下降。

③ 盈利模式尚不成熟。虽然在大多数应用商店,开发者能分得70%的收入,但在版权方众多的情况下,能否保证各方获得应得利益,这一点颇值得怀疑。目前,应用商店的货架上,盗版产品泛滥,实则是版权方利益不能兼顾的表现。因此,笔者认为,这个行业尚未成熟。

④ 就分销平台来说,国内过于分散,众多的应用商店使国内用户无所适从。而国外应用商店在中国市场发展虽然比较顺利,但本地化仍然是其重要策略。如苹果应用商店接受人民币支付后,下载出现大幅度增加。

⑤ 国内传统出版社对增强型出版物开发观念落后。国外这种读物在教育出版中发展较为充分。培生及麦格劳·希尔公司投入大量人力、物力开发多媒体教材,并和苹果终端及亚马逊终端等合作,试图走进学校,彻底改变教学和学习方式。据报道,苹果公司在2012年初已经向北京素质教育示范学校史家小学提供50台iPad及价值30万元的系统投入课堂教学,史家小学已将iPad引入品德与社会课。这说明国外公司对中国教育市场这块庞大的蛋糕虎视眈眈。在这种情况下,国内传统出版社应当加紧行动。

### 4.2.3　手机游戏

手机游戏(mobile game or wireless game),是指用户利用随身携带的手机随时随地进行的游戏。

按照是否需要移动网络支持,手机游戏可以划分为手机单机游戏与手机网络游戏。手机单机游戏是指用户不连入移动互联网,可以直接在用户的手机上进行的手机游戏,此种游戏多是人机对战。最常见的手机单机游戏中,第一种是由手机制造商开发,在出厂前就直接嵌入手机中的游戏,用户既不能添加,又无法删除,玩游戏的时候也无须付费。第二种是提前固化在手机中的游戏,这些游戏是游戏内容提供商和手机厂商共同合作的成果,用户在玩游戏的时候需要支付一些费用。第三种是供用户自行选择下载的游戏,用户可以根据自己的兴趣爱好和手机的硬件支持来决定下载某一款游戏,或是删除已经下载的游戏。通过这种方式,在手机有限的系统资源限制下,用户可以不断地体验新款游戏。

手机网络游戏可分为 WAP 型游戏和客户端型游戏。手机 WAP 网络游戏即手机网页游戏,用户无须另外安装手机客户端的游戏软件,仅仅只需要登录移动互联网的相关网页就可以直接玩这种手机网络游戏。客户端型手机网络游戏需要用户的手机具备 JAVA 功能,还需要安装客户端软件才可以进行此种游戏。

除此之外,手机游戏还可按内容分为体育类游戏、动作类游戏、休闲类游戏、桌面棋牌类游戏、射击类游戏、益智类游戏、格斗类游戏、冒险类游戏、角色扮演类游戏、飞行类游戏、策略类游戏、模拟经营类游戏、养成类游戏、即时类游戏和其他类别的游戏等。

手机游戏的特点与手机出版的特点在很多方面是一致的,如具有交互性、便携性、支付方便性、碎片化时间利用等特点。不过,手机游戏用户更加年轻化,从手机游戏的用户年龄分布来看,手机游戏的用户以年轻人为主。据调查,18~24岁的用户占总用户量的 72.1%,但是 24 岁以上及 18 岁以下的手机游戏用户在近期出现了一定幅度的增长。学生仍然是手机游戏用户的核心力量,所占比例超过用户总量的 40%。①

---

① 手机游戏用户调研数据发布　主流群体 18 至 24 岁[EB/OL].[2009-12-21].http://www.southcn.com/nfdaily/media/content/2009-12/21/content_7355666.htm.

### 4.2.4　手机图书

手机图书中有一类是传统图书的电子版,第 3 章中提到的电纸书,就是这类图书。

另一类是网络原生图书,在我国主要指网络原创文学图书,其产生平台是网络而非传统出版商。网络原创文学进入手机出版的方式主要有两种:一种是客户端接入模式,手机用户可在"应用商店"中下载客户端(如"云中书城"),或网络原创文学商和手机终端商合作,在手机出售前就嵌入客户端。另一种方式是网络原创文学商与电信商合作,将其内容纳入"阅读基地"(如"中国移动阅读基地")。无论哪一种方式,其实质都是将手机作为阅读终端,在其上原样显示网络原创文学的内容并实现付费阅读,而内容产品本身无特殊性。

### 4.2.5　微出版物

是否可以以手机为平台生产具有手机阅读特色的手机原创图书? 这就是下面将要讨论的微出版物。

手机小说最早在日本兴起。2000 年 1 月,日本第一部手机小说《深爱》出版。中国首部手机小说是千夫长 2004 年发表的《城外》。整部小说只有 4200 个字,被分割为 60 个章节,以每章 70 个字的短信发送给手机订户。《城外》的发布,创下了高达 80 万名手机用户订阅的纪录。后来《城外》被改编,除了通过短信阅读之外,作者在原著基础上以 WAP 型手机报、IVR 语音型手机报的形式进行了扩写。[①]

真正使"微"形式作品家喻户晓的是微博。微博,即微博客(micro blog)的简称,它是一种供大众网民进行信息的获取、传播、共享与交流的网络平台,网民可以用它建立自己的个人社区,浏览自己感兴趣的信息,并用140 字以内的文字来发布自己的个人短文或图片、音乐、视频等,并能与其他用户进行信息共享和互动。

最初的微博是美国的 Twitter(中文名称为"推特")。Twitter 是一个著名社交网络及微博客服务的网站,允许用户用手机或其他终端发布 140 字以内的信息。Twitter 使微博迅速成为一种新的全世界盛行的传播工具及社交工具。

---

① 中国首部手机小说《城外》版权售出　以 18 万成交[EB/OL].[2004-08-02]. http://news.qq. com/a/20040802/000475.htm.

国内的微博以新浪、腾讯等为代表,无论国外的 Twitter,还是国内的新浪微博和腾讯微博,它们都有着广阔的用户群。微博这种独特的方式不仅为公众带来新的言论空间,还形成了一种新的信息传播方式,改变着公众的媒体习惯,还促成了微出版物的大量出现。

所谓微出版物,实际上是一类"小"作品的统称。如具体到小说,则称"微小说",是指字数在一定数量以内的小小说,如微博中发表的小说,字数则在 140 字以内。如具体到电影等,则称微电影(micro film),也称微型电影或者微影。微电影是指具有完整故事情节的短电影,一般适合在移动条件下或休闲时观看。微出版物是当代快节奏生活的产物,同时手机等移动终端的发展为微出版物的发展提供了技术条件。

微出版物近年在我国声名鹊起。以微小说为例,被媒介称为"中国微博小说第一人""中国微小说之父"的闻华舰,其代表作是长篇微博小说《围脖时期的爱情》[1][2],该微小说于 2010 年 1 月 29 日开始在新浪微博连载,在 2011 年 4 月正式出版发行。此后闻华舰继续创作了大量的 140 字的微小说,并参与发起了中国首届微小说大赛,挖掘、培养了大批微小说作者。

2010 年 10 月 27 日—11 月 27 日,新浪微博推出了中国首届微小说大赛,无论幽默、恐怖、科幻、爱情、悬疑等题材,都可浓缩成 140 字以内的微小说,分享到微博。在首届的微小说大赛大获成功后,新浪微博又在 2011 年 10 月 20 日—11月 20 日举办了第二届以"穿越"为主题的微小说大赛[3];在 2012 年 6 月 28 日—8月 2 日举办了以"爱"为主题的第三届微小说大赛[4]。这三届微小说大赛借助了新浪微博这个强大的传播社交平台,极大地促进了微小说在中国的发展。

和其他出版物相比,微出版物具有下列特征。

① 短小精悍,内容全面。顾名思义,无论是文字类还是视频类微出版物都一概短小精悍,但即使内容精简,也必须"麻雀虽小,五脏俱全"[5]。例如,这样一篇微小说:

---

① 闻华舰:没想到微小说这样火(组图)[EB/OL].[2011-07-19].http://news.163.com/11/0719/11/79AS0UO100014AED.html.

② 闻华舰.微博写作让自己"沉淀"[N].黑龙江晨报,2011-05-29.

③ 第二届新浪微小说大赛已正式启动 会写你就亮出来[EB/OL].[2011-11-04].http://henan.sina.com.cn/news/z/2011-11-04/63-95626.html.

④ 新浪微博第三届"LOVE"微小说大赛揭开序幕[EB/OL].[2012-06-29].http://tech.sina.com.cn/i/2012-06-29/16367328605.shtml.

⑤ 龙钢华,龙茜.当代华文微型小说的发展特征[J].文艺理论与批评,2010(6):127-132.

"她离乡打工,独子豆豆交给爷爷带。豆豆调皮,经常跟隔壁的妮妮打架。她恨铁不成钢,春节回家,训斥豆豆:'不准打架,跟妈妈去隔壁道歉!'豆豆委屈地哭:'谁叫她骂我是骗子。'母子到了邻居家。一见到妮妮,豆豆攥紧妈妈的手,骄傲地对妮妮说:'哼,你看! 我没骗你吧? 我也有妈妈!'"

这篇微小说虽然只有短短的百余字,但是人物、情节、主旨、场景一应俱全。篇幅短小却诠释了人性的主题。140 字的微小说考验的是作者的瞬间爆发力,也需要塑造出足够能令读者想象的空间。

② 传播效果极强。微小说等微出版物具有开放式传播的特征。微博平台上的信息共享、超链接、海量检索,以及用户之间的相互传播,都为微博的开放式传播提供了强有力的支持。[1] 另外,在载体上,它也是开放的,适合手机、电脑、平板电脑等各种有网络功能的载体。加上手机对碎片化时间的利用和手机的转发功能,微出版物的传播达到空前的效果。

③ 文本间自由转换成本低。由于内容简短,改编成的声频、视频文件也不"大",改编成本也很低,微出版物实现多媒体的自由转换毫无障碍。比如,在新浪微博中,安妮宝贝的《少年樱花》不仅以文字的形式在微博上转发,也被制作成音频版本在网上传播。在新浪微小说大赛中,《游戏》等广受欢迎的微小说被制作成了广播剧;还有些网友根据微小说、微剧本原型,将文字电影化,制作成微电影发布。一些漫画高手还将微小说作为剧本衍生出微漫画,以 JPG、GIF、PNG等类型的图片形式来表现微小说的内容。这种多媒体文本的自由转换能做到视听结合,满足不同的感官需求,适应了当代人阅读多元化的新要求。

④ 作者的草根性和阅读的互动性。微出版物一般借助微博平台发布,作者具有草根性,同时阅读时互动性强,这一点与网络平台产生的其他读物一致,在此不再赘述。

虽然微出版物具有一定的优势,但在发展过程中,也备受质疑。它的主要弊端如下:

首先,很多人认为它使"浅阅读"状况加剧,继而使人们的思维碎片化。由于文本简短,内容大多浅尝辄止,而这种信息时代的"快餐式"文化,历来容易受到诟病。

其次,微出版物也无固定的盈利模式。虽然微博具有新媒体强大的优势,用户规模也十分巨大,理论上盈利空间广阔,但是现实上它仍然没有固定的盈利模

---

① 孟伟.微小说的传播学分析[J].河南社会科学,2012(5):117-121.

式①,大多数人都是通过手机上的微博客户端来阅读微小说。通过手机登录微博,消耗的是移动流量,所以赢家主要还是移动运营商。在微博上究竟是植入广告,还是开发付费产品,或者提供会员服务,它的盈利模式依然还在探索当中,而微博用户的涵盖面如此之广,不宜对其进行准确的追踪定位。这也是它尚未找到真正清晰有效盈利模式的一个重要原因。

最后,微小说等是一种新生的事物,因此在很多方面不易于管理。比如,为了在微小说大赛上取得名次,很多人发表自己的参赛作品后,可以用几个"马甲"账号来不停地为自己的微小说转发"灌水",通过这种方式来获取人气。即使微小说大赛对转发规则说得很清楚,但是在自由化的网络上,对这种现象进行有效的管理仍然十分困难。

除此之外,抄袭现象泛滥也是微小说一个很棘手的问题,在第二届微小说大赛中,当1000部入围作品被公布后,陆续有人举报其中有些入围的作品存在抄袭的问题。其中有位博友被举报后,不得已在微博中道歉并删除自己抄袭的作品。每个人都能在网上自由地转发微博,将别人所写的作品复制并粘贴到自己的微博上发布相当便捷。这种自由与便捷使得对其进行规范化管理比较棘手。

## 4.2.6 手机音乐

手机音乐是各种音乐服务的业务总称,以网络音乐平台为综合管理平台,向用户提供炫铃、在线试听、音乐下载、音乐点播等服务,并结合音乐资源向用户提供音乐资讯、音乐搜索、音乐排行榜、彩信音乐杂志、音乐俱乐部等。手机客户可通过客户端软件(如多米、音悦台、IPONEQQ 等)在线收听、下载音乐,以及通过短信、彩信、WAP/Web 门户、IVR 获取相关服务。

手机音乐的最大特色是实现了手机各个业务平台的联动,最大限度地方便消费者发掘已有的业务资源潜能,创造全新的信息服务价值。

## 4.2.7 其他手机出版物

其他手机出版物还有手机电视、手机广播等。手机电视(mobile TV)是指利用智能手机观看电视的业务。手机电视大致划分为两种类型。第一种类型的手机电视是基于移动互联网,这种传输方式采用了流媒体的相关技术,以数据业

---

① 微小说"线上风光线下死" 140 字赚钱就这么难[EB/OL].[2011-06-21]. http://hsb.hsw.cn/2011-06/21/content_8094336.htm.

务的形式传播手机电视的节目。第二种类型的手机电视基于广播网络,采用了数字音讯广播频谱上的多媒体数字广播技术,可以实现多点的传送。这种类型的手机电视产业链是由广播服务提供商、广电运营商与移动运营商等共同构成的。

手机广播是用手机媒体来收听电台的广播节目的业务。手机广播可以划分为两种类型:一种是通过手机终端登录移动互联网点播或收听电台的广播节目;另一种则是通过手机中内置的 FM 广播调谐器收听电台的广播节目。

# 4.3 手机出版的发展历程

手机出版最早在日本产生并发展。NTT DoCoMo 公司是日本最大的移动通信公司。I-Mode 手机诞生于 1999 年 2 月 22 日,是 NTT DoCoMo 推出的数据业务,可供手机用户使用移动互联网服务。I-Mode 中"I"的含义是 Interactive、Internet 和 I(代表个性),I-Mode 用户可以随时上网浏览。I-Mode 的成功为日本新闻、广告和增值服务奠定了技术基础。在它的促进下,日本手机内容产业也得以发展。许多日本出版社也将纸本出版物通过 I-Mode 同步出版。日本手机出版的发展为其他国家树立了榜样。

我国的手机出版从 21 世纪初开始奠基,10 余年的历程可以划分为两个时期,即手机出版的形成时期(2000—2005 年)和手机出版成长期(2005 年至今)。

## 4.3.1 手机出版的形成时期(2000—2005 年)

我国手机出版萌芽在世纪之交。仅仅 10 余年,手机出版现在已经成为数字出版产业中收入最高的行业。2000—2005 年是手机出版的形成时期,也是奠基时期。在这一阶段,标志性的事件有:移动互联网启动;门户网站入驻移动互联网;短信、彩信、彩铃先后诞生;手机报获得初步发展;苹果创造iPod+iTunes 模式;手机游戏市场启动等。

(1)移动互联网启动

移动互联网的诞生为手机出版奠定了基础。移动互联网,从技术层面定义,是指以宽带 IP 为技术核心,可同时提供语音、数据、多媒体等业务服务的开放式基础电信网络;从终端层面定义,在广义上是指用户使用手机、上网本、笔记本等移动终端,通过移动网络获取移动通信网络服务和互联网服务;在狭义上是指用户使用手机终端,通过移动网络浏览互联网站和手机网站,获取多媒体、定制信息等其他数据服务和信息服务。[①] 简而言之,移动互联网就是将移动通信和互联网二者结合起来,达到通过移动终端传播互联网内容的目的。但经过 10 余年的发展,现在移动互联网传播的内容早已不仅仅局限于互联网内容。我国移动互联网主要使用 WAP 协议。移动用户使用支持 WAP 协议的手机及其他移动终端就可以体验包括 WAP 浏览、下载服务及基于 WAP Push 的各类服务。

移动互联网的概念最初诞生于 2000 年 9 月。中国移动和国内百家互联网内容提供商在当时首次坐在一起,探讨商业合作模式。随后,"移动梦网"在当年 12 月开始实施,并于 2001 年 11 月正式开通。[②]

移动梦网英文为 Monternet,意思是"Mobile＋Internet",是中国移动推出的增值业务的全国统一品牌。它作为移动互联网业务的载体,为广大移动终端客户架设与互联网之间的桥梁,从而实现互联网到手机、手机到互联网的双向沟通功能。[③] 中国移动用户开通移动梦网后,可以通过手机连入互联网。按照网络技术平台区分,移动梦网产品包括:短信(SMS)、彩信(MMS)、手机上网(WAP)、互动式语音应答(IVR)、彩铃(CRBT)和百宝箱等。百宝箱业务于 2003 年正式推出,它是中国移动向客户提供的可下载的应用程序及其服务的统称。百宝箱业务性质与后来苹果推出的手机应用类似,其中手机游戏较多。2004 年 10 月移动梦网业务运营支撑中心(卓望信息公司)成立。

2002 年 5 月 17 日,GPRS 业务正式投入商用。[④] 基于 GPRS 的 WAP 实现了"永远在线",一改过去基于 GSM 网络拨号上网复杂的设置、漫长的拨号过程,因而极大地促进了移动梦网业务的推广。

在移动梦网业务诞生后,国内其他运营商也相继创造出同类服务,如中国电信的"互联星空"、中国联通的"联通在信"等。2003 年 9 月,互联星空全面投入商用,而早在 2002 年 5 月 17 日,广东电信就推出"互联星空"计划,它试图改变传统运营商的运营模式,以客户聚集者的身份架起内容和应用服务提供商与用

① 2009—2010 年中国移动互联网行业发展报告简版[EB/OL]. [2010-10-14]. http://www. iresearch. com. cn/Report/1465. html.

② 5.17 电信日盘点中国移动互联网发展历程与教训[EB/OL]. [2010-05-17]. http://labs. china mobile. com/mblog/43106_53935.

③ 张鸿,张利,杨润,等. 产业价值链整合视角下电信商业运营模式创新[M]. 北京:科学出版社, 2010.

④ 中国移动联合会大事记[EB/OL]. [2005-01-17]. http://tech. sina. com. cn/i/2005-01-17/ 1509506525. shtml.

户之间的桥梁,通过与周边服务商的收入分成全面激活整个互联网生态圈。[①]

（2）门户网站入驻移动互联网

移动门户网站空中网于 2002 年 3 月 18 日成立,它致力于 MMS、WAP、JAVA(手机游戏)等手机内容产品的开发。与中国移动、中国联通、中国电信、中国网通结成合作伙伴关系,为中国用户提供丰富多彩的电信增值服务。空中网成为中国最著名的手机服务提供商之一。

2004 年 3 月 16 日,广州市久邦数码科技有限公司创建了"3G 门户",这是中国移动互联网的另外一种模式——FREE WAP 模式的开始。随后,产生了搜索、音乐、阅读、游戏等领域的多种无线企业,不过,整个行业都处在混沌之中,商业模式不成熟是这时期的特征。

天下网于 2004 年 3 月成立[②],原名"WAP 天下"(2007 年 7 月,"WAP 天下"正式更名为"天下网")。它的定位从"互动门户"升级为"手机社交网站",致力于打造以"社区＋游戏"为核心应用的创新业务模式,是国内最大的手机社交网站。

（3）短信业务启动

短信即短消息服务,它是伴随数字移动通信系统发展而产生的一种电信业务,属于一种非实时的、非语音的数据通信业务。手机短信的发明人是芬兰人,因为北欧人的感情比较含蓄,不喜欢通过电话来表达,所以就突发奇想发明了手机短信。1992 年,手机短信宣告诞生。2000 年 5 月 17 日,中国移动正式开启了短信服务[③]。2002 年 5 月,中国移动、中国联通实现短信互通互发[④],从此短信市场开始真正繁荣起来。

（4）短信型手机报诞生

短信的重要应用之一是手机报。手机报始于 2001 年,当时日本报纸《朝日新闻》在东京本社的编辑局内成立了即时报道中心,将突发事件的即时报道通过《朝日新闻》的手机媒体《每日播报》向受众传播。这种方式成功实现了报社新闻消息与手机媒体的直接联系[⑤]。2001 年 7 月 30 日,《扬子晚报》推出了短信型的"扬子随身看",成为中国报业最早一批手机报的践行者[⑥]。

---

① 从互联星空开始解读中国电信宽带发展进程[EB/OL]. [2004-05-18]. http://it. sohu. com/2004/05/18/79/article220167900. shtml.

② 手机 SNS 网站天下网正式宣布开放平台[EB/OL]. [2010-03-22]. http://tech. 163. com/10/0322/17/62D8NR7S000915BF. html.

③ 综述:中国移动十大里程碑应用[EB/OL]. [2007-04-17]. http://tech. sina. com. cn/t/2007-04-17/15121469621. shtml.

④ 中国移动大事记[EB/OL]. [2007-09-07]. http://it. sohu. com/20070907/n252019227. shtml.

⑤ 李丹丹. 手机新媒体概论[M]. 北京:中国电影出版社,2010.

⑥ 庞春燕.《扬子晚报》:吃螃蟹的感觉不错[J]. 传媒,2006(9):48-49.

（5）彩信业务启动

彩信即多媒体信息服务，其最大的特色是支持多媒体功能，能在 GPRS 网络的支持下，借助 WAP 无线应用协议，传递包括文字、图像、声音、数据等各种多媒体格式的信息。彩信业务可实现即时的手机端到端、手机终端到互联网或互联网到手机终端的多媒体信息传送。彩信被业界公认为是 GPRS 和 3G 市场启动与发展的关键推动力。

2002 年 10 月，中国移动向全国推出增值服务项目——彩信业务。当时仅有 14 家服务提供商为中国移动彩信业务提供内容服务。这 14 家服务提供商网站为空中网、TOM、新浪、网易、灵通、麻烦网、灵图、蛙仆网、腾讯、21CN、摩易、6388. Net、掌上通、搜狐。中国移动以 15∶85 的业务分成模式和 14 家网站合作。到 2003 年，中国移动下调了部分服务提供商的彩信信道通信费，从而推动了彩信的发展。截至 2003 年底，彩信用户数量突破 150 万，市场总规模约为 2 亿元，2004 年彩信市场份额达到 6.58 亿元。据中国移动公布的中期业绩显示，彩信的使用量在 2006 年上半年达到 25 亿条，同比激增 255.9%。①

（6）彩信型手机报诞生

彩信型手机报是彩信最重要的应用之一，也是手机报的主要形式。彩信的发展为彩信型手机报的诞生打下了基础。2004 年 7 月 18 日，《中国妇女报·彩信版》正式开通。同时开通的还有中国妇女报社的子报《家庭周末报·彩信版》。前者被认为是全国第一份真正意义上的手机报，后者被认为是全国第一份都市报类的手机报。② 它们都是彩信与传统媒体结合的产物。

（7）WAP 型和 IVR 语音型手机报诞生

2003 年 9 月 1 日，基于 WAP 技术的《扬子晚报·手机版》在中国移动和中国联通两个平台同时正式开通。③ 2005 年 9 月 26 日，《华西都市报》与四川电信联手打造的《华西手机报·语音版》开通，中国第一张可以听的报纸由此诞生。④

① 综述：中国移动十大里程碑应用［EB/OL］.［2007-04-17］. http://tech. sina. com. cn/t/2007-04-17/15121469621. shtml.

② 全国第一家"手机报"正式开通［EB/OL］.［2004-07-19］. http://news. xinhuanet. com/video/2004-07/19/content_1613265. htm.

③ 报纸挺进新兴媒体：扬子晚报手机版开通［EB/OL］.［2003-09-17］. http://news. xinhuanet. com/newmedia/2003-09/17/content_1084307. htm.

④ 第一张能听的报纸今日诞生［EB/OL］.［2005-09-26］. http://gz. yesky. com/184/2133684. shtml.

（8）彩铃启动

彩铃也在这一时期启动。彩铃是个性化多彩回铃音业务（coloring ring back tone）的简称。2003 年 5 月 17 日世界电信日当天，上海移动率先推出彩铃试商用服务，随后广东移动、北京移动、浙江移动、重庆移动和天津移动也陆续推出该业务。[①]

（9）苹果创造 iPod＋iTunes 模式

2001 年，苹果公司推出了第一代 iPod，由于 iPod 优良的品质和富于创新性的设计，iPod 很快成为数字音乐播放器最杰出的代表。但 iPod 的真正卓越在于 iPod＋iTunes 商业模式的创建。iTunes 是一款数字媒体播放应用程序，是供苹果电脑 Mac 和 PC 使用的一款免费应用软件，能管理和播放使用者的数字音乐和视频。苹果公司于 2003 年创立了 iTunes 在线音乐商店，将第三代 iPod 和正版音乐"捆绑"销售，一般下载一首歌需花费 0.99 美元，这一模式保障了音乐版权所有者和用户的利益，而价格也能为消费者所接受。因此，iTunes 在线音乐商店迅速获得了商业上的成功。iPod＋iTunes 模式成为了数字音乐史上第一个成功的商业模式，接下来的几年里，这一模式在全世界被复制。

（10）手机游戏市场启动

2004 年，国内手机游戏开始快速发展起来。当年 2 月国内第一家手机游戏公司——当乐网成立。随后中国的手机游戏市场便呈现出了蓬勃发展的趋势，而 2004 年也成为单机手机游戏和网络手机游戏的一个分界点。9 月，国内三家手机游戏公司几乎同时宣称推出各自的第一款手机网络游戏：美通无线的《三界传说》、数位红的《掌上奥运会》及数字鱼的《大话三国》。10 月，盛大开发出其第一款手机与 PC 网游同步配合的手机网络游戏《传奇世界》。自此手机网络游戏市场开始全面启动。[②]

1997—2000 年，手机游戏为内置单机游戏阶段，无法实现多用户的交互功能；2001—2004 年，为 SMS 文字游戏及可下载的单机游戏阶段。WAP 手机网络游戏，实现了简单的用户间的互动，但用户界面较差、操作不方便。总的来说，手机游戏在 2005 年之前是奠基时期。

（11）微出版物诞生

2000 年 1 月，日本第一部手机小说《深爱》出版。2004 年，中国首部手机小

---

① 中国移动彩铃业务[EB/OL].[2009-08-03]. http://labs. chinamobile. com/know/19812.

② 关于当乐[EB/OL]. http://www. d. cn/about_us. html.

说《城外》发布,创下了高达 80 万名手机用户订阅的记录。<sup>①</sup>

本阶段总的来说是手机出版的奠基时期。虽然上述成绩不菲,但在 2005 年之前,手机网民规模小,甚至尚未纳入统计的范畴;政策支持背景也不足;而各种类型手机出版物都才起步,各种模式尚在探索之中。

### 4.3.2 手机出版成长期(2005 年至今)

(1) 手机报遍地开花

2005 年 2 月 24 日,人民网与中国人大新闻网、中国政协新闻网共同开办的以手机为终端的"两会"无线新闻网站开通。这是国家重大政治活动第一次以移动互联网的形式进行宣传,标志着手机成为真正意义上的新闻传播工具,此举对于中国大众传媒事业的发展及手机互联网的应用都具有重要意义。<sup>②</sup>

2005 年以后,手机报遍地开花。在华东,2005 年 5 月 17 日,浙江日报报业集团、浙江移动通信有限公司和浙江在线新闻网站联合举办的国内首份省级手机报——《浙江日报》手机报正式开通<sup>③</sup>。在华南,2005 年 7 月 15 日,南方日报和运营商合作的广东首家"手机报纸"正式推出。它是广东地区的第一家手机报纸,有短信型、WAP 型和彩信型<sup>④</sup>。在西南,2005 年 9 月 1 日,西部第一家手机报《华西手机报》正式向用户提供服务,早期提供彩信、WAP 型的《华西手机报》,并陆续开通了短信型和语音版业务<sup>⑤</sup>。在西北,2006 年 2 月 7 日,《华商报》、华商网携手陕西移动推出西北首家"手机报纸"——WAP 型华商手机报。在东北,2006 年 3 月 1 日,第一家晚报手机报《沈阳晚报手机报》于在沈阳"发行",该报由沈阳日报报业集团主办,沈阳日报报业集团北方热线网承办<sup>⑥</sup>。

2006 年 3 月 20 日,文汇新民联合报业集团和上海移动通信有限责任公司

---

① 中国首部手机小说《城外》版权售出 以 18 万成交[EB/OL]. [2004-08-02]. http://news. qq. com/a/20040802/000475. htm.

② 手机首次全方位介入"两会"报道——国内首家无线新闻网站开通[EB/OL]. [2005-02-25]. http://www. c114. net/news/52/a61987. html.

③ 中国经营报:手机报纸看上去很美[EB/OL]. [2005-08-20]. http://tech. sina. com. cn/t/2005-08-20/1149699117. shtml.

④ 《南方日报》今推出广东首家手机报纸[EB/OL]. [2005-07-15]. http://media. people. com. cn/GB/40606/3545469. html.

⑤ 读者免费体验两月 西部第一家"手机报"今出炉[EB/OL]. [2005-09-01]. http://sichuan. scol. com. cn/fffy/20050901/200591171040. htm.

⑥ 东北第一家晚报手机报 3 月 1 日在沈阳"发行"[EB/OL]. [2006-03-01]. http://www. cnr. cn/2004news/society/t20060301_504173582. html.

共推彩信手机报"News365-上海手机传媒"。首批推出的 4 款手机彩信报,分别是"新闻 365""财经 365""体育 365""娱乐 365"。这是当时上海地区推出的规模最大、种类最丰富的彩信报纸群。①

2006 年 11 月 7 日,新华社与中国移动合作开通《新华手机报》,产品涵盖手机短信、彩信、WAP 等多种形式②。2007 年 2 月 28 日,《人民日报》手机报在北京创刊。其主要内容以《人民日报》的内容为主导,以人民网的内容为基础。该报在试运行期间,仅广东地区的订购用户就达 16 万③。新华社、《人民日报》等强势媒体也整合各自旗下的优势品牌,分别推出各自的手机报,把手机报的发展推向新的高潮。

2006 年 11 月,《贵州省手机报管理暂行办法》问世,成为我国第一部针对手机报进行管理的地方法规。④

截至 2005 年底,全国手机报用户达到 100 万;2007 年底,这一数字超过 3000 万⑤。截至 2008 年底,全国报业整体(包括中央大报、都市报、行业报)已推出涵盖娱乐、体育、财经、旅游、健康、饮食、双语、教育等领域的手机报约 1500 种。截至 2009 年底,中国手机报用户超过 2 亿的规模,其中付费用户在 2008 年 5000 万用户的基础上,激增 60%,达到 8000 万户,订费收入达 40 亿元,持续成为新媒体消费的热点。传统媒体借助手机作为新型快捷的传播渠道正成为趋势,越来越多的报社正开始为 3G 网络商用后抢占新媒体平台谋篇布局⑥。据易观国际报道,2011 年中国三大运营商"手机报"业务预期收入达到了 30 亿元以上。目前,手机报业务的收入在手机阅读整个收入中的占比达 80%⑦。

从 2001 年《扬子晚报》的短信型手机报,发展到 2009 年遍地开花,手机报用了近 10 年时间。

---

① 上海移动牵手文新 共同打造手机传媒[EB/OL]. [2006-04-06]. http://www.cnii.com.cn/20050801/ca345243.htm.

② 新华社向中国联通供稿业务正式启动 强强联手"新华手机报"绽放联通平台[J]. 中国传媒科技,2006(12):5.

③ 进军第五媒体 《人民日报》手机报正式创刊[EB/OL]. [2007-03-01]. http://www.people.com.cn/GB/64007/78785/78804/5430180.html.

④ 闻思颖,侯晓玲. 手机报短暂编年史[J/OL]. 新闻战线,2009(2)[2011-04-26]. http://paper.people.com.cn/xwzx/html/2009-02/01/content_384782.htm.

⑤ 诺达咨询:手机报市场发展趋势预测[EB/OL]. [2009-12-23]. http://labs.chinamobile.com/mblog/108609_35498.

⑥ 同⑤。

⑦ 2011 年三大运营商"手机报"业务预期收入超 30 亿元[EB/OL]. [2011-01-21]. http://www.enfodesk.com/SMinisite/index/articledetail-type_id-2-info_id-224279.html.

（2）微博诞生

2006 年 3 月，blogger 的创始人威廉姆斯（Evan Williams）推出了微博客服务网站 Twitter。该网站被 Alexa 网页流量统计评定为最受欢迎的 50 个网络应用之一。2006 年中国首家微博网站饭否网推出。2009 年，新浪微博成功推出。2010 年国内微博迎来春天，微博像雨后春笋般崛起，四大门户网站均开设微博。[①]

（3）手机阅读基地模式初现

2008—2009 年，手机阅读用户增长迅速，中国手机阅读市场呈现快速发展的态势。据易观国际《2009 中国手机阅读市场报告》，2008 年中国手机阅读活跃用户数达 1.04 亿户，年增长率为 25.8%。2009 年中国手机阅读市场的活跃用户数达 1.55 亿户，数量直逼移动互联网用户规模。2008 年，中国手机阅读市场收入规模达 3.77 亿元，年增长率为 54.9%。2009 年，手机阅读市场营业收入达 5.18 亿元。在这种背景下，移动运营商中国移动进入手机阅读市场，中国联通、中国电信也相继跟进；服务提供商盛大文学、中文在线、空中网、3G 门户及传统出版商相继进入手机阅读市场。

2009 年 3 月，中国移动手机阅读基地由中国移动集团委托浙江移动建设和运营，2010 年 5 月正式商用[②]。2010 年 9 月，中国电信的"天翼阅读基地"正式上线[③]。中国联通阅读沃基地于 2010 年 12 月落户湖南长沙，2011 年 4 月正式上线[④]。三大移动运营商建立手机阅读基地标志着基地模式的诞生，这是一种整合模式，试图改善手机阅读市场分散经营的局面。

（4）门户网站发展手机阅读

盛大文学于 2008 年开始积极拓展移动阅读业务，并专门成立盛大文学无线公司，通过其无线阅读运营平台及与移动运营商、手机厂商的战略合作，向手持终端用户提供移动阅读服务。2009 年 6 月，盛大文学推出无线业务 mogo 品牌，这是盛大文学在 3G 无线互联网方面的一个品牌。2009 年 6 月 29 日，盛大文学与卓望信息技术达成战略合作，联手举办首届"3G 手机原创小说大展"活动，以一字千元的高额版权金，征集优秀的手机小说创意，并打造出国内第一批手机小

① 微博的发展历史[EB/OL].[2011-04-11].http://news.gbicom.cn/wz/15728.html.

② 中国移动整合掌上"悦"读资源[EB/OL].[2010-09-15].http://tech.sina.com.cn/t/2010-09-15/13404659291.shtml.

③ 天翼阅读用户超过一亿 预计后年实现盈利[EB/OL].[2012-12-20].http://it.sohu.com/20121220/n361023872.shtml.

④ 联通数字阅读基地正式落户长沙 中兴通讯承建[EB/OL].[2011-11-22].http://it.sohu.com/20111122/n326446351.shtml.

说家。这标志着盛大文学正式进入 3G 手机文学市场①。2009 年 8 月,盛大文学与《文学报》合作推出微型小说②。

空中网在 2009 年 11 月收购文学网站逐浪网,"逐浪"手机阅读市场③。中文在线在 2009 年 9 月斥资千万,面向出版社采购数字版权④。3G 门户于 2009 年 10 月举办第二届原创文学大赛⑤,除与原创作者合作外,还联合花溪、南风等杂志社,以及人民文学出版社等 10 多家传统出版社,共同征集手机互联网新一代原创文学。

(5) 苹果 iPhone 推出和苹果应用商店开放

美国当地时间 2007 年 1 月 9 日,苹果在 2007 Mac World 大会上正式发布了 iPhone⑥。2008 年 7 月,苹果推出应用商店并向第三方开放苹果应用商店,目的是让外部开发商帮助苹果吸引用户使用 iPhone⑦。

(6) 安卓系统和 Android Market 出台

2007 年 11 月,谷歌宣布推出安卓手机操作系统。这一年,首款谷歌手机 HTC G1 面世。2008 年,谷歌 Android Market"出世"⑧。

(7) 3G/4G 牌照发放

2009 年 1 月 7 日,中国移动、中国电信、中国联通获得 3G 牌照⑨;2013 年 12 月 4 日,三家电信商获 4G 牌照。

这一时期,各种流量套餐推出,减轻了用户手机上网高资费顾虑。自 2009 年 1 月中国移动在北京、上海、天津等多个城市大幅下调 GPRS 数据流量

---

① 盛大文学斥资 8000 万介入 3G 领域[EB/OL].[2009-06-29].http://it.sohu.com/20090629/n264848938.shtml.

② 盛大文学与《文学报》推出 3G 手机小说平台[EB/OL].[2009-08-19].http://news.xinhuanet.com/newmedia/2009-08/19/content_11906216.htm.

③ 空中网宣布收购原创文学网站逐浪网[EB/OL].[2009-11-12].http://it.sohu.com/20091112/n268143628.shtml.

④ 数字图书趋势明显 中文在线千万巨资采购版权[EB/OL].[2009-09-09].http://it.sohu.com/20090909/n266586621.shtml.

⑤ 3G 门户 3000 万重金打造第二届原创文学大赛[EB/OL].[2009-10-20].http://www.cnetnews.com.cn/2009/1020/1485401.shtml.

⑥ 苹果 iPhone 发布![EB/OL].[2007-01-10].http://news.mydrivers.com/1/75/75752.htm.

⑦ 苹果软件应用商店软件下载量达 20 亿次[EB/OL].[2009-09-30].http://www.pcpop.com/doc/0/447/447526.shtml.

⑧ 评论:安卓会成为下一个 Windows 吗[EB/OL].[2012-12-27].http://tech.sina.com.cn/t/2012-12-27/09237928703.shtml.

⑨ 工信部正式发三张 3G 牌照[EB/OL].[2009-01-07].http://tech.163.com/09/0107/14/4V2HLRII000933IK.html.

资费标准起,用户平均上网频率就提高了 3～4 倍。①

(8) 苹果 iPad 发布

苹果 App Store(苹果应用商店)的推出,为移动应用产业模式树立了典范。开源的安卓系统的出台,有利于 Android 阵营的应用商店的产生。在此基础上,移动应用呈现爆发式增长。苹果 iPad 于 2010 年 1 月 27 日发布,引发平板电脑热。2010 年 7 月 29 日,盛大文学正式推出自己的阅读器 Bambook(锦书),Bambook 与盛大文学的"云中书城"绑定使用。

(9) 三大移动运营商应用商店推出

2009 年 8 月,中国移动的应用商店 Mobile Market(即移动 MM)上线②。2010 年 11 月,中国联通的"沃商店"上市。2010 年 3 月,中国电信的"天翼空间"上线。③

(10) 微信推出

腾讯公司于 2011 年 1 月 21 日推出微信(WeChat),它为智能终端提供即时通信服务。截至 2015 年第一季度,微信月活跃用户达到 5.49 亿,用户覆盖 200 多个国家、超过 20 种语言。④ 微信提供公众平台、朋友圈、消息推送等功能,使个人移动终端的功能得到发挥,成就了一种全新的传播类型,被称为一种"新媒体"。

(11) 手机出版成为数字出版的盈利热门

2010 年,手机出版产值达到 349.8 亿元,占数字出版总产值的 33.26%,2015 年达到 579.6 亿元,占数字出版总产值的 23% 左右,被公认为数字出版的盈利热门。⑤

总结这一时期,主要表现为如下几点。

第一,手机阅读内容日益普及,根据调查显示,手机音乐、手机阅读是大多数手机网民的必备软件,使用占比高达 70% 以上。⑥ 据易观国际发布的《中国手机

① 郝振省.2009—2010 中国数字出版产业年度报告[M].北京:中国书籍出版社,2011.
② 中国移动应用商店 Mobile Market 八月正式上线[EB/OL].[2009-07-22].http://tech.qq.com/a/20090722/000910.htm.
③ 中国电信天翼空间应用商城 3 月 17 日正式上线[N/OL].[2010-03-17].http://tech.qq.com/a/20100317/000172.htm.
④ 微信用户最新数据:月活跃用户达到 5.49 亿,支付用户 4 亿左右[EB/OL].[2015-06-01].http://tech.163.com/15/0601/13/AR1F5KE000094ODU.html.
⑤ 郝振省.2013—2014 中国数字出版产业年度报告[M].北京:中国书籍出版社,2013.
⑥ 2013 年第四季度手机阅读市场分析报告[EB/OL].[2014-02-12].http://www.chinairn.com/news/20140212/170631902.html.

阅读市场用户研究报告》称,到 2011 年阅读类客户端在手机用户中的普及率已达到 90% 以上。

第二,移动终端多元化。从 iPhone 产生后,手机向智能化、宽屏化发展。亚马逊 Kindle 和汉王电纸书等也在这一时期纷纷出台。电纸屏电子阅读器也是手机阅读计划中的一环。

第三,手机阅读的市场参与者逐渐增加,中国移动、盛大文学、空中网、3G 门户及传统的内容提供商纷纷高调进入手机阅读市场,一方面促进了中国手机阅读市场的发展,另一方面加剧了市场的竞争。①

第四,苹果手机应用商店模式虽然运行不久,但影响巨大,很快被各国效仿。

本节分析了手机出版发展历程,虽然手机出版物种类众多,但这些出版物可以归纳为两类,即静态阅读产品和动态阅读产品,对这两类产品的生产和分销,形成了手机出版发展的主线。

# 4.4 手机出版产业链分析

手机出版物品种多元化,包括手机报纸、手机游戏、手机音乐、手机图书、增强型出版物等,导致整个手机出版产业链格局比较复杂。一则手机出版产业链中分工比较细化,二则出版主体较多。内容提供商、服务提供商在产业链中地位重要,成为手机出版内容产品的主要加工者。但移动运营商则是整个产业链的主导者,占据核心地位。应用商店模式诞生后,移动运营商的主动地位受到威胁。总的来说,产业链竞争激烈。

尽管手机出版物种类较多,但可以以手机报、手机游戏、增强型电子书、手机音乐等为典型代表。其中手机报反映了从传统报纸到移动终端和用户的产业链,手机游戏反映了从游戏内容提供商到移动终端和用户的产业链,增强型电子书反映了从传统出版商经过多媒体技术加工后到移动终端和用户的产业链,手机音乐反映了从传统唱片商到移动终端和用户的产业链。本章中的手机图书和电纸书模式一致,不再赘述;微出版物由于尚未形成成熟的产业,下文不列入讨论对象。

---

① 易观国际.2009 年中国手机阅读市场专题报告.

## 4.4.1 手机出版产业链构成

手机出版的产业链由内容提供商、服务提供商、网络内容分销平台商、移动运营商、终端供应商(也包括其他移动阅读终端商)和用户构成,如图 4-1 所示。在手机出版产业链中,比较特殊的是移动运营商地位很高,而内容提供商和服务提供商相对比较弱势。另外,一些阅读终端商(如苹果公司)也比较强势。

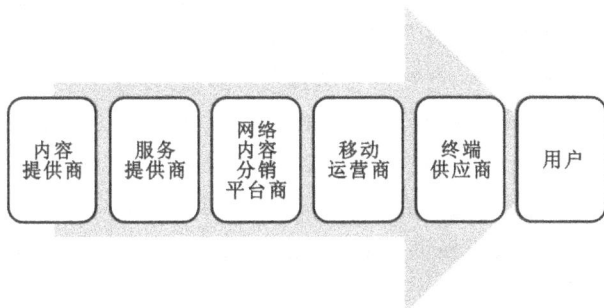

图 4-1 手机出版产业链基本框架示意图

### 4.4.1.1 内容提供商

内容提供商(content provider,简称 CP)收集与处理了各方面大量原创信息和数据,通过将这些数据编辑加工,制作成可以在手机终端上浏览的内容产品,通过移动网络传送给受众。内容提供商的工作不由单一企业完成,而是由产品信息类别和来源不同的社会各行各业提供并且整理加工制作。现阶段,内容提供商可以划分为两类,即内容创作类与内容收集类。创作类的内容提供商是各种信息内容资源的提供者,收集类的内容提供商是负责收集和加工由创作类的内容提供商提供的内容资源,然后进行深加工与系统的整理,制作出符合用户和运营商需求的信息产品,再提供给服务提供商。在移动增值产业发展达到较高的水平后,收集类的内容提供商就是手机出版产业分工的新产物。目前,我国的手机出版内容提供商种类涵盖了网络媒介与传统媒介、组织机构和个人,他们与手机出版运营商进行合作,向手机网民提供内容。

网络媒介内容提供商主要包括以下几类。

① 门户网站。典型的门户网站有新浪、搜狐、网易和 TOM 等,其在手机出版领域通过短信来盈利,而空中网先后推出了彩信相册、彩信看大片、手机央视网等特色业务并取得了成功。

② 原创文学网站。手机阅读用户偏爱网络原创文学,例如,盛大文学就占整个中国移动手机阅读收入 50% 以上,提供了中国移动手机阅读基地 60% 的内容,是中国移动手机阅读基地最大的付费内容供应商①。许多文学网站还积极尝试手机文学这一新形式,例如,新浪文化读书频道、17K 小说网等影响力较大的文学网站都推出了不同形式的手机读书业务;榕树下等网站举办了手机短信文学大赛;红袖添香于 2009 年推出"2009 移动阅读计划"发展项目。

③ 手机杂志网站。当前一些专门的网络杂志积极拓展其业务范围,延伸到手机出版领域的手机杂志网站中比较著名的有 V8 电子杂志,它是专门的手机多媒体杂志网站,其中包括许多知名杂志,涉猎范围广泛,囊括了时尚、娱乐、影视、文学、数码、体育、军事、财经等领域,手机用户通过这个网站可以下载自己感兴趣的期刊杂志,包括许多带有动画、视频、图片、音乐等多媒体内容的杂志。

④ 图书销售网站。许多图书销售网站在网站售书方面已经取得了巨大成功,与此同时他们积极拓展手机读书服务。当当网在 2008 年就推出了"手机在线阅读"业务,为手机网民提供新书、畅销书的部分章节免费阅读的服务。

⑤ 视频分享网站。第三代移动通信网络的发展为多媒体阅读提供了基础条件,一些原创视频网站纷纷进军手机出版领域,如比较著名的土豆网、优酷网等视频分享平台。这些平台除了拥有大量的电视剧、电影资源,还拥有大量网友上传的自制原创性视频节目。

⑥ 游戏网站。游戏网站包括综合性的门户网站和专门的游戏网站门户网站,其中部分网站是网络游戏网站,近年来延伸发展手机游戏业务。也有专门的手机游戏网站,为用户提供手机游戏免费下载或收费下载服务等。

传统媒介的手机出版内容提供商主要包括以下几类。

① 期刊(杂志)社。很多传统的期刊(杂志)社很早就推出了网络版的期刊(杂志)。随着手机出版的发展,他们也推出了相应的手机杂志,但是传统出版与手机出版还处在简单形式上的对接阶段,缺乏主动性与能动性。例如,2007 年7 月,瑞丽杂志社向手机网民推出了《瑞丽》手机报,随后又通过"瑞丽手机网"向广大手机网民提供了大量期刊内容。

② 报社。许多报社纷纷介入手机出版领域,充分展现了新闻的时效性,例如,扬子晚报在 2001 年就推出了中国首份手机报——短信型的"扬子随身看"。

③ 出版集团。国家各个出版集团拥有出版社、连锁书店和相应的办事机构等,他们也纷纷加入手机出版行业。2008 年 4 月,广东省出版集团和中国移动

---

① 盛大文学称为中国移动手机阅读贡献过半收入[EB/OL].[2012-02-29].http://tech.163.com/12/0229/20/7RF4N2HK000915BF.html.

广东分公司共同签署了相关的合作备忘录,开始涉及手机出版领域,双方携手共同打造"移动书城"项目。

④ 电影、电视行业和传统唱片公司。电影、电视行业随着 3G/4G 手机的慢慢普及而将自身业务拓展到手机出版领域。2001 年 11 月,空中网获得武侠巨作《英雄》的数据开发授权。至此,电影在我国开始进入手机出版领域。

除了网络媒介提供商和传统媒介提供商外,还有一些其他形式的内容提供商,如原创作者个人、图书馆、学校内部组织等。

### 4.4.1.2　服务提供商

服务提供商(service provider,简称 SP)负责根据用户需求包装和推广内容提供商提供的内容产品,同时向不同的客户群体提供相关的业务。服务提供商主要为用户提供接入服务、导航服务、信息服务等。其中接入服务使用户的手机连接到移动互联网;导航服务引导用户寻找需要的信息;信息服务旨在建立数据服务系统,收集、加工、储存信息。服务提供商还会定期进行维护与更新,并通过移动互联网向用户提供信息与内容。

服务提供商同时为用户、移动运营商和内容提供商提供服务,它是移动增值服务不成熟时期的过渡产物,是手机出版发展过程中特殊时期的产物。有时服务提供商的功能与内容提供商和分销平台经营商的功能重叠,随着手机出版产业的不断发展及产业链的不断完善,服务提供商的地位不断弱化并且最终从属于移动运营商或者内容提供商。

### 4.4.1.3　网络内容分销平台商

分销平台商的功能主要是推广分销内容产品,进行用户管理,并进行销售分成等。早期手机出版产业不成熟时期,没有典型的分销平台经营商,分销推广功能多由电信商和服务商兼之。随着手机出版产业的成熟,分销平台的作用越来越大。行业中著名的分销平台有苹果 App Store、亚马逊 Kindle Store 及谷歌的 Google Play Store 等,这些分销平台都起着整合产业链上下游的作用。后文将对应用商店模式进行较为详细的讨论。

### 4.4.1.4　移动运营商

移动运营商(mobile networks operator,简称 MNO),也称为无线通信商,又因为移动业务由电信部门经营,所以又被统称为电信运营商,它是指提供移动通信业务的服务部门,它们通过经营话音数据等业务为用户提供通道服务。在手机出版产业链中的主要角色是:运营无线网络、经营推广渠道和计费通道。当前,中国移动、中国电信和中国联通是我国三大移动运营商,其中中国移动占据绝对的份额。移动运营商在手机出版产业链中处于重要地位。服务提供商的资质由移动运营商决定。手机出版产业链上的其他利益主体,如终端供应商和网络设备提供商等,都不同程度地受到了移动运营商的影响。目前,由于通信业务范围的发展和市场竞争的加剧,移动运营商的地位受到内容提供商的挑战,它有由产业的主导者向行业的综合信息平台、辅助服务平台等各种辅助整合性的平台转换的趋势,但总的来说,其重要地位毋庸置疑。另外,移动运营商的核心作用受到苹果开创的应用商店模式的强有力挑战。国内三大移动运营商虽然也跟进苹果建立了应用商店,但总的来说,他们只是苹果的效仿者,而不是创新者。

### 4.4.1.5 终端供应商

终端供应商(terminal provider,简称 TP)主要是负责为用户提供手机终端设备,研发适合于市场需求的手机。在手机出版产业链之中,终端供应商的发展程度直接决定了整个手机出版系统的服务能力的高低。即便产业链上的其他企业开发出了丰富多彩的增值服务,如果缺乏相适应的终端设备的支持,还是不能把服务传送给用户。终端供应商在产业链上发挥了重要的功能。

移动通信业务发展的初期阶段,终端供应商根据当时的基础业务,如语音通话,来定位终端制造的标准。这个时期,终端供应商尽可能降低终端制造成本来提升自己在市场竞争中的优势,此时移动运营商对终端供应商的需求还未明确凸显出来。然而 3G 时代的到来改变了这种局面,单纯的语音和文字功能已经不能适应市场的发展与需求,手机终端也因此朝着多媒体化方向发展。终端供应商的地位也随着市场需求而变得越来越重要,新的业务类型需要高技术标准的设备来支持,功能强大化、终端定制化、操作系统化、多媒体化等特点是现在手机终端的重要条件。

手机作为终端在整个产业链中地位重要,促使终端供应商进一步扩展势力。以苹果为代表的手机终端供应商巨头,不但以其硬件品质而举世闻名,而且苹果公司进一步创新了商业模式,形成了"应用商店模式",成为硬件商成功整合产业链上下游的代表,为整个数字出版产业作出了突出贡献。但同时,苹果公司及移动运营商等有垄断嫌疑的商业行为使得内容提供商在产业链中地位更加降低。

### 4.4.1.6 用户

产业链上重要环节还有用户,手机出版的用户更偏年轻,数量巨大。目前手机网民已经超过电脑网民,手机首次成为第一大上网终端,为手机出版提供了巨大的潜在市场。

## 4.4.2　不同类型的手机出版物的产业链

通过分析我国手机出版物市场,可见我国手机阅读产业链的参与者数目众多,尤其内容提供商组成复杂。在手机出版产业链上,这些参与者都发挥着不同的作用和功能,形成较为错综复杂的关系。目前,产业链基本框架已经形成,以手机报产业链、增强型电子书产业链、手机游戏产业链、手机音乐产业链这四种为主要代表,但这些产业链仍然存在着一定的问题,尚未构成一个高效有序的产业链结构。

### 4.4.2.1　手机报产业链分析

手机报产业链和手机杂志产业链类似,本书仅以手机报产业链为例。手机报产业链中内容提供商(CP)大多由传统报刊充当,近年来网络媒介也步入手机报 CP 的行列。手机报服务提供商(SP)必须持有移动运营商颁发的牌照。在这种情况下,传统报刊在产业链中话语权较低,不但难以平等对话移动运营商(MNO),而且 SP 在手机报产业链中比较强势。MNO 还涉足内容提供领域,如中国移动自办的《新闻早晚报》。因中国移动在对《新闻早晚报》业务推广上的方便性,其开通不久后,订户规模就迅速发展成第一位。另外,与网络原创文学等不同的是,手机报并不等于传统报纸的手机版。由于手机具有屏幕小的特点,一般要求文章压缩精简,这就要求手机报设有专门编辑,成本就会有所增加;且由于手机传播的便利性,内容同质化的手机报难以有广泛的市场,这就要求手机报内容个性化,这同样要求手机报有专门的采编队伍。但手机报产业链中 CP 的弱势与用户对手机报质量的期待难以成正比。产业链中分成比例低,导致盈利状况不理想,也就很难搭建高质量的采编队伍,同时手机报质量难以真正得以提高,因此很多手机报成为报社的"鸡肋"业务。[①] 手机报产业链示意图如图 4-2 所示。

在手机报产业链中有三种合作方式[②]:

一是媒体合作运营模式。由报业 CP 与 SP 合作,报业提供原创的内容资源,服务提供商提供相关技术和软件服务,最后通过 MNO 的信息发布渠道将手机报产品传递给受众。目前,国内大多数手机报都采用这种运作模式。这种模

---

[①] 如何破解手机报陷入的"鸡肋"困境[EB/OL].[2009-09-22]. http://media. sohu. com/20090922/n266916506. shtml.

[②] 耿蕊. 基于媒介战略联盟的手机报发展模式[J/OL]. 财经理论与实践,2010(1)[2011-06-12]. http://www. qikan. com. cn/Article/cjsj/cjsj201001/cjsj20100125-1. html.

确立分成比例　　　确立分成比例

```
┌──────────┐        ┌──────────┐        ┌──────────┐  无线通信网络  ┌──────────┐
│ 传统报刊 │  授权  │  服务    │  合作  │  移动    │  业务运营  │          │
│  (CP)    │ ──────▷│  提供商  │ ──────▷│  运营商  │ ──────────▷│   用户   │
│          │        │  (SP)    │        │  (MNO)   │            │          │
└──────────┘        └──────────┘        └──────────┘            └──────────┘
```

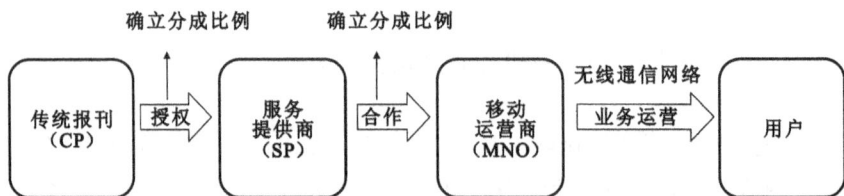

图 4-2　手机报产业链示意图

式通过对产业链的整合,实现了资源共享。所获利益分成给各方,利益均衡是这种模式的关键点。在媒体合作模式中,存在 MNO、CP、SP 各方利润分成的问题。国内许多手机报都与北京好易时空网络科技有限公司合作,该公司拥有中国移动全网彩信牌照。分成比例为40∶42∶18,即中国移动收取 40%,北京好易时空网络科技有限公司收取 42%,报纸收取 18%,报纸与北京好易时空网络科技有限公司按 7∶3 分享广告收入,但北京好易时空网络科技有限公司的保底分成收入是 3 万元。手机报目前订阅收费以《中国妇女报》最贵,20 元包月,《中国青年报》等基本上是 15 元包月。现在采取媒体合作运营模式的各家手机报订户都在 1 万以上。[①] 图 4-2 反映的就是这种产业链模式。

二是移动运营商自办手机报模式。MNO 依托自身优势资源,购买加工新闻信息,并通过自有渠道发行手机报。2007 年,中国移动在全国范围内主推自有手机报《新闻早晚报》。MNO 自营手机报的优点是拥有很大的自主权,有利于发展电信增值业务,但其缺点明显。首先,内容资源的欠缺。报业长期以来赢得的行业信誉,MNO 很难在短时间内建立。其次,电信业和新闻媒体在管理模式和思维模式上也有较大的差异。最后,MNO 如果从事内容经营,掌握了产业链上游、中游,就容易形成垄断,对手机报健康发展不利。

三是委托运营模式。《南方都市报》手机报的业务就是由第三方公司运作的。于 2005 年 8 月 8 日开通了手机报业务的《南都手机报》始终以 WAP 和彩信两种方式向读者"输送"第一手新闻资料。

从地方范围来看,手机报的运营模式有两种[②]:

一是全国运营模式,即全国类报刊与全国性 MNO 合作打造的手机报。比如,《中国妇女报·彩信版》即为此类。由于北京好易时空网络科技有限公司拥有中国移动全网彩信牌照,因此这种由中国移动负责提供技术平台、由报刊负责

---

① 手机报的盈利模式[EB/OL].[2009-09-23]. http://media. sohu. com/20090923/n266935192. shtml.

② CNNIC发布中国手机媒体研究报告(2008 年 12 月)[EB/OL]. http://tech. sina. com. cn/z/WAP2009/index. shtml.

内容推广的模式很快广泛推开。中国移动与人民日报、中国青年报等属于这种模式。

二是地方运营模式,即地方报刊利用当地电信公司打造的手机报纸。这种合作模式多见于省级或市级的报业集团直接和省级或市级的运营商合办的《××手机报》。例如,2005 年 5 月,由浙报集团、浙江移动通信有限公司和浙江在线联手打造的《浙江日报》手机报,成为中国第一份省级手机报。

地方性报纸都采用地区模式,在地区模式下成本较低。订阅费用一般为 5～8 元/月,在订阅收入的分配上,广东为五五分成;在浙江,报社与移动是四六分成。① 以《浙江日报》手机报为例,《浙江日报》手机报的三个合作方包括浙江日报、浙江在线和浙江移动,分成是《浙江日报》和浙江在线 40%,浙江移动 60%,然后移动与彩信技术服务商凯信公司分成。在地区模式下,报纸付出的成本有广告费、编辑和硬件费用,每年总共不到 100 万元,广告费用所占比例较大。市场推广主要还是靠浙江移动,浙江移动现在的推广方式是群发少量彩信,每次 6 万～10 万。

浙江省第一份手机报《杭州日报》手机报也是如此。2005 年 4 月 1 日前,杭报手机报处于免费体验阶段,有 10 万多订户;4 月 1 日—12 月 31 日是优惠期,目前有 1 万订户,5 元包月,正式收费时包月费用达到 8 元。2005 年还没有广告收入,全靠彩信包月收费,分成是凯信 10%,浙江移动和杭州日报各 45%。②

浙江在线营销总监算了一笔账,15 万份订阅量的手机报的广告效果,相当于一张发行量 30 万份的报纸,因为手机报的广告到达率是报纸的 2 倍,按《都市快报》的广告量计算,理想状态下,一张 15 万份订阅量的手机报应该有六七千万元的广告收入。③

由于传统媒介及一些网络媒介纷纷涉足手机报,无论依靠 WAP 和彩信,还是客户端模式推广手机报,都会形成一种纷乱的局面。因此,移动运营商很快意识到手机报需要一种整合模式来运作,这就是后文将专门研究的"移动阅读基地模式"。

### 4.4.2.2 增强型电子书产业链分析

在手机应用商店中,常常可以下载多媒体图书,如《新华字典》《新概念英语》

---

① 全国手机报突破 300 种　内容同质化等成发展之困[EB/OL]. [2009-09-22]. http://www.jcrb.com/zhuanti/fzzt/mobile/industry/201001/t20100118_302102.html.

② 报纸、技术平台和移动运营商分享手机报利润大餐[EB/OL]. [2005-08-10]. http://media.people.com.cn/GB/40641/3604851.html.

③ 解析手机报利润链条[EB/OL]. [2005-08-11]. http://qnjz.dzwww.com/xwzx/200508/t20050811_1154909.htm.

等,它们不但含有纸质版的电子版,而且附有朗读、注释等,这就是增强型电子书的案例。其母本常常来自传统出版物,从这个意义上讲,它也是传统出版产业链的延伸和发展,但其产业链较传统出版复杂。图 4-3 所示为增强型电子书产业链示意图。

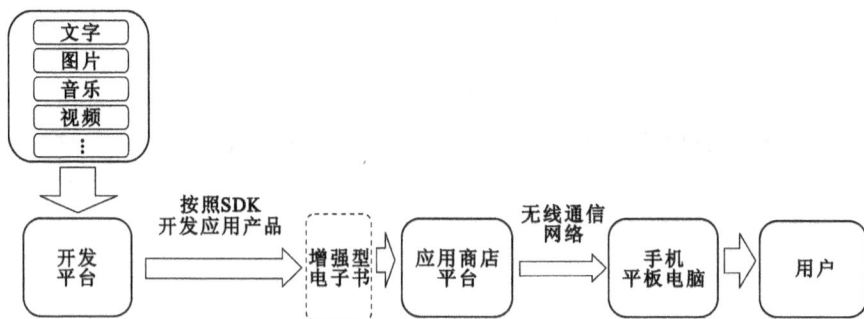

图 4-3　增强型电子书产业链示意图

①　增强型电子书的产业链上游。产业链最上游为 CP,包括文字、音频、视频等信息的版权方;上游的第二个环节为应用开发平台或应用开发公司,即将所有信息合成的制作方。这个环节也应为 CP,但较传统的 CP 来说,却行使 SP 的功能。由于加工过程中所付出的创造,因此应用软件开发也应是版权方之一。在增强型电子书的产业链中,上游内容制造环节远比传统出版复杂,版权方众多,作者多重,既涉及文字作品版权,又涉及音像视频等版权。增强型电子书对编辑的要求也很高,不但要有线性结构,而且要有非线性结构,还要立体化、生动化和形象化。要求编辑既具有文化素养,又具有艺术素养和懂得相关技术。由于传统出版行业缺乏技术人才,大量技术开发商在这种出版物中充当制造者,传统出版几乎插不上手。开发平台还必须遵循应用商店对产品的相关规定。如苹果公司颁发的 SDK(Software Development Kit,即软件开发工具包)和产品手册,应用产品必须符合苹果的规则才能上架。

②　产业链中游。中游是应用商店平台(如著名的苹果应用商店 App Store)及提供无线通信服务的电信商(如中国移动)。本来电信商只提供渠道,但在中国,三大移动运营商中国移动、中国联通和中国电信都分别推出了应用商店——移动 MM(Mobile Market)、联通沃应用商店和电信天翼空间,角逐应用商店市场。

③　产业链的下游是终端设备制造商和用户。终端设备制造商主要包括手机制造商和平板电脑制造商。这种出版物对终端的要求比较高,需要多功能阅读器,显示效果及音响效果要好,操作方便。要具有便携性,以方便用户利用碎片时间。目前,iPad 及智能手机是它的主要载体,用户普遍具有时尚倾向,对终

端外观要求高。终端商也是参与搭建应用商店的主力军,如苹果应用商店和黑莓应用商店。

产业链中的应用商店平台处于中心位置,不但直接指导上游开发公司,而且起衔接上下游作用,没有应用商店平台,产业链是断裂的。但现实中,并不是每一家应用商店都能像苹果应用商店一样起着核心作用。在国内,应用商店众多,但平台分散,成气候者少。

### 4.4.2.3 手机游戏产业链分析

手机游戏产业链的构成主要包括移动运营商、游戏开发商、游戏发行商、游戏平台分销商、终端制造商及用户。

图 4-4 所示为手机游戏产业链总框架图,一般运行起来还有细微区别,总的说来,有三种构成:① 手机游戏开发商→手机游戏发行商→发行平台→终端用户;② 手机游戏开发商→手机游戏发行商→嵌入手机终端;③ 手机游戏开发商→应用商店→终端用户。

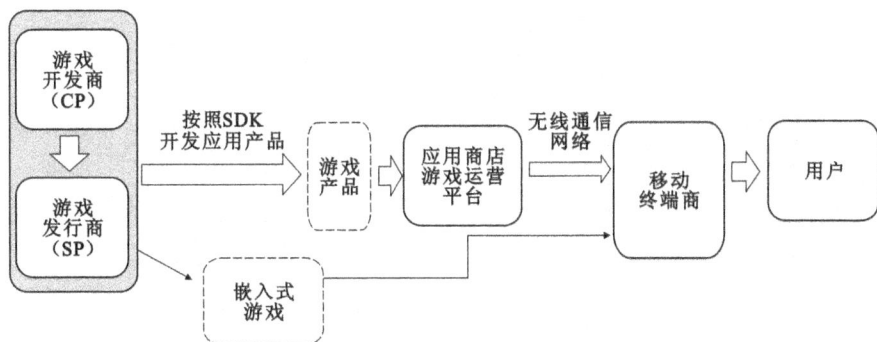

**图 4-4 手机游戏产业链示意图**

其中,手机游戏开发商主要负责游戏产品的开发,手机游戏发行商负责营销发行。我国一直以来手机游戏运营的模式是:CP 生产出游戏产品后,提供给发行商 SP,SP 提供给移动运营商,再通过分销平台销售给用户。鉴于行业竞争激烈,SP 涉足游戏产品开发,使本来就处于弱势的 CP 地位更加降低。但 2008 年以后,应用商店模式脱颖而出。对于应用商店来说,CP 和 SP 地位平行,游戏产品都按照应用商店颁发的 SDK 开发产品,并由"商店"负责推广产品。因此,在应用商店模式下,SP 的地位又被淡化。并且,由于应用商店影响力巨大,SP 经营的游戏门户网站也受到冲击。

应用商店还直接挑战了移动运营商在产业链中的核心地位。早些时候,中国移动、中国联通和中国电信三家移动运营商在整个手机游戏产业链中处于枢纽地位。它们控制了手机游戏用户和渠道,并且试图推出统一的无线游戏标准和无线游戏操作平台,成为行业标准的制定者。但在 2008 年苹果公司推出了针对苹果终端的"应用商店",以及谷歌的 Android 系统应用商店走红市场后,在这两大势力的遏制下,移动运营商对手机游戏的控制能力减弱。为跟上世界手机游戏发展的潮流,三家移动运营商也推出了各自的应用商店。

总的来说,移动运营商在产业链中地位下降,但仍然担当着不容忽视的角色。CP、SP 激烈角逐,而中国应用商店众多、分散,使苹果 App Store 地位更加凸显。

#### 4.4.2.4 手机音乐产业链分析

手机音乐和手机游戏一样,同属于手机娱乐项目。但手机音乐产业链起点更多从传统内容提供商开始。手机音乐产业链参与者众多,包括唱片公司、个人原创作品、歌手、版权代理商、移动运营商、应用/内容/服务提供商、终端制造商、用户等,各方在产业链中分别承担着不同任务。具体来讲,我国手机音乐产业链示意图如图 4-5 所示。

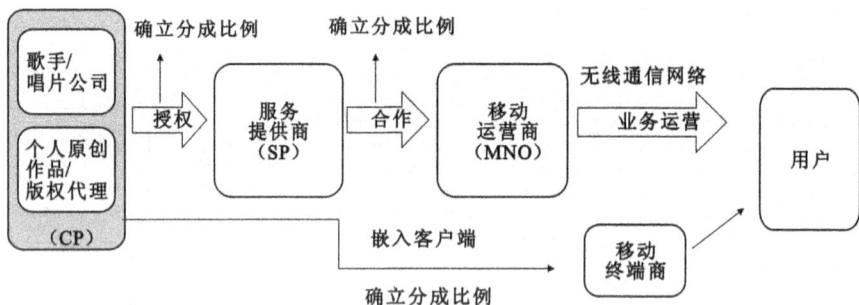

**图 4-5　我国手机音乐产业链示意图**

和手机游戏一样,图 4-5 是手机音乐产业链总框架图,但具体运行起来还有些变化,主要是 CP、SP 和 MNO 等都不满足于自己的角色,产业链上下游角色之间相互渗透。MNO 是手机音乐产业链的领导者,然而中国移动等对主导的地位并不满足。由于手机音乐是内容导向的手机应用,MNO 没有内容资源,因此 MNO 必须从其他环节获取音乐资源,然后进行资源整合并运营给用户。2006 年,中国移动建立了全国统一的"中央音乐平台",跳过 SP 直接与众多唱片公司签约合作,提供彩铃、手机音乐下载等所有音乐服务,并于 9 月推出了《音乐手机定制规范》,不但对其定制的音乐手机的软、硬件配置进行了规定,而且特别规定所有定制的音乐手机必须有中国移动"MUSIC"标志和专用的音乐接入键,以便直接链接中国移动的无线音乐门户网站。与此同时,中国联通也将 2006 年作为其无线音乐年,推出自有品牌——联通无线音乐排行榜。MNO 此举的用意非常明显,一方面控制了上游的音乐内容,另一方面控制了移动终端商,从而将自己置于产业链中的核心位置,找到了与终端最佳的博弈点。[①] MNO 的行为使本来就弱势的 CP 和 SP 在产业链中更没有话语权。

SP 通过 MNO 提供的增值接口为用户提供服务。目前,中国市场上的搜狐、TOM 在线、华友世纪、空中网、掌上灵通、龙腾阳光等六大 SP 在手机音乐内容资源方面具有优势。2006 年 7 月,六大 SP 共同发起国内首个手机唱片发行联盟,该联盟今后主要在无线音乐市场进行签约唱片的联合推广发行。[②] 另外,SP 还实现了对 CP 的渗透,主要是通过购买和并购方式实现内容与渠道整合。比如,华友世纪 2006 年开始谋求向数字娱乐公司转型,曾以 765 万美元收购飞乐唱片 60% 股份,并且签约超女张靓颖、歌手羽泉和黄征,通过手机、互联网等多种渠道发行音乐唱片。[③]

就终端方面来说,除了手机终端以外,手机音乐的内容承载终端逐步扩展到其他音乐播放器。终端性能朝着支持多媒体的方向发展,而网络速度等也在快速改善。

总的来说,手机音乐产业链参与主体呈多元化发展。首先,SP 和 CP 之间互相渗透,MNO 进军 SP 和 CP 领域。其次,中国手机出版产业链中,MNO 拥有 SP 的资质决定权。最后,MNO 参与行业标准的制定,同时,MNO 拥有庞大的用户群体、便利的收费方式及推广上的方便。因此,MNO 在产业链中地位特殊。

由于手机出版物种类繁多,产业链参与者众多,内容发行平台也很分散,因此对手机内容的整合分销就显得很重要。近年来,三大类网络分销平台格外令人瞩目,它们是针对手机报及手机图书等形成的内容整合及分销平台——手机阅读基地;针对游戏及增强型出版物等手机应用产品而形成的整合分销平台——手机应用商店;部分手机报和手机音乐则借助客户端而分销,客户端同时是其他一些手机出版物的分销模式。这三大类分销方式在中国手机出版中影响巨大,其中移动阅读基地是中国自产,而应用商店则由美国苹果公司首创,客户端本身则主要借助应用商店推广。

此外,手机出版物发行的特殊性在于,内容产品大多需要借助移动阅读客户端而使内容产品进入用户视线。这种客户端一般都从手机应用商店中下载,包

---

① 音乐手机短期难靠内容赚钱[EB/OL]. [2006-10-26]. http://tech. sina. com. cn/t/2006-10-26/11011204777. shtml.

② 中国首个手机唱片发行联盟诞生 包括搜狐和 TOM[EB/OL]. [2006-06-29]. http://tech. 163. com/06/0629/05/2KOSS6BM000915BE. html.

③ 2007 年手机音乐四大趋势仍将延续[EB/OL]. [2007-02-07]. http://tech. sina. com. cn/t/2007-02-07/11281374027. shtml.

括移动阅读基地也必须借助客户端运行。这就使得客户端经营在手机出版中非常重要,下文首先综论基于客户端的手机出版物分销。

# 4.5 基于客户端的手机出版物分销综论

## 4.5.1 客户端概述

客户端也称用户端,是指与服务器相对应,为客户提供本地服务的程序,一般安装在普通的客户机上。移动客户端是基于目前广泛流行的智能手机、平板电脑等移动终端硬件所开发出来的应用软件[①]。易观国际发布的《中国手机阅读市场用户研究报告》显示,截至 2011 年阅读类客户端在手机用户中的普及率已达到 90% 以上[②],这说明客户端已经成为阅读的重要方式之一。本书所研究的客户端是一种软件,读者通过这种软件完成电子书报刊的购买、下载、阅读及评论。而与客户端连通的另一端——电子书城,则为读者提供了阅读资源、图书资讯和相关的阅读服务。因此,客户端自然就成为一种数字出版物的分销模式。

亚马逊 Kindle 中内置的 Kindle Store、苹果中内置的 iBook Store,其实都是客户端,但其特点在于它们与硬件是绑定在一起的,除了 Kindle 和苹果终端外,其他终端几乎不能体验到这两种客户端带来的服务。因此,此处所指的客户端与前面两种客户端相比具有一定的差别,即不与硬件绑定在一起,用户使用到阅读客户端是因为手机或平板电脑等阅读终端在销售前的植入,或者是用户自己从应用商店货架上发现客户端并下载安装。因此,对内容产品的销售,首先体现在对客户端的推广上。

客户端的推广渠道有很多,除了直接植入手机等移动终端外,应用商店和第三方手机应用管理平台是客户端主要的推广渠道。目前,我国应用商店呈现出小而分散的状况,使得用户无所适从,从而导致第三方应用管理平台的出现。这些平台汇集多家应用商店资源,提供热门排行和个性推荐,用户通过这

---

① 周凯.三网融合背景下的传统纸媒的移动客户端发展路径研究——以《现代快报》客户端"掌上快报"为例[J].中国出版,2012(15):46-49.

② 易观智库.中国手机阅读市场用户研究报告.2011.

些平台可以轻松、便捷地搜索、下载、升级、卸载客户端软件,因此它们逐渐成为开发者青睐的推广平台和受众所喜欢的下载渠道。最为著名的第三方平台有豌豆荚、91 手机助手等,其中豌豆荚收录了超过 45 万款优质 Android 应用和游戏,以及 130 多家内容提供商提供的音乐、视频、电子书、壁纸和主题①,其提供的相关信息具有权威性和全面性。因此,本书以豌豆荚作为样本研究阅读类客户端。

## 4.5.2 客户端软件发起者分析

本书选取"豌豆荚手机精灵"提供的 38 种阅读客户端品牌作为调查样本,对客户端软件的内容和制作者做分析。调查的 38 种阅读类客户端为:iReader、开卷有益、QQ 阅读、91 熊猫看书、百阅、搜狐新闻、VIVA 手机杂志、网易新闻、Anyview 阅读器、网易云阅读、云中书城、多看阅读、掌中新浪、ZAKER、GG-book 看书、读者 2012、点读书、静读天下、安卓免费读书、布卡漫画、阅读星、暴走漫画、字节社、鲜果联播、南方周末阅读器、凤凰新闻、京东电子书、联通沃阅读、青年文摘、财经杂志、天翼阅读客户端、当当读书客户端、书旗免费小说、环球时报、爱漫画、Flipboard 中国版、漫客栈和中国移动手机阅读客户端。通过分析,可以发现客户端软件的发起者比例如表 4-2 所示。

表 4-2 　　　　　　　　**移动阅读客户端软件的发起者分析**

| 发起方类型 | 技术提供商 | 内容提供商 | 移动运营商 | 网络服务商 |
|---|---|---|---|---|
| 数量 | 19 | 6 | 3 | 10 |
| 比例/% | 50 | 15.8 | 7.9 | 26.3 |

通过表 4-2 的统计数据可知,现阶段阅读类客户端几乎一半是由技术提供商发起的,在技术研发、运营推广方面,技术提供商有着先天优势,如多看阅读、91 熊猫看书等。此外,在统计的 38 种客户端中,传统内容提供商主要有读者 2012、南方周末阅读器、环球时报、青年文摘、财经杂志、漫客栈等,传统杂志、报纸类内容在数字发行领域找到了新的渠道。下面是统计结果的具体内容:

① 中国移动、中国联通、中国电信三大移动运营商发起型。其电子书阅读客户端分别为移动阅读客户端、联通沃阅读、天翼阅读客户端。这三大客户端整合了图书、期刊、报纸、教育类资源、漫画及网络原创文学资源等,依靠阅读基地

---

① 豌豆荚官网　http://www.wandoujia.com/.

提供的丰富的内容资源,丰富读者的阅读内容。此外,强大的渠道优势、成熟的业务模式、丰富的运营经验也使移动运营商在该发起方类型中占主导地位。表 4-3 所示为移动运营商阅读客户端软件。

表 4-3 　　　　　　　　移动运营商阅读客户端软件一览表

| 发起者类型 | 主办方 | 客户端名称 | 支持终端 |
| --- | --- | --- | --- |
| 移动运营商 | 中国移动 | 移动阅读客户端 | Symbian、Android、Windows Mobile 等 40 个手机品牌、2000 余款主流机型 |
| | 中国联通 | 联通沃阅读 | Android 系统终端 |
| | 中国电信 | 天翼阅读客户端 | Windows Mobile、Windows CE、Android、Brew 四个平台系统终端 |

中国移动和中国电信推出了手机阅读客户端后,基于原有的用户资源,很容易提升自己的客户数量,中国移动手机阅读客户端每月使用用户数超过 1000 万,而盛大文学推出的云中书城移动客户端用户数才 550 万。但是,在与云中书城等移动客户端的较量中,移动运营商主导的手机阅读客户端口碑和用户黏性却不占优势。移动运营商必须坚持不懈地加大对客户端市场的抢夺,才能保住领先的地位。[①]

②网络服务商发起型。以京东商城 LeBook 客户端、当当读书客户端、云中书城客户端、豆瓣阅读客户端等为代表,读者在使用该类型客户端时可通过账号在网站、各手机端随意切换使用,客户端将实时为用户同步书架信息,完成线上购买、支付、下载、阅读、收藏等操作,具备可评论、可转发电子书链接的分享功能。

京东商城 LeBook 客户端和当当读书客户端接入传统纸书内容,是第 3 章讨论的电纸书模式的客户端。这种模式的吸引力在于通过形成电子书与纸书之间的价格差来吸引读者,且手机随身携带,可以将用户碎片化时间变为黄金阅读时间。豆瓣阅读客户端特点在于它定位的"小"而"偏",现在豆瓣客户端提供可阅读的电子书数量并不多,鼓励作者上传诗歌、散文等多种形式的高质量文学作品,而非穿越、奇幻等作品类型。云中书城客户端等则是网络原生读物的客户端。表 4-4 所示为网络服务商移动阅读客户端。

---

① 手机阅读:从增值业务到移动应用[EB/OL].[2012-07-12]. http://www.cnii.com.cn/wlkb/rmydb/content/2012-07/12/content_991819.htm.

表 4-4                   **网络服务商移动阅读客户端软件一览表**

| 发起者类型 | 主办方 | 客户端名称 | 支持终端 |
|---|---|---|---|
| 网络服务商 | 网易科技 | 网易阅读客户端 | IOS、Android 系统终端 |
| | 盛大文学 | 云中书城客户端 | IOS、Android 系统终端 |
| | 百度 | 百度阅读器 | XP、Vista、WIN 7 系统终端 |
| | 当当 | 当当读书客户端 | IOS、Android 系统终端 |

③ 传统内容提供商发起型。内容提供商发起型客户端主要由内容提供商发起,通过客户端获取用户移动阅读行为并且加以分析,从而让内容提供商更有针对性地推出图书产品。通过客户端来布局数字出版不仅可以收集用户数据,还可以在同运营商的合作中求得更多话语权。从目前国内行业格局来看,出版社必须要往产业链的下游端走,去接近用户,更多地了解运营知识。出版社要尝试不同的角色才能在同运营商的合作中获取更多的话语权。内容提供商发起型的优势在于精英化的内容资源。表 4-5 是传统内容提供商移动阅读客户端。

表 4-5           **传统内容提供商移动阅读客户端软件一览表**

| 发起者类型 | 主办方 | 客户端名称 | 支持终端 |
|---|---|---|---|
| 内容提供商 | 九月网新华书店 | 九月读享 | iPad 客户端 |
| | 中信出版股份<br>有限公司 | 中信飞书 | Symbian、Android、IOS 等<br>系统终端 |
| | 中国轻工业出版社 | "悠生活"客户端 | 诺基亚、摩托罗拉、联想终端 |
| | 南方周末 | 南方周末客户端 | iPad 终端 |

④ 技术提供商发起型。其主要是一些通过开发客户端软件起家的科技公司,如 iReader 和百阅等。技术提供商开发客户端的时间较早,客户端阅读体验较好,早期积累的用户资源是其主要优势。

成立于 2005 年的百阅是手机多媒体互动平台服务商,拥有"百阅手机多媒体阅读"专利技术,为用户提供娱乐增值服务。现阶段,百阅客户端软件是其主打产品。同时试图通过客户端将一部分流量引入其 WAP 网站(wap. byread. com),向手机用户提供浏览各种手机电子书、杂志、漫画、写真等传统阅读服务,同时提供有声书籍、视频杂志等特殊阅读产品,并逐渐发展成为"阅读＋社区"的模式。在阅读方面,主要提供电子书在线阅读、离线下载阅读、漫画、资讯阅读等服务;在社区方面,为读者提供良好的交流平台,分享阅读心得,形成社区、圈子。百阅客户端的盈利模式主要有两种:一种是通过为用户提供增值服务,用户购买金币付费使用,但是付费应用的占比相对较小;另一种是依靠无线广告获得收入,目前,已经通过广告形式获利。

随着手机客户端分销模式的不断兴起,一些较具实力的厂商不断进入手机阅读客户端软件市场,仅靠技术起家的技术提供商发起型客户端在内容资源上优势不足,但是积累了一定的用户资源,且技术的精耕细作是其他类型客户端无法相比的,因此要充分发挥技术优势,在完善用户体验方面达到最佳效果。表 4-6 所示为技术提供商移动阅读客户端。

表 4-6　　　　　　主要技术提供商移动阅读客户端软件一览表

| 发起者类型 | 主办方 | 客户端名称 | 支持终端 |
|---|---|---|---|
| 技术提供商 | 掌阅科技 | iReader | Android 系统终端 |
| | 掌门科技(南京)有限公司 | 百阅 | Symbian、Java、Android、IOS、WM 系统终端 |
| | 北京多看科技公司 | 多看阅读 | Android、IOS 系统终端 |

### 4.5.3　内容资源类型分析

同样通过对样本进行分析,笔者还统计了内容资源的相关情况。在中国的手机阅读客户端软件市场中,阅读客户端接入内容集新闻、生活资讯、图书、杂志、动漫、视听等多种内容形式于一体,统计结果如表 4-7 所示。

表 4-7　　　　　移动阅读客户端软件接入内容资源类型分析

| 内容资源类型 | 新闻资讯 | 图书 | 杂志 | 动漫 |
|---|---|---|---|---|
| 数量 | 5 | 23 | 6 | 4 |
| 比例/% | 13.2 | 60.5 | 15.8 | 10.5 |

通过表 4-7 的统计数据可知,虽然阅读类客户端还提供新闻资讯、杂志和动漫等资源来丰富读者的阅读内容,但是一半以上的客户端依然在电子书阅读领域发力,其次是杂志、新闻资讯、动漫等内容。

另外,在统计中,笔者还发现,客户端提供的内容资源丰富,其接入的内容资源平台类型也有所不同,可将其分成单一型内容平台和综合型内容平台两种,其区别在于单一型内容平台是由单独的出版社或报社经营的,而综合型内容平台则汇聚了多家内容提供商的内容资源。在调查的 38 种客户端中,读者 2012、南方周末阅读器、青年文摘、财经杂志、环球时报、漫客栈这六种客户端接入了单一内容平台,它们都是具有较强品牌优势的期刊社或报社。

### 4.5.4 基于移动阅读客户端的分销模式分析

随着客户端技术的发展和应用,客户端逐渐变成用户接入互联网的第一界面,成为移动互联网的新入口,在汇聚流量和圈拢用户方面起到十分重要的作用,客户端模式主要以"云端"模式为代表。"云"是指处在客户端另一方提供的服务和资源,"端"是指客户端这一工具和读者用户。两者共同协作,相互促进,以提升移动互联网的核心价值。

如图 4-6 所示,客户端开发者其实就是内容资源的整合者或者内容资源的掌控者。具体来说,客户端开发者主要面临两个方面的任务,一方面是通过购买版权或与内容提供商合作等方式整合内容资源,建立电子书城等内容聚合平台;另一方面则是利用技术研发书城客户端,使其适用于不同系统、不同型号的终端硬件。

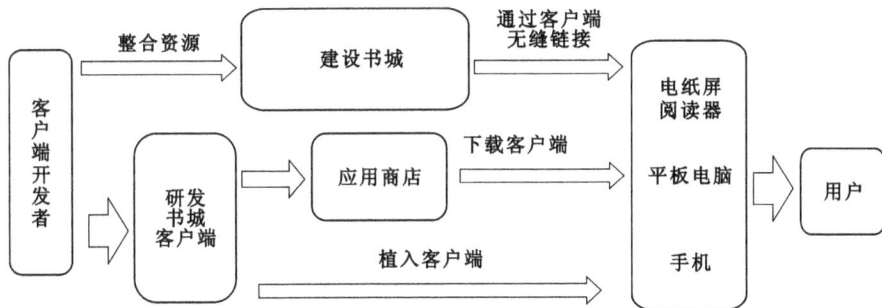

**图 4-6 客户端运作模式示意图**

在客户端的推广方式上,也主要有两种方式可以选择:一种方式是直接将其内嵌在智能手机或平板电脑等移动终端上,使其在出厂之前就安装在终端上,这样的客户端就可以 100% 地到达读者手中;另一种方式是将客户端软件放入安卓市场、机锋市场等应用商店内,读者根据需求,自行下载安装使用。

通过客户端运作,手机出版领域形成两类分销平台:一种是单社单刊(报)经营的单一型分销平台,另一种是综合型分销平台。图 4-6 反映的实际上是综合型平台通过客户端阅读软件分销内容的模式。而就单一模式来讲,其经营优势主要在于品牌。

传统内容提供商是单一模式的主要经营者。从内容在终端中呈现的效果来看,内容提供商发起型的客户端可以大致分为三类:第一类为传统内容资源直接数字化展示,如人民日报等,该种表现形式保留了传统纸质媒体的风格和特点,但其阅读感受并不理想;第二类为以南方都市报、中信飞书等为代表的阅读客户端,其内容资源大都定期更新,且该类型的客户端在现阶段内容提供商发起型中占绝大多数;第三类为以南方周末为代表的阅读客户端,该类型的客户端大都与其服务端网站相连通,一旦有内容资源进行更新的时候,网站和客户端便可同步更新,增强了信息的时效性。①

电子书客户端发行模式的盈利方式有很多,但最主要的要算订阅发行和广告。多数读者能够接受"内容免费＋广告"与"收费＋无广告"两种模式。至于如何收费,在"微收费""全订阅"和"计量收费模式"之中读者更青睐后者,即读者可以浏览一定数量的免费内容,超过部分需要付费阅读。② 除此之外,独立的第三方阅读客户端软件还可以通过为终端厂商、移动运营商等提供服务来获得收入,或是通过提供增值业务获得收入。

依靠客户端吸引用户来到自己的网站,然后依靠广告盈利是现阶段盈利的主要方式。但是值得一提的是,通过客户端聚拢而来的大量读者,更存在潜在的价值。客户端在"有了巨大的用户基础之后都能根据用户需求,推出面向少数人的增值服务。以腾讯为例,它的任何一个增值服务只需要有 1‰ 的购买率就够了。因为多个 1‰ 累积起来,效应就形成了,集腋成裘"。③ 因此,客户群体自身存在的价值也不容小觑。

### 4.5.5　基于客户端的内容分销的特征

#### 4.5.5.1　较强的推送能力

客户端发行能够打破传统发行的局限性,首先体现在客户端具备较强的信息推送能力上。所谓信息推送,就是指通过一定的技术标准或协议,在互联网上通过定期传送用户需要的信息来减少信息过载的一项新技术。推送技术通过自动传送信息给用户,来减少在网络上搜索的时间。它根据用户的兴趣来搜索、过滤信息,并将其定期推送给用户,帮助用户高效率地发掘有价值的信息。

阅读客户端通过推送给读者最新的出版物及作者信息,使读者可以实时了解诸如连载、更新消息、作者动态、热门下载、同名游戏视频与活动信息、免费阅读书目、新书推荐及排行榜单等内容,增强了读者使用该阅读客户端的频率。让客户端除了具备较强的聚客能力外,还具备较强的黏性。一旦下载安装,用户多会一直使用,有些客户端会直接从开机就启动服务。

---

① 于本杰.移动客户端为平面媒体运营带来新机遇[J].出版广角,2012(4):74-75.

② 刘学义.移动终端的杂志"客户端模式"[J].北京理工大学学报:社会科学版,2012(1):125-129.

③ 夏勇峰.客户端崛起[J/OL].商业价值,2010(4)[2010-04-08].http://tech.ifeng.com/internet/detail_2010_04/08/514927_0.shtml.

### 4.5.5.2　有助于用户分析

客户端分销模式摆脱了传统出版固有的单向传播的限制,读者除了通过客户端下载感兴趣的电子书之外,还可以通过客户端对图书进行分享、标注读书笔记、和作者直接对话交流、与其他对该书感兴趣的读者组建成兴趣小组进行讨论互动。这样就形成了读者与作者、读者与读者互动的全面互动,构造成信息网,形成全面的网络传播。

与以往发行渠道不同,移动客户端的用户管理后台会及时针对读者做目标分析和阅读分析,并得到实时更新的信息反馈,比如,将读者停留的时间记录下来后传送到服务器,可以统计出哪些栏目是受欢迎的,给广告商提供数据参考;将读者群体圈子、热点话题、互动等加以统计分析,就可以知道读者的兴趣;将读者喜欢的电子书类型进行统计分析,为以后个性化的推送提供参考依据;将读者注册时填写的性别、年龄、学历、工作等信息进行整理分析,为更好地定位目标群体,树立品牌形象提供依据。因此,客户端具有较强的用户分析能力。

### 4.5.5.3　全面连通互联网与移动网络

客户端的跨终端阅读让读者在任何时间、任何地点,应用任何媒介都能够阅读电子书,实现PC、手机和手持阅读终端设备的无缝连接。同时跨终端、跨平台、跨系统的客户端软件还可以让互联网与移动互联网相互连通,互相促进。以云中书城为例,目前其电子书下载平台涵盖了云中书城网站、Android客户端、iPhone客户端、iPad客户端、Windows Phone客户端、PC客户端、云中书城手机WAP站、盛大Bambook等,所有的阅读终端,只需要一个账户就能全部连通,随时阅读,极大程度地方便了读者阅读。

### 4.5.5.4　有利于中小型内容提供商数字内容的分销

中小型内容提供商由于能力有限、资金薄弱等原因不能像亚马逊、云中书城及中国移动等通过搭建分销平台或构建应用商店来进行内容分销,但是中小型内容提供商可以基于客户端提升自身的分销能力。一方面,客户端具备较强的推送能力和分析用户行为的能力;另一方面,通过客户端,中小型内容提供商可以方便、快捷地接入应用商店或第三方平台中,利用应用商店成熟、完善的生态系统和分销模式,增强其分销推广能力。

## 4.5.6　客户端典型案例分析——多看阅读

(1)"多看"概况

北京多看科技有限公司(以下简称多看)成立于2010年2月,成员来自谷歌、微软、诺基亚、摩托罗拉、腾讯、联想、金山、新东方、阿里巴巴等各大公司,已获得晨兴创投及雷军、徐小平等著名天使投资人的投资支持。多看从为 Kindle 做随机程序起家,在 2011 年相继推出了 Android 和 IOS 版本。2012 年,多看创始人王川成为小米的第八位联合创始人,而多看也成为小米的全资子公司。多看在内容方面坚持"精品精排"理念,与国内一流的出版机构建立合作关系。2012 年 5 月,集中国内最优质图书的多看书城在 App Store 平台上线。

(2)"多看"产品

多看(http://www. duokan. com)在客户端发展方面创建了不同类型的客户端,目前的产品有多看阅读 for Kindle、多看阅读 for Android、多看阅读 for Windows Phone、多看 for Apple TV 及多看阅读 for IOS 版(精品书城)。内容方面则与国内中信、博集天卷、时代华语、作家出版集团等 10 多家出版机构合作,同时读者可在其客户端上下载来自起点中文网、红袖添香、当当、京东等各大网络平台的电子书。

(3)"多看"运营特点

① 极致的阅读体验。目前,电子书客户端发行的电子书可谓制作水平粗劣、优质内容匮乏、版权意识淡薄、盈利能力薄弱、格式五花八门。面对这样的状况,技术提供商主导的客户端——多看阅读,在改善阅读体验方面具备显著优势,且致力于优化客户端发行现状。② 良好的互动服务。除了提供极致的阅读体验,多看阅读客户端还努力为阅读加入更多的互动服务,具体来说,体现在以下两个方面:一方面是自动修正功能,如果读者在看书时发现了阅读的问题,通过点击屏幕就可以直接输入修改建议,建议会被发送至多看的邮箱,由专门的编辑团队根据意见进行修改。一旦修改完成,在书城客户端会自动生成新的版本,供读者实时更新。另一方面就是通过连通社交网站,将"阅读"与"分享"连接起来。现在,多看阅读可与新浪微博、人人网、腾讯微博、开心网通用账号并绑定使用。③ 精耕小众市场。"多看希望能够是一个'精装书'的平台",原多看副总裁胡晓东表示,"我们只为注重阅读享受的作品与读者服务。多看平台会做三种书:一是不跟风、有思想,精心写作编辑的新书、畅销书;二是值得收藏与回味的经典书;三是有实用价值的专业书甚至工具书。我们会基于内容用心设计版式与功能,并基于内容进行推广与营销,让读书回归优雅。"现阶段,多看书城提供的图书并不多,且图书内容定位清晰,奇幻、穿越等类型作品几乎没有,大部分针对高端的小众市场,从内容到体验,都努力做到极致。

(4)"多看"盈利模式

① 用户付费。"多看致力于以打造优质用户体验,目前其所提供的用户体验已得到行业内认可,但至于盈利方面,由于精品电子化的成本过高,实现盈利

需要规模优势。"多看 2011 年研发的一本电子书《公司的力量》,为了达到极致的阅读体验,每一张图片都需要设计师重新处理、压缩、裁剪、调整色彩、排版、测试,制作成本达到 10 万元人民币。然而在多看书城上,这本《公司的力量》的标价是 6 元,这并不是最终的计算成本的价格。通常情况下,电子书和出版社方面会按 3∶7 分成,此外,如果该书在苹果 IOS 平台发布,苹果公司要先扣除 30%,剩下的 70% 双方再按照 3∶7 分成。因此,一本书至少要卖掉 30 万本才会有可能获利,显然海量销量几乎是一个不可能完成的任务。

②广告盈利。用户付费还无法支撑起稳定充足的收入,因而广告盈利被寄予厚望,而广告如何最小限度地减少对于体验的伤害甚至强化正向的体验,各方也在积极探索中。广告必须要发挥它的价值,因此必须做到喜闻乐见,否则非但没有正向价值,还会适得其反。关于技术提供商发起的客户端的未来发展,多看希望在未来可以将技术与出版社共享,或者向出版社提供技术咨询服务,使技术方和内容方共赢。出版社与技术公司是共生关系,不应互相伤害,而应共同发展。因此,技术提供商需要下很大的功夫去研究数字出版,以及数字化带来的体验的提升,同时要考虑技术公司的通用价值,如渠道的价值等,并以此推广获利。

总而言之,在移动互联网飞速发展时代,客户端正挑战浏览器成为移动互联网的第一入口,而这也为内容产品分销发行提供了新的渠道。客户端的运营给出版物带来了新的分销渠道,但是排版粗糙、版权混乱、优质内容缺乏、盈利模式薄弱等问题依然存在,因此客户端发行模式在充分发挥其渠道优势的同时,还应重新审视其发展战略和产业方向,将阅读内容和阅读体验结合,实现共同发展。

# 4.6 手机阅读基地模式研究

中国移动、中国联通、中国电信三大移动运营商发起的移动阅读客户端为手机用户接入了手机阅读基地平台,而该类型平台是手机出版中最具代表性的综合型分销平台,其运作模式较为独特,在此单独阐述。

## 4.6.1 手机阅读基地模式概述

### 4.6.1.1 相关概念辨析

(1)手机阅读

手机阅读基地为我们带来了手机阅读的概念。手机阅读是指利用手机、专用电子阅读器和平板电脑等作为阅读内容承载终端,对电子书籍报刊、有声图书等进行阅读或视听的行为。国内一般也称手机阅读为移动阅读,本书统一称为手机阅读。郝振省的《2009—2010中国数字出版产业年度报告》认为手机阅读实际上有广义和狭义之分,广义的手机阅读包括用手机和电子阅读器进行的所有信息阅读,如通过短信、新闻、漫画、彩信、搜索等方式进行的信息阅读;而狭义的手机阅读是指对小说、报刊等出版物的阅读。[①] 本书主要研究的是狭义的手机阅读,不是广义的对手机信息的阅读。

手机阅读与手机应用有以下区别:其一,手机应用主要指针对手机开发的各种软件,它的主要目的是对手机进行功能辅助,为手机用户提供更加全面的服务。手机应用的范围很广,手机导航、社交软件、翻译软件、手机管家等都包含在内。其中,部分手机内容软件如增强型电子书、手机游戏等属于手机出版物。其二,从内容特征上讲,一般手机阅读产品,如手机报刊等,更偏向于文字、图片等静态或单纯的元素;而手机应用产品是一种软件,虽同样是手机图书,但手机应用产品中的图书除了包含文字、图表等平面静态阅读要素以外,还集成了声音、视频、动画、实时变化模块、交互模块等要素。而手机阅读中的手机图书则多是传统图书或网络原生书,多为原版风貌的呈现。在我国,手机阅读和手机应用在经营上也有很大的区别。如三大移动运营商都同时针对手机阅读建立阅读基地,针对手机应用建立应用商店。

手机阅读和电纸书就其内容产品来说有较大重叠,二者都是利用移动阅读器进行阅读和视听。但手机阅读与电纸书的内容也有区别,由于手机屏幕小,一些针对性作品有"微"特征。如上文提到的手机小说《城外》,这类作品有可能发展成为"手机原生读物"。就目前来看,虽然微出版物商业模式尚不明晰,但其前景或许不可估量。另外,我国手机阅读基地是一种整合性很强的经营模式,主要内容提供商包括网络原创文学商、手机报刊商、漫画网站、有声图书和传统出版商等,所以它其实是一种能包含电纸书经营的模式。目前网络文学等娱乐性内容产品成为主流,与手机本身的特点不无关系,就手机用户来说,小屏幕和随身携带及对碎片化时间利用等特点,都适合浅阅读和娱乐性阅读,而电纸书偏重深阅读体验。

(2)基地模式

"基地"一词原意是作为发展某种事业基础的地区。"基地模式"一词来源于移动运营商。移动运营商选择贴近市场、能够直接了解客户需求并且迅速决策的省公司作为手机阅读业务的经营者,这个省公司就称为基地。手机阅读的"基

---

① 郝振省.2009—2010中国数字出版产业年度报告[M].北京:中国书籍出版社,2011.

地模式"是指移动运营商将数字阅读业务交给某一个省公司统一负责,基地面向全网全面负责内容的导入和审核、业务运营、平台分发、营销推广等一系列职能,最终通过手机、专用电子书阅读器等终端向用户提供数字化阅读服务。[①]

一般来说,客户端软件是内容产品接入手机的入口,因此门户网站(WEB/WAP)、传统媒介等纷纷推出客户端,这就形成较为分散的格局,读者容易无所适从。而手机阅读基地模式则是在这种群龙无首的情况下诞生,它利用移动运营商对用户的掌控,以及在全国各省全面布局的优势,强力整合内容,一改其分散的局面,形成了一种统一的整合分销模式,它具有综合性经营的特点,虽内容庞杂,但经营有序。

4.6.1.2　主要手机阅读基地

近年来,手机阅读良好的市场表现,让参与其中的移动运营商看到了极大的发展前景和市场空间,于是,我国三大移动运营商纷纷建立起了自己的阅读基地。

(1) 天翼阅读基地

中国电信的天翼阅读基地在 2010 年 9 月正式上线,落户浙江。天翼阅读是中国电信基于 CDMA、WiFi 等无线接入技术推出的特色业务,以手机和其他便携电子设备为载体,为用户提供在线阅读和离线阅读,它还支持书评、推荐等功能。与其他基地不同的是,天翼手机用户还可以通过 IPTV、可视电话等载体进行联网阅读。在产业链上中国电信同样发挥了极其强大的整合能力:在内容方面,与中国出版传媒公司、盛大文学及多家数字出版公司等签订了合作协议,保证拥有天翼阅读平台读物 100% 的版权;在终端领域,电信不仅与华为等合作推出了天翼电子书,适配了 IOS、Android、WIN CE/WM、Brew 平台支持的众多手机,并计划在三年内,与超过 500 家出版单位合作,推动开发上千款数字阅读终端。[②③]

(2) 沃阅读基地

中国联通沃阅读基地于 2010 年 12 月落户湖南长沙,由中兴承建,2011 年 4 月联通沃阅读业务正式上线。沃阅读目前主要包括图书、杂志、有声读物三大业务,提供在线阅读和离线阅读,保持与互联网、出版社同步更新。沃阅读基地虽然起步相对较晚,但是势头猛进,截至 2011 年底就已经拥有 3400 万用户,累计

① 强明,任殿顺.电信运营商阅读基地模式研究[J].中国出版,2011(3):53-55.
② 天翼阅读官网　http://www.tyread.com/.
③ 中国电信天翼阅读昨天正式上线[EB/OL].[2010-09-09].http://hzdaily.hangzhou.com.cn/dskb/html/2010-09/09/content_934211.htm.

访问量超过 1000 万次,累计收入超过 3.8 亿元。[1][2][3]

(3) 中国移动手机阅读基地

在国内的三大移动运营商中,中国移动手机阅读基地的建设最早,覆盖范围也最广,它将基地模式引入手机阅读之中,开创了一种新的产业链运作模式,具有重要的代表意义。下文将以其作为典型案例剖析基地模式。

## 4.6.2 基地模式分析——以中国移动手机阅读基地为例

### 4.6.2.1 中国移动手机阅读基地发展概述

中国移动于 2009 年 3 月启动手机阅读基地建设,2010 年 5 月正式商用。中国移动手机阅读基地的发展历程可以概括为以下几个阶段。

第一阶段,筹建。在 2009 年中国移动启动建设手机阅读基地之前,就已经开始和各个 CP、SP 进行接洽,商讨合作事宜,与盛大文学、中文在线、卓望信息等公司签署了战略合作协议。2009 年 3 月中国移动公司在浙江正式启动阅读基地的建设。通过与华为等技术提供商的合作,5 月中国移动宣布 G3 阅读器计划,并加紧展开了移动阅读器的技术攻关。8 月,中国移动与红海集团合作开发移动电子书。9 月,中国移动宣布年底推出 TD 电子阅读器,与此同时其手机阅读产品网站展开内测。

第二阶段,启用。经过一系列的准备工作,2010 年 5 月,中国移动手机阅读基地正式联网商用,面向全网用户提供服务。中国移动总部对手机阅读业务进行整体规划、开发、优化和管理,制定和更新管理办法和相关规范,协调全网的资源支撑,统筹 CP 的合作管理。中国移动总部建立手机阅读产品创新基地(目前由浙江公司承担),根据总部的指导意见引入平台开发商和业务运营支撑商,负责平台建设、产品开发、内容引入和日常运营,并根据总部制定的管理办法考核合作伙伴。华为承担建设手机阅读平台。卓望信息和中文在线负责业务运营支撑,其中卓望信息主要协助开展业务策划和开发管理、门户运营和业务分发、运营策划和实施、运营分析和支撑等;中文在线主要协助开展内容引入、CP 管理、不良信息审核和版权管理、内容编审和推荐、风险防范及控制等。各省公司贯彻

---

① 中国联通沃阅读:打造中国最具影响力数字阅读基地[EB/OL].[2011-11-17].http://www.chinaunicom.com.cn/news/jtxw/file773.html.

② 沃门户:中国联通 wo 门户 http://www.wo.com.cn/pc/page/index.jsp.

③ 中国联通数字阅读业务 2011 年收入达 3.8 亿 年访问量 40 亿次[EB/OL].[2012-02-14].http://tech.ifeng.com/telecom/detail_2012_02/14/12495288_0.shtml?_from_ralated.

落实总部手机阅读业务的各项管理办法、名称规范、资费标准等,提出产品优化建议,并通过已有客户资源和营销渠道进行营销推广。

第三阶段,发展。经过两年的运营,中国移动手机阅读基地已经联合了众多的第三方合作者,形成了"终端＋通道＋内容"的新型产业链模式。它集中了中国移动集团内部的优势资源进行产品和服务研发,并在全网范围内进行迅速推广,在业务开发、内容提供、合作推广、管理模式上都在原有的基础上进行了大胆的探索和创新。自基地成立以来,基地在各种内容提供、阅读软件开发、终端建设上,尤其是在手机阅读的推广方面取得了非常令人瞩目的成绩,为集团的业务发展带来了极大的收益。

截至2010年,手机阅读月均收费用户420万,年底收费用户约达到1000万,活跃用户3000万。全年累计访问用户超过1.48亿,累计收入6.22亿。2010年推广首发图书37本,其中《一起又看流星雨》《婚姻保卫战》《藏地密码》等重点首发图书牢牢占据出版畅销榜前十的位置。此外,还进行了全网业务渠道整合,开展多种营销活动,推进常态促销,热点、节日促销和品牌传播活动。

2011年全年,中国移动联合众多国内优秀出版社和原创网站,共发布优秀图书超过18万本,取得了较大的市场知名度和好评度。此外,中国移动手机阅读基地通过同步发行的方法,解决了库存问题,并且带动了二次销售和长尾效应,形成新的发行机制。"目前,基地每月的访问用户超过4500万,月信息收入突破1亿元,每月的增幅始终保持在5%左右。"[①]

此外,中国移动还和作家进行直接的合作,首创新书首发模式。继于丹《阅读经典 感悟成长》于中国移动手机阅读基地首发之后,陆续又有很多优秀图书通过中国移动手机阅读基地举行了首发仪式,2010年在中国移动手机阅读基地上首发的作品有202本,包括畅销书作家郭敬明、麦家等的作品。而且中国移动手机阅读基地联合了凤凰网专门成立了新书首发频道,向读者推荐最新章节,引导读者进行深度阅读。

### 4.6.2.2 中国移动手机阅读基地模式模型图

中国移动手机阅读基地模式是中国移动公司在发展增值业务方式上的创新,能够实现运营的低成本和高效率,快速响应和满足市场需求,通过集中开发、一地试点、全国复制的模式,避免了重复建设和投入,也实现了规模经济,提高了

---

① 移动阅读基地惊现"借壳操盘"[EB/OL].[2011-08-04]. http://www.dajianet.com/digital/2011/0804/167202.shtml.

资源的利用率,有助于实现业务的快速推广。其特点可以归纳为统一运行、统一管理、一点接入、全网服务。图 4-7 是中国移动手机阅读基地的运营模式模型示意图。

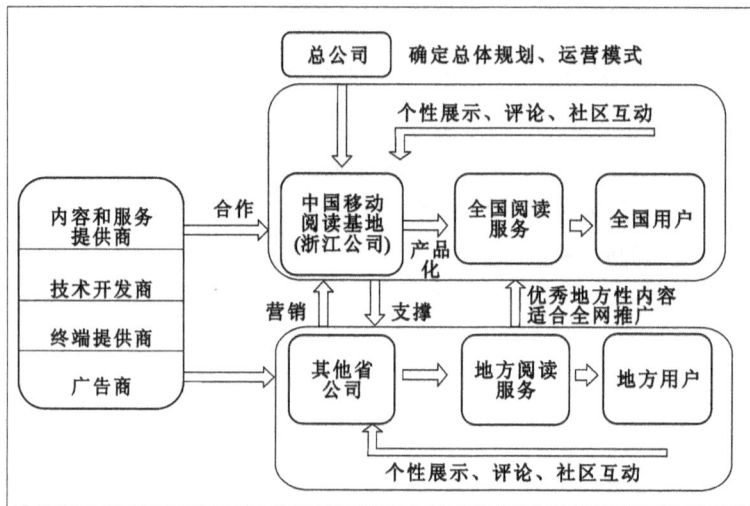

**图 4-7　中国移动手机阅读基地模式模型示意图**

图 4-7 中显示,基地模式使得中国移动成为产业链的核心。根据总体规划,中国移动总部建立手机阅读产品创新基地(目前由浙江公司承担),引入平台开发商和业务运营支撑商,负责平台建设、产品开发、内容引入和日常运营。内容产品被"一点接入",内容分发等业务由基地负责,并向全国用户推广。其他省公司可复制该省模式。

其中"一点接入"的内容产品很丰富,如图 4-8 所示,众多的内容提供者与中国移动阅读基地合作,因此移动阅读基地有充分的内容保障,能够向用户提供的内容涵盖了手机报、名著、原创文学、期刊、漫画等。

整合后的内容将围绕用户四类需求分发。一是浅度阅读需求,即利用随身携带的手机,实现在碎片化时间的浅度阅读。二是深度阅读需求,为满足这类需求,中国移动定制 G3 阅读器,将 TD 与电子纸技术相结合,内置 TD/edge 通信模块无线上网,能够随时随地利用 3G 网络阅读和下载喜欢的书籍。G3 阅读器品牌包括大唐、汉王、方正等。三是个人原创发行需求,阅读基地为加强读者和作者交流互动,打造手机原创平台,并探索按需打印。四是专业定制需求,阅读基地拟探索行业定制,结合教育、政府、传媒等行业需求,通过移动终端,推动无纸化演进。

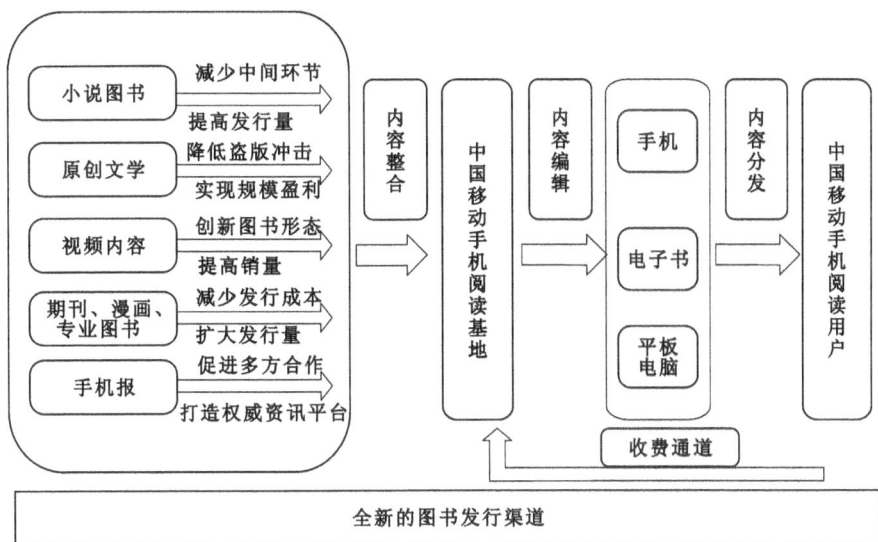

图 4-8　中国移动手机阅读基地内容整合与分发示意图[①]

手机阅读提倡一次出版,多次展现,即将内容产品分别通过客户端模式、WAP模式、WWW模式、彩信模式和电子阅读器模式多次发布。在阅读体验上力求达到内容与阅读终端的无缝连接,同时,较之于WWW和WAP等手机上网方式,手机阅读业务具有整合功能,能将零散的资源集成起来,通过客户端展现给用户。

由于中国移动利用自身用户规模大、终端携带方便、收费方式简单等优势,在内容发布上也能够产生巨大的影响力,创造了新的发行方式。移动阅读基地针对内容提供商的核心问题提供有效的解决方案,从而进行产业合作,取得内容资源,并对内容资源进行有效的整合,发布给用户。作为产业链的领导者,中国移动能够有效管理控制发行环节,并覆盖整个产业链,在产业合作中占据主导地位。

### 4.6.2.3　定价方式和盈利模式

就分成模式来说,中国移动手机阅读采用4∶2∶4的分成模式,内容提供商拿四成,内容运营合作方拿两成,由基地结算;中国移动拿另外的四成。中国移动手机阅读基地主要收入由原创文学站点和SP运营公司创造。中国电信天翼阅读采用的则是55∶45分成模式。[②]目前,阅读基地的盈利模式主要是通过下载付费、订阅和流量收费、终端销售、二次销售。以下以中国移动手机阅读为例。

---

① 本图参考"中国移动手机阅读基地规划和支撑汇报"ppt绘制。

② 中国电信布局手机阅读　采用55∶45分成模式[EB/OL]. [2010-09-10]. http://tech. xinmin. cn/it/2010/09/10/6761327. html.

① 下载收费。截至 2011 年,中国移动手机阅读已经汇聚 21 万册精品内容,涵盖杂志、漫画、图片等正版图书,月信息费收入突破 1 亿元,并且始终保持 5％左右的月增幅。

② 订阅和流量收费。这主要是针对手机报和其他 WAP 服务而言的。彩信手机报采用包月的方式进行收费,费用区间根据订阅的内容不同一般为 3～12 元/月。WAP 方式是通过收取流量费而盈利的,也可以采用 GPRS 流量套餐如 5 元、10 元套餐,可以一月包 30MB 和 80MB 的流量,超过部分的流量费按 0.01 元/KB 收取。

③ 终端销售。这种盈利方式主要是通过定制的电子阅读器和手机获得收益。多数电子阅读器的售价为 1500～3500 元。当然,中国移动定制 3G 电子阅读器的目的并非是为了卖终端赚钱,而是借此丰富自身网络的应用,以服务获取收益,主要以通过收费模式向用户提供电子书阅读。

④ 二次销售。手机阅读还生动地展示了长尾效应等经济学理论和出版现象,如二次发行效应和长尾效应。经典老书通过手机阅读二次推广形成第二波增长,经典旧书《平凡的世界》在手机阅读平台上发行两个月,点击量超过130 万次。低成本出版和发行为用户提供了更多选择,同时给内容提供商和集成商创造了可观的收益。截至 2011 年 10 月底的数据显示,用户阅读 10 章以上的图书有 6.70 万册,占总数的 57％,平台上产生订购的图书有 8.47 万本,占总图书量的 72％。①

4.6.2.4　版权保护措施②

在互联网发达的时代,对于文化类作品,盗版是个不可回避的问题。"版权路径必须清晰"是移动公司对内容合作方的第一个要求。由于文字作品除了纸质出版权,还有数字网络传播权,而且涉及各种转授权。因此,中国移动要求内容方一定要提供完整的授权路径,源头要追溯到作者本人。"先授权,后过滤,再传播",这是移动阅读基地的原则。2011 年 6 月,中国版权保护中心与中国移动手机阅读基地正式签署了《关于手机阅读基地漫画项目的合作协议》。这是中国版权保护中心自主创新的数字版权公共服务新模式——数字版权唯一标识符(DCI)体系的一次示范性应用。

据统计,中国移动数字阅读基地上线后,依靠 120 名编辑的人工审核授权机制,上传图书全为正版。而这些内容,都来自国家许可的出版社和内容提供商,有出版许可证、互联网出版许可或者出版物发行许可。此外,中国移动向来严打

---

① 新闻出版总署与中国移动签约战略合作　奚国华亮相[EB/OL]. [2011-07-06]. http://www. chinanews. com/it/2011/07-06/3159606. shtml.

② 楼方芳. 手机阅读:数字出版业的春天[J/OL]. 浙商,2011(6)[2012-05-23]. http://finance. sina. com. cn/leadership/mroll/20110523/21309885495. shtml.

不良信息,手机阅读基地也不例外,特别强调严把"内容关"。"中国移动在一定程度上给众多互联网内容提供商制定了内容规范,从信息的入口上确保内容的主流价值,从而构建了一个良性的手机阅读产业生态圈。"①

在手机阅读基地上,一般在读者手机里看到的阅读平台上的内容,事先都要经过内容策划、CP 管理与内容引入、入库审核、内容质检和编辑推荐五个环节。其中,入库审核不仅要审核图书的版权和信息,还要两次进行不良信息审核。此外,在审查过程中,违法的词语会突出显示为红色,而色情词语为黄色。据了解,这个系统的后台字库是与原新闻出版总署的不良信息字库同步的,更结合了一些模糊字匹配等技术创新。

### 4.6.2.5 用户定位

中国移动如此注重图书质量和版权保护,与他们对于自身的定位是分不开的。艾媒调查显示,我国手机阅读用户年龄结构相对比较年轻,比我国手机网民的整体年龄要小,其中 21～25 岁是我国手机阅读用户的主流群体,占 39.6%,而且中学(中专)学历水平的网民是主流,占据 35.1% 的市场份额,而大专学历的网民次之,占 29.8%,本科学历的网民占 25.6%,小学、硕士及硕士以上的分别占 2.8% 和 6.7%,如图 4-9 所示。我国手机阅读网民的低龄化,体现年轻人对于读书的需求和求知的欲望相比成年人强烈;从学历结构来看,本科、硕士以上学历水平者仅占 32.3%,因此对于读者进行引导教育也是移动阅读基地建设目的的重中之重。

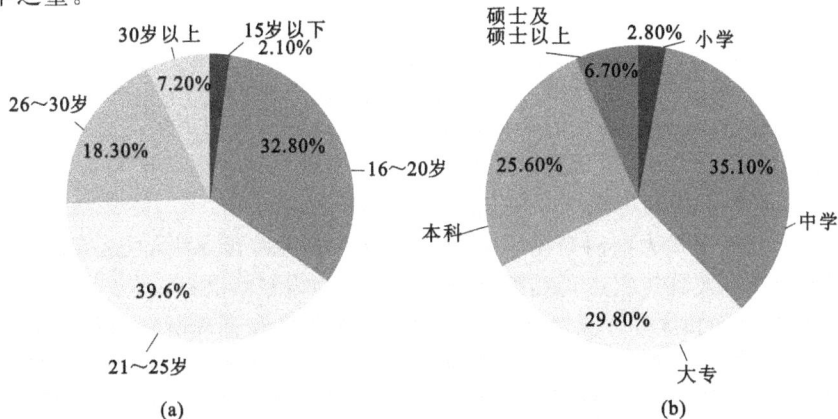

**图 4-9 我国手机用户情况调查②**

(a) 2011 年中国手机阅读用户年龄结构调查;(b) 2011 年中国手机阅读用户学历水平分布状况

① 楼方芳.手机阅读:数字出版业的春天[J/OL].浙商,2011(6)[2012-05-23].http://finance.sina.com.cn/leadership/mroll/20110523/21309885495.shtml.
② 资料来源:《中国联通手机阅读业务发展规划》。

针对这一情况,2011 年以来,基地实施了一个"新青年掌上读书计划",该计划着力于推动解决外来务工人员"买书难、选书难、看书难、没时间读书"的问题。中国移动浙江公司党组书记钟天华也表示,希望"青年和下一代能多读一些有营养的好书,在接受网络新文化的同时能更好地传承优秀文化,实现这个社会物质文明与精神文明的共同繁荣。"[①]

### 4.6.2.6 基地模式的优、劣势总结

(1)基地模式的优势

目前,移动运营商的基地模式还处于不断地探索和完善之中,但是它有许多的优势是显而易见的。

首先,它实现了集团运营的一体化,能够有效实现资源的共享,对市场能够迅速反应,并且能以最快的速度将创新产品推向全国的用户。通过一体化的战略,公司对外界的触角增多,能够迅速捕捉市场和消费者需求,一方受到刺激可以立刻传导到集团的所有成员;由总部做出相应的应对策略之后,又能迅速下达各个省公司,使得集团省掉了很多中间环节,提高业务推广速度,战略更集中,整体的反应加快。

其次,通过优势资源的重组和集中,能够给集团提供更好的发展契机,便于基地利用优势资源开发出更适合市场的新产品,并且能够迅速复制到各个省公司,提高集团的创新能力和规模经济。在基地对新业务进行统一的开发、规划、管理和宣传,能够大大缩短产品的生产周期。而且在一地进行试点,如果失败,集团的损失能够降到最低,并且能很快找出改善方案;如果成功,则能够实现快速的复制和推广。

最后,能够实现产业链的整合和完善。"终端+通道+内容"的产业链结构在基地的整合下,具有强大的生命力和发展潜力,能够吸引更多的合作者参与到移动阅读的建设之中,对于整个出版产业链上下游的完善也有重大意义。

(2)基地模式的劣势

虽然基地模式为我们描述了一种理想的一体化运营方法,但是客观地说它在实际运作和实施过程中仍然存在很多现实问题需要解决:

第一,权力和优势资源过于集中。基地负责研发和管理所有的新产品,掌握了集团大量的优势资源和绝对的决策权,然而在集团整体运作中,权力和资源的不平等分配,必然会导致利益的分配不均,长此以往集团内部的稳定将会遭到破坏。

第二,缺乏个性化服务。由于集团的业务是面向全国范围的,每一个地区的市场不尽相同,只有使用适合于当地的产品、销售策略和管理模式,才能更好地

---

① 新青年掌上读书计划[EB/OL].[2011-12-02].http://labs.chinamobile.com/yueke/show/? url=/news/62288.

促进每一个省公司的发展。利用复制的方式进行生产、推广和管理显然会缺乏灵活性和差异性。

# 4.7 手机应用商店模式研究

前面已经提到"手机应用"一词,它是手机应用软件的简称,应用英文为application,是指一种技术、系统或产品的使用。手机应用是一个很宽泛的概念,凡针对手机等移动终端而开发的应用都可以称为"手机应用"。如此一来,手机图书、手机报纸、手机期刊等都是传统出版物在手机上的应用。

手机应用产生于世纪之交,在我国,移动梦网的百宝箱中推出的就是手机应用产品。但这种产品的大发展得益于手机的智能化和手机功能的日益多元化。一般手机应用可以分为娱乐休闲、实用、特色应用三大类。其中娱乐休闲类包括手机游戏、手机音乐、手机视频、手机社交等;实用类包括手机支付、手机安全、手机地图、手机搜索等;特色应用包括记账软件、条码扫描比价、名片扫描等。如手机支付,包括手机购彩票、充值、缴费等,手机支付可以提供更多的方便。又如手机安全,随着手机上网用户的增多、上网频率的增加,手机安全越来越引起更多手机用户的注意,越来越多的用户在手机上安装杀毒软件等。

但本书所研究的"手机应用"是狭义的,是指"手机应用商店"这种数字出版平台中分销的产品,且这些产品必须与出版相关。手机出版物中的增强型出版物、手机游戏等属于这种产品,提供手机服务的导航、手机管家等软件不在本书讨论范围之中。

## 4.7.1 手机应用商店概述

### 4.7.1.1 手机应用商店的概念及特点

手机应用商店又称手机软件商店(本书简称"应用商店"),它提供免费或付费手机应用软件的浏览和下载服务,同时为应用软件开发者提供开发工具及产品发布渠道,所有发布应用均获得出版机构或出版个人的内容许可,用户可以通过特定的支付方式购买相关应用。[①] 手机应用商店中的"应用"并不仅仅针对手

---

① 艾瑞网.2010 年中国手机应用商店研究报告.

机,一般主要针对手机和平板电脑。围绕着手机应用商店,还有一系列名词。手机软件开发商(者)是指研发相关的应用软件产品的企业或个人,也即 4.4 节中所说的内容提供商。手机应用商店用户是指在手机应用商店中浏览并且下载手机应用软件的用户。

应用商店的概念来自苹果公司。2008 年 3 月 6 日,苹果对外发布了针对 iPhone 的应用开发包(SDK),供免费下载,以便第三方应用开发人员开发针对 iPhone 及 iTouch 的应用软件。① 此后,苹果的应用商店 App Store 模式迅速风靡,截至 2008 年底,各大手机厂商开始搭建自己的应用商店,来提升自身手机产品的卖点和吸引力。除了手机商,网络服务商及内容提供商等,也加入了应用商店市场竞争的行列。

应用商店的出现改变了手机用户的传统使用习惯。用户可以依据需求与偏好来下载相应的软件,创立个性化的手机软件系统。这种模式的出现是对现有商业模式的极大创新。从目前来看,应用商店具有下述特点:

① 实现了手机应用内容的生产及发布的平台流程的标准化。② 如苹果公司的平台 App Store 和谷歌公司的平台 Google Play Store(由 Android Market 与 Google eBook Store 合并而成),二者皆具有较为完整的技术架构和技术服务交付能力,拥有面向应用开发者的手机终端规格及功能、手机操作系统的开发环境、API 接口技术规范、平台技术模块化和开放程度等相关开发工具和平台技术标准。一些大型平台还对开发者进行培训,从而有利于培养相关的应用技术人才,有利于形成开发者与平台之间的合作关系。

② 建立结算体系,实现合理的收费及分成模式。结算体系连接了手机应用商店的运营企业、用户、广告主与开发者,合理的结算体系有利于实现产业链参与方之间的共赢。苹果 App Store 产品一般实行明码标价,但也有较多产品将购买方式内置在应用软件之内,让用户试用后再购买。苹果的分成模式为3∶7,苹果取得其中 30%,第三方取得 70%。目前该分成模式虽然有争议,但仍然行之有效,为大多数商家所接受。

③ 保护开发方拥有相关产品的知识产权。③ 手机应用商店的运营企业对在它的平台上发布的应用或内容不拥有所有权,第三方个人或企业开发者只是授权给手机应用商店在全球范围或者本地范围之内发布其内容产品和手机应用。开发者还拥有相关内容的权益,如计费方式、产品定价和转让权或独家授权等。

---

① 手机编年史:诺基亚时代下的沧桑巨变[EB/OL].[2011-01-05].http://mobile.yesky.com/459/11753459_5.shtml.

② 艾瑞网.2010 年中国手机应用商店研究报告.

③ 同②。

应用商店采取的知识产权保护措施,有效地促进了第三方应用开发者生产丰富和高质量的应用产品,进而为用户提供广泛的选择,使得整个手机应用商店系统形成良性的循环。

④ 应用商店在整个移动出版产业链中处于核心位置。不但使应用商店本身能连接产业链上下游,处于产业链的中心位置,而且其经营的内容产品的特色性使其核心作用凸显。例如,移动阅读客户端软件一般都从应用商店下载,而这些软件一旦安装后,用户可接入相关内容发布平台。应用商店的这种功能,使得各种内容产品平台得以推广。

⑤ 手机应用商店实现了开发者管理和用户管理,以及广告商管理。

#### 4.7.1.2　主要的应用商店概述

手机应用一般只针对智能手机开发,而智能手机拥有较复杂的手机操作系统。操作系统的不同决定了应用商店的不同派别,图 4-10 反映的是 2011 年上半年手机应用开发者平台使用分布情况。

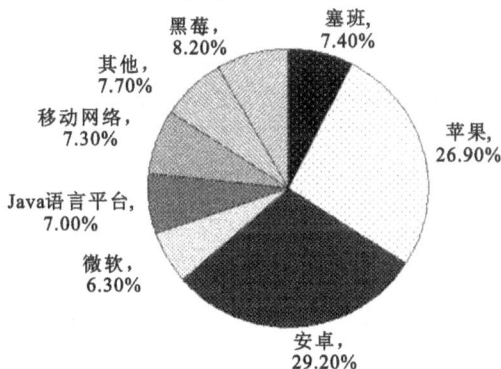

图 4-10　2011 年上半年手机应用开发者平台使用分布图①

如图 4-10 所示,在 2011 年上半年,手机应用开发者主要使用的操作系统为安卓(Android)系统,对应的代表性应用商店为 Android Market(安卓市场),后更名为 Google Play Store;其次是苹果 IOS 系统,对应的应用商店为 App Store,其余依次是黑莓平台、塞班平台和微软平台。黑莓手机在国内使用者有限,与之相关的手机应用用户人数较少;微软平台新近不断推出改善措施,业绩尚在期待中;其他如塞班等逐渐边缘化。

大多手机操作系统是封闭型系统,但安卓系统为开放型系统,因而形成了安卓应用商店阵营。该阵营中,最著名的为安卓市场,亚马逊的 App Store for Android、中国的移动 MM、联通沃商店和电信的天翼空间也属于安卓阵营。其余系统的应用商店则为独家经营,如苹果应用商店由苹果公司开设。

---

① 资料来源:《2011 上半年全球手机应用市场研究报告》。

全球应用商店以 App Store 和 Android Market 为代表,其他如黑莓、诺基亚、中国移动等都参与这个市场的竞争。表 4-8 显示出产业链各方如终端设备商、服务提供商、移动运营商都参与搭建应用商店的情况,但内容提供商不参与这类竞争。

表 4-8 应用商店发起者

| 主导者 | 企业名称 | 商店名称 |
|---|---|---|
| 终端设备商主导型应用商店 | 苹果 | App Store,2008 年 7 月推出 |
| | 黑莓 | BlackBerry App World,2009 年 4 月推出 |
| | 诺基亚 | Ovi Store,2009 年 2 月推出 |
| 服务提供商主导型应用商店 | 谷歌 | Android Market,2008 年底推出 |
| | 开奇网 | 开奇商店 |
| | 微软 | Windows Market Place for Mobile,2009 年推出 |
| 移动运营商主导型应用商店 | 中国移动 | Mobile Market(移动 MM),2009 年 8 月推出 |
| | 中国联通 | 联通沃商店,2010 年 11 月上市 |
| | 中国电信 | 天翼空间,2010 年 3 月上线 |

艾瑞网的 2010 年全球应用商店应用数量统计显示,2010 年底,App Store 应用数量为 34.5 万,Android Market 为 15.08 万,Ovi Store 为 2.8 万,BlackBerry App World 为 1.1 万,Palm App Catalog 为 0.7 万,Windows Market Place for Mobile 为 0.2 万。见图 4-11。

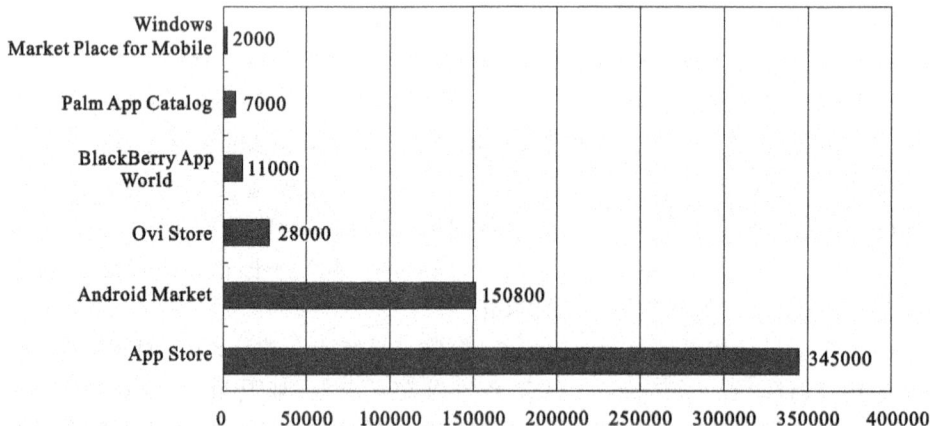

图 4-11　2010 年全球手机应用商店应用数量[①]

---

① 艾瑞网.2010 年中国手机应用商店研究报告.

关于中国应用商店市场的现状,从艾媒咨询集团发布的《中国手机应用商店市场研究报告》中可见一斑。艾媒数据显示,2014 年 4 月,中国第三方手机应用商店活跃用户规模达 4.11 亿(除 App Store 用户、手机厂商自主经营的应用商店用户与运营商旗下的手机应用商店用户外)。在活跃用户分布方面,2014 年上半年的艾媒报告也有统计,360 手机助手占 36.8%,腾讯应用宝占28.5%,豌豆荚占 18.7%,安卓市场占 13.2%,91 手机助手占 11.8%,百度手机助手占 11.4%,安智市场占 6.5%,应用汇占 5.7%,其他占 13.9%。[①]

总的来讲,第一,国内应用商店数量增长较快,商店规模较小,内容资源不丰富,力量分散。相当一部分的主流内容都还没有登录到国内应用商店,这将直接影响到应用程序的下载量和内容产品的销售量。第二,国内大量应用开发者,也向外国公司的苹果应用商店等平台提交产品,主要是因为这些平台聚客能力强,平台模式成熟。对于国内应用行业的发展,苹果应用商店是一把双刃剑,一方面为国内提供了可借鉴的经验,另一方面则是国内同行业的竞争对手。第三,国内用户付费阅读习惯尚未完全形成。当前,很多应用商店中产品是免费的,依靠广告方式赢利;也有先体验后付费的收费方式;还有与电信进行流量费分成的方式。总的来说,国内应用市场尚不成熟。

### 4.7.2  手机应用商店的业务模式分析

如图 4-12 所示,手机应用商店业务系统由三部分组成,即向前的开发者管理和教育培训、向后的终端开发,用户管理和客户端植入等活动,以及应用商店平台自身的管理。

其中,应用商店运营者业务模式起主导地位,控制应用商店平台。应用商店经营者的管理活动主要包括:提供开发者门户和用户门户,进行销售服务、广告管理、版权保护、用户管理及支付结算等。应用开发者属于内容提供商范畴,但一些应用产品还有其他的内容提供商,如增强型读物的内容生产者还包括文字、图片、音乐、视频等传统内容提供商等。一般传统内容提供商没有技术能力开发应用,多外包给技术公司。应用的消费者即移动终端的用户,向应用商店支付费用。

手机应用商店的主要业务活动有:开发者管理,商务平台搭建及管理,规定产品开发原则及培训应用开发者,应用产品销售和推广服务,广告管理,提供版

---

① 2014 上半年中国手机应用商店市场研究报告[EB/OL].[2014-09-19]. http://www.iimedia.cn/37723.html.

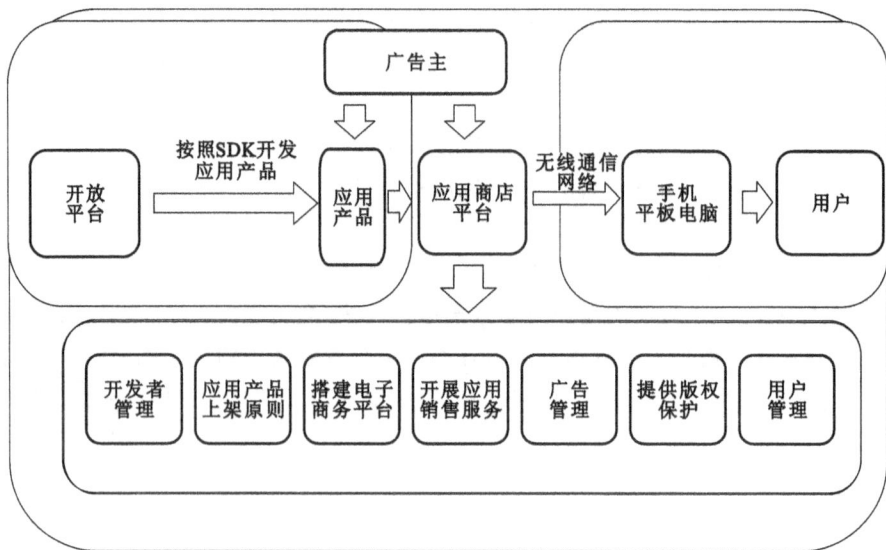

图 4-12　手机应用商店业务模式示意图

权保护及用户管理等。当前应用商店的主要盈利方式有：① 销售分成，这是应用商店最主要的盈利来源。现阶段应用商店普遍的分成制度是 3∶7，平台方30％，开发者70％，少数应用商店是按 2∶8 分成，如 BlackBerry App World。② 会员费。向应用商店中注册的开发者收取会员费，可对个人和企业区别收取会员费。③ 应用托管费。对开发者上传和销售的应用收取托管费，如果上传的应用数量超过规定，可再收取一定的额外费用。④ 流量分成。从销售的应用产生的流量中分成，如苹果和 AT ＆ T 签订的流量分成合同。⑤ 广告收费。应用商店也可以在其门户植入广告，向广告主收取费用。①

### 4.7.3　苹果应用商店案例

#### 4.7.3.1　苹果应用商店概述

苹果应用商店是苹果开创的一种新的经营模式，名为商店，实际上包含生产、管理和推广销售等功能，并可让内容和终端相融合。早在 2001 年 10 月 23日，苹果公司发布 iPod，在 iPod 获得良好的市场评价后，于两年后推出在线音乐商店 iTunes。iPod 和 iTunes 实现无缝对接，成就了一种"绑定"的商业模式，改

① 孔佳薇. 浅谈移动应用商店［EN/OL］.［2010-09-14］. http：//hyqb. sh. cn/publish/portal2/tab227/info5323. htm.

变了当时数字音乐遭遇盗版冲击的不良状况,重构了整个音乐产业,苹果公司的iTunes 也因此成为全球最大的在线音乐商店。2007 年 6 月 29 日,苹果推出iPhone 手机,并继续沿用"iTunes＋iPod"的绑定模式,在 2008 年推出苹果应用商店,并和 iPhone 无缝连接,形成"App Store＋iPhone"的绑定模式,也就是我们所称的苹果应用商店模式。

App Store 中的应用软件产品由第三方人员开发。2008 年 3 月 6 日,苹果对外发布了针对 iPhone 的应用开发包(SDK),供免费下载,以便第三方应用开发人员开发针对苹果终端的应用产品。不到一周时间,苹果宣布已获得超过10 万次的下载量,三个月后,这一数字上升至 25 万次。同年 7 月 11 日,苹果应用商店正式上线。截至 2012 年底,其应用程序下载量已突破 400 亿次,仅2012 年就下载近 200 亿次。2011 年 11 月 18 日,App Store 中国区应用商店开始接受人民币付款购买应用,使苹果在中国的应用商店更具商业价值。

2011 年 11 月的统计数据表明,苹果应用商店上的应用数量已经超过500000 款。苹果应用商店上的应用开发人员数量达到了 85569 名,而付费应用产品的平均价格为 3.64 美元。商店中 37％的软件是免费提供给用户的。根据下载量确定的 iTunes 中最受欢迎的类别分别是游戏(15％)、书籍(14％)、娱乐(11％)、教育(8％)、生活(7％)和工具(6％)。比如,《愤怒的小鸟》这款游戏在付费游戏排行榜上位居榜首长达 275 天。[1] 2015 年,苹果应用商店应用数量已超过 142 万个,但 83％的应用都是"僵尸应用"(指消费者从未下载过、未获得评分,而且很难被消费者发现的应用)。[2] "僵尸应用"比例非常高,是苹果应用商店面临的一个重要问题。

### 4.7.3.2 苹果应用商店的商业模式分析

苹果应用商店的特点是半开放式,即在终端上是封闭的,在应用的开发上则是开放的,SDK 向开发者完全开放底层 API(application programming interface,应用程序编程接口),开发者则按照苹果相关规则向苹果应用商店提交应用产品。

如图 4-13 所示,苹果应用商店拥有三个交易主体,即开发者、苹果公司和消费者。苹果公司占主导地位,负责 SDK 开发包的发布、终端的生产、应用的审核和发布,以及电子商务网站的运作;开发者开发应用软件产品后提交苹果公司审

---

① 苹果 App Store 应用数量超过 50 万[EN/OL].[2011-05-25]. http://telecom. chinabyte. com/213/12088213. shtml.

② 报告称苹果 App Store 商店中僵尸应用占总数 83％[EN/OL].[2015-02-03]. http:/tech. sina. com. cn/it/2015-02-03/doc-ichmifpx6638553. shtml.

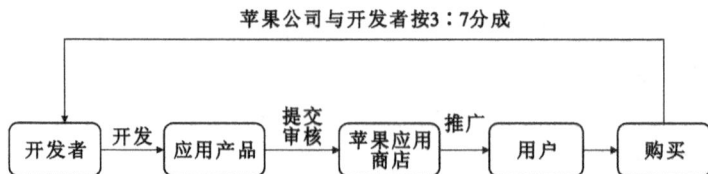

图 4-13　苹果应用商店基本流程图①

核,并决定产品销售价格,以及根据产品下载量分取利润;消费者的下载和购买决定着 App Store 的发展。

开发者提交应用产品后,产品要受到苹果公司的审核。苹果注册开发者提交的应用类似 iTunes 的会被拒绝,与苹果系统内置的邮件应用类似会被拒绝,不能与 Apple 分享用户数据的应用也在拒绝之列。在定价程序上,用户可以自己申请定价,然后经苹果价格审核。在定价中,产品多考虑 99 原则,即价格尾数为 99。苹果与开发者 3∶7 的分成模式出台后,受到一些开发者的抵制,但目前仍然在实行。App Store 采用的是典型的"C2B2C"的电子商务模式。所谓"C2B2C",是企业介入主导的面向双边客户的电子商务模式,其中一方客户和企业共同分享交易利润,企业在交易流程中起监督监管作用。②苹果应用商店模式中,开发者和消费者都是用户。

首先,苹果应用模式的成功之处体现在对版权方的保护比较成功。其次,苹果还是智能手机应用产业的导师,苹果模式已经产生了重要影响。再次,苹果提供了品质卓越的服务。例如,在首页上,重点推荐最新应用以吸引用户使用消费。商店内置有排行榜,按照用户打分动态排名。另外,还有细致的分类导航,其搜索服务也很准确。最后,苹果应用商店从注册、访问、支付及下载上都全力提供服务,满足用户在不同地点、使用不同设备、多样化访问的需要。

苹果作为智能手机应用产业的导师,要学习其模式并不容易。第一,苹果的成功很大程度地依赖其硬件产品的卓越品质。不仅在美国和我国,甚至世界各国都充满着苹果粉丝,对苹果产品有着极高的忠诚度。第二,由于苹果是第一家应用商店,抢先占领了极大的市场。虽然未来市场有多元化趋势,但苹果优势不可小觑。

---

① 黄放.浅谈"App Store"商业模式[J].价值工程,2011,30(14):144-145.

② 同①。

### 4.7.4　安卓应用商店案例

#### 4.7.4.1　安卓应用商店概述

另一大类手机应用商店是针对安卓系统手机而建立的应用商店。Android 一词的本义指"机器人",其标志也是一个小小的机器人,我国尚未有固定的翻译,一般称作"安卓""安致"或"安智"等,本书称为"安卓"。安卓操作系统由 Andy Rubin 开发,最初主要支持手机,2005 年由 Google 收购注资。

2007 年 11 月 5 日谷歌宣布组建开放手机联盟(Open Handset Alliance)。这一联盟将会支持 Google 发布的手机操作系统或者应用软件,共同开发 Android 的开放源代码的移动系统。开放手机联盟包括手机制造商、手机芯片厂商、软件供应商和移动运营商几类,中国移动、摩托罗拉、高通、宏达(HTC)和三星也在其中。

2007 年谷歌推出基于 Linux 平台的开源手机操作系统,迅速成为智能手机的主流系统。谷歌旨在借助建立标准化、开放式的移动电话软件平台,在移动产业内形成一个开放式的生态系统。安卓在我国前景十分广阔,我国移动运营商包括中国移动、中国联通、中国电信等大企业,其纷纷加盟了安卓阵营。

Android Market 是一个由谷歌公司为安卓系统用户创建的应用商店,允许安卓系统移动终端用户从 Android Market 下载应用程序。用户可以购买或免费试用这些应用程序。2009 年,Android 市场有 5000 个应用程序,2010 年 5 月有 3 万,2010 年 10 月有 10 万,而 2011 年 3 月则达到 25 万。2012 年 3 月 7 日,谷歌将 Google Android Market 更名为 Google Play Store,此举是谷歌为提升自身在电子内容销售市场上的形象及更好地与苹果和亚马逊展开竞争而推出的最新措施。截至 2014 年底,Google Play Store 应用数量突破 143 万,位居全球第一,首次超过苹果应用数量[①]。

#### 4.7.4.2　安卓应用商店的商业模式分析

开放性是谷歌移动应用模式最重要的特点。

首先,对终端"开源",采用 Android 系统的手机品牌和型号众多,高低价位都覆盖,可以满足不同需求的受众。相比之下,苹果 IOS 系统则是封闭的,只应用于苹果移动终端。

---

① 谷歌移动商店应用数量四年来首超苹果　破 143 万[EN/OL].[2015-01-15]. http://www.techweb.com.cn/world/2015-01-03/2115983.shtml.

其次,准入门槛低。在谷歌自身为安卓系统创建的应用商店 Google Play Store 中,应用开发商只需支付 25 美元注册费便能在该商店发行应用。上市时间极短,应用产品一般 5 分钟内就能上线。当然谷歌开放的引入机制虽然鼓励了众多的开发者,但同时存在安全隐患,未来 Google 也许会针对恶意 Android 应用采取一系列措施。

最后,也是由于开放性,安卓应用商店众多,除了 Android Market 外,常见的市场还有安卓市场、安智市场、安卓星空、掌上应用汇和优亿市场等,它们一般由终端商、服务商和通信商搭建。众多的应用商店为安卓系统手机提供丰富的内容产品。

Android 应用的商业模式如图 4-14 所示。

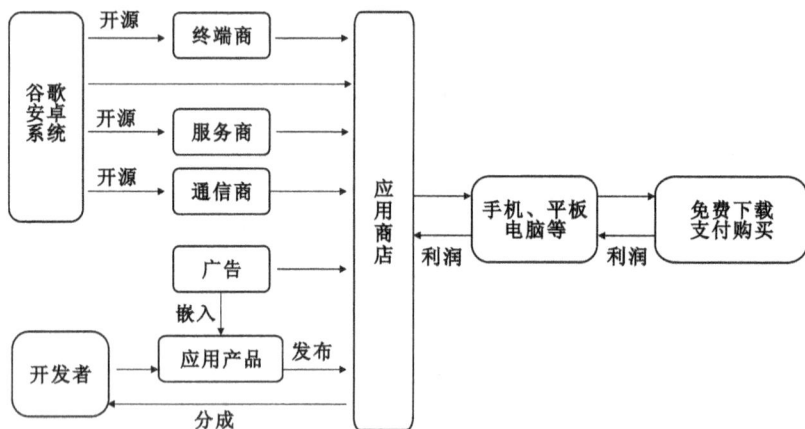

图 4-14　Android 应用的商业模式

谷歌的盈利问题一直引起业界的关注。谷歌公司在 Android 系统开源后可根据什么盈利? 据易观国际分析,操作系统和开放工具包都是免费提供给终端厂商和第三方开发者使用,从操作系统软件本身谷歌显然不会获得较大盈利。谷歌寄希望以 Android 平台集成移动互联网应用的方式,通过向用户提供互联网应用服务来获得盈利。[①] 目前,谷歌面向用户提供的移动应用服务,主要是以互联网应用为基础,同谷歌现有服务有较强的衔接性。这也是安卓系统手机的特点,系统本身带有较多的谷歌互联网应用,如谷歌地图、Gmail 等。

对于在应用商店内分销应用产品的开发者,谷歌与苹果一样,也是按 3∶7 分成,谷歌 30%,开发者 70%。但谷歌应用商店内免费产品更多,多采取内植广告盈利。

① 易观国际. Android 平台化战略专题分析报告.

# 4.8　本　章　小　结

针对手机而形成的出版平台种类较多,尤其适合大众性出版和碎片时间阅读。目前手机出版产值在数字出版行业中最高,而近年形成的手机阅读基地模式和应用商店模式,以及基于客户端的分销方式,都在手机出版中起着巨大作用。尤其手机应用商店已经成为一种成熟的模式。应用商店出现的意义在于:

① 开创了一种全新的集成性的商业模式。在应用商店模式出现之前,一个应用必须经过一系列复杂的、分散的流程才能对应用进行认证、定价和销售,随着苹果应用商店的出现,这一局面得到了彻底改变。它提供了一个开发者与消费者之间的商业渠道,能够让开发者将应用直接发布和销售给最终客户,去掉了所有开发和销售环节的中间商。[①]

② 动摇了移动运营商在相关产业链中的垄断地位。在应用商店诞生之前,内容提供商只能选择与移动运营商合作才能将内容产品分发到消费者手中,而苹果应用商店的出现彻底改变了这种状况。移动运营商转而改变经营方式,模仿苹果应用商店而搭建移动 MM 等,从而促成了中国移动增值服务业务运营的变革。

目前,手机用户日益习惯用手机阅读出版物,行业规则也日渐成熟。但我们在看见成就的同时,应注意到手机出版行业存在的问题:

① 产业链利益分配不均,行业有垄断嫌疑。手机阅读基地产业链的核心是移动运营商,主动权完全掌握在其手中,上游传统出版商无对内容产品的定价权,分成比例也由移动运营商来决定,宣传推广也由运营商进行,传统出版商也不了解用户数据和销售信息。在手机应用商店模式中,苹果公司也常常被指垄断。如在 2012 年 4 月,美国司法部正式向苹果公司、亚马逊公司、哥伦比亚广播公司旗下的西蒙与舒斯特公司及新闻集团旗下的 Harper Colins 公司等五家电子书发行商提出了起诉,控告他们集体哄抬电子书的价格,排挤竞争对手,垄断市场。[②] 国内相关法律法规不够健全,对于手机出版中中国电信一家独大的局

---

① 方亮,彭清. 手机应用商店模式发展趋势分析[J]. 移动通信,2010,34(1):66-71.

② 美国司法部控告苹果垄断电子书市场[EN/OL]. [2012-04-12]. http://tech. ifeng. com/v/detail_2012_04/12/13830515_0. shtml.

面,尚未出台有力的政策进行调控。如果任由这样发展下去,终将危害手机出版产业。

②手机出版特色内容尚待发展。手机屏幕小,而且用户阅读时多选用碎片化时间,为适应这个阅读特点,应专门针对手机而写作、编辑"微作品"。但目前,手机原创作品资源不足。虽然已经有"微电影""微小说""微评论"等多种形式出现,但如2004年千夫长的连载小说《城外》那样产生较大影响的依然不多,大量的手机出版物仍然是传统图书的电子版或网络原创作品的直接接入。这种状况一则与内容创作者获利较少有关,二则与创作编辑人才尚不能适应手机内容产品的制作有关,这种状况必须改善,否则,手机出版产业就不能有属于自身的拳头产品。

③手机上网费用高。我国手机上网费用昂贵,虽然近年来移动运营商不断下调相关收费,但是与手机出版最为发达的日本相比,我国的收费还是相对较高。在日本,上网费用是实行定额模式的收费,因此日本手机上网的人数比电脑上网的人数更多。而且日本手机报纸的摘要是可以免费试读的。在我国,虽然很多的用户有手机上网的需求,可高昂的上网费用严重阻碍了这一业务的进一步发展。

其他问题,如技术尚待改进、版权问题、技术标准问题等与数字出版其他行业一致。

# 5 网络原生电子书出版研究

    数字出版物的基本形态之一是网络原生电子书。在数字出版领先的美国，生产这类产品的活动被称为 self-publish(自助出版)。在我国，这类产品多出自网络原创文学网站。盛大文学在众多网络原创文学商家中独占鳌头。网络原生电子书出版非但其运作过程及出版原理完全不同于传统出版，而且形成了美国的网络自助出版、我国的网络原创文学出版等不同模式，但这些模式也颇有共同点，主要应用于大众出版领域，并且"原生"于网络。以下对这一类出版活动做详细论述。

## 5.1 网络原生电子书出版概述

### 5.1.1 网络原生电子书及自助出版概念

    网络原生电子书是近几年才兴起的提法，英文为 e-original，是指在 Web 2.0 条件下，内容产品从生产到发布是以数字化形态呈现的，且不再采用传统出版延续下来的编审制度而产生的作品。由于这种图书实际上是依赖网络产生，故本书采用网络原生电子书命名。

    自助出版的概念则产生得较早。自助出版，英文为 self-publish 或 self-publishing，早期我国曾翻译为个人出版或者个体出版。[1][2] 关于出版活动，可具体化成编辑、印刷和发行三个环节。但随着科学技术的迅猛发展，网络出版这个出版业新形态兴起，网络出版显然已经突破了传统意义上的"编辑""出版"和"发行"概念。在这里，"印刷"和"发行"已经为"在线传播"所代替，而"编辑"活动则

---

① 李军晶,刘章宇.互联网个体出版初探[J].零陵学院学报,2003,24(5):168-172.

② 贺子岳,郭凌辉.互联网个人出版模式初探[J].情报科学,2006,24(8):1206-1209.

极大的个人化,这就意味着人们不再需要传统复杂的出版流程,只要有一台计算机、一根网线即可实现"网络出版"。由于"网络出版"包含的不仅仅是个人出版行为,为区别其与官方或者特定组织的出版活动,人们普遍称之为"个人出版"。近年来个人出版主要依托互联网而进行。中国学界在讨论个人出版时,更多是关注利用 Web 2.0 技术产生的博客等网络出版活动,如方兴东的《博客与传统媒体的竞争、共生、问题和对策——以博客为代表的个人出版的传播学意义初论》等文章。

2005 年前后,学术界逐渐将 self-publishing 固定翻译为"自助出版"①②③。中国学界在介绍这个概念时,对美国业已存在的相关出版形态进行了介绍。关于自助出版的解释,学者们做了如下归纳:

刘肖认为,自助出版是指由作者编辑、制作、印刷,由作者进行市场营销、发行、仓储和售后服务等,并由作者承担全部出版费用的出版形式。④

魏龙泉认为,自助出版即作者个人写书,自己编辑、印刷、发行、投资出版图书。虽然其中并不是每一件事都由自己动手,但基本上绕过了著作经纪人、出版社等中间人,自己直接同编辑、封面艺术家、图书设计师、印刷商、发行商打交道,最后处理营销和发行事宜。自助出书需要作者花很多时间和一定的资金,但回报较丰,可以得到全部盈余收入,更重要的是,可加快出书周期。⑤

郑一卉认为,所谓自助出版,即个人绕开出版社等传统出版发行机构,自主投资制作并出版发行数字化和实质的图书、期刊、音像制品等传播品的活动。⑥

以上三种解释,表述虽然不同,但基本含义一致,即认为自助出版是作者自行投资,编辑、印刷和发行基本依靠个人力量完成的出版活动。这是出版界早已存在的小规模业态。翻开历史的篇章,我们可以看到,早在我国春秋战国时期,诸子百家就依赖这种形式的传播活动来宣扬自己的思想。隋唐印刷术发明后,我国逐渐形成了官刻、私刻和坊刻三大类型的古代出版社。尤其是私刻有较强的自助成分,这种不以盈利为目的,主旨在于学术传播和保存文化的出版活动,其编校、印刷和发行基本上都是个人化行为。近代以后,随着近代出版社诞生,编辑、印刷及发行细分化,出版流程越来越复杂。这样的条件下,仅凭个人的力量,难以再进行出版活动,于是这类出版活动日趋式微。

---

① 目前见到的最早将 self-publishing 翻译为"自助出版"的文章是:姚辉.自助出版羽翼渐丰[N].中国图书商报,2000-11-10.

② 魏龙泉.自助出版风靡美国的 7 个理由[J].出版参考,2005(06X):35.

③ 刘肖.网络自助出版模式研究——基于"长尾理论"的分析视角[J].出版发行研究,2007(11):42-45.

④ 同③。

⑤ 同②。

⑥ 郑一卉.美国自助出版热潮评析[J].中国出版,2008(5):68-70.

自互联网出现以来,自助出版获得新的活力。首先,互联网为自助出版提供了强大的技术基础与自由的出版环境。其次,万维网分布式的互动结构使作者发表见解非常自由和容易,Web 2.0的应用也为这种出版活动迅速发展奠定了技术基础。最后,近年来电子书迅速发展,各种阅读器及电子书分销平台获得成功。借助于上述条件,自助出版活动在出版领域异军突起。

综上所述,从自助出版的发展历程看,它并不是传统纸本出版物转型的数字出版物,但它在网络时代大肆兴盛。笔者认为"网络自助出版"一词更能代表这类活动,它是指独立作者(indie authors)绕开传统出版商,借助网络服务平台自行编辑、发布和分销作品的一类出版活动。其中网络服务平台是指亚马逊的Kindle Direct Publishing、Smashwords.com及巴诺书店的PubIt! 等一类平台,正是由于"平台"的高效服务,自助出版活动方兴未艾。网络自助出版的产品就是网络原生书。在美国,作家或经纪人"自助"的成分非常大;而在中国,网络服务平台在产业链中地位越来越高(如盛大文学),因此已经不适合用"自助"一词。并且国内出版界也习惯称美国这类出版活动为自助出版,故以下对美国沿用该词,对中国则不采用。

网络原生电子书出版活动的重要意义表现在:在这类出版活动盛行之前,互联网内容产品主要依赖传统出版商提供,而兴起后,互联网才有了属于自己的原创内容,这就是网络原生电子书。它强烈依赖网络平台和数字技术,因此它是网络出版的一种模式,是数字出版的一种业态。

### 5.1.2 网络原生电子书出版的特点

与其他出版形式相比,网络原生电子书出版具有下列特点:

① 减少了编辑、印刷、库存等环节,运行成本低,图书价格低。作者上传作品后即可进入传播和分销阶段,增加了作者的自主性和话语权。对作者和平台商来说,由于减少了中间环节,因而投资风险降低。而对读者来说,网络原生电子书价格低,购买方便。

② 版税大幅度增高。纸书销售的利润被出版社、发行商、印刷厂等瓜分,作者获利少,纸质版税多为 6%~15%。而网络原生电子书作者收入一般占净利润的 70%~85%,二者不可相比。网络原生电子书出版已经完全打乱了传统出版的定价系统。

③ 作者草根化,出版目的多元化。由于成本低,允许更多的草根作者加入"自助"作家队伍的行列,无论目的是赚钱、出名、实现出书梦、个性化出书,等等,都适合以自助出版方式出书。

④ 网络原生电子书出版重构了出版业的结构和流程。其出版平台能够供作者发布和销售内容,大大简化了出版流程。只要平台聚客能力强,作品就有畅销的可能。越是能够畅销作品,就越能吸引精英作家进入平台销售,这就可能对传统出版业形成巨大的威胁,改变出版业的操作模式。

⑤ 编辑环节放松,质量控制不严。大多网络原生电子书出版平台缺乏类似传统出版的编辑加工审稿环节,因此作品质量参差不齐,垃圾内容大量滋生,威胁自助出版声誉。

⑥ 供作者使用的平台比较简单,操作较容易。

### 5.1.3　网络原生电子书出版平台的主要类型

由于互联网为作者自助出版提供了强大的技术支撑,因此网络原生电子书出版活动多种多样。日常网络生活中常见的论坛和 BBS 等都给予了作者自助出版(或自助传播)的机遇。以下是笔者所列网络原生电子书出版平台的主要类型。

#### 5.1.3.1　博客平台

博客(blog)式自助出版平台以"私人日志"(weblog)为内容。它具有以下几个特征:① 历时积累。网站频繁更新,并具有醒目的时间标示;以反时序的方法排列文章,同时,将最新发表的文章排列在网站最上方。② 内容极具个人化,多有个人活动叙述,可积累成一部个人发展史。③ 在传播方式上,博客是拉取式的,依赖精彩的内容吸引读者登录博客网址;为了避免博客成为网络汪洋中的信息孤岛,博客网站内容中一般夹杂有到其他博客的超级链接。

博客是个人原创作品一个重要的发布平台,因满足"五零"(零编辑、零技术、零体制、零成本、零形式)条件而实现了无进入壁垒,从作者、内容和读者三个层次实现了完全的开放。只要遵循法律和基本的社会公德,就可以把自己的作品与他人分享。博客不但促进了人际交流,而且赋予了平民话语权。但博客在盈利模式上比较单一,主要依靠广告盈利,以及和电信商流量分成等。博客内容也有"下线"出版的情况,但规模不大。

#### 5.1.3.2　邮件列表平台

邮件列表(mailing list)是互联网上的一种重要工具,用于各种群体之间的信息交流和信息发布。邮件列表具有独特之处:① 传播范围广,可以向互联网上数十万个用户迅速传递消息;② 发行方式简单,一般由主办者将邮件列表推送到订阅者的信箱中;③ 内容广泛,较之博客,邮件列表在内容上更加广泛。这种技术可以用于期刊开办、信息发布、技术讨论等。邮件列表可以依靠订阅获利。邮件列表虽然可以用于自助出版,但其不是典型的自助出版工具。

### 5.1.3.3 电子书自助出版平台

正如前文所述,自助出版的首要目的是出版纸书,而纸书制作成本高,并且会带来库存等麻烦问题,于是这类出版活动一般采用按需出版或按需印刷(print on demand,简称 POD)方式进行。POD 方式可根据读者的需求提供小印刷量的图书制作和销售服务。这是一种双赢的出版方式,对于出版社来说,它们将摆脱库存和无货的困扰,将出版社出书成本降到最低。对个人出版者来说,按需出版可以满足他们出版纸质图书的愿望,并且可以按照出版者的个性化要求制作。为更好地获得需求信息,自助出版的商家开始依靠网络平台操作,在网上与读者进行沟通,并且在网站上帮助出版者销售图书。电子书自助出版虽然已经有网络出版的影子,但是这类平台的最终产品仍然是纸质图书,且属于小众出版业态。

真正使自助出版获得大规模发展的是电子书的自助出版。Kindle 等阅读器在美国推广成功,给自助出版创造了条件,在搭建自助出版平台后,就可直接向读者发布和销售电子书,从而绕开传统出版社。美国著名自助出版商 Smashwords 的创始人马克·科克(Mark Coker)指出:"四年前,电子书仅仅占据美国图书市场份额的 1%,自助出版还被视作是失败作家不得已的选择。今天,电子书的市场份额已经接近 30%,自助出版已经成为成千上万名作家的首选。独立作家希望更快地进入市场,获得更高的版税(85%),面向全球市场进行销售,对产品拥有更强的控制力,接触到更多的读者,以更低的成本获得更好的收益"。[1]这段话说明电子书的自助出版盛行的主要原因。

### 5.1.3.4 我国的网络原创文学出版平台

网络原创文学出版属于我国创新的出版模式。我国原创文学写作和发布平台主要有三类:一是门户网站的读书原创频道,如新浪读书、搜狐读书和腾讯读书等网站都有原创文学栏目,这些栏目也建立有 VIP 制度,实行付费阅读。二是论坛开设的原创文学栏目,读者可以以发帖的形式发表作品,如天涯的"舞文弄墨"和猫扑的"原创区"栏目。天涯同时设置有专门的文学版块"天涯文学",提供 VIP 付费阅读,并帮助作者免费出版纸质图书,但出版的书的数字版权必须授予天涯。[2] 三是网络原创文学网站,这是集创作、编辑、发行交易于一体的商

---

① Smashwords 推出第 10 万种自助电子书[EN/OL]. [2012-02-21]. http://www.bisenet.com/article/201202/109649.htm.

② 天涯文学出版征稿[EN/OL]. [2012-02-27]. http://www.tianya.cn/publicforum/content/culture/1/435956.shtml.

业化运营平台,是当前网络原创文学最主要的发布平台。它有专门的投稿系统、编辑管理制度、发布制度、版权交易制度等,是我国网络原创文学出版模式的代表。我国影响大的网络原创文学商家又以盛大文学为代表。

上述所列都可以作为网络原生电子书的发布平台,其中美国的电子书自助出版平台最为典型,一则有稳定的内容产生机制,二则是商业化运作,三则有一定的规模和影响。另外,我国的网络原创文学出版也是有特色的网络原生电子书生产模式。

## 5.2　美国自助出版分析

### 5.2.1　美国自助出版概述

美国自助出版是稿件不被出版商采用后,作者寻求出版的一种手段,又被称为虚荣出版(vanity publishing),实际上就是我国大陆的纸本书自费出版。早在1959 年,两家美国公司就在英国大打广告,宣布提供个人出版诗集服务①。但自费出版与自助出版实际上是有区别的,主要是自费出版多为非商业化操作,作者采用这种方式是为了"虚荣",意在提高名气或实现出书的愿望,并不见得是为了盈利,所以这种出版又被称为"虚荣出版"。网络为自费出版的发展提供了条件,成就了网络自助出版服务,这是自助出版发展的第二阶段,时间为 2000—2008 年。这一时期,自助出书者开始走向市场,他们认识到网络自助出版渠道可以获取比传统出版渠道更高的利润。自助出版商提供的服务内容包括个性化编辑设计及销售。如著名的自助出版网站 Xlibris(http://www2. xlibris. com/)的服务有出版及销售。而出版服务则包括个性化设计等,作者可根据不同等级的服务,支付相应的费用。在销售服务方面,可提供推广服务和按需印刷本的在线销售。

2008 年以后,Kindle 等专用电子阅读器的推广成功,带动了网络自助出版的发展。而自助出版的产品形式不再是按需印刷的纸质图书,而是可以在电子阅读器中销售和阅读的电子书。这一时期,应该叫作电子书自助出版时期。美国已经

---

① 美国的虚荣出版[EN/OL].[2012-12-05]. http://www. bkydw. cn/Html/Article/20121205/20004. html.

出现了较多的自助出版平台,表 5-1 是比较著名的拥有自助出版服务的平台。

表 5-1 美国著名自助出版平台列表

| 公司名称 | 平台名称及网址 |
|---|---|
| 亚马逊 | Kindle Direct Publishing(KDP)<br>https://kdp. amazon. com/self-publishing/signin |
| 巴诺 | PubIt!<br>http://pubit. barnesandnoble. com/pubit_app/bn? t=pi_reg_home |
| 苹果 | iBook Store |
| 企鹅 | Book Country(图书国)(www. bookcountry. com/) |
| 谷歌 | Google Play Store |
| Author Solutions | http://www. authorsolutions. com/ |
| Scribd | http://www. scribd. com/ |
| FastPencil | http://www. fastpencil. com/ |
| Leanpub | http://leanpub. com/ |
| Lulu | http://www. lulu. com/ |
| Blurb | http://www. blurb. com/ |
| Smashwords | Smashwords. com(http://www. smashwords. com/) |

自助出版平台的主要功能是提供格式转档相关服务,指导作者在平台上自助发表作品、图书直销和提供第三方营销服务,以及作者管理和读者管理等。一般来说,大型的电子书营销平台都提供自助出版业务,此外,还有很多专门经营自助出版的网站,如 Smashwords 等。

其中亚马逊公司于 2010 年 6 月推出 Digital Text Platform(DTP),2011 年 6 月更名为 Kindle Direct Publishing(KDP)。该公司最大的优势是拥有全球销售量排名第一的电子阅读器 Kindle,以及亚马逊跨国开设的应用商店 Kindle Store。因此,KDP 面向全世界作者提供自助出版服务。亚马逊为价格为 2.99~9.99 美元的作品的作者支付 70% 的版税。为促销图书,亚马逊还为作者提供"作者页面"(author page,该页面包括作者介绍等内容)服务。

巴诺书店于 2010 年 10 月推出 PubIt!,立志与亚马逊竞争。作为世界第一大实体零售连锁书店的经营者,巴诺拥有 2500 个实体书店,且在线平台经营也比较成功,其生产的 Nook 是世界上第二大电子阅读器。巴诺只为美国作者提供自助出版服务,针对定价为 2.99~9.99 美元的电子书,版税为 65%;这个价格范围以外的作品,版税为 40%。

苹果也拥有自助出版服务。苹果对自助出版的最大影响之一是本身的 3:7 分成机制促成了亚马逊也不得不采用 3:7 分成机制。苹果 iBook Store 自助出版业绩并不突出,其在操作上有较大的难点,作者必须使用 Mac 计算机才能制作电子书,所以很多作者都利用 Smarshwords 平台把自助电子书分销到 iBook Store。Google Play Store 原名 Google eBook Store,2010 年 12 月 6 日在美国正式上线,与 Android Market 合并后更改为现名。Google Play Store 也分销自助出版图书,但为美国国内作者服务。苹果和谷歌二者都拥有数量巨大的用户,这是它们潜力所在。

美国六大出版集团里,第一家涉足自费出版服务的是企鹅。企鹅的"图书国"(Book Country)于 2011 年 11 月推出,是一个作者社交网络。它号称有 4000 名会员和 500 部稿件。"图书国"上的稿件限于爱情、魔幻、侦探等类型小说。企鹅此举是为怀才不遇之人量身定做一个自费成家、自助出版的途径。"图书国"为有意自费出版的会员提供了三种套餐:第一种,会员自费而不自助,稿子交给"图书国"来做文档转换和排版,上传到各家网络书店,图书的形式包括电子书和纸质书,"图书国"收费 549 美元;第二种,会员自己动手,转换文档,电子排版,"图书国"仅负责向各家网络书店上传电子文档,销售形式包括电子书和纸质书,收费 299 美元;第三种与第二种一样,会员自费且自助,"图书国"协助上传文档,但图书形式仅有电子书,收费 99 美元。三种套餐,"图书国"均提供书号,但不做任何编辑和营销工作。经"图书国"协助的自助出版的图书,书脊上会印上"图书国"的标记,但没有企鹅的标记。除了上述三档套餐手续费之外,"图书国"还要从会员的电子书和纸质书的销售收入中抽取 30% 的佣金。[①]

Author Solutions(ASI)建立于 2007 年。它是一家自助出版母公司,包括 AuthorHouse、iUniverse、Trafford Publishing、Xlibris、Palibrio and Booktango 等子公司。ASI 与 Simon & Schuster、Thomas Nelson、Hay House、Guideposts 和 Writer's Digest 等传统出版商有着良好的合作关系。据报道,该公司已经有 15 万多名作者,出版了 19 万余部作品。[②] 在 2011 年即创造了约 1 亿美元的收益。2012 年培生集团以 1.16 亿美元收购了 ASI。[③]

Scribd 于 2007 年在硅谷创办。它是一个在线文档上传及分享平台,允许用户上传 PDF、DOC、PPT、XLS、TXT 等多种格式的文档文件,并以 Slideshow 的

---

① 练小川. 企鹅重金"协助"自助出版[EN/OL]. [2012-06-03]. http://www. chuban. cc/cbck/gwcb/201112/t20111213_98310. html.

② Penguin Acquires Self-publishing Company [EN/OL]. [2013-05-03]. http://mediadecoder. blogs. nytimes. com/2012/07/19/penguin-acquires-self-publishing-company/.

③ Pearson Acquires Self-publishing Vendor Author Solutions for $116 Million[EN/OL]. [2013-05-03]. http://www. publishersweekly. com/pw/by-topic/industry-news/publisher-news/article/53077-pearson-acquires-self-publishing-vendor-author-solutions-for-116-million. html.

形式展示给用户。文档可免费共享,也可定价销售,作者从收入中分成 80%。①

FastPencil 网站提供作者社交网络,方便作者写作和制作电子书。该网站还提供印刷版图书印制服务,电子书格式多样化。电子书在苹果、Nook 和 Kindle 等上销售。

Leanpub 通过本平台、iPad 和 Kindle 平台销售作品。Lulu 于 2006 年 5 月推出,作品通过本平台、iPhone 及 iPad 等销售。Blurb 在 2006 年 5 月推出,作品通过本平台、iPhone 及 iPad 等销售。最为典型的自助出版商是 Smarshwords,本书将之作为案例在后文单独阐述。

与其他类型的数字出版商一样,自助出版近年新增平台较多。自助出版商来自各方,有网络服务商、电子书商和传统出版商。无论这些自助出版平台商来自何方,它们要解决的主要问题都是将电子书分销到不同的电子书店,最终到达主要的阅读器中。目前主要的阅读器有 Kindle、Nook、Apple 终端、安卓系统终端(如三星、HTC 等)、索尼阅读器和 Kobo,Windows 系统移动终端也被视为潜在的电子书市场。

美国 R. R. Bowker 公司公布的数据显示,2010 年,传统出版商的出书品种增长了 5%,将近 32 万种。按需印刷版本和自助图书增长 169%,达到 277 万种。② 亚马逊的"Kindle 百万俱乐部",专收电子书销售过百万的作者。截至 2013 年有 14 名会员,其中约翰·洛克(John Locke)和阿曼达·霍金(Amanda Hocking)两位便是自助出版作者③。这些都说明,自助出版正在迅速成长。

## 5.2.2　美国自助出版模式剖析

### 5.2.2.1　从平台商收入看自助出版

美国自助出版模式简化了出版流程,使传统出版的高成本大大降低。以下参照号称美国"出版圣经"的 *Publishing for Profit*:*Successful Bottom-line Management for Book Publishers*(4th ed.)④对纸书及电纸书毛利润模式比较,再结合自助出版电子书的平台收入情况做一个总的分析。

一般情况下,销售图书的收入减去图书加工及印刷装订等费用,就是公司的

---

① 自助出版八大天王[EN/OL].[2010-07-11].http://www.bookdao.com/article/6919/.

② 美国传统出版社纸本书品种微增[N].中国图书商报,2011-05-20.

③ Amazon.com:Kindle Direct Publishing[EN/OL].[2013-06-03].https://kdp.amazon.com/self-publishing/help? topicId=200726950.

④ Woll T. Publishing for profit:successful bottom-line management for book publishers[M]. 4th ed. Chicago:Cross River Publishing, 2009.

毛收入。无疑纸本图书的成本费用最高。数字出版技术给纸本图书带来了机会,传统出版商也可以生产纸本图书的电子版——电纸书,这就免去了印刷装订等费用,但增加一项格式转换成本。对于自助出版来说,也有格式转换费用,但没有其他费用。将这个模式用图表表示,如表5-2所示。

表5-2　　　　纸书、电纸书和自助出版电子书毛收入模式示意表

| 纸书收入 | 电纸书收入 | 自助出版电子书收入 |
|---|---|---|
| 一零售折扣 | 一零售折扣 | 一零售折扣 |
| 一加工费用 | 一格式转换费 | 一格式转换费 |
| 一制作费用(印刷及装订等) | — | — |
| 一版税 | 一版税 | 一版税 |
| =出版平台毛收入 | =出版平台毛收入 | =出版平台毛收入 |

其中格式转换费用是一个比较弹性的费用。西方大出版商目前革新了传统出版的流程,已经将格式转换纳入工作环节中考虑,目前这笔开销已经出现较大幅度下降。

按照出版业一般开销情况,我们可以假定三种图书售价都在20美元。其中,纸书零售折扣率为价格的50%,版税为10%;电纸书零售折扣率也为价格的50%,版税假定为收入的50%;自助出版电子书分两种情况,如果在本平台上零售,则没有零售折扣率,版税在多数情况下高达收入的70%。如果通过第三方平台销售,则零售商、发行商及作者的收入比为3∶1∶6。代入这些数字,表5-2变为表5-3。

表5-3　　　　纸书、电纸书和自助出版电子书毛收入比较表　　　　(单位:美元)

| | 纸书收入 | 电纸书收入 | 直销自助电子书 | 向第三方平台分销的自助电子书 |
|---|---|---|---|---|
| 零售价 | 20 | 20 | 20 | 20 |
| 零售折扣 | −10(零售折扣率为50%) | −10(零售折扣率为50%) | 零售折扣率为0 | −6(零售折扣率为30%) |
| 加工费用 | −1.5(价格的7.5%) | −0.1(格式转换费) | −0.2(格式转换、封面设计等费用) | 无格式转换费 |
| 制作费用(印刷等) | −1.5(价格的7.5%) | 无印刷、装订等费用 | 无印刷、装订等费用 | 无印刷、装订等费用 |
| 版税 | −2(价格的10%) | −5(假定版税为零售折扣后收入的50%) | −14(价格的70%) | −12(价格的60%) |
| 平台毛收入 | =5 | =4.9 | =5.8 | =2 |

如表 5-3 所示,同样价格下,尽管自助出版电子书采用了高版税制度,其直销平台收入仍然最高,电纸书也获得了较大的毛利润。这样就会导致:第一,自助电子书有较大降价空间,而一旦价格降到足够低,则会带来销售业绩的上扬,这同样会增加作者和平台收入。第二,电纸书也有较大价格下降空间,一般出版商会将价格定在 9.9 美元,则作者版税不太可能达到收入的 50%,因为毕竟传统出版流程运行成本最高。第三,传统书的作者,尤其是名家在自助出版电子书的高版税率诱惑下,可能会转向自助出版,这就是传统出版商的最大危机所在。

### 5.2.2.2 从作者收入看自助出版

以上从平台收入分析了自助出版,其中三种书的价格被假定成一样的。现在让我们在真实数据基础上来分析作者的收入状况。大多数情况下,电纸书定价为 9.9 美元,自助出版电子书价格多为 2.99 美元,具体如表 5-4 所示。

表 5-4　　　**纸书、电纸书和自助出版电子书作者版税收入比较表**　（单位:美元）

|  | 纸书 | 电纸书 | 直销自助出版电子书 | 第三方平台分销的自助出版电子书 |
|---|---|---|---|---|
| 零售价 | 20 | 9.9 | 2.99 | 2.99 |
| 收入 | 10(价格的 50%) | 4.95(价格的 50%) | 2.99 | 2.1(价格的 70%) |
| 版税 | =2(价格的 10%) | =9.9×50%(零售折扣率)×17%(版税率)=0.85 | =2.1(价格的 70%) | =1.79(价格的 60%) |

从表 5-4 中可以看出,在图书销售数量相同的情况下,纸书与自助出版电子书的作者收入大致相同。但在传统图书的生产过程中,版税并不是一开始尽数付给作者的,如果销售数量不足以抵消版税,则后续版税就可能取消,也就是说,作者并不见得真正能拿到预期的版税。而且,在 20∶2.99 的情况下,我们如何相信读者会选购 20 美元一本的书,而不考虑购买 2.99 美元一本的书?当然笔者是指内容质量基本相当的情况。那么畅销的自助电子书一般能卖到多少"册"呢?一些例子可显示相关情况。马莱因·S.博登的首本自助出版电子书《婚礼礼物》卖出了 14 万册,荣登亚马逊和《华尔街日报》的畅销书榜;达茜·钱的《磨坊河的隐士》销量约为 70 万册;休·豪伊的《羊毛》销量近 50 万册;维克托蕊·列斯克的《并不是她看起来那样》在 2011 年 3—5 月已卖出了 10 万册;伊丽莎白·诺顿的《等等我》从 2012 年圣诞节至 2013 年 1 月间卖出了 50 万册[①]。如果

---

① 自助出版得卖出多少本才算畅销书?［EN/OL］.［2013-05-23］. http://www.bookdao.com/article/63349/.

这些书定价都是 2.99 美元,那么作者每本收入大约 2 美元,则总数相当可观。当然,自助出版者在出版过程中可能会有一些开销,但对比收入来说,并不是大开销。

以上是理论上的推算,那么现实中自助出版对作者的吸引力是否真的越来越大?世界图书大会和《作者文摘》最新做了一项名为"自助出版时代,理解作者需求"的调查,调查对象是 5000 名作者,包括自助出版作者、传统出版作者,还有同时具有两种出版经历的"混合型"作者(hybrid author)。该调查报告被作为主题演讲在世界图书大会上进行了发布。调查得出的结论是,有抱负的作家似乎依然热衷于传统出版业,而那些同时有传统出版和自助出版经历的作者则对传统出版没有好感。一般来说,那些畅销书作家对出版商评价甚高,而混合型作者对出版商评价不高。该调查报告指出了"曾在传统出版社出书的作者中,有 1/3 的人表示有兴趣对他们创作的下一本书采取自助出版方式"。①②

### 5.2.2.3 简单化的操作平台

作者收入是自助出版吸引力所在,那么从作者嬗变为一个独立出版者(indie publishers)是否容易?服务提供商们为作者创建了简单易行的工作流程,如图 5-1 所示。

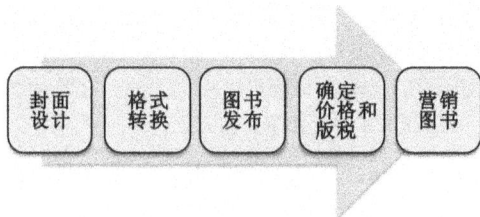

**图 5-1 自助出版操作流程**

一般来说,自助出版图书流程为图 5-1 所示的五个方面。本书分别做介绍。

(1)封面设计

封面被认为是影响读者选购的重要因素,而且诸如科幻、惊悚、侦探及言情小说等都已经形成了不同类型的封面风格。一般来说,这个步骤可以由作者自己来完成,但如果不擅长图书设计,则可以外包。

(2)格式转换

一旦尝试自助出书,则作者一定希望尽量在各种渠道中发行。自助出版电

---

① Jeremy Greenfield. What Authors Want: Third of Published Authors Interested in Self-publishing Next Book[EN/OL].[2013-05-15]. http://www.digitalbookworld.com/2013/what-authors-want-third-of-published-authors-interested-in-self-publishing-next-book/.

② 作者为何越来越青睐自助出版?[EN/OL].[2013-05-28]. http://www.bookdao.com/article/59271/.

子书的发行方式一是平台直销,二是第三方分销。无论直销还是分销,最终目标都是不同电子阅读器。目前,世界上最重要的阅读器包括 Kindle、Nook、Kobo、Sony 等专用电子阅读器,以及苹果操作系统移动终端和安卓系统移动终端等。不同的阅读器要求不同的格式,自助出版者需要了解相关知识,各大自助出版平台也提供了足够的软件资源让作者学习格式转换。当然,如果作者不愿意从事相关学习,可以同封面设计一样选择外包,价格并不贵,在 100~200 美元不等,[①]这意味着作者卖出 2000 册就可将单本格式转换成本降至 0.05~0.1 美元。所以,这并不是大开销。假如作者不愿意外包,则可以选择在 Smashwords 平台发布自己的电子书,Smashwords 提供免费格式转换服务。

(3) 图书发布

图书发布是一项细致的网络表格填写工作,要尽可能详细地描述图书,包括标题、内容提要、著作事项、分类、关键词、出版日期、版权申明等。一些自助出版服务商要求必须有 ISBN 号,则需要向美国 ISBN 管理机构购买。ISBN 号单个购买需 125 美元,一次购买 10 个则共需 250 美元。[②] 如果作者不愿意购买,则 Smashwords 可以免费提供。作者填写完所有的网络表格,最后上传图书并预览,直至自己满意为止。

(4) 确定价格和版税

对于这一项内容,所有平台处理办法都类似,笔者以亚马逊 KDP 为例。亚马逊规定,假如作者将书价定为 2.99~9.99 美元,那么他将获得 70% 版税,但作者必须通过下列范围发行电子书:英国 Kindle Store、法国 Kindle Store、德国 Kindle Store、西班牙 Kindle Store、日本 Kindle Store、巴西 Kindle Store 和加拿大 Kindle Store。这一范围共包括英国、法国、摩纳哥、比利时、瑞士、卢森堡、奥地利、德国、列支敦士登、卢森堡、瑞士、安道尔、西班牙、意大利、圣马力诺、梵蒂冈城、瑞士、日本、巴西和加拿大等国家和地区。在这个范围之外发行,要向亚马逊支付 35% 的版税。

对于自助出书作者来说,有多样价格策略可以选择。如果追求读者最大化,可选择免费阅读,当然这样作者将得不到任何版税,采用 0.99 美元定价似乎是既能使读者最大化又有所收益的策略。如果追求利润最大化,2.99 美元定价成为大多独立出版者最青睐的价格,按照 70% 的版税算,每卖出一本书可收入 2 美元。

---

① Gaughran ,David. Let's get to digital: how to self-publish and why you should. Arriba Books [M/OL]. Amazon KDP,2011[2013-05-13]. http://davidgaughran. wordpress. com/lets-get-digital/.

② Welcome to my identifiers[EN/OL]. [2013-05-15]. https://www. myidentifiers. com.

（5）营销图书

在传统图书运作中,读者购书的原因之一或是朋友、同学、老师、同事推荐,或是读者之前已经读过该作者的书。在网络时代,图书营销仍然必须崇尚"推荐"和"口碑",但网络有更多的办法让二者运行得更好。独立出书者可以在网络图书营销中起到巨大的作用。亚马逊提供了一些作家营销工具。如作者页面,读者选书时可以点击作者的名字,然后进入作者页面,而这个页面由作者自己管理,作者可以尽可能多地显示自己的优势,并链接所有相关信息,包括社交媒介、论坛、博客及作者其他著作和文章。就网站本身来说,诸如"畅销书榜""新书发布""顾客评论"等,都是良好的营销工具。

### 5.2.3　案例分析:美国自助出版商 Smashwords

Smashwords 是最具有代表性的自助出版平台和自助出版发行商。Smashwords 创立于 2008 年 5 月,总部设在加利福尼亚州硅谷的洛斯加托斯(Los Gatos)。截至 2013 年,全球有超过 4.2 万独立作者、小型出版商和文学代理商通过 Smashwords 出版和销售电子书。[①] Smashwords 的服务有以下几个方面值得注意:第一,作者自己决定图书价格,也可设置为免费。通常Smashwords 电子书定价比亚马逊、苹果等主流电子书出版商便宜。第二,试读服务。其试读范围为 15%～85%,决定权由作者掌握。读者可在试读后,决定是否购买该书。第三,著作权掌握在作者自己手里。Smashwords 和作者之间是不签订数字版权协议的,Smashwords 不必向作者支付版权费,作者在 Smashwords 上出版的图书还可以在其他出版社出版。[②③④]

作者在 Smashwords 平台上出版图书,只要将图书的 Word 文本,按照Smashwords 规定排版后上传即可,该平台为独立出版者转换格式。Smashwords 既是零售商又是发行商。作者可以自行选择图书的销售平台,销售平台不同,作者获得的收益也会有所差别。如作者上传的图书只在Smashwords平台上直销,作者就可获得图书销售净收益的 85%,剩下的 15% 则归平台所有;

①　Jeremy Greenfield. Finding the future of digital book publishing: interview with 19 innovative ebook business leaders(Kindle ed. )[B]. Digital Book World,2013.

②　Smashwords 官网　http://www.smashwords.com/.

③　电子书自助出版,出版目的很重要[EN/OL]. [2011-07-25]. http://www.chuban.cc/ky/qy/201107/t20110725_91317.html.

④　吴文婷.电子书自助出版小成本大生意[N/OL]. 出版商务周报,[2012-06-03]. http://www.cptoday.com.cn/cbswzb/html/2010-06/13/content_10101.htm.

如果作者采用了佣金销售制，则可获得图书销售收入的 70.5%；如通过 Smashwords 签约在第三方平台上销售，作者的收益为图书销售收入的 60%，Smashwords 和第三方平台获得余下的 40%。与 Smashwords 签约的第三方平台包括：苹果 iBook Store（包括苹果 50 个国家的 iBook Store）、巴诺、索尼、Kobo、Baker & Taylor、the Diesel e-book Store 等。[①] Smashwords 的出现为那些试图在各个不同平台上发行自己的电子书的作者提供了极大的方便。虽然，Smashwords 会折扣一小部分版税作为自身收入，但作者则进一步减少了投资风险和格式转换等麻烦，可以将精力集中用于写作。Smashwords 也以它的免费服务著称，如免费 ISBN 号，从 doc 文档免费转换为其他格式等。Smashwords 自助出版业务模式可用图 5-2 描述。

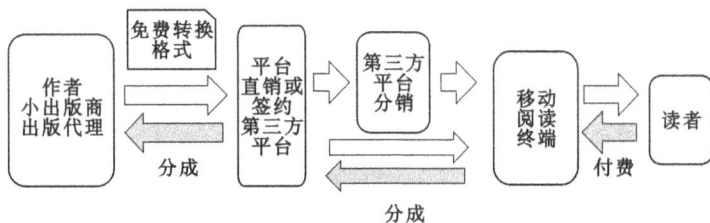

图 5-2　Smashwords 自助出版模式示意图

Smashwords 在成立一周年时，已有 1200 种电子书，到成立一年半时，该数字已经达到了 5000 种。Smashwords 成立四周年时宣布，它已成功推出 10 万种电子书。Smashwords 签约作者的图书销量一般要高于传统出版商的销量，为全球成千上万名作者带来数百万的财富。[②]

综上所述，美国在以 Smashwords 为代表的电子书自助出版阶段，有大量精英作者已经加入了作者队伍中。自助出版渐渐由面向作者的市场，走向面向读者的市场。

## 5.2.4　美国自助出版小结

美国自助出版被认为是数字出版的一种新商业模式。如上文所述，曾在传统出版社出书的作者甚至有 1/3 的人表示有兴趣对他们下一本书采取自助出版

---

① Smashwords—how to publish on Smashwords[EN/OL]. [2012-06-03]. https://www.smashwords.com/about/how_to_publish_on_smashwords.

② Smashwords 推出第 10 万种自助电子书[EN/OL]. [2012-02-21]. http://www.bookdao.com/article/34963/.

方式。传统出版商巨头企鹅和培生也纷纷参与自助出版。但对这种模式,"正方"和"反方"辩论激烈。

反方的主要意见有:① 垃圾读物充斥自助出版平台,以至于读者很难将好书从中选出。② 缺乏编辑环节,图书质量得不到认可。③ 图书馆不会收藏大多数自助出版图书。④ 大多数自助出版者并未因此致富成名。

正方意见也言辞凿凿。自助出版的优点是作者获利高、图书价格低、平台操作容易、作者投稿不会被忽视、出版投资低、可实现按需印刷和定制出版等。

笔者认为,自助出版不是新事物,是历来就有的出版活动,因此,从历史的角度讲它是合理的。在电子书繁荣的时代有其技术背景和人文背景。它是作者"优先"(priority)①的模式,鼓励作者及小出版商和代理独立出版,有利于控制大出版商在书业的垄断经营活动。当然,自助出版图书的质量堪忧,各方应当不断探索其改进办法。而对传统出版商来说,此刻已警钟长鸣,现在改进其服务和制度还来得及,因为大多数读者和作者还是信任传统出版社的。但如果继续无所作为,则前途危矣。

# 5.3　我国网络原创文学出版研究

我国图书正式出版必须有管理部门所批书号,心怀出书愿望但又得不到出版机会的作者必须与传统出版社合作,这种方式的出书活动在我国被称为"自费出版",一般适合想实现出版梦的作者及想提高学术地位和声望的学者。为了降低投入,自费出版的图书一般印刷量降低至最基本的开印数,且较少进入发行渠道。这种方式规模不大,与美国早期的虚荣出版类似。随着自助出版活动的发展,我国产生了与美国自助出版活动有相通之处,又具有自身特色的网络原生电子书出版模式。其中以盛大文学独占鳌头。

## 5.3.1　网络原创文学出版的特色

首先厘清网络原创文学的概念。著名网络文学研究者欧阳友权认为网络原创文学是"一种用电脑创作、在互联网上传播、供网络用户浏览或参与的新型文

---

①　What authors want: third of published authors interested in self-publishing next book[EN/OL]. [2013-06-01]. http://www. digitalbookworld. com/2013/what-authors-want-third-of-published-authors-interested-in-self-publishing-next-book/.

学样式。它有三种常见形态：一是传统纸介质印刷文本电子化后上网传播的作品，这是广义的网络文学，它与传统文学的区别仅仅体现在传播媒介的不同上；二是用电脑创作、在网上首发的原创性文学作品，这类作品与传统文学不仅有载体的区别，还有网民原创、网络首发的不同；三是利用电脑多媒体技术和Internet交互作用创作的超文本、多媒体作品（如联手小说、多媒体剧本等），以及借助特定电脑软件自动生成的'机器之作'"。① 本书中网络原创文学是指欧阳友权定义中的第二类"在网上首发的原创性文学作品"。

我国网络原创文学的出版，与以 Smashwords 等为代表的美国自助出版模式有较大区别。在我国，网络原创文学的出版实际上是很受盛大文学等商家的控制的，而上文介绍的 Smashwords 案例中作者自主性很强，是作者"优先"模式。但我国网络原创文学出版借助 Web 2.0 技术平台，也让作者自行发布，并试图借助电子阅读器广泛传播，整个出版过程中缺乏传统出版的质量控制制度。在这一点上，与美国自助出版有相通之处。总的来说，国内网络原创文学出版模式在下述方面实现了创新：

① 实现了微付费收费模式。所谓微付费（micro payment），也称小额支付，是针对用户为零散内容而支付的一种模式，一般金额非常小，但是用户范围非常大。我国网络原创文学出版平台在世界上领先实现了数字出版的微付费，这是对世界数字出版界的一大贡献。

② 实现了全版权运营模式。全版权运营模式的起点是在线付费阅读，并取得版权代理权，然后与出版社等媒体机构合作出书。全版权运营的关键还在于附属版权的销售，即销售原创作品的改编权，将作品改编成影视、游戏、动漫等。盛大文学是全版权运营的典范，为作品创造了数次衍生价值。②

③ 我国网络原创文学的作者多是网络写手，传统出版的精英作家进入这个行列的不算多；而美国自助出版中，已经有一些精英作家进入作者队伍。

### 5.3.2　网络原创文学及其商业化出版的发展历程③

#### 5.3.2.1　我国网络原创文学的萌芽时期(1991—1998 年)

从整个华语网络文学来看，早在 1991 年，全球第一家中文电子期刊《华夏文摘》就在北美创刊，而在该刊上发表的《奋斗与平等》是目前所知的最早的一篇中

---

①　欧阳友权.网络文学本体论纲[J].文学评论,2004(6):69-74.

②　贺子岳,邹燕.盛大文学发展研究[J].编辑之友,2010(11):75-77.

③　资料来源于榕树下、天涯社区等各大网站官网。

文网络小说。此后,又有 1992 年 ACT(alt.chinese.text 的缩写)的开设,这就是当时唯一的中文网人聚集的新闻组。1994 年中国加入国际互联网后第一份中文网络纯文学刊物《新语丝》创办。1997 年,美籍华人朱威廉创建了一个个人主页,即著名中文原创作品网"榕树下","榕树下"网站开通,使中国大陆文学期刊接入国际互联网。这一时期对于网络文学来说,应该是孕育种子的过程。华语网络文学点燃了海外学子的思乡情,但这一阶段的网络文学传播范围极窄,即便很快从国外引向国内,却带有传统文学下纯文学的影子。因此,当时的网络文学仅属于少数人,是一种高质量的精英文学。这一时期可以说是网络文学的萌芽时期。在这一时期,网络文学只是单纯的网络与文学的结合,相较于传统文学,只是载体的不同,并未显现出其更多的有别于传统文学的特性。这一时期的文学网站很少。

### 5.3.2.2　我国网络原创文学及其平台的成长期(1998—2004 年)

1998 年,由台湾作家蔡智恒以"痞子蔡"为网名发表的《第一次亲密接触》在大陆首次掀起了网络文学冲击波,从而使网络文学走进大众视野,网络写手与读者群体逐步形成,大众、草根成为网络文学的主要特征。对于网络文学低俗化的质疑此起彼伏,但不容置疑的是网络文学正在飞速成长。

网络原创文学成长的主要平台是论坛及原创文学网站。大批论坛和原创文学网站在这一期间成立,其中部分至今仍然活跃在网络上。"西祠胡同"始建于 1998 年初春,是华语地区第一个大型综合社区网站。"天涯社区"创办于 1999 年 3 月。"西陆社区"创建于 1999 年 7 月。"红袖添香"创建于 1999 年 8 月 20 日,是现存历史最悠久的文学网站之一。2001 年 11 月,"起点中文网"的前身,玄幻文学协会由一批爱好玄幻写作创作的作者发起成立。2002 年 5 月,玄幻文学协会筹备成立文学性质的个人网站,正式成立"起点中文网"。"幻剑书盟"创立于 2001 年 5 月,由书情小筑、石头书城、小书亭等网络文学爱好者创立的文学书站合并而成。"潇湘书院"创建于 2001 年。"晋江文学"创办于 2003 年。2003 年 3 月"天下书盟"正式开通。"逐浪网"成立于 2003 年 10 月。"小说阅读网"成立于 2004 年 5 月。

这一时期又可进一步划分出论坛时期及专业网站原创文学初建时期。1998—2001 年,文学论坛兴起并发展。而 2001—2004 年,专业原创网络文学网站大量涌现。这些网站的创立使网络原创文学创作变得有组织、有规则,为网络原创文学的创作者和读者搭建了一个稳定的沟通平台。这一时期的原创文学网站竞争激烈,小网站和以依靠盗版链接生存的网站也层出不穷。当时主要有五大原创文学网站:榕树下、红袖添香、清韵书院、幻剑书盟和起点中文网。这些原创文学网站呈现出六大优势:其一,选题定位上,这些原创文学网站各具特色;其二,栏目设置上,体裁多样化;其三,稿件数量上,足以让传统出版机构骇然;其四,作者群体上,数量可观且拥有各自的品牌写手;其五,庞大的读者群体;其六,优秀的网络原创作品走向线下出版。

### 5.3.2.3 我国网络原创文学发展期(2004年至今)

起点中文网是国内首家跻身于世界百强的文学网站,截至2003年前后,人气良好的起点中文网面临赢利困难的难题。为了解决这个难题,起点中文网率先在2003年10月引入"VIP制度",开创了在线收费阅读模式,这是一个标志性事件。第二个标志性事件是盛大文学的介入。VIP制度推出后不久,起点中文网进入了发展的瓶颈。商业化的进程需要一个强大的销售渠道支撑和建设更多的辅助性服务。可是,当时的起点中文网,根本无法支撑起架设一条完善的销售渠道的资金需求。起点中文网面临两个选择:投资基金的介入或者被收购。而当时,作为中国最大的在线游戏运营商,盛大文学带着一套可以铺设到全国近70%二级城市的销售推广渠道,拥有将点卡卖到全国每一个有电脑的地方的能力。双方在这种情况下一拍即合,2004年10月,盛大文学收购起点中文网,自此正式进军网络原创文学。在收购起点中文网后,又于2007年12月收购晋江文学,2008年7月收购红袖添香。盛大文学以起点中文网、晋江文学和红袖添香三家文学网站为基础成立盛大文学有限公司。

盛大文学收购网络原创文学网站时间如表5-5所示。

表5-5 **盛大文学收购网络原创文学网站时间表**

| 时间 | 收购或投资的网站 | 备注 |
|---|---|---|
| 2004年10月 | 起点中文网 | 网站的排名[①]第1 |
| 2007年12月 | 晋江文学 | 网站的排名第5 |
| 2008年7月 | 红袖添香 | 网站的排名第7 |
| 2008年7月 | 盛大文学以上述三家文学网站为基础成立盛大文学有限公司 | |
| 2009年12月 | 榕树下 | 网站的排名第10 |
| 2010年2月 | 小说阅读网 | 网站的排名第3 |
| 2010年3月 | 言情小说吧 | 网站的排名第5 |
| 2010年4月 | 潇湘书院 | 网站的排名第6 |
| 2010年8月 | 天方听书网 | 有声读物网站 |
| 2010年9月 | 悦读网 | 专业的数字期刊阅读网站 |

---

① 此排名根据艾瑞网提供的该网站被收购前3个月的"文学类网站月均覆盖数统计排名"平均所得,其中"榕树下"的排名在收购前3个月未进入前10名。而收购后2个月在第10名,故综合其排名为第10名;起点中文网的排名上文已有述及。

如表 5-5 所示,2008 年 7 月,盛大文学有限公司成立。从盛大文学收购的时间来看,起点中文网显然是盛大文学对网络原创文学经营的试水。随后,收购的步伐越走越快,特别是从 2009 年 12 月起,盛大文学在短短 5 个月内就收购了四家原创文学网站。从收购的质量来看,盛大文学收购的基本上都是在文学类网站月均覆盖数统计排名上前 10 名的,虽然"榕树下"的排名比较靠后,但它的品牌美誉度和用户忠诚度之高却是享誉文学类网站的。此外,盛大文学自 2010 年开始,将数字期刊和有声读物纳入经营范围内,借助天方听书网和悦读网的资源和技术开拓有声读物和数字期刊业务领域,战略布局听书和期刊业务。

盛大文学的目的并不仅仅是建立收费阅读模式,在取得一定的基础后,盛大文学很快就开始了再次转型——实行全版权运营,即为线下出版、电影、游戏、动漫等提供有版权的内容。盛大文学的微付费模式与全版权运营模式获得国内外数字出版界的关注。

2013 年 3 月,盛大文学的"铁桶江山"开始分裂,其旗下起点中文网管理团队吴文辉及其伙伴们因"集团意志与具体业务公司自主发展之间的碰撞"请辞。起点中文网"萧墙"之变,源于分歧累积已久。先有起点中文网,后有盛大文学是分歧滋生的基调。在 2008 年盛大文学后,盛大文学和起点中文网几乎等同于一个实体两套班子。"双马同槽"的运行模式最终导致分裂①。吴文辉辞职后选择了腾讯。2013 年 4 月,腾讯宣布游戏转型覆盖文学等业务。而失去起点中文网的盛大文学终在 2015 年与腾讯文学合并。同一时期,2014 年 11 月 27 日,百度文学宣布成立,它主要由"纵横中文网""91 熊猫看书""百度书城"等子品牌构成。2015 年 4 月 23 日,阿里巴巴宣布推出阿里巴巴文学(简称阿里文学),由书旗小说、UC 书城组成②。此外,2003 年 10 月成立的逐浪网,以及 2000 年成立的中文在线(旗下拥有 17k 小说网)在原创文学方面表现不俗,网络原创文学产业迅速向多元化方向迈进。

### 5.3.3 网络原创文学产业链分析

围绕全版权运营活动,原创文学网站构建了比较复杂的产业链,它可以分解为三条:① 作者→原创文学网站→在线付费阅读的读者;② 作者→原创文学网站→移动运营商→终端设备商→读者;③ 作者→原创文学网站→线下出版、动

---

① 起点团队吴文辉出走始末:经典"盛大式问题"[EN/OL].[2013-04-16].http://tech.sina.com.cn/i/2013-04-16/08488244507.shtml.

② 阿里宣布成立阿里文学 网络文学或现 BAT 三足鼎立[EN/OL].[2015-04-23].http://tech.ifeng.com/a/20150423/41065656_0.shtml.

漫改编、游戏改编、影视改编等→读者。其中第三条产业链是内容的第二次售卖,是版权运营的结果。三条产业链之间的关系并不是分离的,而是有机统一的,是以原创文学网站为中心的。图 5-3 所示为网络原创文学产业链示意图。

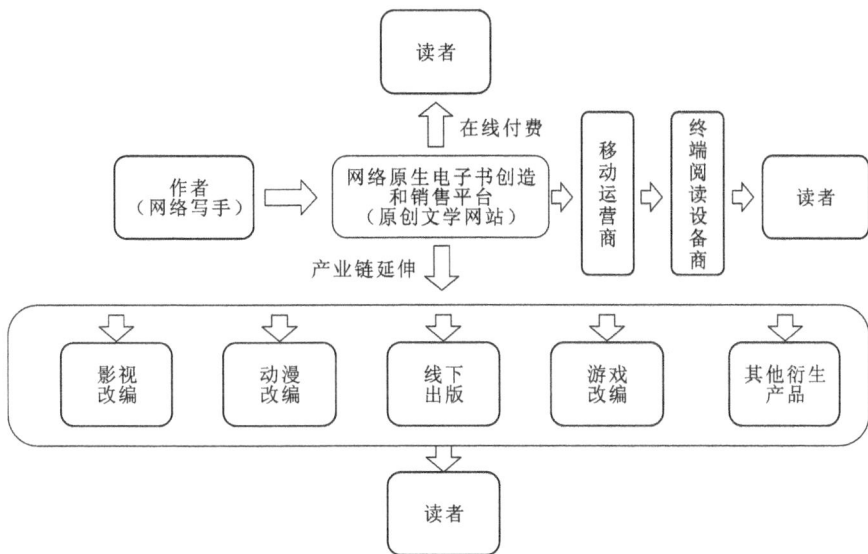

图 5-3　网络原创文学产业链示意图

（1）网络写手

如图 5-3 所示,网络写手为产业链的最上游,承担内容创作工作,生产产业链上其他各种产品的原材料,其功能地位是毋庸赘言的。网络写手多为草根作者,网络原创文学在内容上也比较另类,商业化成分过重,很多人认为其作品难以登堂入室,故网络原创文学的作者一般被冠以网络写手之名,而不被称作作家。网络写手的专业背景多元化,成长于各大原创文学网站。原创文学网站通过付费订阅分成制度笼络网络写手,促成网络写手高产化和职业化。

网络写手的收入体现了其在网络文学产业链中的地位。网络写手挣钱的方式通常有三种:第一,网络写手按字数所得稿费（点击率分成）。第二,通过转让作品版权分成。主要是影视、游戏作品改编,以及转印纸质作品获得的版税,通常依靠这类方式,网络写手能获得大量报酬。第三,网络写手与网站签约后会有最低工资保障。自 2012 年起,中国作家富豪榜推出子榜单——中国网络作家富豪榜,该榜单首次将中国网络作家的生存状态和中国网络文学的发展脉络完整而清晰地呈现出来。著名网络作家唐家三少、我吃西红柿、天蚕土豆分别以3300 万、2100 万、1800 万的版税收入荣登"中国网络作家富豪榜"前三甲（2012 年统计数据包括了 2007—2011 年 5 年的版税收入）。2013 年第八届中国作家富豪榜中,前四甲唐家三少 2650 万,天蚕土豆 2000 万,血红 1450 万,我吃西红柿 1300 万;2014 年前三甲唐家三少 5000 万,辰东 2800 万,天蚕土豆 2550 万。当然,对于庞大的网络写手群体而言,能获得这样收入的人毕竟是位于金字塔顶的少数。绝大多数网络写手收入并不高,部分平凡写手只能吃每月 2000 元左右的"低保",稍微有点名气的网络写手月薪为 5000~8000 元。[①]

起点中文网签约作家我吃西红柿原本是苏州大学数学系的一名学生,现已发表《星峰传说》《寸芒》《星辰变》《盘龙》等多部武侠小说,其中《星辰变》卖出 80 万的电影改编权,100 万的游戏改编权。唐家三少从 2004 年开始至今,已经创作了《光之子》《狂神》《善良的死神》《惟我独仙》《空速星痕》《冰火魔厨》《生肖守护神》《帝琴》《斗罗大陆》等多部长篇小说,他的创作速度是每月 30 万字。部分高收入网络写手的成功吸引了其他文学爱好者加盟网络写手这个队伍,庞大的网络写手队伍保证了原创文学网站产业链的基础。

(2)原创文学网站

产业链中游为原创文学网站,在产业链中处于主导地位。这种主导性体现在其贯通了产业链的上游与下游,并承担了筛选的作用。原创文学网站的主要职能包括资源汇聚、内容质量控制、内容推广及版权运营。

资源汇聚是原创文学网站的首要职能,这一职能紧紧联系了上游的网络写手和下游的读者。这里的资源汇聚兼具两层含义:一是汇聚网络写手资源,也就是汇聚丰富的内容资源;二是汇聚读者,也就是常说的聚货能力和聚客能力。

内容产品发行向来是出版的重要环节,到了数字出版时代亦没有改变。因此,原创文学网站的市场推广工作也是其至关重要的职能之一。原创文学作品的发行方式:一是利用自身平台分销内容,即在线付费阅读;二是通过电信运营商面向手机用户分销内容,以及利用专用电子阅读器分销内容;三是版权营运和行销,原创文学网站往往能签下作品的版权,进行内容的再次售卖及衍生产品的开发,这是产业链的延伸部分。

(3)终端阅读设备商、移动运营商和读者

终端阅读设备商、移动运营商和读者属于产业链的下游。终端阅读设备包括 PC、平板电脑、专用电子阅读器及手机。PC 主要针对在线付费阅读。有的网络平台如盛大文学,还开发了专用电子阅读器 Bamboo,低价销售阅读器,从而促销内容产品。移动运营商包括中国移动、中国联通和中国电信。它们在产业链中的作用首先是提供通信渠道;另外,三大电信商还自建有移动阅读基地,对包括原创文学在内的内容资源进行整合分销。

---

① 欧阳友权.网络文学五年普查(2009—2013)[M].北京:中央编译出版社,2014.

读者是产业链的末端。原创文学的读者直接为网站创造点击率,从而使网站得以实现付费阅读和具有不菲的广告价值。网络原创文学读者具有下述特征:

① 读者与作者在身份构成上具有较大的重合,读者也以学生和白领人群为主,其中女性读者占据优势地位。这一读者构成上的特征直接影响了作品的题材和网站的风格定位。部分原创文学网站读者构成状况见表5-6。

表 5-6　　　　　　　部分原创文学网站读者构成状况[①]

| 网站名称 | 读者构成 | 特色作品资源 |
| --- | --- | --- |
| 幻剑书盟 | 白领和学生 | 奇幻、武侠 |
| 起点中文网 | 15～30周岁的用户为主 | 奇幻 |
| 晋江文学 | 18～35周岁的消费群体占85%,<br>其中女性用户占93% | 武侠、言情 |
| 红袖添香 | 白领女性为主 | 言情小说 |
| 言情小说吧 | 女性群体为主 | 言情小说 |
| 17K小说网 | 16～49周岁的用户群为主,男女比例约各一半 | 玄幻、都市言情 |

② 原创文学读者的阅读动机可定义为主动性、休闲性和娱乐性。一般要求作品趣味性强,能满足好奇心,可释放现实压力。读者对作品中所展现的知识性不甚苛求,致使原创文学中穿越、盗墓及奇幻内容甚多。消除人际交往贫乏造成的寂寞,也是读者阅读该类小说的动机,所以言情题材在原创文学中较多。读者通过阅读小说,可印证他/她们对情感的看法,包括爱情、亲情、友情。

## 5.3.4　我国网络原创文学网站的运营模式——以盛大文学为例

我国网络原创文学的运营模式以盛大文学为典型代表。围绕上述三条产业链,形成了三种运营模式。首先是推行了在线付费阅读模式;其次是开展了移动阅读模式;最后,开展全版权运营模式。下文逐一对三种模式进行分析。

### 5.3.4.1　在线付费阅读模式

在线付费阅读模式是对作品的第一次售卖。它始于起点中文网2003年10月开始实行的VIP制度,逐渐演变为原创文学网站的主流模式。所谓VIP制度,是指读者与文学网站签署一个"VIP订阅协议",交纳一定数量的会员费,

---

① 郝振省.2009—2010中国数字出版产业年度报告[M].北京:中国书籍出版社,2011.

成为该网站的 VIP 会员，而会员可以随时向网站支付订阅费，阅读网络小说的 VIP 章节。

2004 年 11 月，盛大文学收购了起点中文网。盛大文学在收购起点中文网后利用自身庞大的销售渠道，迅速完善了起点中文网设计的微付费系统。在线付费阅读模式的独特性在于：一是对网上优秀作品进行签约，小说的前半部供读者免费试阅，后半部需付费阅读；二是以章节为单位，按每千字 2 分钱的价格进行销售，如仅选择部分感兴趣章节，费用更低；三是作者可获得用户付费额的 50%～70%作为基本报酬，且按月结算；四是作品创作、发布、销售、反馈以分钟为间隔，作者与读者实时互动；五是尊重版权、严格准入，每个作者必须提供真实身份，对新上传作品必须声明版权所有权。①

微付费模式完善了以创作、培养、销售为一体的电子在线出版机制，探索出了原创文学网站的盈利模式。盛大文学旗下的起点中文网，每年能产生 10 个收入上百万的作者，100 个收入上十万的作者，1000 多个收入上万元的作者。② 另据报道，2008 年、2009 年和 2010 年，盛大文学的净收入分别为 5300 万元、1.34 亿元和 3.93 亿元，年复合增长率为 172.3%。2011 年上半年盛大文学的收入就达到 3.11 亿元，也就是说盛大文学半年收入就接近上一年的全年收入。③ 盛大文学已经用它的营收数据，有力地证明网络文学的产业格局的形成和发展，而其中在线付费阅读模式具有首功。

### 5.3.4.2 移动阅读模式

在线付费阅读针对的是 PC 机阅读，移动阅读模式可以算作是在线付费模式的延伸，旨在利用手机等移动终端，对内容进一步分销。以盛大文学为例，发展移动阅读采取了下列措施。

早在 2008 年，盛大文学便着手于无线阅读平台的优化，与中国最大的电信运营商中国移动达成战略合作协议，共同开辟无线阅读市场。为此，盛大文学专门设立了无线公司，依托于其搭建的数字版权中心，正式进军无线阅读市场。

要立足现今中国的无线阅读市场，掌控渠道是关键。盛大文学目前已拥有两大较为稳定的自有渠道：一是 WEB/WAP 网站，盛大文学旗下的网站拥有独立的 WAP 门户，供用户付费阅读；二是客户端（盛大书童、云中书城客户端），一

---

① 解放日报：盛大开辟网络文学新"起点"[EN/OL]. [2008-06-10]. http://www.qidian.com/News/ShowNews.aspx? newsid=1003022.

② 网络业余写手月收入达 3 万 年入上百万亦有人在[EN/OL]. [2008-12-15]. http://news.xinhuanet.com/society/2008-12/15/content_10506699.htm.

③ 盛大文学付费阅读收入增 76.4% 用户 ARPU 值增长[EN/OL]. [2012-02-25]. http://net.chinabyte.com/450/12274950.shtml.

开始盛大就与诺基亚、华为等手机终端厂商展开合作,在其手机中内置盛大文学盛大书童。另外,在各大手机应用商店,也可以下载盛大文学客户端"云中书城"。盛大通过客户端和手机在线阅读完善了自建的手机内容发行渠道。

盛大文学还和中国移动、中国联通、中国电信建立了战略合作关系,利用三大公司"移动阅读""沃阅读"和"天翼空间"平台分销内容。盛大文学已经成为中国移动阅读最大收费内容供应商。[①]

盛大文学还实施了OPOB战略。OPOB(one person one book,一人一书计划)发布于2010年3月10日。其内容包括:发布定制的电纸屏阅读器Bamboo,并打造云中书城。该书城能将盛大文学旗下的多家文学网站整合成为一个平台,并与Bamboo绑定分销内容。

① Bamboo,中文名"锦书",取"云中谁寄锦书来"之意,在名称上就显示出与"云中书城"绑定的含义。它和汉王等阅读器一样采用电纸屏幕,但盛大文学对之定价低廉,最初上市价格为999元,后跌至499元,甚至用户在年消费书城内容达到一定金额便可获赠Bamboo。显然Bamboo只是盛大文学分销内容产品的销售渠道,而不是直接盈利产品。

② 云中书城打造的主要目的有:一是盛大文学收购"起点中文网""晋江文学""红袖添香""榕树下""小说阅读网""言情小说吧"和"潇湘书院"等多家原创文学网站以来,一直没有统一的展现平台,打造云中书城可以整合盛大文学各家网站。二是云中书城志在整合传统内容提供商和其他内容提供商,其定位在办一个开放的平台,所有版权所有者(包括报纸、杂志、论坛、博客)及读者都可以自由接入,通过链接变成其中的一个组成部分。在云中书城中,合作伙伴可以保留其品牌。同时云中书城允许合作方自由定价。此外,云中书城还通过一系列推广服务措施,分销内容产品。

总而言之,网络原创文学的移动阅读模式是在阅读终端上的进一步拓展。因此,盛大文学自建和与他方合作建立了多样化的分销渠道。盛大文学搭建的云中书城更是表现出了远远超出经营原创文学的野心,也"欢迎"传统出版商等进入云中书城。盛大文学此举对传统出版商构成了极大的挑战。同时,盛大文学也是我国学习谷歌海量内容和开放平台模式,以及亚马逊绑定模式的代表。

最后必须指出,移动阅读模式与在线付费阅读模式相同的是都属于内容的第一次售卖。而我国网络原创文学出版的特色还在于对版权的代理和营销。

---

① 盛大文学成中移动阅读最大收费内容供应商[EN/OL]. [2010-06-03]. http://games.qq.com/a/20100603/000215.htm.

### 5.3.4.3 全版权运营模式

盛大文学通过签约作者获得原创文学作品的版权经营许可,然后实行全版权运营。所谓全版权运营,是指对一个产品的所有版权进行开发,包括网上的电子版权、线下的出版权、手机上的电子版权、影视和游戏改编权,以及一系列衍生产品的版权等。这种版权运营模式被盛大文学自称为全版权运营。图5-4所示为起点中文网对版权运营的介绍,代表性地说明了盛大文学乃至我国整个网络原创文学行业的版权运营模式。

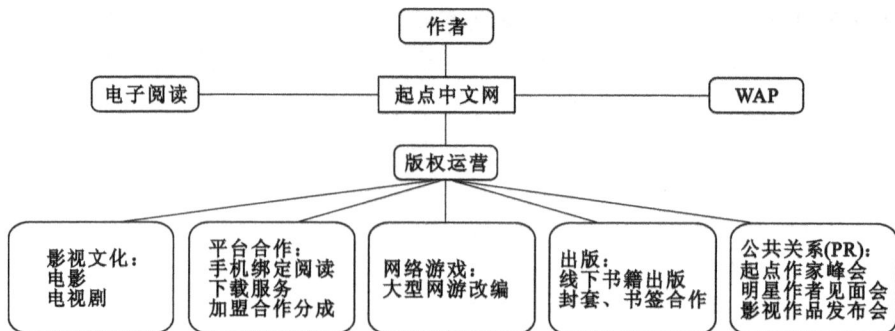

**图5-4 起点中文网的版权分销模式①**

盛大文学是影视、游戏乃至音乐的版权来源。盛大文学投入 8000 万元搭建推广版权衍生品的立体营销平台,邀请作家经纪人对盛大文学的签约作家进行包装和运营,探索将小说的电子版权、无线发布权、纸质版权及动漫影视改编权等统一包装、运营,打造一条以文学为核心,整合影视、版权、无线等多方资源的产业链,充分挖掘我国原创文学的文化创意产能。

在版权的多元化开发上,盛大文学采用的是"深挖洞"策略。"深挖洞"是指把每一个版权都运营到极致,把版权运营做精、做细、做深。把每部作品的版权、每个作者,都进行精细化的版权开发规划,把最大价值发挥出来。例如,2009 年 3 月,盛大文学组织的全球写作大赛启动,截至 2009 年 11 月中旬时,共有 7 万余部文学稿件投稿,其中包括大量的长篇小说。盛大文学从中挑选出 300 多部作品,这些作品的线下出版权已经全部卖出,甚至有不少的影视版权也已经卖出。盛大文学提供的网络平台,每天都在产生优秀创意、优秀剧本,补充了我国影视行业的短板。《恋爱潜规则》改编自《和空姐同居的日子》,这是近年来知名度最高的网络小说之一,至 2009 年,二者点击量累计超过 10 亿次;《星辰变》至 2009 年网络点击量超过 4000 万次,连续 40 周在百度所有关键词搜索排名中位

---

① 起点中文网:商务合作版权行销[EN/OL]. [2012-06-03]. http://www.qidian.com/aboutus/ads/copyright.html.

居前列,多次名列第一,同时是起点中文网总收藏榜排名第一名的作品,随后该作品又由线上作品变成了线下传统图书。2008 年其游戏版权以 100 万元的高价卖给了盛大游戏,在 2009ChinaJoy 年度优秀游戏评选中荣获"玩家最期待的十大网络游戏"第一名,其电影改编权也于 2009 年 11 月卖给了盛世影业。[①]《鬼吹灯》在起点中文网的点击量截至 2015 年 12 月就超过 1900 万。[②] 2007 年8 月 30 日起点中文网宣布将《鬼吹灯》的影视改编权以 100 万转让给华映电影,[③]由盛大文学自行研发的《鬼吹灯外传》游戏及《鬼吹灯》漫画作品在 2007 年第一季度火热上市,点击量已超过 120 万。《鬼吹灯》版权总收入已超过 1000 余万元。[④] 2009 年,盛大文学成立了中国影视剧本基地,该基地拥有数千部当红、畅销流行小说的影视改编权,目前,已售出影视改编权的小说超过百部。[⑤]

综上所述,盛大文学对 VIP 付费阅读进行了成功探索;提出了全版权运营概念,对内容产品进行深度的、多次的开发。盛大文学还初步打造数字出版全产业链。虽然全产业链有垄断嫌疑,但目前看来,世界主流数字出版商都在试图"通吃"产业链上下游。此外,盛大文学还极力推动网络原创文学的主流化。网络原创文学历来被视为"另类",盛大文学的内容虽然在一定程度上满足了网民对大众文化的需求,但主题范围仍然狭窄,这就使得盛大模式在数字出版中的影响有限。因此,盛大文学采取了大量措施推动主流化:动员传统知名作家韩寒、严歌苓、郭敬明到盛大文学网络上首发自己的作品;斥资购买已经出版的图书版权,放到网上、手机频道上,方便读者阅读;盛大文学加入中国出版工作者协会,从组织上融入出版产业的主流。

## 5.3.5 我国网络原创文学出版的质量控制分析

5.3.5.1 网络原创文学内容质量的问题和出现缘由

(1)网络原创文学内容质量的主要问题

网络对于文学,可以说是一把双刃剑,一方面为文学创作提供了开放、自由

---

① 盛大文学连接并购文学网站 依托版权扩张版图[EN/OL]. [2010-02-22]. http://ucwap.ifeng. com/tech/media/chuanmeiribao/news? aid=2865128&p=3.

② 数据来源于起点中文网《鬼吹灯(盗墓者的经历)》的点击量统计. http://www. qidian. com/ Book/53269. aspx.

③ 起点中文网正式授权华映拍摄电影《鬼吹灯》[EN/OL]. [2007-08-31]. http://www. enet. com. cn/article/2007/0831/A20070831804792. shtml.

④ 网络写手的非典型生活[EN/OL]. [2009-03-01]. http://www. cnrepair. com/n221115c605. aspx.

⑤ 盛大文学成中国影视剧本基地[EN/OL]. [2009-11-09]. http://news. xinhuanet. com/ newmedia/1743-11/09/content_11924389. htm.

的创作空间,使很多优秀的作品出现,如《第一次亲密接触》《明朝那些事儿》《鬼吹灯》《星辰变》《宦海沉浮》《不认输》《我的美女老板》《梦回大清》《诛仙》《小兵传奇》《成都,今夜请将我遗忘》,等等;另一方面,带来了一蹴而就、鱼龙混杂、怠于思考的文字垃圾。网络原创文学质量方面的主要问题如下。

首先,从网络原创文学的总体上看,作品内容趋于单一,文学创作走向模式化。其题材大部分局限在玄幻、奇幻、武侠仙侠、都市言情。各类题材跟风现象严重,比如,爱情故事类里有《和空姐同居的日子》,与此相似的,在起点中文网里可以找《和校花同居的日子》《我和校花同居的日子》《跟校花同居的日子》《和明星同居的日子》《和大小姐同居的日子》《大学同居的日子》《和护士同居的日子》《和名模一起同居的日子》,等等。

其次,作品内容低俗。表现在以下几个方面:一是部分网络原创文学作品明目张胆地宣扬淫秽色情内容;二是部分原创文学网站用挑逗性的标题,或带有侵犯个人隐私性质的内容吸引网民点击阅读;三是部分原创文学网站为谋取经济利益,转载刊登淫秽色情和有低俗问题的网络原创文学作品,或提供下载链接服务。[①] 2010 年据盛大文学审读室统计,旗下六家网站(起点中文网、晋江文学、红袖添香、小说阅读网、榕树下、潇湘书院)共发现不良信息 92820 条,违规内容 5169 处,删除含有不良信息的论坛、博客、书评共 14987 条。[②]

最后,文字水平较低。网络原创文学作品门槛低,很多作者创作经验不足,文化层次不高,语言表达达不到要求,错字错词和标点错误都很常见。另外,网络语言本身也具有随意性、恶搞性。火星文、绰号、嘲谑、戏仿、反讽,甚至是粗俗的脏话都恣意生长。

(2) 网络原创文学内容质量问题出现缘由

网络原创文学作为新技术和内容结合的产物,它背后有着深层次的文化背景、文学和技术发展规律方面的原因。

首先,出版内涵的变化。传统出版物是由出版机构出版的。在我国,传统出版单位的设立必须符合国家法律法规规定,而且出版机构的活动受到内容审查、书号控制和经营范围等方面的管理。编辑也必须具有出版资格证才能从事本行业工作。而就网络原创文学出版活动来说,它在出版主体、形式和范围上没有一个明确的规定。第一,行业准入上,一个网站仅需备案就可以上线运营,论坛或聊天室也可以开设网络原创文学栏目。第二,对人员配备也无基本条件的要求,原创文学网站也没有和传统出版机构一样的编辑制度。第三,互联网在内容管

---

① 谢有顺. 通向网络文学的途中[N]. 文艺报,2001-07-24.

② 燕斌. 盛大文学重拳打击"三俗",成果显著[J]. 出版参考,2011(7):19.

理上的规定也是粗线条的。互联网管制的内容主要是针对宣扬网络色情、暴力，宣扬性别、种族、民族、宗教歧视和仇恨，侵犯著作权内容、侵犯他人隐私等。网络原创文学内容属于灰色地带，虽然穿越、盗墓等内容较之传统文学比较另类，但仍然不是违法内容。在这种情况下，网络原创文学作品的质量就很难得到应有的控制。

其次，在出版内涵变化的同时，文学生态环境也发生了变化。在商品经济浪潮冲击下，快餐文化兴起，通俗化、大众化和娱乐化的作品占领了大众阅读市场。严肃文学从社会文化的中心舞台走到社会的边缘，渐渐告别神圣的殿堂，失去了社会代言的资本和功能，在文化消费市场上渐受冷落。号称文学期刊"四大名旦"的《十月》《收获》《钟山》《花城》也出现了生存危机，许多纯文学的刊物停刊。

再次，就网络原创文学经营环境来说，网站经营过度商业化，由于点击量决定写手和网站的收入，点击量几乎成了评价作品质量的标准。这就导致低俗内容泛滥，跟风现象严重，一旦有某一题材的作品受到追捧，则效法制作纷至沓来，网络文学作品出现模式化趋势。

最后，就媒介技术环境来说，在计算机、服务器、光纤电缆等物理设备支撑下，人和人在虚拟的"网络社会"中交流，网络身份的虚拟性、形态隐匿等就直接表现出来了，导致网络交流的随意性。而计算机基本上被看作是无所不能的工具，复制、粘贴等手段也助长了抄袭他人作品的行为。

原创文学产业隶属内容产业，上文指出了网络原创文学内容质量问题，那么，要想产业得到健康的发展，建立内容质量机制就是一个大问题，以下对网络原创文学质量的内部和外部控制机制进行分析。

### 5.3.5.2 网络原创文学质量内部控制机制分析

较成熟的原创文学网站，已经形成了一套对质量进行筛选、淘汰和修正的工作办法，我们称这些工作原理为内部质量控制机制，这一整套"机制"值得我们全面研究。

由于网络原创文学运行机制不同，其产品作为内容质量控制对象有其特殊性。首先，经济成本是原创文学网站考虑的重要因素。原创文学网站兼有作品传播和商务交易的功能，如果按传统的审核方式审读，没有一个网站能够支撑起这笔巨大的费用。以盛大文学为例，目前，盛大文学旗下网站每天上传字数将近6000万，①如此庞大的数量，所需的编辑队伍也会非常庞大，而且发布周期会很长，这显然不现实，与网络原创文学创办的初衷也相违背。

---

① 盛大文学之步步惊心［EN/OL］.［2011-11-22］. http://tech.163.com/11/1122/10/7JF75R3T0009387B.html.

其次,点击量在原创文学网站的商业杠杆中起着重要作用,它反映了作品的受关注程度。网络写手根据点击量获得报酬,网站也可用点击量吸引广告主。因此,作品常常需要"炒热",这需要大量的网民参与。网络"喧哗"实际上是网络原创文学出版中的重要推动因素,这就决定了传统出版在幕后的精编精校不适合用在原创文学网站之中。

再次,网络原创文学传播过程中的特殊性还表现在其发表平台是互动的、开放的,作者、读者、编辑都在一个平台上保持着高度的联系,任何一方的行为都在平台上有清晰的展现。作者每天的更新量、读者的评论和点击状况、编辑的推荐等,所有活动交汇在一起,让信息交互澄清,可以更快地发现和改正错误。这就决定了网站可以采用"互动"等办法来进行质量控制。互动不但可以使问题在最短时间内得到解决,而且有利于"炒热"作品。

最后,网络传播有其特殊性,"置顶""加精"等功能的应用,可以将一篇好作品与网民分享。同时,长期没人评论点击的作品就可能"沉底",这就形成了一种自然的淘汰制度。

原创文学网站利用上述特殊性,形成了对内容产品进行控制的一整套办法,包括制度控制、筛选机制、自我修正机制,另外,辅以作者激励机制等。

（1）制度控制

原创文学网站上发布的作品数量众多,每个编辑平均每天要审读数百万字的作品,如果没有一个明确的内容质量要求,就不能对作品进行标准的评价。对网络写手来说,必须有一个规则约束。而对网站管理本身来说,制定相关的作品发布制度、推荐规则、服务制度等,是必不可少的。

原创文学网站一般都必须具有以下四个方面的规则:一是作者申请条件、福利稿酬制度和作者权利规定;二是上传的作品要求、作品授权级别规定、作品分类规则和收录推荐规则;三是书评管理规定;四是编辑对作品评价标准,包含一些传统文学作品的标准在内,如作品创作原型的选择、信息的密集度和新颖度、思想的深刻性和表达的水平等。构建起一个完善的制度体系,将对作品质量改善起到重要的作用。

（2）筛选机制

网络原创文学网站中体现出的信息传递结构是立体的,蕴含着一种筛选机制。它的结构如下。

① 基础层。作品传播的最底层。对于阅读到的作品,读者可以评论和推荐。例如,起点中文网对作品设置了"互动信息区"和"书评区"栏目,用"投推荐票""打赏作品"(读者鼓励作者,对作品赏以拍币的行为叫"打赏")和"评价"等方式评价作品,而"点击量""本书月票""好评指数"和被"打赏"数又是作品进入不同排行榜的条件。

其中"基础层"的评价指标之一是点击量。笔者对起点中文网文学作品会员点击量排名前 20 名的统计如表 5-7 所示。

表 5-7　　　起点中文网文学作品会员点击量排名前 20 名统计表①

|  | 类别 | 书名 | 会员总点击量 | 总点击量 |
|---|---|---|---|---|
| 1 | 科幻小说 | 《吞噬星空》 | 7392922 | 46819111 |
| 2 | 玄幻小说 | 《斗破苍穹》 | 5073635 | 5331692 |
| 3 | 仙侠小说 | 《遮天》 | 3577864 | 2254129 |
| 4 | 游戏小说 | 《重生之贼行天下》 | 3358788 | 2643662 |
| 5 | 玄幻小说 | 《天珠变》 | 3125941 | 2267956 |
| 6 | 仙侠小说 | 《仙逆》 | 2365502 | 29897302 |
| 7 | 都市小说 | 《黄金瞳》 | 2183365 | 12247205 |
| 8 | 玄幻小说 | 《异世邪君》 | 2164539 | 26459820 |
| 9 | 仙侠小说 | 《凡人修仙传》 | 2132637 | 71987795 |
| 10 | 玄幻小说 | 《大周皇族》 | 2107646 | 11412039 |
| 11 | 游戏小说 | 《全球论剑》 | 1893517 | 8344430 |
| 12 | 玄幻小说 | 《战天》 | 1784583 | 9290486 |
| 13 | 历史小说 | 《赘婿》 | 1711824 | 7655035 |
| 14 | 玄幻小说 | 《叱咤风云》 | 1642226 | 8055190 |
| 15 | 历史小说 | 《锦衣夜行》 | 1641213 | 7229643 |
| 16 | 玄幻小说 | 《武动乾坤》 | 1611951 | 12413449 |
| 17 | 玄幻小说 | 《异世药王》 | 1609406 | 9034786 |
| 18 | 游戏小说 | 《全职高手》 | 1497685 | 7865806 |
| 19 | 历史小说 | 《曹贼》 | 1451412 | 6011460 |
| 20 | 仙侠小说 | 《易鼎》 | 1425541 | 5686525 |

表 5-7 中显示,前 20 名中,最少点击量的"仙侠小说"《易鼎》,其会员点击量也超过百万。这与美国自助出版中畅销书的销售量在大多情况下超过传统图书

---

① 数据来自起点中文网,采集时间为 2011 年 8 月 14 日.

是一致的。① 网站一般设有"点击榜",在首页占据突出的位置。从点击量统计看,名列榜首的作品《吞噬星空》点击量高达 4000 多万,会员点击量也超过 700 多万。会员或者非会员点击量这种评价方式虽然简单,但这种方式完成了对作品的初步评价,读者喜欢的作品可以凸显出来。

② 中间层。通过基础层的评价,受读者欢迎的作品会得到编辑的推荐,点击量达到一定数量的作品会被置顶,并重新审读,发布到网站推荐栏目上。在原创文学网站上一般都设有"编辑推荐""每周强推""会员点击榜""书友推荐榜"和"热门作品精选"等栏目,进入这些推荐榜要达到相应的标准,是读者和编辑双重选择的结果。这些推荐榜显示在主页上,可以吸引更多读者阅读。通过中间层的传播,作品的影响力会进一步扩大。

还是以起点中文网为例,书评区精华计算方式是:a. 两周内"有更新"的作品,作品周加精次数＝50＋(上周本书点击次数/2000)＋(上周本书推荐次数/200);b. 两周内"未更新"的作品,作品周加精次数＝10＋(上周本书点击次数/2000)＋(上周本书推荐次数/200);c. 对非书籍评论区,每周精华获得 10 个;d. 上述精华数量每周一凌晨归零重新统计,不累计计算。② 起点新人、新书榜潜力值计算公式为:当周点击次数×5＋当周推荐次数×10＋总收藏次数/2。③

另外,有的原创文学网站还纳入了传统的编辑制度。如起点中文网的"三江推荐":三江推荐是自由申请且专门面向新进作品的推荐榜单,只要满足三江推荐条件的起点作者均可申请。申请后会有专业编辑对作品进行审核,通过者得到在首页推荐一周的机会。"三江推荐"规则中规定:"三江申请不考虑作品点击与推荐票方面的数据,只看文章质量;其次情节生动精彩,最好在创意与新意方面有所突出,能吸引读者的阅读欲望;人物性格鲜明,能令读者留下深刻印象。"凡作家想申请三江推荐的,点击相关按钮即可,但每部作品每周只接受一次申请,重复申请无效。④

③ 最高层。受读者热烈欢迎的作品,在得到作者授权的情况下,会进入版权运营阶段。如盛大文学及 17K 小说网等,都会对优秀作品进行全版权运营。

① 自助出版得卖出多少本才算畅销书?［EN/OL］.［2013-05-23］. http://www.bookdao.com/article/63349/.

② 书评区精华如何计算［EN/OL］.［2013-05-15］. http://www.qidian.com/HelpCenter/default.aspx? type＝0&categoryid＝62&parentid＝59.

③ 新书榜的相关说明［EN/OL］.［2013-05-15］. http://www.qidian.com/HelpCenter/default.aspx? type＝0&categoryid＝67&parentid＝13.

④ 起点三江阁推荐规则［EN/OL］.［2013-05-15］. http://www.qidian.com/HelpCenter/default.aspx? type＝0&categoryid＝57&parentid＝53.

很多网络原创文学作品在经过最高层的传播后,从"边缘"渐渐走进"主流"。①《第一次亲密接触》《奋斗》《士兵突击》《杜拉拉升职记》《蜗居》等一系列网络小说被改编成影视作品,还有一些被改编成为游戏,如玄幻类小说《盘龙》,作品经历到这个阶段,能够继续得到读者或者是观众的认可,便是真正意义上的文学精品了。

（3）自我修正机制

网络原创文学自我修正机制是一个选择性的过程,纵向上通过三个层次的选择,可以把优秀的作品选择保留下来。横向上,借助读者和作者交流的信息碰撞来实现信息的修正,这是一种自发的、非制度化的过程。

首先,在网站上给读者一个简单便捷的评论入口。读者以发表评论的方式指出作品中存在的问题,作者必须回复或者修改自己的作品。如果作者没有及时改正,还会有读者提出意见,再次提醒作者改正。

其次,集中性的讨论会起到一个修正的作用。这些讨论可以在某部作品的评论页面,也可以在相互链接的其他页面,如白社会、开心网、人人网、QQ 群、百度贴吧等。网络作家天蚕土豆的《斗破苍穹》在起点中文网的评论和回复接近200 万,在百度贴吧有 2000 多万个热贴在讨论。② 经过众人讨论,作品中的一些问题,会在这个过程中得到解决,而且可以扩大作品的影响力。

最后,受到读者和编辑推荐的作品必须满足相应的标准,这时作者还会对作品内容进行直接修改,此时在修改层次上已经趋于完善了。

通过这个机制,与读者的互动发挥了重要的修正作用。经过这样一层层的修正,优秀的作品会得到保存和传播。作者和读者互动修正机制打破了传统出版中的编辑体制,节约了编辑成本,也历练了作者。

（4）作者激励机制

在网络这个写作和阅读基本上同步的环境下,要保证作品的质量,先要提高作者的积极性,使其尽可能地创作出高水平的文学作品。为此,应该做到以下几点:

首先,保护作品版权,维护作品的原创性。杜绝抄袭等非原创性的作品发布,防止作品被盗链及非法转载。除了著作权和互联网信息管理规定之外,网站自身要制定网络管理规则,支持原创,保护作者权益。在起点中文网、晋江文学、榕树下、红袖添香、纵横中文网、幻剑书盟、17K 小说网等原创文学网站的投稿规则中都有严格的规定,保证作品的原创性。同时,对于抄袭都会有严厉的处理

① 贺子岳,邹燕. 盛大文学发展研究[J]. 编辑之友,2010(11):75-77.
② 起点中文网《斗破苍穹》霸气不减[EN/OL]. [2011-04-28]. http://soft. yesky. com/info/93/12064093. shtml.

措施,如晋江文学在首页设置有"涉嫌抄袭事件录"栏目,对涉嫌抄袭的作品进行曝光。

其次,建立完善的稿酬制度和保障计划。盛大文学旗下网站作者按照点击量和文字数量获得报酬。前文已经指出,在起点中文网,每年能产生10个收入上百万的作者,100个收入上十万的作者,1000多个收入上万元的作者。① 起点中文网推出"作家福利计划",把作者分成未签约作家、签约作家和白金作家分别进行不同程度的保障,同时根据不同情况推出了雏鹰展翅计划、完本奖励计划、月票奖励计划、分类月票奖励计划、全勤奖计划、开拓保障计划、买断计划、文以载道计划、出版激励计划等。这些措施为作者创作提供了多方的保障,让作者可以专心于创作。

再次,定期举行征文比赛,对作者进行精神和物质两方面的激励。原创文学网站和文学期刊都会定期和不定期地举行文学作品比赛,这就使得许多优秀的作品脱颖而出。到目前为止,榕树下"网络原创文学大展"已经举行了五届,"起点中文小说网千万奖金写作大赛"中,各类别的名列前茅的作品,将被盛大文学以最高达30万元的版权交易金购入。表现特别突出的作者,将获得总价值为100万元的版权交易金和全套包装推广计划。

最后,定期培训有发展潜力的作者,实施教育激励,纠正他们存在的不良写作习惯,以提高他们的创作水平。2010年,盛大文学携手鲁迅文学院举办了一次为期十天的"网络文学作者培训班",帮助学员了解文学创作潮流、掌握文学创作基本理论知识等,解决网络原创文学题材匮乏、语言缺少锤炼问题。盛大文学还将举行"千人培训"的综合发展计划。随着原创文学网站盈利能力不断增强,这类的培训会不断增多,对网络原创文学内容质量控制有重要的意义。

传统出版也有定期对编辑培训的制度,能有效地更新和提升编辑的职业技能,提高编辑应对新环境的能力。这些传统的制度和培训方式正在被网络原创文学企业实践,如盛大文学的"千人培训"计划,但要作为网络原创文学企业的一种制度,还需要有一段时间。

综上所述,原创文学网络平台采取了较为简化的发布方式,但在作品传播的过程中则设置了一定的筛选和修正机制,从而形成了流程化的质量控制方法。全部流程可以简单表示为:作者资格审定→电子把关→发布→读者阅读和评论→编辑审读和推荐→正式出版及版权运营。首先,网站会对网络写手资格进行审批,一般需上传自己的作品,经过编辑的审查,认可网络写手的写作能力后,

---

① 网络业余写手月收入达3万 年入上百万亦有人在[EN/OL].[2008-12-15]. http://news. xinhuanet. com/society/2008-12/15/content_10506699. htm.

才允许上传作品。其次,作品上传后,网站通过设置的敏感关键词可以将一些低俗、危害社会稳定、带有民族歧视色彩等内容的词语屏蔽掉,这就是电子把关。最后,作者的作品发布后,网络编辑还会对作品的内容进行阅读,推荐优秀作品。同时,点击量大、受读者欢迎的作品还会再次得到编辑的审读,并可能进入传统出版渠道出版。这样一部好的作品在这个过程中凸显出来,最终被广为传播,而质量低的作品淡出读者视线,被自然淘汰。

### 5.3.5.3 网络原创文学质量外部控制机制分析

上文是从微观上分析原创文学网站内部控制机制,除此之外,宏观和中观上也存在相应的一些管理措施。

(1) 网络原创文学外部管理制度

外部控制是指原创文学网站以外的法规、政策及宏观中观管理控制,包括已经颁布的互联网传播法规,以及行业规定的公约等,如表 5-8 所示。

表 5-8　　**互联网信息传播主要法规和主要网络文学行业自律公约**

| | 相关法规或相关公约 | 相关内容摘录 |
|---|---|---|
| 互联网内容信息管理相关规定 | 《中华人民共和国计算机信息网络国际互联网管理暂行规定》,1997 年 2 月出台 | 其中规定:国家对国际互联网实行统筹规划、统一标准、分级管理、促进发展的原则,加强对计算机信息国际互联网的管理,保障国际计算机信息交流的健康发展 |
| | 《互联网信息服务管理办法》,2000 年 9 月出台 | 互联网信息服务提供者不得制作、复制、发布、传播含有下列内容的信息:(一)反对宪法所确定的基本原则的;(二)危害国家安全,泄露国家秘密,颠覆国家政权,破坏国家统一的;(三)损害国家荣誉和利益的;(四)煽动民族仇恨、民族歧视,破坏民族团结的;(五)破坏国家宗教政策,宣扬邪教和封建迷信的;(六)散布谣言,扰乱社会秩序,破坏社会稳定的;(七)散布淫秽、色情、赌博、暴力、凶杀、恐怖或者教唆犯罪的;(八)侮辱或者诽谤他人,侵害他人合法权益的;(九)含有法律、行政法规禁止的其他内容的。这个办法在机构进入标准和内容方面都有明确的规定 |
| | 《互联网出版管理暂行规定》,2002 年 8 月出台 | 规定了国务院对互联网出版进行管理的机构,互联网出版的范围、进入规则,以及互联网出版不得刊载的内容,这是第一部全面的对互联网出版活动进行管理的规定的法律 |
| | 《信息网络传播保护条例》,2006 年 7 月出台 | 规定任何组织或者个人将他人的作品、表演、录音录像制品通过信息网络向公众提供,法律规定的除外,都必须取得权利人许可,并支付报酬;故意删除或者是改变,都必须经权利人许可 |

续表

| 相关法规或<br>相关公约 | | 相关内容摘录 |
|---|---|---|
| 行业自律规定 | 互联网协会发布了《中国互联网行业自律公约》,2004 年出台 | 规定互联网信息服务者应自觉遵守国家有关互联网信息服务管理的规定,不制作、发布或传播危害国家安全、危害社会稳定、违反法律法规及迷信、淫秽等有害信息,依法对用户在网站上发布的信息进行监督,及时清除有害信息。不链接有害信息的网站,确保网络内容的合法、健康;制作、发布或传播网络信息,要遵守有关保护知识产权法律、法规 |
| | 中国作家网、盛大文学、中文在线、新浪读书频道、搜狐读书频道 5 家专业文学网站(频道)发出了自律倡议,2009 年出台 | 倡议指出,"加强引导,坚决抵制网络文学的低俗之风,积极主动推介具有中国气派、体现时代精神、品位高雅的网络文学品牌,充分发挥网络文学滋润心灵、陶冶情操、愉悦身心的作用。不刊载、转载违反法律法规、有悖中华民族优秀传统和社会公德的文学作品。不以任何形式传播内容有害或不健康的文字。加强网络文学编辑培训工作,提高文学网站(频道)编辑人员的思想素质和文学修养"[①] |
| | 文学网站自律宣言 | 营造积极健康和谐的网络文学创作和阅读环境,传播先进文化,抵制网络低俗之风,净化网络环境。如中国作家网等专业文学网站(频道)发出自律倡议[②];17K 自律宣言,等等[③] |

从互联网信息传播主要法规看,我国对互联网的规定是比较宏观的。主要是希望通过法律手段,达到保护国家形象,维持国家稳定和统一的目的。其管制的内容主要包括三类:一类是违法和不良内容,如网络色情、暴力,宣扬性别、种族、民族、宗教歧视和仇恨等。二类是侵犯著作权内容,非法转载、链接、修改和扩散传播的行为。三类是侵犯他人隐私,未经他人许可,将他人的隐私泄露到互联网,让他人知悉、复制和利用。[④]

自律公约是成员为了全行业健康发展,维护行业成员利益,规范行业从业者行为制定的管理规则。从表 5-8 可以看出,自律分为三个级别:互联网级别、行业联盟级别和个体网站级别。互联网宏观上的自律与《互联网信息服务管理办法》如出一辙,而真正可起一定作用的是行业联盟自律和网站自律。但由于行业

---

① 中国作家网等专业文学网站(频道)发出自律倡议[EN/OL].[2009-12-16]. http://www.gov.cn/jrzg/2009-12/16/content_1489098.htm.

② 同①。

③ 17K 自律宣言:营造积极健康和谐的网络文学创作和阅读环境[EN/OL].[2011-02-17]. http://cms.17k.com/news/784.html.

④ 刘兵.关于中国互联网内容管制理论研究[D].北京:北京邮电大学,2007.

兴起时间较短,产业商业化过度,目前尚未形成完整全面的行业自律公约和执行方案。

（2）网络原创文学外部管理行为控制

网络原创文学外部管理主要来自政府监管以及媒体和社会监督。政府部门既是宏观政策的制定者,也是微观管理的执行者,他们一方面要扶持引导优秀文化企业的发展,另一方面要监督文化企业的行为,对文学作品这种特殊商品进行"质检"。国家对网络内容进行管理的政府部门是国家新闻出版广电总局和全国"扫黄打非"工作小组办公室。两个部门对互联网出版的内容进行严格监控,包括"网络出版监管系统""24 小时网络出版内容实时动态检测站""网络出版舆情报告系统单位"等检测力量和手段,对低俗内容进行管理和清理。据报道,2009 年这些部门累计对 4000 多家网络文学网站中的近 5 万部中文网络文学作品进行重点监测,并组织 50 多位专家对涉嫌色情和低俗内容的网络文学作品进行审读鉴定,这些措施取得了显著成效。包括网络小说、手机小说在内的 1414 种淫秽色情和低俗网络文学作品被查处,20 家传播淫秽色情文学的网站被关闭,累计删除各类淫秽色情文学网页链接 3 万余个,网络文学低俗内容整治工作取得显著成效[①]。

大众传播媒体对社会环境有监督功能,随着新技术的发展,以及网络媒体的加入,媒体强大的社会舆论监督力量表现得更明显,微博、SNS 等新兴网络工具的应用,让任何一个人都可以成为记者,可以在任何时候都发挥监督作用。这样,一方面引起管理者的高度重视,采取措施控制;另一方面提高人们的警惕意识,引导人们做出正确抉择。2010 年 12 月,中央电视台财经频道《消费主张》栏目曝光盛大文学旗下的多家网站"涉黄",指责他们过度追求商业化利益,呼吁管理部门的监管,这引起了国家部门和盛大文学管理方的高度重视,此后盛大文学提出了"三大安全策略"监督网络原创文学作品内容。"三大安全策略"分别是技术屏障,即通过技术手段过滤有害内容;设立审读室,以人工审查方式进行审阅;设立有奖举报,对举报违规内容确凿的给予重奖[②]。

---

① 中国严厉整治网络文学低俗内容　关闭 20 家网站[EN/OL].［2009-10-21］. http://it. sohu. com/20091021/n267578836. shtml.

② 盛大文学设三大安全策略监督文学内容[EN/OL].［2010-12-09］. http://www. yesky. com/ebook/329/11697829. shtml.

# 5.4 网络原生电子书出版存在的问题

## 5.4.1 内容质量问题仍然是网络原生电子书的首要问题

虽然网络原生电子书商采取了一些措施,但内容质量方面存在的问题仍然是首要问题和世界性的问题。由于审稿制度的缺失,大量垃圾内容充斥自助出版平台。据国外报道,一些不道德的自助出版人仅仅是从网上搜罗一些文本内容而后把它们拼凑起来,就成了一本电子书作品[1];亚马逊被称为"仿冒书籍集中营",写手可以使用亚马逊旗下的 CreateSpace 的系统设计并自助出版图书,这些图书随后会在亚马逊和其他网站销售,亚马逊还会与作者分享收益,这些都在消费者根本不知情的情况下发生[2]。我国的原创文学网站有比较系统的质量控制制度,具有一定的先进性。但我国这种制度也存在着一些问题:

第一,我国原创文学网站质量控制制度有先天不足之嫌。网络原创文学的评论在当前的表现是以"跟帖评论"的方式,这种方式随意性大,没有传统的文学评论那样的深度和专业性。一个笑脸,一朵花,一个"顶"或者"支持"都代表了读者的评论。因而,在这种评论机制下建立起来的质量控制制度,随意的成分也很大,纯娱乐性作品常常凭人气胜出,而其思想性和社会意义则较低。文学评论界普遍认为网络原创文学很大一部分作品是粗、俗、浅,文章"注水"严重。

第二,网站制度已经被网络写手参透,为追求点击量,从而获得经济收入,大量模式化作品产生。例如,2005 年的穿越小说《梦回大清》,2006 年的盗墓小说《鬼吹灯》,这两部小说发表后好评如潮,一时间导致大量同类作品涌现。"男盗女穿"的现象持续数年热度不减。无数网络写手对同一内容反复诠释,致使许多桥段反复出现,呈现千文一面,甚至互相抄袭的现象。[3]

第三,内容方面炒作的成分也很重。自从网络原创文学开始商业化运营以来,"首发效应""眼球经济""版权转让""点击量"这些词汇就成了编辑们的"口头

---

① 自助出版者会怀念传统出版商吗? [EN/OL]. [2011-07-29]. http://www.bookdao.com/article/24542/.

② 《财富》杂志:亚马逊成仿冒书籍集中营[EN/OL]. [2012-04-17]. http://www.bookdao.com/article/37818/.

③ 郝振省. 2009—2010 中国数字出版产业年度报告[M].北京:中国书籍出版社,2011.

禅",他们尽可能地寻找作品中能够吸引读者的段落或者是情节,在搜索引擎、论坛、作品转载网做"披露",为作品做宣传,有时候是"自说自语"的炒作,真正作品的内容并不是如其所说。在网络原创文学网站上我们总会看到如"月票 PK 榜""上月 PK 榜""编辑推荐榜""书友推荐榜""文学推荐榜""签约作者新书榜",等等。不同的网站不同的作品,内容评价和榜单的评价标准不一样,权威性不够,而且很多榜单并不是真实情况的反映,这很可能带来误导,和传统作品在经过读者阅读后推荐是有很大区别的。

笔者认为,网络原创文学虽然不同于传统文学,但也必须建立起自己的文学评价机制,从作品的质量,到对社会精神文明建设的影响全方位评价。建立第三方作品评价机构显得尤为重要,应有专门的作品阅读评价团队,阅读原创文学网站的推荐作品,对作品做全面评价;另外,传统的编辑方法值得引入原创文学网站中。目前,起点中文网的"三江推荐"是一个很好的例子,可以在不受点击量影响的情况下根据作品质量来推荐图书。另外,加拿大 Iguana Books 公司也在尝试采用传统编辑制度审核自助出版中的作品质量。①

另外,我国原创文学网站还应大力吸收传统作家加盟在线创作。传统精英作家的加入,会为网络原创文学的发展起到良好的导向作用,使网络原创文学趋向主流化。在网络原生出版的宣传介绍上,美国明显要领先很多。仅仅在亚马逊网站上搜索"self-publishing",就会有较多的介绍自助出版如何操作及优劣利弊等的图书。这些图书多为成功自主出版者的经验总结,为精英作家进入自主出版行业起了巨大的推动作用。

### 5.4.2  备受盗版困扰

盗版在亚马逊等网站上比较严重,在我国盗版活动尤其猖獗。盗版问题可以说是网络文学发展的最大困扰,当前国内的各大原创文学网站无不因"海量盗版"而损失惨重。据不完全统计,目前我国文学盗版网站的数量达 50 多万家,原创文学网站仅有十几家。包括门户网站经营的网络文学业务在内,都不同程度地存在着被通过盗链和盗贴等方式侵权的问题。盗版网站给网络文学造成的损失每年为 40 亿~60 亿元。② 从网络文学区别于传统出版盗版的特殊性来看,网

①  加拿大自助出版商力保电子书与传统书一致［EN/OL］.［2011-11-18］. http://www.bisenet.com/article/201111/107124.htm.

②  半月谈:网络文学向盗版暴利宣战［EN/OL］.［2011-06-05］. http://news.xinhuanet.com/society/2011-06/05/c_121498047.htm.

络文学产业中的盗版主要有以下三种类型。

（1）不法网站的"盗链"

起点中文网、红袖添香、新浪读书等原创文学网站通常是看过几章后就需要付费才能让读者继续阅读，或是只能免费看到节选部分。但很多读者通常可以利用搜索引擎找到免费的全文阅读，确切地说是找到不法网站的"盗链"①，从而阅读到原创网站上收费的原创作品。盛大文学总经理侯小强说："盛大文学排名前 10 位的作者，每人平均被网络盗版的篇数超过 800 万篇。"许多不法网站通过盗版热门文章来提高浏览量，以此吸引广告商的投入；有的盗版网站将浏览量做大以后，甚至反过来要求盛大文学来收购。2008 年底，起点中文网赢得"国内首例网络文学侵权案"。被告"凌霄阁"网站先后刊载文学作品近 9000 部，其中 1300 多部"盗链"来自起点中文网，依靠这些"盗链"，"凌霄阁"一度做到国内中文文学类网站浏览量排名第 7，日访问量达 20 万独立 IP，并通过网站链接广告从中获利。最终"凌霄阁"网站两名主管都被判处有期徒刑一年半及罚金各 10 万元。在该案判决之后，盛大文学已将维权行动列为重点工作之一，筹建了国内最大的原创文学维权律师团。但是侯小强深感单纯依靠法律武器去迎战上亿个"盗链"，"确实无能为力"。②

（2）"双黄蛋"问题③

2008 年，起点中文网上连载的《星辰变》一度走红，成为点击量最高的网络小说，作者署名"我吃西红柿"；北京书生电子技术有限公司旗下的读吧网上随后出现了署名为"不吃西红柿"的作品《星辰变后传》。因笔名相似，且沿用《星辰变》中的人物、情节、环境等要素，盛大文学要求《星辰变后传》的作者停止为读吧网创作并在起点中文网发表致歉信。2009 年元旦，读吧网的《星辰变后传》开始无法正常更新，《星辰变后传》的作者"不吃西红柿"向盛大文学书面致歉，并结束了在读吧网上《星辰变后传》的创作，转而到起点中文网创作新版本的《星辰变后传》。然而，读吧网则找来继任作者，仍以"不吃西红柿"为名继续更新《星辰变后传》。至此，起点中文网与读吧网的两部同名作品——《星辰变后传》均在正常更

---

① "盗链"的定义是：此内容不在自己服务器上，而通过技术手段，绕过别人放广告有利益的最终页，直接在自己的有广告有利益的页面上向最终用户提供此内容。常常是一些名不见经传的小网站来盗取一些有实力的大网站的地址（如一些音乐、图片、软件的下载地址）放置在自己的网站中，通过这种方法盗取大网站的空间和流量。

② 李舒. 知识产权"瓶颈"[J/OL]. 瞭望，2009（3）[2012-06-03]. http://www.jmnews.com.cn/c/2009/02/16/14/c_5893390.shtml.

③ 《星辰变后传》成双黄蛋 书生与盛大陷入僵持[EN/OL]. [2009-02-04]. http://tech.qq.com/a/20090204/000052.htm.

新中,作者署名也同为"不吃西红柿"。这个案例被业界笑称为"双黄蛋"。此后,北京书生电子技术有限公司和盛大文学之争陷入僵局,双方各执一词。

(3)搜索引擎是盗版帮凶

2010 年 3 月 17 日,盛大文学宣布,正式起诉百度,索赔金额达百万元。理由是百度在搜索结果及贴吧中收录了大量的网络文学盗版,这些作品侵犯了盛大文学的权益,索赔金额上百万元。[1] 盛大文学律师列出了七条起诉百度的理由,分别为:① 百度侵害了盛大文学签约作者的版税收入。② 百度导致盛大文学重点作品的被盗链、盗用现象严重。③ 百度操纵排行榜,无故屏蔽盛大文学小说进入热点搜索排行。④ 百度贴吧成网络文学盗版重灾区。⑤ 百度对要求删除盗版内容反应迟钝。⑥ 百度对盗版网站的纵容破坏整个创意产业发展秩序。⑦百度导致盛大文学损失严重。[2]

《信息网络传播权保护条例》第二十三条规定:网络服务提供者为服务对象提供搜索或者链接服务,在接到权利人的通知书后,根据本条例规定断开与侵权的作品、表演、录音录像制品的链接的,不承担赔偿责任;但是,明知或者应知所链接的作品、表演、录音录像制品侵权的,应当承担共同侵权责任。虽然从该条例看,法律上关于搜索引擎对文学网站的侵权行为有明确的判定,但是这个规定还是比较严格的,因为搜索引擎正面作用大于负面作用。法律界人士表示,所谓"明知或者应知",在不同阶段应该有不同标准;法律本身是为经济服务的工具,在不同阶段应该有不同的认知标准。因此,应该对"明知或者应知"做进一步限定,并结合具体情况分析服务商的主观过错,在确定"应知"标准时应注意平衡,不可过于宽泛,以防对网络行业造成致命的打击。可见,由于搜索引擎的特殊功能,在对其侵权行为的判定上尚有很大的难度,搜索引擎是个不折不扣的"帮凶",但对于这个帮凶的处置上目前法律还拿捏不好。

## 5.4.3 网络文学网站之垄断质疑

国外数字出版业存在着严重的垄断问题,苹果和亚马逊尤甚。但在网络原生电子书行业,我国比较严重、备受垄断指责的主要是盛大文学。随着盛大文学在网络文学资源领域所占份额越来越大,其面临的是否涉及垄断与不正当竞争

---

[1] 盛大文学正式起诉百度 索赔金额达百万元[EN/OL]. [2010-03-22]. http://news. ccidnet. com/art/1032/20100322/2017601_1. html.

[2] 盛大文学明年 1 月将起诉百度 列举 7 条理由[EN/OL]. [2009-12-17]. http://games. qq. com/a/20091218/000051. htm.

的声音也不断传出,而且越来越强。全国首例网络运营垄断案当事人正是盛大文学,2008年10月,读吧网运营商北京书生电子技术有限公司就曾经对盛大文学提起过反垄断诉讼,控诉其利用强势地位胁迫作者停笔,违背了创作力的社会共享。但该案在2009年12月的终审中未获得上海市高级人民法院的支持。

尽管盛大文学不愿意给自己戴上"垄断"的帽子,但在网络文学的有关统计数据上,其领先的地位不容置疑。从其占领的读者资源来看,艾瑞咨询发布的2010年2月垂直文学网站行业数据显示,垂直文学网站总日均覆盖人数859万人,盛大文学旗下起点中文网日均覆盖人数达204万人,此外,盛大文学旗下其他6家网站累计日均覆盖人数超300万。盛大文学的网站广泛覆盖人群数已远远超过读者资源市场的50%。另外,从其拥有的内容资源来看,盛大文学旗下的7家文学网站一共拥有超过93万名作者,累计500亿字的内容储备,每天新增内容达6000万字,占有网络文学领域80%以上的资源。[①]

根据我国2008年制定的《中华人民共和国反垄断法》(以下简称《反垄断法》)规定,一个经营者在相关市场的市场份额达到1/2的,可以推定经营者具有市场支配地位,构成垄断。企业规模和市场份额是《反垄断法》用来推算是否构成垄断行为的考虑依据之一,但垄断地位和具有市场支配地位本身并不违法,只有对企业这种地位加以滥用才属于《反垄断法》规制的范畴。而且,目前我国在互联网领域的法律明显滞后,从知识产权来说,其有时是一种合理的垄断,其形式是在一定时期内垄断特定产品、技术的市场。但其适用应在一定的范围之内。

尽管盛大文学的市场垄断地位存在争议,但其强势地位不容置疑地影响到了整个网络文学生态。

第一,其对其他竞争对手的生存产生影响。随着盛大文学的不断收购,用户资源几乎被盛大文学独占,目前市场上的中小网络文学网站,都面临着缺少用户资源的严峻问题。不仅是用户资源,就算中小网络文学网站想效仿盛大文学采用合作分成的模式寻找合作伙伴来对抗盛大文学也是极其困难的。存在的瓶颈就是可以合作的网络文学网站资源有限。从目前市场上的网络文学网站来看,覆盖用户较多的大中型网站基本已经被盛大文学收购。竞争对手或被并购或另谋生路。

第二,作者和读者的担忧与日俱增。如果盛大文学形成行业垄断,那么盛大文学也就掌握了在线阅读的定价权和分成模式话语权,网络作者和广大读者将失去原先与盛大文学平等的地位而沦为鱼肉。

---

① 第一财经日报:网游巨头的文学江湖[EN/OL].[2010-04-22]. http://tech. qq. com/a/20100422/000017. htm.

其实,垄断问题也是数字出版业的通病,除了盛大文学,我国的移动运营商,国外的亚马逊和苹果等,都有垄断的嫌疑。垄断的弊端是严重的,不利于产业良好发展。要解决好这个问题,应依靠产业政策调控。政策对数字出版作用主要体现在:指导产业布局及制定宏观发展战略,指导和规划企业的定位,订立公平契约,指导产业链之间的利益分配等。政府一般还会在不同时期采取不同的产业政策,对有垄断趋向的企业,必须有控制措施。

# 5.5　本章小结

网络原生电子书的出版主要应用于大众出版领域。由于这种模式减少了印刷、运输、库存等中间环节,降低了成本和图书价格,提高了作者版税,因此,这种模式是对传统出版的极大挑战。但这种出版活动也有天生的痼疾:图书缺乏编辑控制,因而质量低、内容俗。为此,盛大文学等网络平台建立了一系列内容质量控制的方法,并不断创新作者激励机制和培养制度。目前,国内外都有传统出版商利用网络原生电子书的生产方法获取内容资源,同时,网络原生出版平台也在学习传统出版商的编辑制度。笔者认为,国内网络原生电子书已过度商业化,难登文学的大雅之堂。但比之这些平台,传统出版商在服务、成本管理等方面又有较大的劣势。因此,建议传统出版商及时改进服务,充分利用网络社交媒介等工具,否则,危机不远矣。

# 6　开放存取出版研究

开放存取出版与网络原生电子书出版一样,也是基于 Web 2.0 技术的。它包括开放存取仓储和开放存取期刊两种形式,其中前者是 Web 2.0 下的自我提交,后者与传统期刊一样有编审制度。它是一种秉承开放、共享、自由宗旨的学术出版模式,与过度商业化的网络原生电子书出版完全不一样。因此,这种出版模式是一种独特的模式,它一诞生,就引起了广泛关注。

## 6.1　开放存取出版概述

### 6.1.1　开放存取的定义

开放存取是 open access(简称 OA)的中文译名之一。通常被译为开放存取、开放获取、开放访问、公开获取、开放使用、开放存取出版、公开取用等。据隋秀芝对维普期刊网的论文进行调查,对 open access 的中文译名,国内大多数学者采用"开放存取",占所调查文章的 60.11%,而"开放获取"占 34.35%。[①] 这说明目前国内学术界对于"开放存取"这一译法的认同度较高。

开放存取的定义是随着各种不同的解释而发展的,取决于其支持者实用主义或理想主义的程度。目前国际上较权威的"开放存取"概念主要来源于 3B,即《布达佩斯开放存取先导计划》《百斯达开放存取出版声明》(也称《百斯达声明》或《毕士达开放获取出版声明》)和《关于社会科学和人文科学领域知识的开放存取柏林宣言》。

2001 年 12 月,《布达佩斯开放存取先导计划》(*Budapest Open Access Initiative*,简称 BOAI)将开放存取描述为:作品可以通过公共互联网免费获取,

---

① 隋秀芝. 我国开放存取研究述评[J]. 情报科学,2008(12):1896-1901.

即允许任何用户阅读、下载、复制、传播、打印和检索作品的全文,或者对作品进行链接、为作品建立本地索引、将作品作为数据传递给相应的软件,或者对作品进行任何其他出于合法目的的使用,而不受经济、法律和技术方面的任何限制,除非网络本身造成数据获取障碍。对复制和传播的唯一约束,以及版权在此所起的唯一作用是,应该保证作者拥有保护其作品完整性的权利,并要求他人在使用作者作品时以适当的方式致谢并注明引用出处。①

2003 年 6 月通过的《百斯达开放存取出版声明》(*Bethesda Statement on Open Access Publishing*)对开放存取进行了条件式定义,认为它应满足以下两个条件:① 作者和著作权人赋予所有用户免费的、不能撤回的、在全世界范围的获取权利;只要恰当地注明原著者,就可以在任何数字媒介上出于任何可靠的目的公开复制、使用、传播和展示原作品及在原作品基础上创作和传播其衍生作品,并允许所有用户打印少量份数的作品供个人使用。② 作品发表后,包括所有附件和上述著作权声明在内的完整作品,立即以适当的标准电子格式存放在至少一个在线数据库中,该数据库通常由科研机构、学术团体、政府机关或其他声望很高的单位支持和维护,实现资源的开放存取、无限传播、互操作和长期保存。② 百斯达定义对存取方式则有更具体的描述。

2003 年 10 月 22 日,由德国、法国、意大利等多国研究机构在柏林签署《柏林科学与人文知识开放存取宣言》(*Berlin Declaration on Open Access to Knowledge in the Sciences and Humanities*)。该宣言指出:开放存取的出版物包括原创科研成果、原始数据和元数据、原始资料、图片和图像材料的数字表达及多媒体学术材料。③ 该宣言重申了《百斯达开放存取出版声明》中关于开放存取必须满足的两个条件,并且明确强调开放存取的对象和覆盖的学科范围,从自然科学领域向人文科学和社会科学领域延伸。

尽管 BOAI 定义对开放存取的界定广为学界接受,但学者对开放存取是否是一种出版模式存在疑问,如李武、刘兹恒认为"将开放存取定位于学术出版模式是为了区别于营利的商业出版机制"。④ 关于这个问题,其他开放存取支持者

① Budapest Open Access Initiative[EB/OL].[2002-02-14]. http://www.soros.org/openaccess/read.shtml.

② Bethesda Statement on Open Access Publishing[EN/OL].[2003-06-20]. http://www.earlham.edu/~peters/fos/bethesda.htm.

③ Berlin Declaration on Open Access to Knowledge in the Sciences and Humanities (20-22 Oct 2003)[EB/OL].[2009-09-20]. http://oa.mpg.de/openaccess-berlin/berlindeclaration.html.

④ 李武,刘兹恒. 一种全新的学术出版模式:开放存取出版模式探析[J]. 中国图书馆学报,2004,30(6):66-69.

还对这些定义进行了延伸,例如,英属哥伦比亚的 John Willinsky 认为:将商业出版模式与开放存取模式折中似乎可以解决一些冗余问题。如果期刊文档在初始发表中前 6 个月或 1 年内是开放的,或者期刊对发展中国家读者是开放的,仍属开放存取模式。① 此扩展定义包括了当前许多由传统出版商出版的期刊。

综上所述,开放存取出版的定义归纳为:一种通过作者将自己的学术著作或者其他作品发布在具有领域内认可度的网络期刊或者网络作品数据库中,读者可以通过相应的阅读终端,不受任何经济和法律条件限制,免费地在线阅读、下载、复制网络期刊或者网络作品数据库中的作品的一种在线出版方式。② 从定义中,我们可以看出,开放存取的核心特征在于:① 作者和版权人允许用户免费获取、复制或传播其数字化信息,其前提是尊重其版权。② 完整的论著存储在至少一个稳定、可靠的网络服务器中,以确保免费阅读,不受约束地传播和长期的数据库式储存。③

一般认为,实施开放存取有如下好处:① 对作者而言,能扩大作品的影响力,缩短出版与呈现到读者面前之间的时间,并且透过更为方便的各项检索工具,使文章之可见性大幅提高。② 对读者而言,可免费在网上获取所需文献。③ 对教师而言,提供 OA 文献的作者或著作权持有者是允许进一步复制或传递的。教师将不会有"合理使用"的争议或可能侵权的担忧。④ 对科学家或学者而言,可解决或缓解学术出版危机,形成科学交流的良性循环。④

## 6.1.2　开放存取的实现途径

对于如何实现开放存取,《布达佩斯开放存取先导计划》(BOAI)提出了两种模式:BOAI-1 自建文档(self-archiving,也翻译为"自行文档")模式和 BOAI-2 开放存取期刊模式。但是,按照国外知名的开放存取领域专家彼得 Peter Suber 的说法,开放存取的实现途径还应包括个人网站(personal websites)、电子书(eBooks)、邮件列表服务(listservs)、论坛(discussion forums)、博客(blog)、维客(wiki)、RSS 种子(RSS feeds)、P to P 文件共享网络(file-sharing networks)

① Willinsky J. Scholarly associations and the economic viability of open access publishing[J]. Journal of Digital Information,2004(4).

② 刘锦宏. 网络科技出版模式研究[M]. 武汉:武汉理工大学出版社,2010.

③ Open access,开放获取(开放存取)定义[EB/OL]. [2008-08-08]. http://www.souoa.com/html/OAxw/OAjs/5776.html.

④ Open Access 的好处[EB/OL]. [2008-08-22]. http://www.souoa.com/html/OAxw/OAjs/5785.html.

等多种形式。① 随着互联网技术的发展和各种新型传播方式的呈现,开放存取的实现途径也逐渐增多。综而归纳之,下列五种为开放存取的主要实现途径。

① 开放存取仓储(open access archives or repositories),即研究机构或作者本人,将未曾发表(预印本)或已经在传统期刊中发表过的论文(刊后本)作为开放式的电子档案存储在学科仓储(disciplinary archives,又称学科知识库)或知识仓储(institutional repositories,又称机构知识库)中。作品的这种传播模式被称为开放存取的"绿色之路"(green road to open access)。② 其中,预印本(preprint)一般没有经过同行评审,作者上传这些文献的目的是希望在线征求意见或者提醒同行注意自己的研究成果。学科仓储是指某些学科为了加速本学科研究成果的传播速度,以及让研究人员分享彼此的研究成果而设置的学科知识仓储。机构仓储是指以机构为单位来建立的知识仓储。为了能够长期保存机构内部研究人员的科研成果,让公众免费使用,许多大学、科研机构都建立了自己的知识仓储,形成了开放存取出版一类平台。

② 开放存取期刊(open access journal,简称 OAJ),即基于开放存取出版模式的期刊,利用相关工具建立开放式存取的平台,提供开放、自由的信息供大众免费使用。在开放存取期刊上发表文章被称作实现开放存取的"金色之路"(golden road to open access)。与开放存取仓储不同,开放存取期刊的显著特点在于实行同行评审制度,对期刊发表论文的质量进行严格控制。

开放存取期刊可以分为三种:一是完全 OA 期刊(full OA journals),即从期刊论文出版之日起就对所有用户提供全文的即时免费的访问。这是开放存取出版的理想模式。PLoS (the Public Library of Science,美国科学公共图书馆)期刊和 BMC (BioMed Central,英国生物医学中心)期刊采用的都是这种形式。开放存取期刊目录(directory of open access journal,简称 DoAJ③)也只收录这种类型的期刊。二是延时 OA 期刊(delayed OA journals),就是期刊出版后没有立即提供免费服务,还是基于传统的订阅模式,但过了一段时间后,通过互联网公开其全部论文的全文。典型的就是对期刊过刊内容实施免费访问政策。HighWire Press 的期刊大多数属于这种情况。三是部分 OA 期刊(partial OA

---

① Peter Suber. Open Access Overview [EB/OL]. [2012-9-20]. http://www. earlham. edu/~peters/fos/overview. htm.

② BOAI 中介绍了两种实现科技论文开放存取的方式:一种是作者自存档(self-archiving)的形式,另一种是通过 OA 期刊发表来实现。美国认知科学教授斯蒂万·哈纳德(Stevan Harnad)将前者称为绿色道路(green road),将后者称为金色道路(golden road)。

③ DoAJ 是由瑞典 Lund 大学图书馆创建和维护的 OA 期刊名录,该名录旨在覆盖所有学科、所有语种的高质量的 OA 同行评审刊(见 http://www.doaj.org/)。

journals),是折中了传统期刊和 OA 期刊运作模式的期刊,最为常见的做法是为作者提供选择,如果作者支付出版费用,那么其文章就为读者提供即时免费访问服务。目前,Springer 推出的 Open Choice 计划和 Blackwell 推出的 Online Open 项目都采纳了这种模式。另外,一些期刊允许读者免费访问部分论文的全文,而对其他论文的全文访问则需要支付费用。

③ 作者个人网站(author web sites)。其是指存放作者学术论文的网站,包括个人网站和个人博客(指学术内容的博客),作者存放论文的目的是供读者免费检索和使用。

④ 免费数字图书馆。其是指由政府、社会组织或个人捐助建立的数字图书馆,收集没有版权争议的经典著作,或著作的版权所有人捐赠的著作,向全球用户提供开放存取。[①] 如 1971 年就开始的由米切尔·哈特发起的"古腾堡计划",就是历史最悠久的免费提供网络图书下载和阅读的开放运动。

⑤ 维基类网络百科全书网站。维基类网络百科是一个自由、免费、内容开放的百科全书网站。一般学术界将其视为开放存取运动的一类。本书鉴于其独特性将之放在第 7 章论述。

另外,近年影响较大的麻省理工学院、哈佛大学等学校的公开课及国内近年的精品课程等也应属于开放存取运动活动;以平世界知识库(flat world knowledge)[②]为代表的开放式教材也应属于开放存取运动影响下的产物。

上述所列各类型网站的共同特征是向作者开放,允许作者自助提交,允许读者在遵守知识产权法的条件下下载利用,基本消除了付费阅读,提倡知识共享和自由交流。但这些网站在内容产品、业务流程等方面有较大的差别:① 从内容方面来讲,开放存取仓储和开放存取期刊学术性更强;博客等是大众传播媒介;个人网站的内容则因作者个人兴趣爱好而异;免费数字图书馆旨在分享和继承人类公共领域(public domain)的文化成果,其收录范围视建立者的主旨而定。② 从业务流程方面来讲,开放存取期刊采用传统的同行评审制度,开放存取仓储和免费数字图书馆则信息组织较好,博客等网站则是著名的"五零"制度,即"零编辑""零技术""零体制""零成本""零形式",不但缺乏内容审查机制,而且按照时间顺序展现日志,其学术信息传播效果不佳。维基类网络百科主张多人协同编辑内容,编辑者一般匿名,内容质量参差不齐。其中,最为典型的开放存取出版活动是 BOAI 推荐的开放存取仓储和开放存取期刊。

---

① 乔冬梅.e 印本文库建设与应用——开放存取运动典型策略研究[M].北京:北京图书馆出版社,2006.

② 平世界知识库官网 http://catalog.flatworldknowledge.com/.

# 6.2 开放存取出版的产生背景和发展历程

## 6.2.1 开放存取出版的产生背景

开放存取出版起源于欧美发达国家。其产生的背景有三。

第一,传统基于订阅的学术出版模式严重阻碍了学术传播。20世纪70年代以来,欧美发达国家的学术出版活动开始以商业化的模式运作,少数大型商业出版机构不断进行兼并,以垄断期刊市场,进而不断提高期刊价格。而在学术传播活动中,学者一般依赖图书馆订购的图书、期刊等科技资料进行科学研究,暴利集团的出现使得图书馆经费危机日益升级,迫使图书馆不得不采取各种各样的应对策略,如馆际互借、文献传递等活动,这样就导致图书馆取消部分期刊的订购。而出版商为了保证自己的利润,继续抬高期刊价格,导致学术期刊价格增长的恶性循环。这一现象被称为"学术期刊危机",这种危机严重阻碍了学术传播。

第二,期刊和图书出版周期较长,也影响科学交流效率。如期刊论文因为版面等条件的限制,常常要"排队"等候半年以上,而图书的出版周期就更长了。

第三,网络的运用使学术传播效率大大提高。作为一种开放的信息交流平台,网络使学术传播的速度更快、范围更广,从理论上来说,网络传播是全天候的,可以到达世界上的任一地方。而学者普遍希望能无障碍地传播自己的学术成果。在这种情况下,欧美一些科技工作者和开放运动支持者打出了"将科技出版归还给学者"的口号,并以此为宗旨发起了一场开放存取运动。

当然,开放存取赖以存在的基本前提还是研究人员的非营利的信息传播动机和利用需求,这就是开放存取在学术领域兴起而不是在其他领域兴起的关键原因。①

---

① 开放存取运动蓬勃兴起的原因何在?〔EB/OL〕.〔2008-10-22〕.http://www.souoa.com/html/OAxw/OAdt/5790_5.html.

## 6.2.2　开放存取出版的发展历程

乔冬梅认为,开放存取出版的发展历程可以划分为三个阶段,即萌芽阶段
(20 世纪 60 年代至 1997 年)、初步发展阶段(1998—2001 年)、稳步发展阶段
(2002 年至今)①。不过笔者认为开放存取运动可以调整为萌芽期(20 世纪 60—
90 年代初期)、形成期(20 世纪 90 年代初期至 2001 年)、发展期(2002 年至今),
三个阶段呈现不同的特征。

### 6.2.2.1　萌芽期(20 世纪 60—90 年代初期)

这一时期的开放存取活动主要包括:① 免费数字图书馆,如诞生于 1971 年
的,由 Michael Hart 创建的旨在"让全世界所有人都能够自由地获取为数众多
的著名重要文献"的古腾堡计划。② 一些预印本数据库问世,如高能物理领域
的斯坦福公共信息检索系统(Stanford Public Information Retrieval System,简
称 SPIRES)。③ 同行评审电子刊问世。20 世纪 70 年代末美国新泽西技术研
究所建成了电子信息交换系统。美国国家科学基金会在该系统中开办了一个经
同行评议的期刊 *Mental Workload*,它是世界上最早的纯网络期刊,创办 *Mental
Workload* 的目的在于提高出版的效率与降低费用,但它很快就遭遇失败。
20 世纪 80 年代初期,大英图书馆研究与发展部门在英国的 Birmingham
Loughborough Electronic Network Development(BLEND)项目(1980—
1985 年)也创办了一个经同行评议的期刊 *Computer Human Factors Journal*。
然而,它还是难以逃脱 *Mental Workload* 同样的命运。1987 年,美国 Syracuse
大学研究生 Michael Ehringhaus 创办了免费的同行评审电子刊《成人教育新视
野》(*New Horizons in Adult Education*),一年出版 2～3 期,该网络期刊至今还
在继续出版。它几乎具备了今日所谓开放存取期刊的全部元素。1991 年,万维
网的发明导致了电子信息的爆炸性增长,更多免费的同行评审电子期刊问世了,
如 Edward M. Jennings 于 1991 年创办的《E 期刊》(*E-journal*),在创办三年后
的 1992 年成为免费的同行评审电子期刊的《公共存取计算机系统评论》(*The
Public-access Computer Systems Review*),等等。

这一时期的特征是诞生了许多学术期刊,它们后来都被叫作开放存取期刊,
它们具有免费、共享等特点,但实际上,开放存取的概念尚未产生。

---

　　① 乔冬梅.e 印本文库建设与应用——开放存取运动典型策略研究[M].北京:北京图书馆出版社,
2006.

6.2.2.2　形成期(20 世纪 90 年代初期至 2001 年)

通常认为,真正意义上的开放存取运动可以追溯到 20 世纪 90 年代初期。这一时期诞生的由物理学家 Paul Ginsparg 建立高能物理领域的印本仓储 arXiv.org 被视为开放存取的雏形。

开放存取作为一种理念的提出始于 1998 年的"自由扩散科学成果运动"(也称"自由科学运动"),这个运动要求对于科学文献要减少版权条约中的限制条款,反对将作品复制权从作者转移给出版商。同年,September98 论坛建立,开始就在线免费提供科学信息问题进行全面探讨。这两个事件表明开放存取开始从个别科学家的想法和试验,而成为科学家群体共同关注的话题,标志着开放存取初步发展。

1999 年,Harold Varmus 博士提议建立公共医学中心(PubMed Central,简称 PMC),这是一个发布生物医学领域论文的开放存取网站。由于 PMC 并不成功,2001 年初 Harold Varmus 博士牵头成立了由科学家和研究人员参与和管理的非营利组织科学公共图书馆(Public Library of Science,简称 PLoS)。

总而言之,在形成期,开放存取的雏形产生,并且形成了开放存取理念的主要内容。科学家开始群体性关注开放存取。

6.2.2.3　发展期(2002 年至今)

开放存取运动发展的标志性事件是 2001 年 12 月由开放社会研究所(Open Society Institute,简称 OSI)在布达佩斯召开的一次小型研讨会。会上,来自不同国家、不同学科领域,持有各种观点的与会者探讨了如何利用 OSI 等机构的资源来协调各种分散的开放存取计划和方案,聚集所有支持开放存取的力量,以便最终能够在互联网上自由地获取各个学科领域的研究论文。会议的一个重要成果就是 2002 年 2 月 14 日发布的《布达佩斯开放存取先导计划》。该倡议给出开放存取的定义,并提出了两条实施开放存取的途径,即作者自行存档和开放存取期刊[1]。截至 2006 年 3 月初,已经有 3998 名个人和 343 个组织签名响应和声援该倡议[2]。

2003 年 4 月 11 日,在霍华德·休斯医学研究所(Howard Hughes Medical Institute)的一次会议上,与会者起草了《百斯达开放存取出版声明》,并于 2003 年 6 月 20 日公布。

2003 年 10 月 20—22 日,由德国马普学会(Max Planck Society)发起的,包

[1]　Budapest Open Access Initiative[EB/OL]. [2002-02-14]. http://www.soros.org/openaccess/read.shtml.

[2]　冯蓓. 开放存取期刊质量控制研究[D]. 武汉:武汉大学,2010.

括德国、法国和意大利等多国科研机构与基金会参加的"科学与人文知识开放存取大会"(Conference on Open Access to Knowledge in the Sciences and Humanities)在柏林召开,会上依据开放存取精神签署了《柏林科学与人文知识开放存取宣言》。《柏林科学与人文知识开放存取宣言》的主要内容为:鼓励科研人员与学者在"开放使用"的原则下公开他们的研究工作;鼓励文化机构通过在互联网上提供他们所拥有的资源来支持"开放使用";用发展的手段和方法来评估"开放使用"对促进科研的贡献,以维护在此过程中确保质量和良好的科学实践的标准;支持对诸如公开发行出版物等在宣传和使用价值上进行重新评估。

《布达佩斯开放存取先导计划》《百思达开放存取出版声明》《柏林科学与人文知识开放存取宣言》这三个重要的宣言被称为3B宣言。经过3B宣言,开放存取的内涵和外延有了较为明确和完整的认识。此后,开放存取运动从理论研究到实践活动,都进入了快速发展时期。许多组织对开放存取表示了支持。如联合国于2003年12月发布了《联合国信息社会世界峰会原则宣言》(*UN Declaration of Principles*)和《联合国信息社会世界峰会行动方案》(*UN World Summit of the Information Society Plan of Action*),采纳关于"开放存取"出版的诸多建议;又如国际图书馆协会联合会(*International Federation of Library Associations*,简称IFLA)于2004年2月发布《IFLA关于学术文献和研究文档的开放存取声明》(*IFLA Statement on Open Access to Scholarly Literature and Research Documentation*)。

一些国家如英国、美国、加拿大和澳大利亚等的政府都对开放存取表示了支持。在2004年初,经济合作与发展组织(*Organization for Economic Cooperation and Development*,简称OECD)的一次大会上,共有30多个国家签署了《公共资助研究数据的存取宣言》,承认对研究数据的开放存取有助于提高世界范围内科研系统的质量和效率。一些科研机构、基金会和慈善机构如霍华德·休斯医学研究所、惠康信托基金(Wellcome Trust)等则承诺将支付其研究人员在开放存取期刊发表论文的费用。还有一些政府机构如英国联合信息系统委员会(Joint Information Systems Committee,简称JISC)则出资帮助出版商向开放存取出版的方向转移。这些政策与活动有力地支持了开放存取运动的发展。

开放存取的信息自由共享理念得到了众多的支持后,出现了一批大型开放存取网络平台,出版了大量高质量出版物。目前,国外著名的开放存取期刊和仓储简介如下:

（1）美国科学公共图书馆（Public Library of Science，简称 PLoS）①

PLoS 成立于 2000 年 10 月，是为科技人员和医学人员服务的非营利性机构，致力于使全球范围科技和医学领域文献成为可以免费获取的公共资源。目前，PLoS 总共出版 7 种生命科学与医学领域的开放存取期刊，分别是：*PLoS Biology*、*PLoS Medicine*、*PLoS Computational Biology*、*PLoS Genetics*、*PLoS Pathogens*、*PLoS ONE*、*PLoS Neglected Tropical Diseases*。这 7 种期刊都是国际上顶级水平的科学期刊。

（2）英国生物医学中心（BioMed Central，简称 BMC）②

BMC 成立于 1999 年，是生物医学领域的一家独立的新型出版社，是最重要的开放存取期刊出版商之一。BMC 基于"开放地获取研究成果可以使科学进程更加快捷有效"的理念，坚持在 BMC 网站免费为读者提供信息服务，其出版的网络版期刊可供世界各国的读者免费检索、阅读和下载全文。截至 2015 年底，BMC 共出版期刊 290 种，基本是供读者免费使用。BMC 刊物发表的研究文章都实时载入 PubMed Central③ 或者其他相关数据库，以便查询利用。

（3）HighWire Press④

HighWire Press 是由斯坦福大学图书馆 1995 年建立的专业学术出版商，目前已成为全世界三个最大的、能够联机提供免费学术论文全文的出版商之一。截至 2015 年底，HighWire Press 共出版期刊 1700 份，234 余万篇免费获取全文的文章⑤。主要包括物理、生命科学、医学和社会学等领域的核心期刊。

（4）学术出版和学术资源联盟（The Scholarly Publishing and Academic Resources Coalition，简称 SPARC）⑥

SPARC 是作为对当前日益商业化的学术出版模式的积极回应，于 1998 年 6 月正式创建。它是由大学图书馆和相关教学研究机构共同参与的联合机构。SPARC 本身不是出版机构，其主要战略在于通过支持和赞助的方式扶持学会或者小型出版商出版的非营利或低价刊物，作为对高价商业期刊的替代产品，直接与同类高价商业期刊开展竞争，以引导学术传播系统回归正轨。目前，

① Public Library of Science 官网　http://www.plos.org/.
② BioMed Central 官网　http://www.biomedcentral.com/.
③ PubMed Central 是 2000 年 1 月由美国国家医学图书馆（NLM）的国家生物技术信息中心（NCBI）建立的生命科学期刊全文数据库。
④ HighWire Press 官网　http://home.highwire.org/.
⑤ 同④。
⑥ The Scholarly Publishing and Academic Resources Coalition 官网　http://sparcopen.org/.

SPARC 共有会员 800 家,分布在北美洲、欧洲、日本、澳洲和我国。[①]

(5) arXiv. org[②]

美国高能物理研究所理论部在 1991 年 8 月创建 arXiv. org,是公认的最早的电子预印本库。arXiv 最早出现在美国的洛斯阿拉莫斯国家实验室(LANL),2001 年转给康奈尔大学,已成为传播物理学、数学、非线性科学、计算机科学,以及生物学、金融学和统计学的主要论坛。由于它按学科收录、整理和检索论文预印本,并主要在同一学科或相关学科专家之间进行科学交流,因而被称为学科仓储。

(6) viXra[③]

viXra 是一个新的预印本库,主要涉及物理、数学、生命科学、化学及人类学等学科。viXra 可以免费下载全文。viXra 成立的目的是寻找一个 arXiv 预印本库的替代库。因为现在 arXiv 预印本库上传的文章越来越多,arXiv 为了保证质量,采取了一些审核机制。而这些审核机制限制了一部分科学家向 arXiv 投稿。为了更好地满足更多人的需求,viXra 成立了。它采取更包容和开放的措施,鼓励科学家把自己的文稿上传到数据库,以便让更多的人看到和传播。

# 6.3   开放存取出版模式分析

## 6.3.1   开放存取出版的业务流程

开放存取出版主要通过"金色道路"和"绿色道路"两种途径得以实现,这两种方式都实现了对传统学术出版模式的颠覆,其中,被称为"金色道路"的开放存取期刊流程更为复杂和具有代表性,它设有同行评审制度。开放存取仓储和开放存取期刊的差别一般在于开放存取仓储较少采用同行评审制度,而是通过读者反馈来修正文章质量。下面以开放存取期刊为例,开放存取出版业务流程示意图如图 6-1 所示。

开放存取期刊出版过程中,先由作者提交有关文章,然后经同行评审,再发

---

① About SPARC[EB/OL]. [2012-7-11]. http://sparcopen. org/who-we-are/.

② arXiv. org 官网   http://arxiv. org/.

③ viXra 官网   http://vixra. org/.

图 6-1 开放存取出版业务流程示意图

布作品,最后接受读者的在线评议。作者可根据读者意见对文章进行修订,然后重新发布。无论是开放存取仓储还是开放存取期刊,作者都必须付费发布文章,作者所付费用是为了维持网站运营和邀请专家评审等。而这个出版模式的终点——读者,则是免费阅读文章。

图 6-2 显示了基于机构和个人订阅的传统学术出版模式。在其中,作者受限于"版面"和"同行评审"的速度,因而影响了传播效率。并且传统学术出版中的"出版机构"有垄断之嫌,将出版物价格定得非常高昂,致使"订阅"环节受阻,因而有可能导致传播的中断或者传播面的减小。当今科技人员对文献的日益增长的需求与传统学术出版模式中的垄断行为形成了强烈的矛盾,而开放存取则是对传统学术出版模式的一种修正,或者说是一种挑战。

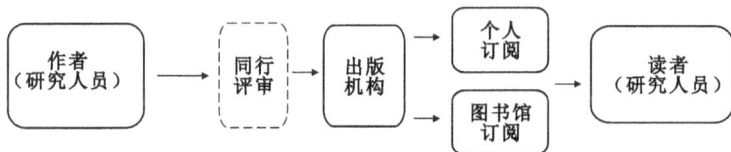

图 6-2 基于机构和个人订阅的传统学术出版模式示意图

## 6.3.2 开放存取出版模式的要素分析

出版内容、开放存取出版运动的支持者、经济收入模式,以及版权许可是开放存取出版的构成要素。

### 6.3.2.1 出版内容

开放存取出版的内容最初囿于科技领域,后向人文社会科学领域扩展。开放存取出版物不但包括原创论文、图书,而且包括大量图片、图像、音频、视频和多媒体学术资料等原始科研成果。开放存取还为灰色文献的学术交流提供了方便的渠道。国外将正式出版的文献称为"白色文献",而将不通过常规出版渠道发行,介于公开正式出版物和保密文献(黑色文献)之间的文献称为"灰色文献",这些文献出版迅速,信息量大,发行范围狭窄,不易获取,但极具参考价值。

### 6.3.2.2　支持者

开放存取网站在建设内容的时候受到科学研究资助机构等方面的大力支持。在欧美,一些国家政府和科学研究资助机构积极倡导由公共投资支持的科研成果应该为全社会所免费利用和共享,并通过制定政策来加以保障。如 2005 年 2 月世界上最大的医学研究资助单位美国的 NIH(National Institutes of Health)正式发布政策,要求作者在发表由 NIH 赞助的研究成果的同时,将一份文章提交给 NIH 的国家医学图书馆(National Library of Medicine)。文章将被放到公共医学数据库中心。英国资助研究的主要公共基金机构英国研究委员会也规定:从 2005 年 10 月开始,所有接受英国 8 个研究机构资助的研究人员都应尽可能早地将他们的论文放入免费公共数据库。

开放存取的网络平台一般由科学家及其组织机构、图书馆及传统出版机构搭建。如 arXiv.org 由洛斯阿拉莫斯国家实验室的物理学家 Paul Ginsparg 创建。又如 SPARC 最初由美国十所大学的图书馆联合出资创建。在我国,由于开放存取期刊多为刊后本,参与搭建开放存取平台的"期刊社"等很多。

### 6.3.2.3　经济收入模式

开放存取出版模式与基于订阅的传统学术出版模式的最大区别在于其主要收入来源不同。传统学术出版模式主要向图书馆和读者收取订阅费,而开放存取出版模式则向作者或作者所属机构收取论文处理费,对读者是完全免费的。此外,开放存取网站平台通过接受资金赞助、向会员收费、广告投放收费及提供增值服务收费等多种方式来实现经营收入,以满足其可持续发展的需要。需要说明的是,作者付费模式并不意味着作者从自己的腰包掏钱,而通常是指作者从项目或课题经费中抽取部分经费用于出版研究成果[①]。作为开放存取期刊的两大出版机构,PLoS 和 BMC 都主要采用这种收费方式。*PLoS Biology* 和 *PLoS Medicine* 的出版费是每篇 2500 美元,*PLoS ONE* 是 1250 美元。BMC 的各种期刊都收取数目不等的审稿手续费,例如,*BMC Biology* 的审稿手续费为每篇 1980 美元,*Journal of Medical Case Reports* 的审稿手续费为每篇 495 美元。

### 6.3.2.4　版权许可

传统期刊的版权通常通过版权转让协议的形式,由作者转让给出版社,也有的版权转让协议规定归双方共有。开放存取期刊强调由作者保留部分著作权,同时与公众共享一部分权利,而不是由出版商获得著作权。作者可以长期保有

---

① Peter Suber. Removing the barriers to research: An introduction to open access for librarian[J]. College & Research Library News,2003,64(2).

版权的唯一目的是保证作品的完整使用,尽可能降低读者和信息服务提供者合理使用文献的限制。但是在目前的现实情况下,完全由作者保留著作权实现起来比较困难,出版商往往会提出一些限制条件。

在质量控制方面,开放存取也存在突出的特点,由于这方面的内容较丰富,下文将专列一节详细讨论。

# 6.4  开放存取出版的质量控制分析

开放存取出版物主要包括开放存取期刊和自我典藏。开放存取期刊设有同行评审制度,其采用的是"作者付费出版、读者免费使用"的运作模式,那么,作者付费是否会影响学术评价公正性,从而影响开放存取期刊的质量?而自我典藏质量更令人担忧。自我典藏文献有两类:一是刊后本,即已经正式出版过的文章;二是预印本,即还没有在传统刊物上正式发表的文章。如果自我典藏出版的是预印本文献,则其学术质量根本得不到保证。总而言之,开放存取出版物的质量历来令人诟病。一些反对者担心开放存取由于得不到有效的质量控制,会导致学术出版物质量大幅下降。下文以开放存取期刊为例,针对开放存取的质量争议、质量现状及质量控制方法进行深入研究。

## 6.4.1  作者付费导致的争议

### 6.4.1.1  对开放存取期刊质量的争议

目前,科学界十分推崇的审稿制度是同行评审制度。学者普遍认为,只有采取高标准的同行评审制度,才能保证学术期刊的质量。因为严格的同行评审制度使期刊可以不受外界干扰地筛选和发表所提交的论文。

许多开放存取期刊,包括 PLoS 和 BMC,都在努力运行同行评审系统。然而,人们会认为,对于许多作者付费式的期刊,同行评审的规则不可避免地会受到作者付费模式的影响。英国下议院于 2004 年 3 月 1 日举行了关于开放存取出版的听证会。在听证会上,Elsevier 的总裁 Davis 先生严厉批评开放存取出版"纯属扯淡",作为商业模式则更是无稽之谈,毫无可行性。出席听证会的其他大型商业出版机构也随声附和,认为收取作者出版费用的做法直接意味着学术标

准的降低和同行评审的终结,最终导致大量垃圾论文的出版[①]。对开放存取期刊的抨击,主要理由在于两个方面:

①影响学术出版的公正性。在传统的订购出版模式下,出版费用主要由读者和图书馆支付,商业因素对于稿件是否被采用影响较小。而在作者付费模式下,期刊直接受惠于作者,发稿越多,收益越高。期刊很可能发表一些在同行评审制度下根本不可能发表的论文。如果出版费用是由作者所属的研究机构或团体支付,在目前的学术评价体系下,这些研究机构或团体很有可能向期刊施压,影响审稿的公正性。

②影响学术出版的公平性。在传统的订购出版模式下,论文的出版费与作者的经济能力关系相对不大。而在作者付费模式下,作者的经济能力直接影响到出版。由作者所属的研究机构或团体支付出版费可以缓解这种不公平,但是,有些学科领域(比如人文和社会科学)经费较少,不足以支付出版费,又该如何保证出版的公平性。

对于开放存取期刊的质疑不仅仅来自出版商。伦敦大学的 Rowlands 进行的一次调查发现,对开放存取出版方式的架构有所了解的被访者表达了一种担心,即在开放存取期刊发表论文会有损其学术声誉。在医学作者中,认为开放存取模式下学术质量会下降者是认为质量会提高者的 6 倍[②]。另外一份调查则显示,被调查的 NOA 作者[③]中有 71% 表示如果 OA 期刊自身能够改变他们对 OA 期刊劣势的成见,他们将会在 OA 期刊上发表文章[④]。这表明作者对于开放存取期刊的质量存在疑虑。

### 6.4.1.2　开放存取期刊的应对措施

面对来自各方的质疑,开放存取倡导者也明确提出:出版费用的支付能力不是决定是否出版论文的关键,质量是决定是否出版的唯一评判标准。开放存取期刊继承了传统期刊的质量控制机制,采用严格的同行评审制度。国际上最有影响力的开放存取期刊目录 DOAJ 也把是否经过同行评审作为评判期刊的主要标准,它所收录的所有期刊都是经过同行评审的。为了保证出版的公平性,开放存取期刊出版机构还作出承诺,对经济实在有困难的作者或者没有课题经费的作者适当降低或者不收取出版费用。如 BMC 接受没有支付能力的作者在论

①　Open Access 来势汹汹　科技期刊巨头纷纷抗辩[EB/OL]. [2008-09-10]. http://www.souoa.com/html/OAxw/OAdt/5788.html.

②　Hunter K. Critical issues in the development of STM journal publishing[J]. Learned Publishing, 2005, 18(1).

③　NOA 作者,即没有在开放存取期刊上发表过文章的作者。

④　中国科学技术协会学会学术部. 数字环境下的学术出版[M]. 北京:中国科学技术出版社,2007.

文提交过程中免除出版费用的请求,对于符合出版要求的论文作者,BMC 会对其进行审查,如果确实缺乏资金,可以免除出版费用。PLoS 对经济困难的作者也承诺适当降低甚至不收取出版费用。

另外,研究机构、基金会、政府及私人的赞助是开放存取期刊的重要资金来源,这样能够有效地减轻作者的负担,保证出版权利的公平。2002 年 11 月,Gordon and Betty Moore 基金会向 PLoS 提供了 900 万美元的赞助,作为 PLoS 创办开放存取期刊的启动资金。开放社会研究所(Open Society Institute,简称 OSI)基金会则向发展中国家的科研人员提供赞助,用于在 PLoS 期刊上的发表费用。OSI 还赞助了 50 个 BioMed Central 机构会员。

## 6.4.2 开放存取期刊的质量现状

### 6.4.2.1 开放存取期刊被 ISI 收录情况

自开放存取期刊出现以来,开放存取期刊逐渐得到传统文摘索引服务商的认可,并成为其收录的对象。美国科学信息研究所(Institute for Scientific Information,简称 ISI)是国际知名的科技信息研究服务机构和科技文献数据库出版机构。ISI 引文数据库包括:科学引文索引(Science Citation Index,简称 SCI)、社会科学引文索引(Social Science Citation Index,简称 SSCI)和艺术与人文科学引文索引(Arts & Humanities Citation Index,简称 A&HCI)等著名文献索引。有研究报告统计:ISI 三大引文数据库收录开放存取期刊的数量在2004 年是 239 种[1]。2008 年收录 295 种,2010 年收录 385 种。由此可以看出,近几年,ISI 数据库收录开放存取期刊的数量逐年增多,并且增长速度加快,表明越来越多的开放存取期刊质量得到了 ISI 引文数据库的肯定。

从单一出版机构来看,BMC 出版的 221 种开放存取期刊中,有 86 种被 ISI 收录,62 种有 ISI 官方影响因子[2]。而 ISI 只对其收录 3 年以上的期刊计算官方影响因子。此数据表明 BMC 出版的开放存取期刊中已有 39% 被 ISI 收录,其中 28% 连续被 ISI 收录三年以上,BMC 已成为出版高质量开放存取期刊的重要力量。

[1] Open Access Journals in the ISI Citation Databases: Analysis of Impact Factors and Citation Patterns[EB/OL]. [2004-10-11]. http://ip-science. thomsonreuters. com/m/pdfs/openaccesscitations2. pdf.

[2] Journal services[EB/OL]. [2009-10-11]. http://www. biomedcentral. com/publishing-services.

6.4.2.2　开放存取期刊的影响因子

期刊的影响因子是表征期刊影响力大小的一项定量指标,也就是某刊平均每篇论文的被引用数。期刊影响因子是目前国际通用的学术期刊质量评价指标之一。许多调查研究表明,与传统期刊相比,开放存取期刊在影响因子上毫不逊色,甚至优于前者。

ISI 于 2004 年 4 月和 10 月分别发布了开放存取期刊引证分析报告。数据显示,开放存取期刊被收引的数量增长较快,其中大部分的学术影响力已经达到了相应学科期刊的中等水平,但不同学科的影响因子水平差距较大,如医学、天文等学科中影响因子较高的期刊大多是开放存取期刊。[①]

据统计,开放存取出版可以显著提高论文的被引次数。例如,对 119924 篇公开发表的计算机科学方面的会议论文调查发现,开放存取论文的平均被引次数为 7.03,非开放存取论文的平均被引次数为 2.74,相差 1.6 倍[②]。而在电子工程学科中,发表于同一种期刊中开放存取论文的平均被引次数为 2.35,非开放存取论文的平均被引次数为 1.56;在数学类论文中,发表于同一种期刊中开放存取论文的平均被引次数为 1.60,而非开放存取论文的平均被引次数为 0.84[③]。

就单份期刊而言,以 *PLoS Biology* 为例,它是由 PLoS 于 2003 年 10 月创办的第一份 PLoS 期刊。该期刊自创办以来,直追 *Cell*、*Science*、*Nature*、*PNAS* 等传统顶级刊物。*PLoS Biology* 影响因子 2005 年、2006 年、2007 年、2008 年分别为 13.9、14.1、13.5、12.7,已成为生物学领域的顶级刊物。

总结上述,开放存取出版物质量虽然受到质疑,但从 ISI 三大引文数据库收录开放存取期刊文章的情况和影响因子分析来看,开放存取期刊的质量控制措施还是值得肯定的。下节将对其质量控制方法进行系统分析。

## 6.4.3　开放存取期刊的质量控制方法

目前学术界对出版物评价通行的是同行评审制度。与传统同行评审制度相比,开放存取同行评审有一定的特点,值得我们探讨。

---

① Open Access Journals in the ISI Citation Databases: Analysis of Impact Factors and Citation Patterns [EB/OL]. [2004-10-11]. http://ip-science. thomsonreuters. com/m/pdfs/openaccesscitations2. pdf.

② Steve Lawrence. Free online availability substantially increases a paper's impact[EB/OL]. [2009-10-02]. http://www. nature. com/nature/debates/e-access/Articles/lawrence. html.

③ Kristin Antelman. Do open access articles have a greater research impact? [EB/OL]. [2009-10-02]. http://www. lib. ncsu. edu/staff/kantelman/do_open_access_CRL. pdf.

### 6.4.3.1 同行评审制度

同行评审(peer review)是科学界对科研项目进行评审和对科研成果进行评估的一种基本方法,是由从事该领域或接近该领域的专家,按照一定的评审准则,对科学问题或科学成果的潜在价值或现有价值进行评价,对解决科学问题的方法的科学性及可行性给出判断的过程。从 1665 年法国的《学者杂志》(*Le Journal des Savants*)算起,同行评审制度应用于学术期刊已有 300 多年历史[①]。时至今日,同行评审制度在学术界被广泛采用。

同行评审作为科学界对学术水准评估的一种基本方法,虽然得到学术界的认可,但其主观评审的缺陷,仍然是长期以来学术界探讨的热点和争议的焦点。作为网络时代的新型学术期刊,开放存取期刊也普遍采用同行评审制度来保证期刊的质量,同时致力于改进这种学术评价制度。

(1)传统的同行评审制度

在传统的学术期刊出版机构中,编辑的主要任务不是对论文内容进行审核,而是负责期刊运转的日常事务。编辑部会聘请相关学科领域的权威专家为特约编辑,负责对收到的论文内容进行评价、审核。同行评审一般由两位或者两位以上的资深专家进行,专家意见不一致时再请其他专家进行评审。

评审的方法分为单盲评审、双盲评审和公开评审三种基本形式。单盲评审是指作者姓名对评审专家公开,但评审专家姓名不对作者公开。双盲评审是作者和评审专家之间互相都不知道彼此身份的匿名评审。公开评审是作者和评审专家之间互相知道彼此的身份。这三种评审方法有各自的优缺点。据对日本 109 种科技期刊的统计,发现采用单盲评审、双盲评审和公开评审的期刊种数比例为 17.4:1.6:1[②]。据了解,我国学术期刊绝大多数采用的是单盲评审,即作者对评审专家公开,而评审专家对作者保密[③]。这说明,传统学术期刊采用的同行评议方法主要是单盲评审和双盲评审,而公开评审很少被采用。

在现实操作中,现行的同行评审制度存在着很多问题,表现为以下几个方面。

① 人情关系。同行评审在实际操作中,特别在单盲评审中,有时评审专家和作者是老同学、老朋友、老同事或师生关系;也可能两者在工作中有矛盾,或在学术上有分歧等。这就使得评审专家在评审过程中可能会受到感情和利益的驱使,而使评审结果出现偏差。

---

① 方卿.中国学术期刊同行评审的实践与研究[J].图书情报知识,2007(6):89-92.
② 黄晓鹏,郑志军.科技期刊审稿人的由来和发展[J].编辑学报,1997(2):99-101.
③ 黄劲松,杨兵.单盲法审稿的缺失与优化[J].编辑学报,2004,16(3):178-179.

② 个人偏见。每位评审专家的个人学识、修养、世界观及对评审标准的理解程度和把握尺度都有所不同,这些都不可避免地会对评审过程和结果产生一定的影响。此外,单盲评审中,评审专家可能会对女性作者、年轻科学家、改换专业者及来自非著名大学和研究机构或发展中国家的学者存有偏见,不够客观、公正。

③ 难以支持创新。现行的同行评审常常采用"以多取胜"方式,因此在评审中对原始创新的作品形成"非共识"在所难免。在实践中,评审专家往往是某学科领域的权威专家,受其规范的知识结构影响,一般青睐于在规范的知识体系中论证和研究,而排斥有创见的学术思想和新的知识生长点。因此,那些要冒风险的创新性研究计划难以得到评审专家的支持①。

④ 存在"瞎审"。在双盲评审中,有些评审专家的马虎大意、应付差事、不负责任和无所作为,使得"盲审"失去了应有的作用,蜕变成了"瞎审"②。"瞎审"表现为:评审专家根本没认真看就写评审意见;不管收到文章与自身专业是否对口,就随便审稿;喜欢唱赞歌,以次充好;审阅的文章与自己的研究具有竞争性,就胡乱找理由否决掉,等等。

尽管传统的同行评审制度存在一些问题,但是早期的开放存取期刊还是沿用了这一套制度。BMC 的大部分期刊均采取传统的匿名同行评审方法。BMC 在出版《艾滋病研究和治疗》(AIDS Research and Therapy)时,就规定收到的原稿将在两周内分别交给三位评审专家进行同行评审。一般来说,如果三位评审专家中有两人支持这篇论文,那么它就会被出版;反之,则被拒绝。当有争议发生时,编辑部拥有最后决定权。③ PLoS 拥有一流的专业编辑团队,它出版的每种期刊都有优秀的编辑人员把关。编辑人员包括专业编辑、训练有素的科学家和物理学家等。提交到 PLoS 的所有论文都要经过该领域的权威编辑和专家审核评论,最后由编辑在同行评审意见的基础上决定论文是否发表。为了使编辑在不同同行评审意见的基础上做最后的决定,PLoS 要求评审专家提供尽可能详细的评审意见,明确地陈述自己支持或者反对的理由,或者提交比较详细的修改意见。

(2)开放存取的同行评审制度

为了克服传统的同行评审制度的弊端,许多开放存取期刊也在积极改进同

---

① 万群.试论同行评议中存在的问题及改进措施[J]. 学会,2006(2):43-45.

② Blind Peer-Review:"盲审"or"瞎审"? [EB/OL]. [2008-05-12]. http://www. sciencenet. cn/m/user_content. aspx? id=24958.

③ 刘锦宏.网络科技出版模式研究[M].武汉:武汉理工大学出版社,2010.

行评审制度。开放同行评审(open peer review)就是开放存取期刊采用的一种新的同行评审方法。所谓开放同行评审,就是把评审专家的身份、姓名透露给所评审论文的作者的方式,有的还将评审报告向读者公开,供读者交流。

为了评估开放同行评审制度的可行性,Walshe 等人针对《英国精神病学学刊》(*British Journal of Psychiatry*)的评审专家进行了一次调查研究,随机将408 份稿件送给了 332 位评审专家评审,询问评审专家是否同意将自己的姓名透露给其所评审论文的作者,同时考查评审质量、发表建议和审阅时间等内容。结果表明,总计有 245 位评审专家(占 76%)同意签署姓名;而且,与不署名的评审上报告相比,署名的评审报告质量高、措辞更谦恭、花费在论文评审上的时间更长;署名的评审专家更倾向于推荐发表。研究证实了开放评审体系的可行性[①]。事实上,开放评审专家的身份有利于增加评审专家的责任感,有利于公众和读者参与监督,有利于敦促评审专家更加认真、客观、公正地评审论文。这就能够有效地抑制上述"瞎审"情况的出现。

BMC-series 的部分期刊就是采取开放同行评审制度,即要求评审专家在评审报告上签名。对于这些期刊,每一篇发表的文章上都包括作者提交的版本、评审专家的报告、作者的修改稿和修改答复等发表前记录的链接。开放同行评审系统要求评审专家签名确认其审稿意见报告,该评审报告和作者的修改反馈,随同正式发表的文章一起在网上登载。

以 *BMC Clinical Pharmacology* 为例,该刊是由 BMC 出版的临床药理学领域的开放存取期刊。评审人员需要对论文提出自己的见解,并同意实施开放同行评审,而开放同行评审体现在两个层次上:如果原稿出版了,不仅作者可以收到评审人员签名的报告,作者也可以直接查阅这份报告。一般而言,作者可以在评审人员的意见基础上对原稿进行两次修改工作。最后,论文的初稿、评审人员的意见和签名、作者的修改稿连同论文的终稿都同时在网络上发布,如图 6-3所示。

开放同行评审制度提供了作者直接与评审专家就关键问题进行讨论的机会。参考评审专家的意见和建议,尽可能根据作者的接受程度来完成手稿的修改。另外,读者也可以针对论文、评审报告和作者的修改情况发表意见,指出问题与不足。这就使文章的发表成为一个编者、审者、作者、读者互动的动态过程,有利于促进文章质量的提高。

---

① 开放评审系统-Open peer review system[EB/OL].[2009-10-02].http://www.sciencenet.cn/m/user_content.aspx? id=27762.

## Pre-publication history

**Human physiologically based pharmacokinetic model for ACE inhibitors: ramipril and ramiprilat**
David G Levitt ✉ and Rik C Schoemaker ✉
*BMC Clinical Pharmacology* 2006, 6:1   doi:10.1186/1472-6904-6-1

**Pre-publication versions of this article and reviewers' reports**

| | | | |
|---|---|---|---|
| Original submission - Version 1 | Manuscript | | 06 Sep 2005 |
| Reviewer's Report | pierre-louis toutain | | 29 Sep 2005 |
| Reviewer's Report | Richard Neil Upton | | 24 Oct 2005 |
| Resubmission - Version 2 | Manuscript | Authors' comments | 03 Nov 2005 |
| Resubmission - Version 3 | Manuscript | Authors' comments | 15 Nov 2005 |
| Reviewer's Report | pierre-louis toutain | | 17 Nov 2005 |
| Resubmission - Version 4 | Manuscript | Authors' comments | 14 Dec 2005 |
| Resubmission - Version 5 | Manuscript | | 23 Dec 2005 |
| Resubmission - Version 6 | Manuscript | | 23 Dec 2005 |
| Accepted | | | 06 Jan 2006 |

图 6-3   *BMC Clinical Pharmacology* 一篇论文出版前的开放同行评审历史

（3）开放存取期刊同行评审的特点

无论是采用传统的同行评审方法,还是采用开放同行评审制度,开放存取期刊都致力于增强同行评审的公正性。开放存取期刊同行评审的特点是:

① 缩短评审周期。时间问题是传统同行评审的一大问题,从选取评审专家、寄送评审材料到评审结果的反馈都需要很长一段时间。而网络环境下的同行评审可以及时收到评审专家的反馈意见,对于无法进行评审的专家进行及时的调整,提高了同行评审的工作效率。

② 突破地域限制。网络环境下,评审专家无论在世界的哪个角落,只要能登录互联网,就可以对期刊论文进行评审。开放存取期刊还可以通过建立评审专家数据库,邀请全球的本学科和相关学科的专家参与评审。

③ 便于意见反馈。网上评审加快了反馈的速度,也有利于评审专家与作者之间的学术交流。在开放同行评审环境下,评审报告对被评审对象是公开透明的,这就要求评审专家更加认真负责,有利于提高同行评审的客观公正性。

因此,开放存取环境下的同行评审更加重视信源、信宿之间交流的直接性和交互性,实现作者、编辑、读者之间一对一、一对多、多对多的交互模式,重视提高学术交流的时效性,免去了传统出版中漫长的评审与出版过程,缩短了出版周期,提高了信息交流的效率。

（4）评审专家数据库

为了完善同行评审制度,开放存取期刊建立起了许多评审专家数据库。网络评审专家数据库的建立,可以将全球各地更多的同行专家归入专家数据库,有效解决传统学术期刊同行专家数量少、专家评审任务过重等问题。

评审专家数据库中，除了专家姓名、专业特长、研究方向、地址、所属机构、职务职称、年龄、联系方式等一般性资料外，还可以设置有关稿件送审的专门栏目或字段以便记录稿件名称、作者姓名及单位、送审时间、要求返回时间、实际返回时间、稿件的评定等级和建议发表的形式、修改意见的可行性评判、评审意见的公正性和全面性评判、评审态度评判、最终裁定的稿件等级和发表形式、专家评审资格的综合评判等专门资料。另外，数据库可以根据所提交的文件的学科属性自动进行专家的分配，如果分配结果不合理，可以通过人工进行调整，还可以根据需要对专家的资料进行及时的修改和补充。

评审专家数据库的建设，可以将各学科优秀的评审专家集中起来建立数据库，实现选择评审专家自动化，做到用申请书中的关键词来找准专家，让更多的同行参与到评审过程中来，既提高评审的科学性，又增强评审的公正性。

### 6.4.3.2 发表后同行评审

发表后同行评审（post-publication peer review）是指在科研成果发表后，同行专家对论文学术价值作出评定。这种学术评价方法是对传统的同行评审制度的颠覆，不注重发表前的同行评审，而强调"先发表，后评审"。开放存取期刊正在积极尝试采用这种评审方法。

（1）发表后同行评审的必要性

传统的发表前同行评审的一般流程是这样的，期刊编辑在收到论文之后，首先对论文的适宜性和相关性进行初步的筛选，然后将这些论文送交同行评审。同行评审专家的选择通常是依据他们的兴趣、专长、出版记录及以前审稿的质量。同行评审专家花上几个小时去阅读论文，查阅现有文献并写出评审报告。经过同行评审之后，提交的评审报告会被期刊编辑进行慎重的审查，并作出是否发表的决定。确定论文发表之后，论文初稿还可能被要求修改，以保证论文的准确性和科学性。在审稿后期，作者经常会被要求对论文中涉及的材料和数据作出解释。在大多数情况下，这一系列的编辑检查流程可以取得很好的效果。

而事实上，这种方法并非十全十美。黄禹锡（Hwang Woo-suk）在 *Science*、*Nature* 等需要经过严格同行评审的顶级学术期刊中仍然可以发表伪造论文，这给学术期刊同行评审制度的有效性带来了巨大的挑战。在发表的论文中的数据已经或可能不完整，或被篡改或被伪造，这使全世界的科学家和科学编辑很失望，而且增加了公众日益增长的对科学权威的怀疑。

对于大多数学术期刊来说，期刊编辑和同行评审专家的审稿工作通常从作者提交的论文和附带的其他资料（比如调查手段、图表和数字）入手，他们设法确保论文反映了原始的规范设计和分析。然而,凭此几乎无法判断这些资料是否真实,或者是否缺少关键因素。因为,对于期刊编辑来说,他们很少有特定研究课题的专门知识,无法准确地察觉到论文是否作假。而评审专家虽然有一定的专业知识,但不一定有时间详细地审查论文,而且,他们只能评估论文作者实际提交的数据,而无法察觉数据背后的操作。

为了避免这种情况的出现,有些期刊也采取了一些措施。例如,《美国医学会杂志》(*The Journal of the American Medical Association*,简称 JAMA)要求对任何有企业赞助的研究的整个原始数据进行独立的重新统计分析,这些原始数据的分析由赞助企业聘用的专业统计员进行。《细胞生物学杂志》(*The Journal of Cell Biology*,简称 JCB)也采用了一些具体的对策来详细审查提交的图表,以便及时发现数据被操纵的蛛丝马迹。然而,这些措施在时间和资源的成本上都是不小的。

除了研究数据有可能被篡改和伪造外,严格的发表前同行评审的另一个弊端是无法解决学术偏见问题。期刊编辑和少数同行评审专家主要通过他们的主观意识对论文进行价值评定,这种意识很大程度上受限于他们的学识修养。一些超出他们认识范围的研究成果有可能被拒绝发表。例如,世界著名学术刊物《物理评论》在 20 世纪 60 年代就曾因编辑人员相关专业知识欠缺而拒绝发表梅曼(T. H. Maiman)的一篇关于激光的重要论文。[①] 作为网络时代的新型期刊,开放存取期刊倡导的是学术的平等交流和自由共享。严格的同行评审制度似乎有悖于自由交流的学术精神。

(2) 发表后同行评审的可行性

公平地说,发表前匿名的同行评审在一定历史时期是必要的。一定数量的评审专家有利于同行评审系统的管理,而采取匿名的方式一定程度上可以保证评审专家公平公正的评审态度。然而,随着互联网技术的发展和信息交流愈发的便捷,我们可以试验不同的更有效的同行评审方法。作为对传统同行评审的颠覆,发表后同行评审具有一定的可行性。

首先,开放存取期刊普遍采用的在线系统可以支持任何文件格式的数据。这就使期刊出版机构可以要求作者提供尽可能详尽的原始数据,以供论文发表后同行学者对其原始数据进行审查。对于期刊出版机构来讲,增加额外数据所需的成本是微不足道的。

其次,原始数据的公布可以抑制学术欺诈的发生。论文发表后,更多具备专

---

① 方卿. 我国学术期刊同行评审现状分析[J/OL]. 中国编辑,2006(6)[2012-07-12]. http://www.qikan. com. cn/ArticlePart. aspx? titleid=zgbi20060616.

业知识,并且有兴趣参与评审的学者都可以对论文的观点发表看法,甚至可以参与对原始数据的审查。这样一来,学术欺诈行为可以被更早发现。对于作者而言,因为知道自己的原始数据将会被公开,他们可能不会篡改或伪造数据。

最后,学术期刊的读者大多为本学科的专家学者,至少不是外行。他们可以广泛地参与到发表后的评审中去。开放存取期刊可以采用在线的读者评审系统,让作者和读者展开讨论。作者可以针对读者提出的问题进行回答,还可以在此基础上对论文进行修改。如此反复,不但可以提高论文的质量,而且可以提高期刊的学术影响力。

(3)发表后同行评审的实践

在发表后同行评审的实践上,开放存取期刊 *PLoS ONE* 是具有代表性的。*PLoS ONE* 率先采用发表后同行评审,并取得了成功。*PLoS ONE* 认为论文的重要性体现在发表后被关注和引用的情况。*PLoS ONE* 的一位编辑说:"我们努力让期刊的论文成为讨论的起点而不是终点。"①

*PLoS ONE* 的做法得到了众多学者的支持。美国麻省理工学院高级研究员张曙光说:"这是非常好的主意。论文的发表意味着真正的评判才开始,而不是结束。如果论文真的很好,大家知道得就更快,可以节省很多时间、精力和金钱。同样,如果一篇论文有问题或是造假,那么也能很快被发现。从长远来看,这有利于科学的发展。"②

在具体的操作上,*PLoS ONE* 发表任何方法上可行的论文,而不在乎研究结果的重要性,审稿人只核查论文中的实验方法和分析是否有明显、严重的错误。*PLoS ONE* 开发了在线评论系统和一个简单的评级系统(1~5级)。在线评论系统包含撰写文本说明,提出意见和疑问的功能,同时,与一般 Web 2.0 相兼容,能够添加引用的功能及链接来自博客引文的机制。一般来说,*PLoS ONE* 所有论文中略多于 13% 的有评级,约 23% 有评论,而且在论文收到的引用次数和评论数之间呈很薄弱的正相关。Cameron Neylon 认为论文得到 10%~20% 的评论或评分已可以被视为巨大的成功。

对于 *PLoS ONE* 的勇敢尝试,我们应该感到钦佩。毕竟改进学术评价制度是一件非常困难的事情。实际上,许多开放存取期刊也注意到发表后同行评审的重要性,只是目前还不敢贸然放弃原来的同行评审制度,但在发表后对论文的

① PLoS One 挑战传统:论文先发表后评价[EB/OL].[2007-02-16]. http://blog.sina.com.cn/s/blog_4bc48383010007/r.html.

② 王丹红,何姣.挑战传统:先发表后评价[N/OL].科学时报,2007-01-31[2012-06-05]. http://news.sciencenet.cn/htmlnews/200721045273902771.html?id=2771.

评论和评级方面也进行了一些积极的尝试。

6.4.3.3　开放存取出版质量控制的技术支持

学术期刊借助信息互联网技术,使得期刊从文章的投稿、收件、编辑、评阅、出版等整个工作流程都可以在自动化的电子环境下进行操作和管理的应用系统,即称为"在线投稿和评审系统"。在线投稿和评审系统的开发和应用对于开放存取期刊的质量控制具有重要的意义。上面讲到关于开放存取期刊如何改进传统同行评审方法,采用开放同行评审制度或者发表后同行评审,这些新方法的实现都需要在线投稿和评审系统在技术上提供支持。

(1) 在线投稿和评审系统的设计与功能

目前,国内外许多学术期刊采用不同的在线投稿和评审系统用于期刊的日常管理和质量控制,常见的有:AllenTrack、Bench＞Press、EdiKit、Editorial Manager、ESPERE、Open Journal Systems、Rapid Review、ScholarOne、Topaz和 XPress Track 等。一般来说,在线投稿和评审系统整合了作者管理系统、编辑管理系统、评审管理系统和期刊行政管理系统四大子系统[1]。根据 Kam Shapiro 提出来的在线投稿和评审系统应当包含的 10 种功能[2],结合近年来在线投稿和评审系统的新发展,将其功能分析整理如下:

① 在线提交说明。系统应提供在线作品提交的说明,包括如何上传内容、文字和图片等电子格式的要求等,还应提供不同文档格式(如 Word、PDF、HTML 和 RTF 等)之间的转换功能。

② 自动通知功能。系统应具备自动发送 e-mail 功能,通知编辑、评审专家或作者该稿件当前的处理情况,以便进行相关的在线操作。

③ 评审任务分派和跟踪功能。系统应建立评审专家数据库,包含评审专家的基本资料、学术背景资料及评审历史记录,以便期刊编辑在选择评审专家时,能够依据库中资料选择合适的评审专家,甚至可以自动根据文章种类分派评审任务。系统还应实时跟踪操作记录。

④ 进度管理系统。系统应建立一个进度管理系统,使期刊编辑和作者能够随时了解稿件的处理进度,以便进行有效的管理。此外,应赋予主编认定某些读者的意见可以视为同行评审者的意见的权力,避免因评审专家未能如期完成任务而造成的延误。

⑤ 在线评审功能。系统应能够为每份稿件提供一个独立的评审环境,让评

① 邱炯友. 学术电子期刊同侪评阅之探析[J]. 教育资料与图书馆学,2003(3):309-323.

② Kam Shapiro. Bibliography and Summary:Electronic Peer Review Management[EB/OL]. [2009-10-5]. http://spo. umdl. umich. edu/monthly/peerreview. html.

审专家能够在此环境中对稿件进行评审;同时应能够及时存储评审专家的评审结果及建议,并允许作者、出版机构或读者等在线浏览评审结果及未经修改的原稿、经过修改的全部稿件。

⑥ 文章标记和质量分类功能。系统应提供标准的标签用于文章标记。编辑可以对预印稿(preprint articles)进行质量标记和合理的分类。这将有利于主编合理安排刊登计划。

⑦ 评审方式的选择。系统应提供包括单盲评审、双盲评审、公开评审等在内的多种评审方式,供期刊出版机构、编辑和评审专家选择。

⑧ 读者在线评论和评级功能。系统能够为每份出版的稿件提供单独的读者评价区,供读者在线评论和评级。这样做能实现读者和作者的双向学术交流,有利于读者进一步发现论文的不足之处,并及时修改、更正,从而提高论文质量。

⑨ 时间控制和提醒功能。系统应设计时间控制和提醒功能,并自动发送电子邮件提示评审专家在规定的时间内完成评审任务,以掌握出版时效。

⑩ 自动刊登功能。对于已完成评审并可以发表的论文,系统应具自动格式化与出版功能,并及时通知订阅读者。

⑪ 评审专家资料和追踪功能。系统具有将评审专家以往的参与资料和表现进行保存和跟踪记录,作为编辑参考之用。

⑫ 系统的安全性。系统应建立安全管理系统(如 SSL),以确保相关资料妥善保存和利用。

目前,开放存取期刊常用的在线投稿和评审系统有很多。从 2006 年 12 月 *PLoS ONE* 出版以后,PLoS 开始利用出版 TOPAZ/ Ambra 平台,TOPAZ 是基于 Fedora 服务框架的内容制作和存储的免费开源软件,其目标之一是为基于订阅的传统期刊的开放存取提供出版平台,促进科学界的学术交流,该平台提供了"开放同行评审"系统,允许用户参与论文的讨论和评价,并保留讨论的记录。目前,PLoS 所办的 7 份开放存取期刊全部都采用 TOPAZ/ Ambra 平台。BMC 也广泛采用网上在线提交稿件和同行评审系统,采用自动化的工具使论文加工、文本转换和版面设计成流水线作业,大大降低了成本,缩短了出版时滞。使用比较普遍的还有 Open Journal Systems(在下节将详细介绍)、Bench>Press、Rapid Review 等。

(2) 在线投稿和评审系统案例分析

开放期刊系统(Open Journal Systems,简称 OJS)是加拿大的几所大学联合开发出来的在线期刊系统,由加拿大不列颠哥伦比亚大学"公共知识项目"(The Public Knowledge Project,简称 PKP)资助开发。OJS 是一个期刊管理及发布系统,提供从投稿、审稿到在线发表,以及索引、同行评审等期刊整个运行过程的解决方案。OJS 是开放源代码的软件系统,定位于为促进同行评审开放存取期刊的出版提供可靠的技术平台,旨在降低期刊成本,使更多期刊出版选择开放存取模式。

OJS 的主要特点是:

① 将整个期刊编辑的流程都移到网上,也就是说,OJS 并不仅仅是一套期刊内容的出版工具,更是用于期刊出版机构的群组软件(groupware)。

② 在 OJS 中,不仅可以开办单一学术期刊在线出版,它还支持多本在线期刊同时架设。

③ 拥有一套完整的评审系统。系统含有评审专家数据库,使编辑可以从中挑选合适的评审专家并分派评审任务。每一次发送的记录、评审专家的意见、作者与编辑做过的文稿修改,每一笔记录都会记载在数据库中。

④ 拥有强大的浏览、检索功能,并且提供面向不同学科领域的辅助阅读工具(reading tools),此外还提供完整的上下文相关性在线帮助支持。

⑤ 提供一套图书馆通告功能,可以透过网络通告合作的图书馆,请求收录或通告最新出版状况。

⑥ 电子邮件通知功能和读者评论功能。当出版新一期期刊时,OJS 会以电子邮件自动通知作者阅读。

⑦ 为订阅模式的期刊提供延迟开放存取的选项。

OJS 的权限管理系统非常细致,共设计了 11 种权限。

① Site Admin:系统管理员,具有对系统管理的最高权限。

② Manager:期刊管理员,可以增删编辑和分配权限,拥有期刊管理的最高权限。

③ Editor:编辑,编辑过程监督及分配任务给各分类责任编辑。

④ Section Editor:分类责任编辑,对分配的论文进行审核并提交意见。

⑤ Layout Editor:版面编辑,主要工作重点是文字、语法、排版等。

⑥ Reviewer:评审人,对论文撰写评审报告。

⑦ Copy Editor:文字编辑,负责对文稿进行编辑。

⑧ Proof-reader:校对员,负责对出版样本进行校对。

⑨ Author:作者,可以在线提交论文。

⑩ Reader:读者,可以浏览开放性的文章。

⑪ Subscription Manager:订户管理员。

这个权限管理系统似乎过于烦琐,如果同一账号具有多种身份的权限,并不是进入系统后,可以使用所有的管理功能,而是取决于以哪一种身份登录,在这套系统中单是编辑就区分成 Section Editor 、Layout Editor、Copy Editor 及

Proof-reader 共 4 种。OJS 的编辑和出版流程如图 6-4 所示。[①]

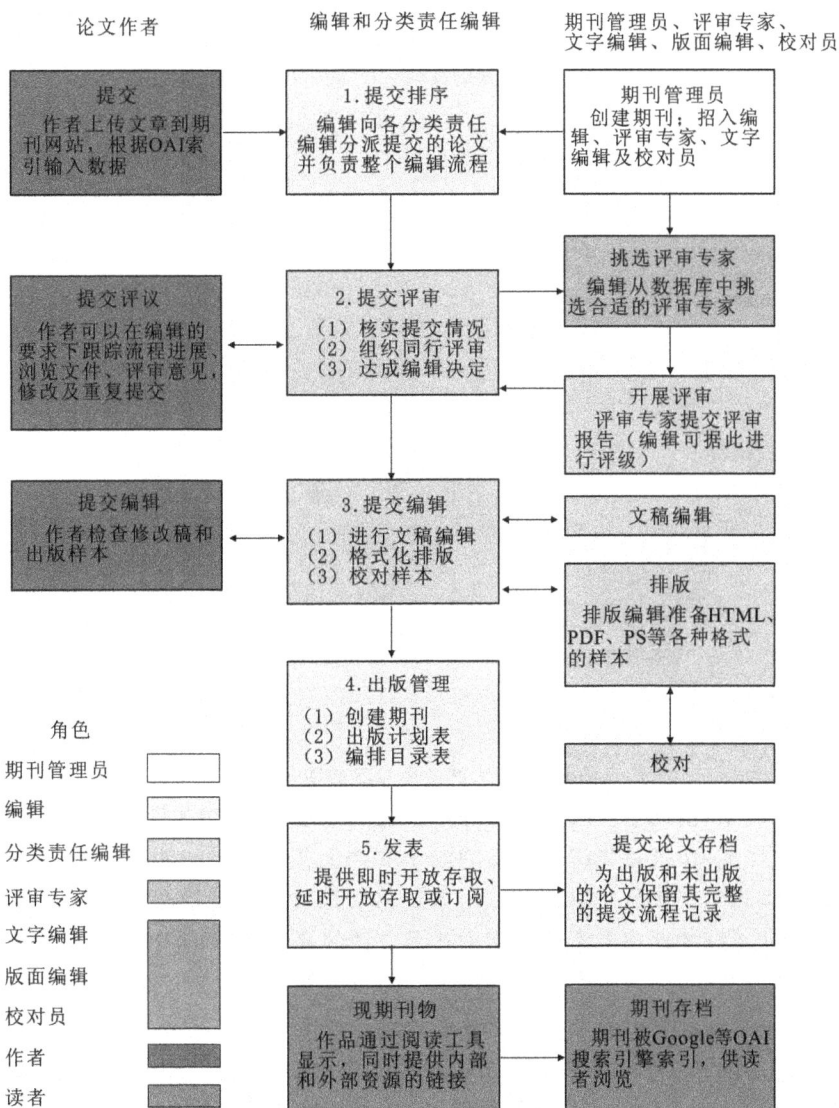

图 6-4　OJS 的编辑和出版流程图

---

① 根据 OJS in an Hour. An Introduction to Open Journal Systems Version 2.2.1.0 翻译绘制而成。
http://pkp.sfu.ca/ojs_documentation.

根据 OJS 官方网站的统计,截至 2009 年 3 月,全球有 2968 家期刊网站采用 OJS 在线系统,其地区分布情况如图 6-5 所示[①]。OJS 系统目前支持35 种语言,中文系统可以参见台湾"清华大学"人文社会线上期刊[②]或《中国肺癌杂志》(语言框中可选择"中文")。[③]

**Journals Using OJS by Continent March 2009**

| | Number of Journals |
| --- | --- |
| Asia | 150 |
| Europe | 567 |
| Africa | 340 |
| Oceania | 201 |
| North America | 833 |
| South America | 877 |

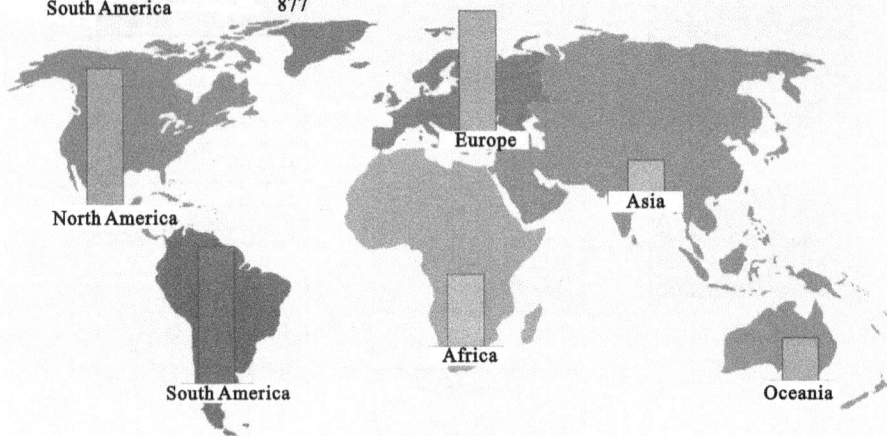

图 6-5　各大洲使用 OJS 的期刊数量

归纳起来,借助于在线投稿和评审系统的丰富功能,在线投稿和评审的流程一般是这样的:作者首先将其作品的电子文档上传到期刊出版机构所指定的网址,再由编辑对其作品予以整理并由系统将文档转换为标准格式。格式转换之后,编辑从系统的评审专家数据库中选择合适的评审专家,将电子文档发送至指定的评审环境中,由评审专家进行评审。评审的方式可以是传统匿名的,也可以是开放式的,甚至可以开放在线评论和评级。评审专家完成评审工作后,将评审报告发送给期刊管理员或编辑,由期刊管理员或编辑进行综合评估,最终决定是否予以出版。如果予以出版并需要修改,直接把修改意见发送给作者;如果拒绝

① Journals Using Open Journal Systems by Continent[EB/OL].[2009-10-05].http://pkp.sfu.ca/ojs-geog.

② 台湾"清华大学"人文社会线上期刊官网　http://academic.nthu.edu.tw/eHSSTW/ojs/index.php/index.

③ 《中国肺癌杂志》网站　http://www.lungca.org/index.php? journal=01.

出版,亦应告知作者并说明理由。简而言之,在线投稿和评审系统使开放存取出版质量控制的理论得以实现。

# 6.5 我国开放存取的发展状况

2004 年 5 月,路甬祥与陈宜瑜分别代表中国科学院与国家自然科学基金委员会签署了在德国发布的《柏林科学与人文知识开放存取宣言》,使我国两大主要研究机构加入世界范围内的开放存取运动中,标志着开放存取在我国正式起步[1]。次年 7 月,50 余所高校图书馆馆长在武汉召开的"中国大学图书馆论坛"上签署了《图书馆合作与信息资源共享武汉宣言》,该宣言中包括遵循布达佩斯会议中规定的原则。[2] 开放存取在我国最早见于 2004 年由李丽、张成昊所写的一篇名为《开放文档先导及其对学术期刊数字化传播方式的影响》的文章。随后相关研究文献逐渐增多,很多学者在对开放存取的有关知识进行介绍和传播方面作出了贡献。但实践方面,我国开放存取运动和西方领先国家相比有较大的差距。下面对我国综合性开放存取仓储、开放存取期刊库和开放存取期刊、开放存取机构仓储的实践状况逐一进行介绍。

## 6.5.1 综合性开放存取仓储库

在国外,发展得比较好的是开放存取期刊。在我国,人们对于开放存取期刊的认识和实践还处于初级阶段,而开放存取仓储则发展得快一些。1997 年,山东大学高能物理研究室提供的预印本服务被认为是我国最早创建的预印本文库。但其规模很小,只是利用 Web 超级链接功能建立了一些包含论文预印本链接的网页。[3] 目前,中国科技论文在线、中国预印本服务系统和奇迹文库是国内三大综合性开放存取网站。

### 6.5.1.1 中国科技论文在线[4]

中国科技论文在线是经教育部批准,由教育部科技发展中心主办的科技论

① 中国科学院、自然科学基金会在京签署《柏林宣言》[EB/OL].[2004-05-24]. http://news. xin-huanet. com/st/2004-05/24/content_1487388. htm.

② 图书馆合作与信息资源共享武汉宣言[J].大学图书馆学报,2005(6):2-4.

③ 东方.非正式信息交流模式——我国电子预印本系统探析[J].图书馆学刊,2006,28(6):52-53.

④ 中国科技论文在线官网 http://www. paper. edu. cn/.

文网站,该网站提供国内优秀学者论文、在线发表论文、各种科技期刊论文(各种大学学报与科技期刊)全文,此外还提供对国外免费数据库的链接。该网站中有"首发论文"栏目,刊载数理化、工程技术及图书情报方面的首发论文。截至笔者统计的 2015 年底,已经收录首发论文共 85262 篇,其中优秀学者论文共 92502 篇,自荐学者论文共 31255 篇,科技期刊共 1267050 篇。[①] 平台采用同行评审制度,网站同时公布有认可论文发表的高校,如东南大学、湘潭大学、天津大学、重庆邮电大学等 39 所大学认可在中国科技论文在线上发表的论文。

笔者有意对该网站的论文更新频率做了一个粗略的统计。不同学科的论文更新频率不一样,2011 年 5 月 1 日查询到,更新最快的是电子通信和自动控制技术,一月内更新了 163 篇;数学科目在一月内更新 20 篇;化学科目更新 25 篇;而其他的一些科目,如水产学、药学、水利工程等一月内则只更新了一两篇。表 6-1、表 6-2 为部分科目较详细的更新列表和总体的更新情况分析表。

表 6-1 　　　　　　　　　　**中国科技在线论文更新统计**

| 科目 | 一月内更新篇数 |
| --- | --- |
| 电子通信和自动控制技术 | 163 |
| 计算机科学技术 | 92 |
| 化学 | 25 |
| 数学 | 20 |
| 信息科学和系统科学 | 4 |
| 水产学 | 2 |
| 水利工程 | 2 |
| 药学 | 1 |
| 图书馆、情报和科学 | 1 |

表 6-2 　　　　　　　　　　**中国科技在线更新情况分析表**

| | 2011 年 1 月 18 日统计数目 | 2011 年 5 月 2 日统计数目 | 差值 | 月平均更新 |
| --- | --- | --- | --- | --- |
| 首发论文 | 49215 | 52287 | 3072 | 878 |
| 优秀学者论文 | 74185 | 76203 | 2018 | 576 |
| 自荐学者论文 | 21702 | 22246 | 544 | 155 |
| 科技期刊 | 409507 | 445716 | 36209 | 10345 |

---

① 中国科技论文在线使用指南. http://www.paper.edu.cn/index.php/default/about/guide.

总体看来,中国科技论文在线上的论文影响力还不大。2011 年 5 月 2 日,笔者查阅该网站时,"一周热门新增论文"里,点击量最高的是《暗物质之谜的一种解释》,为 137。而其他的热门文章,点击量都在 55 以下。"一月热门优秀论文"里,排名第一的是《中国能源消费与经济增长的经济计量分析》,点击量为 301。也就是说,平均一天只有 10 人左右点击浏览了这篇文章。而其他的"一月热门优秀文章"的点击量都在 160 以下。

截至 2015 年底,上述栏目的更新情况及"热门"栏目浏览量依旧与 2011 年类似,更新较慢,浏览量不高。

### 6.5.1.2　中国预印本服务系统①

中国预印本服务系统由中国科学技术信息研究所与国家科技图书文献中心于 2004 年 3 月 15 日成立,其主要提供预印本文献服务,旨在促进实时的学术交流,由国内预印本服务子系统和国外预印本门户(SINDAP)子系统构成。国内预印本服务子系统主要收藏的是国内科技工作者自由提交的预印本文章,可以实现二次文献检索、浏览全文、发表评论等功能。国外预印本门户子系统是由中国科学技术信息研究所与丹麦技术知识中心合作开发完成的,它实现了全球预印本文献资源的一站式检索。通过国外预印本门户子系统,用户只需输入检索式一次即可对全球知名的 16 个预印本系统进行检索,并可获得相应系统提供的预印本全文。

中国预印本服务系统收录的论文范围如表 6-3 所示。

表 6-3　　　　　　中国预印本服务系统收录的论文范围

| 学科分类 | 细分 |
|---|---|
| 自然科学 | 数学,天文学,物理,化学,生物学,力学,信息科学与系统科学,地球科学 |
| 农业科学 | 水产学,农学,林学,畜牧、兽医科学 |
| 医药科学 | 基础医学,临床医学,药学,中医学与中药学,预防医学与卫生学,特种医学 |
| 工程与技术科学 | 水利工程,食品科学技术,水利工程,能源科学技术,土木建筑工程,冶金工程技术,矿山工程技术,纺织科学技术,核安全技术,管理学,机械工程等 |
| 人文科学与社会科学 | 图书馆、情报与文献学,统计学,经济学,体育学 |

笔者在 2011 年 6 月 3 日对中国预印本服务系统上的论文更新频率做了一

---

①　中国预印本服务系统官网　http://www.nstl.gov.cn/preprint/main.html? action=index.

个统计。就统计情况来看,中国预印本服务系统上论文的更新频率是相当低的,见表 6-4。

表 6-4                                                                中国预印本服务论文情况

| 日期 | 更新文章篇数 |
|---|---|
| 2010.5.23 | 3 |
| 2010.5.24 | 2 |
| 2010.5.30 | 1 |
| 2010.6.1 | 1 |
| 2010.6.2 | 3 |

如表 6-4 显示,10 天更新 10 篇文章,平均每天更新 1.1 篇。这是网站所有学科的一个总的统计项,若平均到五大学科(自然科学、农业科学、医药科学、工程与技术科学、人文科学与社会科学),更新频率会更低。截至 2015 年底,中国预印本服务系统各类目更新速度仍然没有全面改观。

#### 6.5.1.3  奇迹文库[①]

奇迹文库是国内最早的中文预印本服务,创建于 2003 年 8 月,目前已形成了自然科学、工程与技术科学、人文科学与社会科学三大分类,基本覆盖了主要的基础学科。

奇迹文库主要收录中文科研文章、综述、学位论文、讲义及专著(或其章节)的预印本。同时收录作者以英文或其他语言写作的资料。主要以物理学为主,但它包含的内容已经不仅仅囿于学术范围,更有社会人文、知识百科,甚至新闻等内容。奇迹文库是我国首个民间预印本库。截至 2011 年 6 月 5 日,奇迹文库共有预印本论文 11138 篇,110419 位注册会员。该网站的栏目设置如表 6-5 所示。

表 6-5                                                             奇迹文库栏目设置一览表

| 一级栏目 | 子栏目 |
|---|---|
| 奇迹文库论文预印本服务 | 自然科学(含物理学、数学、生命科学、疾病与医学、科学与社会几大类,每类下还有细分);工程与技术科学(含计算机科学、信号处理、材料科学几大类,每类下还有细分);人文科学与社会科学;其他分类 |
| 科学前线 | 各个学科的前沿资讯,主要是新浪、羊城晚报等其他媒体的新闻集锦 |
| 生命科学 | 药物与治疗、动物、植物、微生物、转基因、考古与人类学等,主要是相关领域的新闻、报道、发现等 |

---

①  奇迹文库官网  http://www.qiji.cn/.

续表

| 一级栏目 | 子栏目 |
|---|---|
| 天文与航天 | 下设子栏目,如太阳系、天体物理、暗物质、发射日志、国际空间站等,主要是相关领域的新闻、报道、发现等 |
| 健康生活 | 下设子栏目饮食、减肥、疾病、生育、癌症、抑郁症、维生素等,主要是相关领域的新闻、报道、发现等 |
| 读书新知 | 科学普及、书评、学界人物、语言学与语言文化、人文历史 |
| 学术资源 | 仪器与设备、学术博客、课程计划、文献俱乐部 |
| 开放获取 | 有关国内外开放存取的新闻、评论等 |
| 技术与商业 | 工程技术、硬件与CPU、互联网与安全、汽车、IT杂讯、创意与投资 |
| 科学与社会 | 气候变化、民间科学、黄禹锡造假事件、教育与技术、科学政策 |
| 论坛讨论 | 网上答疑、学术科学、综合服务 |
| 奇迹动态 | 奇迹大事记及如何使用奇迹文库、奇迹编辑原则等 |

奇迹文库表现出了以下较明显的劣势和缺陷:

① 更新频率低,原创内容少。从总数上来看,经过近8年的时间发展和积累,截至2011年网站上共有预印本论文11138篇,平均每年更新文章1392篇,平均每月更新116篇。其他综合类栏目多是新闻报道类,更新也较慢,"健康生活"栏目下的一些二级栏目中的最新文章都是2009年、2010年,并且多是整合新浪科技、羊城晚报、新华网等其他媒体上的内容。再就是论坛,本应该是聚拢人气的地方,但奇迹文库论坛里的最新更新(截至2011年6月5日)是2010年12月3日邹晓辉的关于《美国高等教育》一书相关信息的一篇帖子,其他的帖子都是2009年或者更早以前发表的。

② 栏目安排较混乱,逻辑层次不够清晰。以"科学与社会"栏目为例,该栏目下设"气候变化""民间科学""黄禹锡造假事件""教育与技术""科学政策"等五个子栏目,但是看不出这个五个子栏目间有何逻辑关系。"黄禹锡造假事件"已是多年前发生的,如今还作为一个单独的栏目,这明显不合适。

③ 网页不够美观,广告过多。奇迹文库的网页结构安排不很合理,字体的颜色搭配也不甚协调,字号偏小,影响阅读效果。广告多而杂,多是医院类或美容类,普遍制作粗糙,影响网站的整体观瞻。

④ 影响力相当有限。据笔者统计,一般资讯的点击量只在100左右或者100以下,鲜有超过150的。

截至2015年底,奇迹文库网站已经不能打开。作为一个非营利性质的民间纯公益性质的网站,在资金、人才等方面毕竟有限。开放存取事业在我国的发展有待更多力量的注入。

## 6.5.2　开放存取期刊库和开放存取期刊

开放阅读期刊联盟、Socolar 和 OA 图书馆是著名的开放存取期刊库,但它们的服务方式多为期刊链接整理,其中开放阅读期刊联盟不提供检索服务,Socolar和 OA 图书馆则提供检索服务。另有"开网",它是空军工程大学电讯工程学院开发的开放存取论文数据库和搜索引擎,主要目标是把互联网上的 OA资源通过蜘蛛技术爬取下来为科技人员提供文献服务,但"开网"现已不存在。

### 6.5.2.1　开放阅读期刊联盟[①]

开放阅读期刊联盟是由中国高校自然科学学报研究会发起的开放阅读项目。其包括西安交通大学学报、西安电子科技大学学报、东南大学学报等数十家学报期刊。为了扩大高校学报影响力,成立开放阅读期刊联盟,建立开放阅读期刊(Open Access Journals,简称 OAJs)列表。开放阅读期刊是指开放供读者免费获取和阅读的期刊,联盟的模式是将现有非 OA 期刊转变为 OA 期刊。联盟会员的主要对象是高校学报或者其他学术类期刊编辑部。加入联盟需要缴纳一定的会员费。截至 2015 年底,联盟有期刊 42 种,多为大学学报,医学及理工类居多。

这些大学学报网站上免费提供全文供读者阅读,或者应读者要求,在 3 个工作日之内免费提供各自期刊发表过的论文全文(一般为 PDF 格式)。读者可以登录各会员期刊的网站,免费阅读或索取论文全文。

### 6.5.2.2　Socolar[②]

Socolar 是开放存取一站式检索服务平台。基于用户的信息需求和信息检索角度考虑,中国教育图书进出口有限公司认为一方面有必要对世界上重要的OA 期刊和 OA 仓储资源进行全面的收集和整理,另一方面有必要对重要的 OA期刊和 OA 仓储资源进行统一检索。为此,中国教育图书进出口有限公司启动了 Socolar 项目,旨在为用户提供 OA 资源的一站式检索服务。

据笔者 2011 年 6 月 7 日统计,Socolar 上收录的资源情况如表 6-6 所示。

---

① 开放阅读期刊联盟官网　http://www.cujs.com/oajs/.
② Socolar 官网　http://www.socolar.com/.

| 表 6-6 | Socolar 上收录的资源一览表 | |
|---|---|---|
| OA 期刊数目：11707 | 包含文章数：13239276 | |
| OA 仓储数目：1046 | 包含文章数：10219235 | |
| | 平台收录文章总计：23458511 | |

到 2013 年 1 月和 2015 年底,笔者两次进行统计:OA 期刊数目为 11739,包含文章数为 13503317 篇;OA 仓储数目为 1048,包含文章数为 10391241 篇。平台收录文章总计 23894558 篇。将近 3 年,平台上出版物毫无变化。作为一个提供对开放存取论文进行检索服务的平台,该网站页面设计简单大方,但近年已成为“僵尸网站”。

6.5.2.3　OA 图书馆[①]

OA 图书馆(Open Access Library,简称 OALib)最早提供了很多的 OA 数据库资源的介绍和链接索引点,但是由于 OA 数据库资源比较分散并且数据库存储格式不统一,利用起来非常不方便,故 OA 图书馆在已有资源的基础上,又利用 Google 的搜索技术建立 OA 内容的搜索,通过 OA 图书馆,可以很方便地免费获取 370 余万篇涵盖所有学科的文章。

在开放存取期刊方面,我国显得更为落后。截至 2015 年底,国际上最有影响力的开放存取期刊目录 DOAJ 收录了 11020 种开放存取期刊,覆盖 136 个国家。根据《ISI 期刊引证分析报告(第二版)》中收录的 OA 期刊目录,我国大陆地区仅仅只有 5 本期刊[《植物学报》(*Acta Botanica Sinica*)、《中国药理学报》(*Acta Pharmacologica Sinica*)、《亚洲男科学杂志》(*Asian Journal of Andrology*)、《细胞研究》(*Cell Research*)、《世界胃肠病学杂志》(*World Journal of Gastroenterology*)]入选该目录。除了少量英文期刊外,我国的很多英文刊物并不具备国内刊号(CN 号码),它们直接通过国外注册的方式获得 ISSN 号码,只能在国内按指定的范围征订、发行,不得在社会上公开征订、陈列和销售,禁止向国外发行;它们不得收取版面费、不得刊登广告、不得拉赞助或进行有偿经营活动。在我国为数众多的中文期刊中,虽然有不少符合 OA 期刊中“部分OA”的要求,能够免费提供期刊的目录或中文摘要等信息,但是基于我国科技期刊的摘要内容过于简单,无法提供足够的信息,现实意义不大。

另外,《中国科协科技期刊发展报告(2008)》研究分析了中国科协所属898 种科技期刊开放存取出版的状况。898 种中共有开放存取期刊 140 种。其

---

① OA 图书馆官网　http://www.oalib.com/.

中一刊单独上网的有 75 种,数刊联合上网的有 23 种,依托主办单位上网的有 19 种,依托学科信息网上网的有 22 种,在国外出版商平台上网的有 1 种。OA 期刊的学科分布多在"工业技术"(43 种)、"医学/卫生"(30 种)、"数理科学和化学"(24 种)及"生物科学"(18 种)中①。

### 6.5.3  开放存取机构仓储

较之开放存取期刊,我国开放存取机构仓储发展状况较好,大陆、台湾和香港都建成了一些有特色的网站。

#### 6.5.3.1  我国大陆开放存取机构仓储一览

我国大陆开放存取机构仓储一览表如表 6-7 所示。

表 6-7　　　　　　　　　　我国大陆开放存取机构仓储一览表

| OA 机构仓储名称 | 网址 | 备注 |
|---|---|---|
| 厦门大学学术典藏库 | http://dspace.xmu.edu.cn/dspace/ | 厦门大学主办 |
| 北京大学生物信息中心(CBI) | http://www.cbi.pku.edu.cn/chinese/ | CBI 成立于 1997 年,是欧洲分子生物学网络组织 EMBnet 的中国国家节点 |
| 北大法律信息网 | http://www.chinalawinfo.com/index.asp | 北大英华公司和北大法制信息中心共同创办于 1995 年 |
| 北京大学蛋白数据库 | http://www.gzsums.edu.cn/htm/med/peking.htm | |
| 首席医学网 | http://www.9med.net/ | 隶属于北京华夏世通信息技术有限公司。华夏时代(中国)投资集团投资创办 |
| 中国哲学书电子化计划 | http://ctext.org/ | 社会团体或私人资助 |
| 北极星书库 | http://www.help99.com/ | 社会团体或私人资助 |
| 亦凡公益图书馆 | http://www.shuku.net/novels/cnovel.html | 社会团体或私人资助 |
| 中国西部环境与生态科学数据中心 | http://westdc.westgis.ac.cn/ | 受中国自然科学基金委员会资助,旨在收集和整理"西部计划"各项目执行期间产出数据集 |

①　中国科学技术协会.中国科协科技期刊发展报告(2008)[R].北京:中国科学技术出版社,2008.

续表

| OA 机构仓储名称 | 网址 | 备注 |
|---|---|---|
| 国家精品课资源网 | http://www.jingpinke.com/ | 教育部支持 |
| 中国开放教育资源 | http://www.core.org.cn/ | 教育部支持 |
| 全国文化信息资源共享工程 | http://www.ndcnc.gov.cn/ | 教育部牵头 |
| 中国气象科学数据共享服务网 | http://cdc.cma.gov.cn/index.jsp | 国家气象信息中心 |
| 中国科学院数据应用环境 | http://www1.csdb.cn/index.html | 包括主题库、专题库和参考型数据库,在中国科学院信息化工作领导小组规划下,由中国科学院下属各个研究所承办 |
| 中国学术会议在线 | http://www.meeting.edu.cn/meeting/ | 教育部科技发展中心主办 |
| 国家知识产权局 | http://www.sipo.gov.cn/ | 中国国家知识产权局主办 |

### 6.5.3.2 台湾地区开放存取机构仓储一览

台湾地区开放存取机构仓储一览表如表 6-8 所示。

表 6-8　　　　**台湾地区开放存取机构仓储一览表**

| OA 机构仓储名称 | 网站链接 | 全文笔数/总笔数 | 造访人次 |
|---|---|---|---|
| 台湾文藻外语学院机构典藏库 | http://ir.lib.wtuc.edu.tw:8080/dspace/ | 337/339 | 418378 |
| 台湾"暨南国际大学"机构典藏库 | http://ir.ncnu.edu.tw/ | 4829/5404 | 52947 |
| 真理大学机构典藏库 | http://ir.lib.au.edu.tw/dspace/ | 1239/2716 | 876866 |
| 台南应用科技大学机构典藏库 | http://203.68.184.6:8080/dspace/ | 451/883 | 363111 |
| 台湾元培科技大学图书馆机构典藏库 | http://ir.lib.ypu.edu.tw/ | 449/6470 | 836158 |
| 嘉南药理科技大学机构典藏库 | http://lib.chna.edu.tw/ethesys/ | 11807/12555 | 806234 |
| 嘉义大学机构典藏库 | http://140.130.170.28:8080/ir/ | | |
| 台湾亚洲大学数位机构典藏系统 | http://asiair.asia.edu.tw/ir/ | 8619/10799 | 200805 |

续表

| OA 机构仓储名称 | 网站链接 | 全文笔数/<br>总笔数 | 造访人次 |
|---|---|---|---|
| 台湾"中央大学"<br>机构典藏库 | http://ir. lib. ncu. edu. tw/ | 34664/34664 | 1856080 |
| 台湾"交通大学"<br>典藏库 | http://ir. lib. nctu. edu. tw/ | 16028/27102 | 1787245 |
| 台湾"中山大学"<br>机构典藏库 | http://140. 117. 120. 62:8080/ | 16100/39817 | 1155352 |
| 台湾"清华大学"<br>机构典藏库 | http://nthur. lib. nthu. edu. tw/index. jsp | 35815/38171 | 3468628 |
| 台湾学术机构典<br>藏库(总库) | http://tair. org. tw/(121 所台湾高校) | 1055300 | 474511 |
| 台湾静宜大学硕<br>博士论文系统 | http://ethesys. lib. pu. edu. tw/ETD-db/ | | |
| 台湾大学学术期<br>刊资料库 | http://ejournal. press. ntu. edu. tw/main. php | | |

对台湾地区开放存取仓储进行综合评价与分析后,我们可以得出:

① 台湾地区高校是建立机构性开放存取仓储的主要力量。这类以学校机构为主建立的仓储网站上的开放存取资源,多是学校师生在校期间发表的论文或学生的硕博士毕业论文,基本上可以全文免费下载。以上收录的只是这类机构仓储中具有代表性的一部分,台湾地区基本上所有的高校都实现了这种机构仓储。

② 在信息组织方面,一般会按照专业和院系进行整体的划分,院系的下面又细分为期刊论文、会议论文及学位论文。同时提供了题名、作者、日期等检索方式。整个网页布局简单、大方、易用。

③ 并不是所有论文都能免费获取全文。因主办机构规模较小,一般所储存的论文数量也比较有限。通常情况下可以全文下载的论文数量都是小于能够查阅到的论文总数的。也就是说,并不是所有的论文都可以免费获取,有的只能查阅到题名、摘要等简单的信息。

在此,值得一提的是台湾学术机构典藏库(Taiwan Academic Institutional Repository,简称 TAIR),该网站综合了台湾几乎所有大学的典藏库资源,截至2015 年底,典藏库中有 137 所各类学术机构。我们可以在这里进行综合查询,也可以进入每个大学的典藏库结构进行单独查询。我们可以形象地将其称为"库之库""总库"。台湾学术机构典藏库是台湾地区台湾大学图书馆接受台湾"教育部门"委托,所建置的台湾学术成果入口网站,为台湾全体学术机构的共同成果。该网站的设计风格与表格中所列举的其他高校仓储的风格保持了一致性。台湾大学学术期刊资料库也令人瞩目，它收录了台湾大学各学术单位出版的期刊全文和书籍，有较高的学术水准。目前的资料在不断更新中，包括了自2002年起的所有台湾大学出版的中外期刊和论文书目资料，以及2003年起的期刊的电子全文。目前正逐步回溯建档中。

### 6.5.3.3　香港地区开放存取机构仓储一览

香港地区开放存取仓储一览表如表6-9所示。

表 6-9　　　　　　　　　　香港地区开放存取仓储一览表

| OA 机构仓储名称 | 网址 | 收录篇数 |
|---|---|---|
| 香港大学学术库<br>（HKU Scholars Hub） | http://hub.hku.hk/ | 3778 篇 |
| 香港大学论文库 | http://sunzi1.lib.hku.hk/hkuto/index.jsp | 18758 篇 |
| 香港城市大学机构仓储 | http://dspace.cityu.edu.hk/ | 2841 篇 |
| 香港城市大学硕博士论文在线 | http://www.cityu.edu.hk/lib/digital/thesis/index.htm | 2911 篇 |
| 香港科技大学机构仓储 | http://repository.ust.hk/dspace/ | 6635 篇 |
| 香港理工大学机构仓储库 | http://repository.lib.polyu.edu.hk/jspui/ | 3778 篇 |

①　香港大学学术库无具体科目的分类，只提供检索，按作者、题名、主题、类型、专业院系检索均可。此外，网站还有一些相关链接，如"名列前茅之港大学者""港大学者：著作发表指引""被引用最多的论文""使用及下载者统计"，等等。

②　香港城市大学机构仓储和香港科技大学机构仓储有相似之处，如表6-9所示。香港大学有学术库和论文库，香港城市大学有机构仓储和硕博士论文在线。学术库和机构仓储提供的主要是以下四个方面的内容：a. 师生发表的论文；b. 优秀本科生计划项目（OAPS）的论文；c. 学生期末的作业项目论文；d. 学生获奖项目论文。而论文库和硕博士论文在线则提供的是硕博士论文的查询和全文下载。香港的其他大学则只建了一个机构仓储，所有的内容都存储在这一个平台上。

③　香港科技大学机构仓储始建于2004年，收录了46个专业（系）的6635篇论文（截至2011年6月8日）。论文主要来自该校教学科研人员和博士生提交的论文（包括已发表和待发表）、会议论文、预印本、博士学位论文、研究与技术报告、工作论文和演示稿全文等。浏览方式有按院、系、机构（communities & collections），按题名（titles），按作者（authors）和按提交时间（date）。检索途径有任意字段、作者、题名、关键词、文摘、标识符。整个网页布局合理，栏目的设计也很简单和人性化。

④ 香港理工大学机构仓储库始于 2010 年 9 月，存储内容广泛。其页面设计与香港科技大学机构仓储类似，风格大方而人性化。

由表 6-7～表 6-9 分析后得出：

① 台湾和香港的机构仓储主导性力量是各大高校，而在大陆，高校真正参与并不多。大陆开放存取实践活动的主要力量还是来自政府机构和一些相关部门，另外也有不少的公益性的社会团体注入力量。

② 由政府部门主导或者主办的网站，运营情况较好。它们一般信息更新及时，页面布局美观，栏目的分类合理。如"国家精品课资源网"，国家精品课程资源中心是在教育部实施"高等学校本科教学质量与教学改革工程"的背景下，在国家精品课程集成项目建设的要求下，依据教育部教高厅函〔2007〕32 号文件批准设立的，面向全国高校广大教师和学生提供国家级优质教学资源应用的服务机构。国家精品课程资源中心设立在高等教育出版社。

③ 在高校建立的机构性开放存取典藏库中，厦门大学学术典藏库是大陆高校第一个真正意义上的机构仓储。该网站收录厦门大学相关会议的资料，以及厦门大学师生发表的论文。该网站的整体设计风格与台湾地区大学的机构仓储极为相似。

④ 由社会团体组建的一些开放存取网站，整体的运营状况都不是很理想，远远比不上由政府部门主导建立的网站。仅以中国哲学书电子化计划为例，该计划的目的在于开发一个在线电子书系统，试图将中国的古代哲学书及与其相关的原典文献加以电子化，用交叉索引等技术充分利用电脑的功能，给中外的学者提供更方便的方式来学习和研究这些古书。该网站最主要的部分为古籍资料库，此资料库包含各种从哲学、历史、语言学等角度被视为重要的文献，写作年代以先秦两汉为主。该网站的所有资料都存储在一个专门设计的数据库中，以便浏览和搜索。此外，部分原典附有英文或现代汉语翻译，这些翻译是一段一段对照原典而附上的，因此很容易根据译文找出对应的原典，或根据原典找出对应的译文。该网站提供英文、简体中文和繁体中文三种界面供读者选择。该网站虽然内容丰富，但整体的页面布局显得有些局促，字体的大小、颜色等选择有些不大合理，致使网页整体缺乏美感，略显扎眼。该网站的浏览使用量似乎也不尽如人意，笔者进入该网站的讨论区看到，基本上每天才更新1～3 个帖子。

# 6.6 我国开放存取实践现状的总体评价及发展缓慢的主要原因分析

## 6.6.1 我国开放存取实践现状的总体评价

总体而言,我国开放存取仓储和开放存取期刊的数量都还较少,我国的开放存取网站呈现出以下特点:

① 我国开放存取出版资源匮乏。开放存取出版形态的作品最终都会以开放存取期刊或者开放存取仓储的形式保存,以便受众进行下载、阅读等操作。随着目前国内开放存取观念的普及,OA 期刊与 OA 仓储不足的现象日益突出。国内目前 OA 仓储平台分散,平台上发表的文章较少。另外,多数网站内容更新较慢,若网站设有其他资讯类栏目的,信息更新也不够及时,网站活力不够,影响力有限。这方面的缺憾在综合性开放存取网站方面表现得尤为突出。前文已经对中国科技论文在线、中国预印本服务系统和奇迹文库这三大综合性开放存取仓储的论文更新频率进行了详细分析,在此也就不赘述了。

② 专业性仓储有待发展。目前,国外的学科仓储大都专业性强,集中在单个或少数领域发展,如认知科学领域的 CogPrints 和经济学领域的 RePEc。而我国建设的多为综合性仓储,中国科技论文在线和中国预印本服务系统都覆盖了 43 个学科领域,奇迹文库也覆盖了 40 个主题领域。因此,在专业性仓储建设方面,还有待进一步提高。

③ 缺乏同行评审机制,质量有待提高。我国的开放存取仓储大都没有严格的审稿机制,基本都是编辑简单审阅后就能发表,发表后再接受读者的评论,但是绝大部分论文的读者评论都很少甚至没有,论文质量有待进一步探讨。目前,奇迹文库已经开始尝试对物理学和数学领域的文献进行同行义务评审,但其效果有待进一步查证。此外,国内的大多数开放存取期刊实际上是传统纸质期刊的网络版,传统期刊评审制度的质量水平很大程度上影响了开放存取期刊的整体质量水平。国内传统期刊评审中就存在一些问题:其一,很少采用由同行及专家进行的外部审稿办法,对稿件的评审基本上都是在内部进行,普遍采用的审稿办法是三审制。这种评审制度使得稿件的发表决定权完全掌握在编辑手里。其二,即使引入同行评审制度,也多采用单盲评审方法。方卿对我国 43 种确定为

盲审评审的期刊调查发现,在 43 种确定为盲审评审的期刊中,采用单盲评审的有 32 种,占样本量的 74%;采用双盲评审的有 11 种,占样本量的 26%①。这说明目前国内同行评审方法还是以单盲评审居多。目前,国内对同行评审的不满也主要集中在单盲评审制度上。一些学者认为,由于中国学术期刊现有审稿机制的不完善,存在着同行科学家竞争造成的互贬及学术流派之争,单盲审稿制的确有改进的必要②。其三,多数期刊的同行评审专家数据库规模偏小。国内学术期刊早期的评审专家都是在需要外审时临时确定的,多数期刊没有专门的评审专家数据库,选择具有很大随机性,而且选择的专家局限于编辑们熟悉和打过交道的人③。并且,很多评审专家数据库包含的专家信息偏少,更新缓慢,不能充分动态地反映专家的有关信息。这些都不利于公平公正的同行评审制度的发展。

## 6.6.2 我国开放存取发展缓慢的主要原因分析

### 6.6.2.1 电子期刊在我国不被认同

我国对各类出版物都有严格的控制措施,如国务院先后发布的《出版管理条例》《音像制品管理条例》《印刷业管理条例》等一系列出版行政管理法规,科技期刊作为我国出版物中的一大分支,自然也受到了严格的管理与监控。与国外期刊采用刊号注册的方式不同,我国期刊出版采用刊号审批制度。无论是中央还是地方,科技期刊都是实行"分口审核、总口审批"的办法,由科技部与国家新闻出版广电总局在核定的数额内审批。即便是公开发行的科技期刊,各类期刊根据其主办、主管部门的不同也被划分为全国性期刊与地方性期刊;而国内各种所谓核心期刊评比,又人为地将科技期刊划分级别,尤其是核心期刊评价的出现,使之成为直接评价一本期刊论文质量的重要指标,直接关系作者的晋升、相关业绩的评价和科研成果的认定。

这一切,都让新创办的科技期刊,尤其是电子期刊的发展举步维艰。电子期刊尽管存在出版周期短、论文版面不受限制等优点,但其发展的瓶颈,不是发展经费的困难,而是普遍存在的学术认可问题。缺乏学术认可,难以吸引高质量的稿源,也就失去了发展的潜能。大多数的国外 OA 期刊都是电子期刊,但电子期

---

① 方卿. 我国学术期刊同行评审现状分析[J/OL]. 中国编辑,2006(6)[2012-07-12]. http://www. qikan. com. cn/ArticlePart. aspx? titleid=zgbi20060616.

② 黄劲松,杨兵. 单盲法审稿的缺失与优化[J]. 编辑学报,2004,16(3):178-179.

③ 方卿. 中国学术期刊同行评审的实践与研究[J]. 图书情报知识,2007(6):89-92.

刊在我国的发展相对困难,这也注定成为 OA 期刊在我国发展缓慢的原因之一。

### 6.6.2.2 付费的压力

根据开放社会协会(Open Society Institute,简称 OSI)测算,一篇 OA 论文作者的费用大概是 3750 美元,相当于普通中国人一年的工资收入,而美国生物科学学会(American Institute of Biological Science)估算它旗下的期刊 *BioScience* 每出版一篇论文要收取论文处理费约 7000 美元。OA 期刊高昂的发表费用并没有使得期刊的经营状况更加好转,即便是影响因子高达 11.4 的 *PLoS Biology* 也不例外。因此,OA 期刊的发展是需要投入大量的财力、物力、人力的,而这些对于主要靠主办单位或承办单位经费支持办刊的我国科技期刊来说并不现实。

在我国,科技期刊论文发表的版面费一般在 1000 元人民币左右。版面费的收取,在一定程度上促进了科技期刊的发展,版面费的金额与我国的经济发展程度也是基本吻合的。同时,各个单位鼓励工作人员将自己的研究成果在优秀期刊上发表,并为之提供版面费甚至奖励。我国科技期刊版面费金额远远低于国外 OA 期刊的作者付费的金额,因此更适合于我国科技发展的实际情况。虽然 OA 期刊具备种种优势,但是高额的发表费用还是作者需要慎重考虑的,在国内普遍采用收取数额并不高的版面费的情况下,OA 期刊并没有展现出足够的竞争优势。

### 6.6.2.3 知识产权的主导控制趋势

与国外出版机构的独立性不同,我国科技期刊或多或少都有政府机构的影子,尽管许多原先由政府机构主办的科技期刊已经下放到各个学会,但是由其主办、主管的科技期刊仍然延续着对作者知识产权的强势控制。这些通过科技期刊稿约中对论文的版权申明就可见一斑。我国科技期刊本身的发行量不是很大,尤其最近几年,科技期刊总体发行量都在走下坡路。因此,即便国外有许多研究都发现 OA 期刊不会影响科技期刊的发行,我国科技期刊也不愿冒此风险。同时,我国三大全文期刊数据库——万方、维普、中国知网对国内大多数的科技期刊都进行了全文收录;与全文期刊数据库的合作、知识产权的转让决定了我国的科技期刊不愿意进行 OA 的操作,因为这样会破坏已有的双方利益,打破现有的平衡。

同样,对我国科技期刊稿约的调查发现,相对作者而言,我国科技期刊在知识产权方面完全处于强权地位,稿约中的著作权相关条款更多地倾向于保障科技期刊的利益,更多的是强调期刊的免责条款,作者的著作权益体现得不够。因此,在这样的条件下,让科技期刊主动放弃对论文的版权控制是相对困难的。

### 6.6.2.4 期刊价格并没有大幅度上扬

我国是受西方国家开放存取运动的影响后,才启动开放存取出版的。应该指出的是,在我国期刊价格并没有大幅度上扬。虽然在过去的二十几年,我国科技期刊价格也在增长,但我国的科技期刊出版并没有走市场化的道路,也不像国外的期刊那样以出版商为主导,因此,它们并不是依靠期刊发行的收入来维持期刊的发展,更多的是依靠主办单位的人力、物力、财力的投入维持科技期刊的运作与发展。相对于国民经济的快速发展,科技期刊价格涨幅并不是不可接受,我国科技期刊并没有陷入由出版商高价垄断这一恶性境地,就这一点来说,我国开放存取的发生背景与西方社会有一定的区别。

# 6.7 本章小结

在我国学术期刊价格大幅度上扬虽然不存在,但我国图书馆经费也不甚充足,不足以应付所有学术出版物价格的上涨;而且我国与西方国家一样,存在期刊论文发表滞后、非正式交流困难等问题。而开放存取运动有助于学术交流,是世界学术界认同的出版方式,为此,2004 年 5 月,我国相关部门签署了《柏林科学与人文知识开放存取宣言》,表明我国科学界支持开放存取的态度。近 10 年来,在政府的支持下开放存取在我国获得了一些发展,6.5 节罗列出了我国开放存取的各种类型网站,应该说,成就还是突出的。但同时,我们应该看到,我国科研工作者对开放存取的认知度还很低。据王应宽对我国科研工作者的问卷调查:绝大多数答卷者(占 94.5%)对开放存取期刊还不了解。[①] 学者对之也顾虑重重,例如,文章在互联网上公开,可能会导致被抄袭或被商业利用;预先公开会导致学术期刊不愿意再发表其论文。国内学者一般只愿意向得到学术认可的期刊,如核心期刊或者权威期刊等付版面费,而开放存取期刊尚未在学术评价体系中得到认同,因此,作者难以接受作者付费制度。如果科研工作者对开放存取期刊没有足够的认知度和认同度,开放存取期刊就无法得到充分的稿源,其质量水平也就无法得到保障。另外,我国读者和了解 OA 的编辑人员也为数不多。这些都说明开放存取的理念还远未深入人心,发展开放存取仍有很长的路要走。

---

① 王应宽.中国科技界对开放存取期刊认知度与认可度调查分析[J].中国科技期刊研究,2008,19(5):753-762.

# 7　维基类网络百科全书出版研究

　　在 Web 2.0 技术条件下诞生的影响较大的数字出版物还有维基类网络百科全书。在大多数学术文章中,维基类网络百科全书被视为开放存取出版物,维基类网络百科全书也符合开放存取"自由""共享"和"开放"的宗旨。本书将其单独研究基于下述几个理由:① 具有独特的协作编写系统,是网络高度自由和高度协作的产物;② 出版内容包罗万象,并不像开放存取运动一样仅限于学术出版;③ 具有查考性和阅读性。维基类网络百科全书是一种网络工具书,一般用于查找名词、人物、机构、地名等,人们常借助百度和谷歌等搜索引擎将其搜出,达到查找某一知识的目的。但维基类网络百科全书又具有阅读性,其中很多词条会对某一方面的知识做非常系统的介绍,使人们在查考之余,接受某种程度的知识普及。从这种意义上来讲,维基类网络百科全书相当于由无数本小型丛书构成。此外,维基类网络百科全书影响深远,已经成为人们日常工作、学习及生活中必备的工具,其影响远远超过开放存取运动本身。而且,由于维基类网络百科全书运作方式很有效,传统百科全书出版模式也深受其影响。鉴于维基类网络百科全书的独特性,本书单独列出一章讨论。

## 7.1　维基类网络百科全书概述

　　谈及网络百科全书,人们想到的往往是维基百科、百度百科这一类网站,事实上,"网络百科全书"这一概念包含的内容更加广泛。我们所说的维基百科、百度百科,以及 MBA 智库百科和互动百科等只是网络百科全书的一种,下文先从网络百科全书的概念说起。

### 7.1.1　网络百科全书的概念及类型

　　网络百科全书是在信息技术、互联网技术飞速发展的条件下诞生的一种在线百科全书,也称百科在线(encyclopedia online 或 online encyclopedia)。它以网络技术为载体和依托,将百科的内容与互联网的信息组织方式结合在一起,是一种新型的信息来源,更是一种全新的百科服务模式。

目前的网络百科全书大致可以分为三类:整合型百科全书、传统百科全书的网络版和维基类网络百科全书。其中整合型百科全书和传统百科全书的网络版又称为非开放型网络百科全书,它们一般是拥有著作权的传统百科全书的网络版本,提供的是付费服务,或仅限于会员用户查阅,最关键的是,用户并不能对其进行编辑。整合型百科全书又包括两种:一种是多种网络百科全书的整合集成网站,典型代表如知识在线,它集成了旅游百科全书网、音乐百科全书网、国家百科全书网等 13 个百科全书网站,提供关键词检索①;另一种是以某一百科全书为基础,整合其他的工具书,其代表有不列颠百科全书在线。

传统百科全书的网络版就是指传统的百科全书数字化后形成的网络版,它并不改变纸质百科的内容、体例,只是增加了一些超链接以强化条目之间的联系,其代表有中国大百科全书出版社的数据库。

维基类网络百科全书则是开放型网络百科,指维基百科、百度百科这类基于 Web 2.0 技术和维基编写系统,由网民自愿编辑的百科全书。虽然维基类百科全书诞生不过 10 余年,但它是纸质版百科全书模式的颠覆者,在它的促成下,传统百科全书才纷纷上网,进而形成上面提到的两种类型的整合型百科全书。

### 7.1.2　维基相关概念

维基英文为 wiki,在夏威夷语中,"wiki"是"快"的意思。wiki 的中文译名有维基、维客、围纪、快纪、共笔等,在我国大陆使用较普遍的是"维基"。1995 年,普渡大学计算中心的沃德·坎宁安(Ward Cunningham)建立了波特兰模式知识库(Portland Pattern Repository),之后又相继开发了一组支持这种写作的辅助工具,在这个过程中,形成了维基的概念,即一种支持面向社区群落的协作式写作系统,用户不仅可以对维基文本进行浏览,还可以创建、更改、编辑内容。

---

① 樊国萍,喻战书.网络百科全书的发展趋势[J].新世纪图书馆,2009(4):63-65.

维基类网络百科是基于 Web 2.0 技术、维基编写系统和 GNU 自由文档协议①的百科平台。最典型的维基类网络百科有：维基百科（Wikipedia，wiki 和 encyclopedia 的合成词）、Knol②及我国的百度百科、互动百科和 MBA 智库百科等。其中维基百科诞生最早，并拥有多种语言的独立运作版本，其他类似的百科网站都是受维基百科影响而产生的。由于维基百科是所有这类百科的蓝本，本书采用"维基类"这一词汇称呼类似的网络百科平台，其基本特点是开放、免费、共享和多人协作编辑。

在维基出现之前，互联网的内容一般都是由网站拥有者创建和发布的，用户只能浏览阅读，不能修改编辑。维基编写系统出现后，用户不仅可以在 Web 2.0 的基础上对维基文本进行浏览，还可以创建、更改、编辑内容。从写作的角度看，维基编写系统是一种多人协作的写作工具，支持面向社群的协作式写作。从技术角度看，维基是一种超文本系统，这种系统支持面向社区群落的协作式写作，同时包括一组支持这种写作的辅助工具。一个 wiki 站点可以由多人维护，每个人都可以发表自己的意见，编辑网站内容，或者对共同的主题进行扩展或探讨，这就是维基类网络百科的技术基础。

参与维基类网络百科编写的网民被称之为维客，其概念有狭义与广义之分。狭义的维客也叫维基百科人（Wikipedians），仅指维基百科的用户和编创人员。广义的维客则是指所有参与维基类网络百科内容编写和创作的用户。在我国，维客群体有互动百科的"知道分子"，百度百科和搜搜百科则将用户统称为"科友"。这些维客都是普通的互联网用户而非某一领域的专家或学者，他们有不同的文化背景，凭借对网络百科的热爱和对知识共享的热情，志愿参与百科的编写。

## 7.1.3 维基类网络百科的发展

### 7.1.3.1 维基百科的发展

维基百科于 2001 年正式投入使用。正如前文提到，沃德·坎宁安首先产生

---

① GNU 自由文档协议证书（GNU Free Documentation License）是一个版权属左（或称"反版权"）的内容开放的版权协议，它是由自由软件基金会 2000 年发布的。GNU 自由文档协议证书将 copyleft 的形式应用于手册、说明书或者其他文档，以确保任何人都有复制和重新分发文档的自由，无论是否修改过，无论是否用于商业目的。该协议适用于所有计算机软件文件及其他参考和指导材料。协议还规定，所有使用了该协议的材料的衍生品，不论是经过修改或转载，也都必须采用 GNU 自由文档协议证书。在网络上采用 GFDL 发布的文件协作计划中，维基百科是规模最大的计划之一。

② Google 公司建立维基百科平台，2008 年 7 月 23 日正式开放，"Knol"意为"一个知识单位"（a unit of knowledge）。参与编辑者在 Knol 上须署名。

有关 wiki 的想法,即建立以知识共创与共享为目的的 wikiwikiweb 网站,在这个过程中,逐渐确定了维基的概念,即维基是一种以网络为基础,多人协作写作的技术。后来,这种多人协作式的创作模式引起了网络百科全书之父美国人吉米·威尔士(Jimmy Wales)的注意,于是他和拉里·桑格(Larry Sanger)于 2001 年 1 月 15 日正式推出了维基百科网站(http://www.wikipedia.org)。这一天也被一些用户称为"维基日"(Wikipedia Day)。

2001 年 5 月,13 个非英语维基百科版本计划相继推出,包括阿拉伯语、汉语、荷兰语、德语、世界语、法语、希伯来语、意大利语、日语、葡萄牙语、俄语、西班牙语和瑞典语。早在 13 个非英语维基百科版本计划之前的 2001 年 3 月 16 日,德语维基百科就已经推出。9 月,波兰语维基百科推出。截至 2012 年 4 月 8 日,维基百科的语言版本达到 282 个,维基百科条目数第一的英语维基百科网站已有 360 万条条目,而全球所有独立运作版本共突破 1900 万条条目,总登记用户也超过 2960 万人,而总编辑次数更是超过 10 亿次。[1]

受维基百科影响,全世界诞生了各种各样的类似网站。2002 年 2 月 26 日,西班牙语百科全书自由百科(Enciclopedia Libre)建立。[2] 维基百科的另一位创办人拉里·桑格(Larry Sanger)也于 2006 年成立大众百科与维基百科分庭抗礼。除此之外,还有很多其他和维基百科采用相似技术的网络百科全书计划,比如大英百科全书的专家学者们有偿参与编辑与更改的大英联机百科全书,类似俄语维基百科的网络百科全书 Wikiznanie,等等。[3]

在英文维基百科诞生的同年 5 月,中文维基百科协作计划成立。但计划成立之初的中文维基百科不支持中文直接输入,在当时也只拥有少许的测试文字。[4] 直到 2002 年 10 月 24 日,用户 Mountain 借助工具软件撰写了第一个有实质中文内容的条目——首页,至此中文维基百科才开始真正运作。截至 2013 年 1 月 17 日,中文维基百科包括条目 630000 条,18 天增加 10000 条,平均每天增加 556 条。[5]

中文维基百科在世界各国和各地区华人中有很大影响。中文维基百科的编

---

① WikiStats by S23- List of Wikipedias(维基百科统计)[EB/OL].[2012-04-08]. http://s23.org/wikistats/wikipedias_html. php? sort=good_desc.

② Enciclopedia Libre Universal en Españo[EB/OL].[2011-03-18]. http://enciclopedia. us. es/.

③ 温宝. 维基百科出版研究[D]. 武汉:武汉大学,2011.

④ 最早中文版维基网址:Wikipedia[EB/OL].[2012-12-30]. http://web. archive. org/web/20020605131054/http://chinese. wikipedia. com/wiki. cgi? search=HomePage.

⑤ 维基百科条目里程碑[EB/OL].[2013-01-30]. http://zh. wikipedia. org/wiki/Wikipedia:%E6%A2%9D%E7%9B%AE%E6%95%B8%E9%87%8C%E7%A8%8B%E7%A2%91#. E6. A2. 9D. E7. 9B. AE. E6. 95. B8. E9. 87. 8C. E7. A8. 8B. E7. A2. 91.

辑者是来自于全世界各地的中文用户,笔者 2013 年 6 月 5 日对维基百科各语言版本的编辑者来源的统计结果为:中国台湾的编辑者占 39%,中国香港占 26.7%,而美国占 5.2%。近年来,中国大陆的维基百科编辑者正在迅速增加,现已经达到 18.7%[①]。

中文维基百科致力于构建最权威的中文网络百科全书。和大陆百度百科等相比,其条目结构比较规范,同样内容的条目相对简洁而不失系统详尽。参考文献注释比较严格,用户可以通过追溯参考文献而判断内容的权威性。

中文维基百科秉承维基百科的自由开放的精神和编辑传统。由于内容审查的原因,中文维基百科在 2004—2008 年期间的大陆访问时有中断,使维基在大陆的影响减小,同时客观上促成了互动百科、百度百科等大陆内开放式网络百科的发展。北京奥运之后,中文维基百科访问运行较稳定。

### 7.1.3.2 我国维基类网络百科的发展

我国第一个自主创立的维客网站"网络天书"成立于 2003 年(域名http://www.cnic.org),其创始人是被誉为国内维客先锋的叶群峰。网络天书并不能说是严格意义上的开放式网络百科,它比较关心维客文化,其内容更自由、涉及面更广,包括百科、方言、网络经典、新闻等。从创作理念上来说,它的确体现了自由、开放、协作、共享的维基精神,但它并没有明确的定位和目标。

2005 年 7 月,互动百科(www.hudong.com,现更改域名为 www.baike.com)正式上线,这可以说是我国第一个综合性的百科网站。互动百科网是互动在线(北京)科技有限公司开发的维基类网络百科平台,它致力于为数亿中文用户提供海量、全面、及时的百科信息。2006 年 11 月,互动百科又发布了全球第一款免费而且开放源代码的中文互动维基开源建站系统——HDWiki,这是全球唯一一款拥有自主知识产权,并向用户免费开放源代码的百科建站系统。

互动百科成立后不久,百度公司也于 2006 年 4 月推出了百度百科(http://baike.baidu.com/)的测试版,其正式版于 2008 年 4 月发布。百度百科旨在创造一个涵盖各领域知识的中文信息收集平台,它以强大的搜索引擎为支撑,并与百度知道、百度贴吧等产品互通,使其迅速发展成国内认知度最高的网络百科之一。同样依靠庞大的用户资源开发百科的还有腾讯公司,其下的搜索网站搜搜百科(http://baike.soso.com/)于 2009 年 3 月初创建。搜搜百科的编辑率很高,其性质及风格也与百度百科极为相似。

此外,我国还陆续出现了一批专注于某一领域的专业维基类网络百科。其中最具代表性的是创办于 2006 年的 MBA 智库百科(http://wiki.mbalib.

① Wikimedia Traffic Analysis Report[EB/OL].[2013-06-05].http://stats.wikimedia.org/wiki-media/squids/SquidReportPageEditsPerLanguageBreakdown.htm.

com),该智库专注于经济管理领域知识的分享,包括企业管理、市场营销、MBA案例、人力资源等。MBA 智库百科号称是全球最大最专业的中文经管百科,主要为我国各企业管理人员和各大院校的企业管理学生提供管理资讯及技术服务。其他专业百科还包括专门收集 IT 信息的科技中国(http://www. techcn. com. cn/)、太平洋网络的家居百科(http://www. pchouse. com. cn/baike/)等。因为维基百科模式被投资者看好,国内各类缀以"百科"名目的网络产品也纷纷出现,如 360 软件百科、PPS 影视百科和财经百科等。

在不断发展的同时,我国的网络百科也逐渐形成了一些独具特色和创新性的发展模式。除公益运作的中文维基百科以外,我国的网络百科一直在探索运作和盈利模式。目前,我国开放型网络百科全书的运营方式有两种——独立运营和附属运营[①](图 7-1)。独立运营的典型代表为互动百科,附属运营的典型代表有百度百科和搜搜百科等。

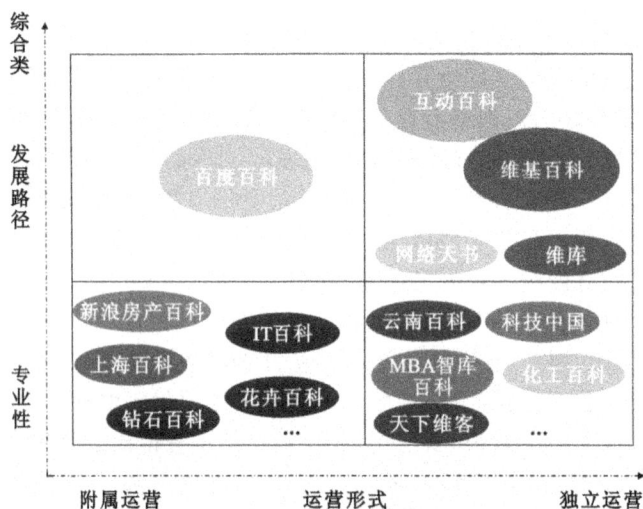

图 7-1 我国开放型网络百科全书的发展路径和运营形式[②]

维基百科成立 10 余年后依然呈现出蓬勃发展的景象,我国对其的效仿又使这种开放式的网络百科产生新的特点。本书将从内容、用户及运营模式等几个方面来探讨这一类百科全书,通过分析,拟解构这类网络出版模式的独特性。

---

① 温宝. 维基百科出版研究[D]. 武汉:武汉大学,2011.
② 互联网实验室. 2009 中国维基发展报告[R]. 北京:中国互联网实验室,2009:1-77.

# 7.2 维基类网络百科内容组织研究

维基类网络百科由"内容为王"向社交化、平台化发展是一大趋势,但百科内容仍然是网络百科经营的核心之一。网络百科是否对其内容进行了有序的组织和编排、怎样对百科词条的质量把关、网络百科的内容传播原则和引著规范是怎样的,这是网络百科内容研究需要把握的三个方面。

## 7.2.1 维基类网络百科内容组织形式

内容组织的核心原则首先是满足客户查考性需要。从直观的角度来说,目前网络百科对内容的编排主要体现在栏目的设置上。除了以百科词条为主要内容之外,百度百科、互动百科、中文维基百科等百科平台吸收了网络多元化的精髓,参照其他门户网站议程设置的方法,突出了精彩词条、热门词条、时事百科、人物百科等内容。维基类网络百科在内涵上远比传统百科更丰富,作为一个动态更新、随时可以编辑的百科,它还能够引导用户关注特定的内容,应该说,维基类网络百科在内容组织上更具有灵活性和主动性。

从系统的角度来说,维基类网络百科综合采用了更丰富多样、更人性化的知识组织方式,便于用户查找、阅读和编辑内容。它以知识分类树的方式对所有词条进行归类;在每个词条下,又通过相关词条、内容中的超链接、词条的参考文献、开放分类等资源关系将读者引向其他内容;词条又包含简介、背景等细分信息,还有图片、简报等其他知识单元。简而言之,维基类网络百科的内容组织模式分为知识分类结构、信息关联体系、信息细分单元三个层次。

### 7.2.1.1 知识分类结构

维基类网络百科以词条为最小单位,按学科分类将词条依次划分,由此形成了一个系统的树状结构,互动百科称之为百科分类树,维基百科则称之为知识分类树。

百度百科的知识分类是在首页上以标签的形式显示的,共包含 11 个一级分类,依次是自然、文化、地理、历史、生活、社会、艺术、人物、经济、科技、体育,此外还有百科图片和数字博物馆两个附加内容条目。每个一级分类下又包含两层次级类目,然后具体到某一词条。例如,艺术分类中包含雕塑、绘画等众多二级分类,在绘画类中又包含国画、油画等,然后具体到词条。

互动百科的百科分类树结构较为清晰,它开辟了独立的百科分类页面,分别用知识分类树和知识地图两种体系对词条进行划分。知识分类树所显示的一级分类与百度百科基本一致,一共分为 11 大类,另加入了地理(地图类)和 HOT(热词)两个类别。互动百科的知识分类树以树形结构的形式直观地显示了词条分类(图 7-2)。"知识地图"则是用易于搜索的分类标签集合对百科进行分类,共包含 9 个大类,每一类分类标签都直观地显示了该分类的三个层次,点击具体标签即可进入该类别的所有词条。

-页面总分类
+自然
+文化
+人物
+历史
+生活
+社会
+艺术
+经济
+科学
+体育
+技术
+地理
+HOT

**图 7-2　互动百科分类树**[①]

中文维基百科的知识结构与互动百科的知识地图比较类似,它将信息归为 8 个大类,列出了其下一层子目录。同时,中文维基百科还有"常用列表"导航,包括历史年表、国际组织列表等条目。中文维基百科还有一个主题首页,它"是为对某一领域的知识感兴趣的维基人及一般读者提供的首页,用于帮助查找该主题的资料,并扩充与该主题相关的条目。一个维基主题可与一个或多个专题相连"。

---

　　① 互动百科　http://www.baike.com/.

此外,其他综合性网络百科和 MBA 智库百科等专业百科的知识组织方式也与上述类似。一些专业百科会将分类标签和知识地图结合起来(如太平洋家居百科),方便用户搜索。MBA 智库百科中,还借鉴传统百科的做法,将各种词条按音序排列,显示在词条页面右侧(图 7-3)。

事实上,维基类网络百科的使用者目标性都较强,通常是对某些概念不解时进行有目的查找,因此站内搜索引擎是网络百科最主要的信息查找方式。维基类网络百科建立清晰、系统的知识组织模式,是为了方便用户了解拓展信息,增加百科条目的知识价值,也为百科实行信息管理、用户编辑词条提供了准则。

| 管理定律 | |
| --- | --- |
| **A** | **L续** |
| 安慰剂效应 | 卢维斯定理 |
| 阿尔巴德定理 | 蓝斯登定律 |
| 暗箱模式 | 蓝斯登原则 |
| 阿尔布莱特法则 | 垃圾桶理论 |
| 阿姆斯特朗法则 | 蓝伯格定理 |
| 阿什法则 | 雷鲍夫法则 |
| 艾奇布恩定理 | 懒蚂蚁效应 |
| 阿罗的不可能定理 | 牢骚效应 |
| 艾德华定理 | 洛克忠告 |
| 艾科卡用人法则 | 拉图尔定律 |
| 阿伦森效应 | 鲁尼恩定律 |
| 暗示效应 | 拉锯效应 |
| 安泰效应 | **M** |
| 氨基酸组合效应 | 木桶原理 |
| **B** | 墨菲定律 |
| 彼得原理 | 蘑菇管理定律 |
| 不值得定律 | 马太效应 |

图 7-3 MBA 智库百科中词条"21 天效应"所属分类"管理定律"的页面索引①

### 7.2.1.2 信息关联体系

维基类网络百科不但用知识分类结构将知识信息系统地组织起来,而且通过信息关联体系将具体的百科条目与其他条目或信息联结在一起。所谓信息关联体系,是指维基类网络百科利用网络的特点和媒介优势,在百科条目中通过各式链接建立起来的知识信息互通体系,它能够引导用户获取更多与词条相关的信息。

维基类网络百科的信息关联体系与传统百科全书和学术数据库均有区别。传统百科全书中,条目之间的信息关联只能借助索引、参考文献等实现,而维基类网络百科全书则用标签、链接等形式,丰富了知识间联系的途径,实现了全方位的信息资源共通。尽管我国的学术数据库拥有卓越的信息关联体系,相似文献、引文网络、知网节、同行关注文献、相同导师文献等都加强了学术资源间的关联,但这些信息的指向性和预设性较强,相比而言,维基类网络百科更加自由开放,为用户提供了更广阔的选择空间。

维基类网络百科的信息关联体系在词条中直观地表现为蓝色文字显示的超链接,链接会指向其他条目或内容。这些链接与原条目的关联按逻辑区分包括以下几类。

---

① MBA 智库. 词条 21 天效应[EB/OL]. [2012-10-11]. http://wiki.mbalib.com/wiki/21%E5%A4%A9%E6%95%88%E5%BA%94.

（1）涉及

涉及即某一条目的叙述中提及、涉及另一信息。这类链接出现在维基类网络百科条目的叙述文字中，一旦文章中的某一词汇对应了百科中的另一条目，该词汇就会以超链接显示。这些链接一般为内链，内链是指点击后会指向该网站其他词条或内容的链接，它能够帮助读者理解词条叙述的内容和扩展阅读，加强词条之间的联系。

（2）相似

相似即与某一条目相似、相近的其他条目或内容。当某一概念出现同义词、一词多义的情况，词条中也会标注出来。

（3）包含与被包含

这类信息关联通常提供某一词条所属或包含的其他概念、信息的链接。这些链接有时是以知识分类结构划分的（图 7-4），有时会以不同于知识分类的标准呈现一组相关链接（图 7-5）。

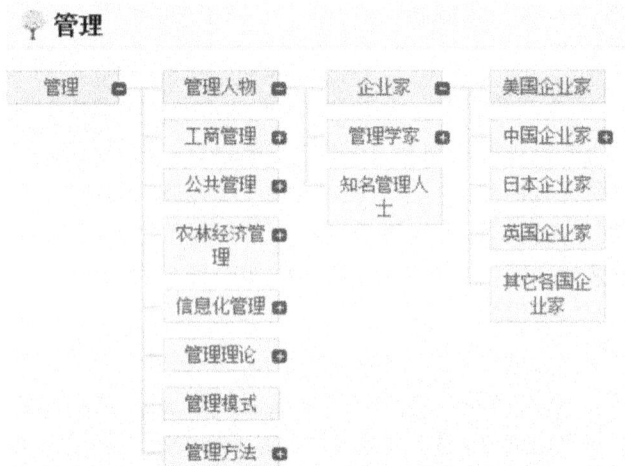

图 7-4　互动百科人物词条"史蒂夫·乔布斯"中所提供的
按管理学划分的信息链接

图 7-5　百度百科人物词条"史蒂夫·乔布斯"中所提供的苹果公司历任 CEO 列表

（4）指向其他形式的内容

有的维基类网络百科还包含图册、视频等多媒体的链接,能够帮助读者获取更全面、直观的信息。

（5）参考文献或相关链接

这些关联通常是一些指向其他网站的外链,指明了该词条参考文献的具体出处、该词条被哪些媒体引用、相似的文献(特别是学术期刊文献)等。

由此可见,维基类网络百科的信息关联体系不仅能够将站内知识紧密联系起来,实现信息价值的叠加和增值,还能通过网站的高访问量间接促进外链所指信息的传播。

### 7.2.1.3　信息细分单元

词条是维基类网络百科的主体内容,目前维基类网络百科的词条已经形成了比较固定的结构:首先,词条名和词条摘要构成词条的简述。为避免混淆和歧义,维基类网络百科对词条名称有严格的定义标准,词条摘要是对词条内容的简明叙述。其次,一般较为完善的词条会有目录,对词条包含的各个方面的内容进行梳理和划分,目录中每一项都是指向对应内容的超链接。再次,维基类网络百科的词条正文与目录对应,是对词条各方面的具体叙述。不同类型的词条内容结构也有所差别,如图 7-6 所示。最后,正文的辅助性内容,包括插图、图册、表格公式,甚至视频等,能让百科信息更加具体形象。维基类网络百科词条的信息关联内容也是词条的一部分,包括词条内链、参考注释、扩展阅读等。

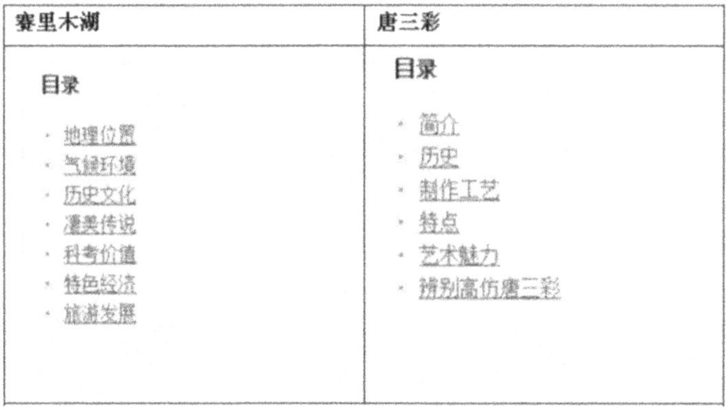

**图 7-6　地理类词条"赛里木湖"和艺术类词条"唐三彩"的内容结构**

除主体内容以外,维基类网络百科还有单独的百科图片栏目、图表栏目。国内大多数维基类网络百科网站在首页上还会汇集近期热门网络词汇、设有"历史上的今天"栏目,互动百科在最近一次改版前,还提供每日自动弹出的"每日 in 词"服务。

## 7.2.2 维基类网络百科内容编辑制度与质量控制研究

维基类网络百科的内容不但要求具有能与传统百科相媲美的高质量,而且要满足用户对网络媒体的更丰富的要求,互联网自由、开放的环境同样增加了对维基类网络百科质量把关的难度。

目前维基类网络百科对内容质量的控制主要从以下三个方面着手:首先是效仿维基百科等先行者的做法,制订了维基类网络百科编写的原则;其次是在编写原则的基础上建立了一套对内容进行严格删选、甄别的评价体系,并由所有用户参与评价;最后是在技术上支持质量控制。

### 7.2.2.1 内容编辑原则

维基概念的发明者沃德·坎宁安为维基总结了全民、开放、汇聚、公开、统一、增长、有组织、通俗、精确、宽容和透明等设计原则。纵观目前国内外的维基类网络百科,它们的编写原则也都是以"自由、协作、开放、客观"的精神为核心。但这并不表示维基类网络百科对质量没有要求,在开放、协作的创作模式下,任何人都可以编辑或质疑百科的内容,使其质量不断提升。维基类网络百科还从法制、舆论导向等角度规定了内容编写的标准。

(1)开放性与协作性

维基类网络百科是一个开放的编辑平台,由无数志愿者参与编写,开放性和协作性是其最大特点。开放性包括内容的开放和对编辑者的开放:维基类网络百科允许任何第三方不受限制地对其开放的内容进行编辑、修改,或编写新的条目,任何人都可以免费创建、修改页面,发表评论;只要是维基类网络百科的注册用户,就可以参与百科的编撰,任何一个有兴趣并愿意遵守一些简单规则的人都可以发起、添加或修订任何一个条目。协作性是指维基类网络百科允许并需要由多人协作完成百科的编写。它通过鼓励大众志愿参与编撰来实现一个百科全书计划,而不依赖少数专业学者来撰写条目,而后者正是传统百科全书赖以建立其权威性的核心要素。[①] 协作性体现了维基类网络百科自由、共创、共享的精神,也是维基类网络百科不断发展完善的基础。根据由亚利桑那大学的教授和研究生共同合作的一项新研究,维基百科的作者之间的协作方式对于每篇文章的数据质量有直接的影响。[②]

---

① 郑文婷,文震宇.从维基百科看工具书的变迁与发展[J].内蒙古科技与经济,2009(10):132-134.

② 孙晓燕.维基百科作者们的合作模式决定了条目的数据质量[EB/OL].[2010-03-12].http://group.hudong.com/xinzhishe/doc/EGgYDQlgaFndPVlEd.html.

（2）中立和客观

维基类网络百科的开放性与协作性，使它成为一个多人意见交织的广场，维基百科的第一条原则就是："由于参与者拥有不同的意识形态与背景，来自于世界不同的角落，维基百科试图使它的文章客观、公正。这并不是说要以一种客观的观点来表述，而是公平地呈现一个议题所有的观点。"①结合我国的国情，国内维基类网络百科的编辑方针是，没有偏见地、公平地陈述各种不同的学术观点，"采用中立的第三方表述，对事实进行客观的描述，避免感性与主观叙述。"②太偏激或太个人化的词条很快会被修改。当然这并不意味着它的每项内容一开始都是准确、不偏不倚的，但大量志愿者的积极参与，基本可以使条目内容在事实上达成一致。③

（3）合法合理

维基类网络百科的编辑协议中明确规定，内容的编写必须符合国家法律规范，必须服从网站的统一管理，对不符合要求的词条，管理员有权删除并对相关用户实施处罚。用户不得发布含有色情、暴力、人身攻击、反动和恐怖的内容，含有违背伦理道德内容的，具有广告性质和恶意性质的词条都会被删除。维基类网络百科还针对用户规定了相应的处罚办法，包括扣分、封禁账号等。④ 此外，维基类网络百科还明确规定了主体内容（词条）的叙述要求、词条命名的标准、扩展内容（包括词条链接、图表、开放分类、参考文献、相关阅读等）的编写要求，确保每个词条都准确、合理、有据可查。维基类网络百科对词条的修改、同义词的添加、编辑冲突的处理等也做了详细规定。

7.2.2.2　词条评价体系

维基类网络百科对词条质量的评价是从以下两个方面进行的：第一是直接评价词条本身的质量；第二是对编辑词条的用户进行评判，对用户行为的评价其实也是从百科质量出发的。不同的维基类网络百科对词条质量的评价会有不同的机制，有积极评价、消极评价和综合评价之分。

① 尹开国.自由人的自由联合：维基百科评介[J].图书情报工作,2007,51(2):142-144.
② 百度百科.百度百科帮助——编辑原则[EB/OL].[2012-06-08].http://www.baidu.com/search/baike_help.html#编辑原则.
③ 郑文婷,文震宇.从维基百科看工具书的变迁与发展[J].内蒙古科技与经济,2009(10):132-134.
④ 许博.网络百科全书管理机制与公众参与行为研究[J].图书情报知识,2011(3):10-15.

（1）积极评价

百度百科会对词条进行积极评价,优秀词条的评价分为高质版本和优质版本两个等级。高质版本是指大体符合优质词条特征的词条版本。维基类网络百科系统对其的评价标准是词条在质量优化过程中的"有效变化量",即质量提升较大的词条版本。此外,用户也可以推荐或自荐高质版本。维基类网络百科管理员会对所有高质版本提出修改建议,帮助用户继续完善词条,达到优质版本(优质版本是指经过用户修改编辑后,在全面满足优质词条特征的基础上,相比旧版本质量有较大幅度提升的词条编辑版本)的要求。[①] 只有首先成为高质版本,并由用户主动向百科优质版本吧推荐才能被评选为优质版本。

（2）消极评价

① 投诉。大多数维基类网络百科网站都设有投诉中心,如果词条内容触犯法律或被恶意修改,用户可以向投诉中心举报;当词条出现编辑不当或是用户提交的内容未通过审核而用户存在异议,百科投诉中心也会协调解决。对不符合百科规则的词条版本,将由编审系统打回,并反馈违规之处。② 质疑。自 2012 年 8 月起,百度百科发起了用户"质疑"功能的人员招募及内测。用户可以对维基类网络百科词条中的内容发起质疑,维基类网络百科会将用户的质疑直接反馈给相关领域专家,由专家对该领域内的质疑进行权威判断,从而起到有效提升词条质量的效果。

（3）综合评价

① 词条评论。大多数维基类网络百科在词条下方设置有词条评论区域,注册用户可以就词条内容是否有帮助、内容是否准确等随意进行评价。互动百科、MBA 智库百科都设置了词条评论区域。② 专业评审。互动百科的专业评审形式,是以星级的形式对词条进行评价,称作"权威评审"。注册用户成为互动"专业认证志愿者"之后,可以对词条进行权威评审,内容包括给词条打分、对词条进行点评、对词条各版本的内容进行评审。与互动百科权威评审类似的是,百度百科于 2012 年 10 月开始招募百科学术委员会成员,该组织"负责对百度百科内存疑内容进行评审,存疑内容将由系统自动推送给此领域的学术委员,学术委员以专业的视角判断内容的正误,并给出具体说明及相应参考资料,以期为用户提供可信的内容"。[②]

---

① 百度百科. 词条——百度百科. http://baike.baidu.com/view/1.htm＃5.

② 百度百科. 百科学术委员会招募［EB/OL］.［2012-06-08］. http://baike.baidu.com/cms/s/expert/zhaomu.html.

### 7.2.2.3 质量控制技术体系

为了不断提升维基类网络百科质量,维基类网络百科通过在技术上构建并不断完善自身的工作协调机制,如提供相应的词条编写指导、沙箱测试编辑、编辑历史等,进一步在技术上对用户进行指导,在社群中形成对信息质量问题的共识,从而加强对质量问题的影响和控制。

(1) 编辑指导

国内大多数维基类网络百科都设有编辑指导页面,并把相关入口放在了首页非常显眼的位置,如图 7-7 所示,方便新用户了解。编辑指导的内容包括百科简介、编辑方针、编辑操作说明等,不同的百科网站还对站内的用户管理机制、词条任务、积分、特色内容等做了详细说明。其中互动百科还链接了视频内容,指导用户编辑词条,见图 7-8。

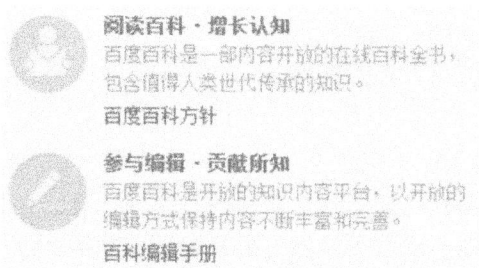

**图 7-7　百度百科首页顶端为用户提供的编辑指导入口,包括百度百科方针和百科编辑手册**

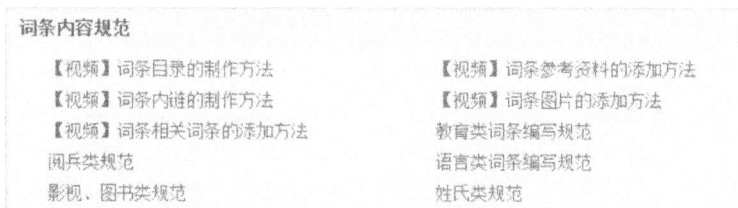

**图 7-8　互动百科编辑帮助页面中词条内容规范的部分内容**

(2) 沙箱测试编辑

沙箱测试编辑最早是维基百科的功能,目前国内其他维基类网络百科也效仿其做法。"沙箱(sand box)页面"与普通的百科编辑页面基本完全相同,用户可以在其中进行任意涂鸦和随意测试,但是编辑的内容不会真正显示在百科网页上。此功能旨在让维基百科的初次参与者通过测试熟悉和了解维基百科网站的编辑环境,以减少其由于缺少经验而造成的不必要的错误操作。①

(3)历史版本对比

在百科条目的"历史"选项卡中,保存有该条目从创建起至今的每一个重要历史编辑版本。任意两个版本之间都可以进行对比,系统会自动以不同的颜色标识两个版本的差别②,用户可以在阅读时进行比对。当百科遭遇破坏者时,即使某页面被整个删除,管理员或其他用户也能很方便地从"历史"选项卡中恢复到该词条相对正确的版本。

(4)页面锁定

尽管维基类网络百科倡导自由、开放的精神,但是一些条目或页面仍然被锁定,只有管理员才能对其进行编辑,例如,涉及规章原则的条目、被认为是得到完善编辑的优质条目等。此举可以避免一些条目被改得面目全非,同时使一些已经得到公认的优秀条目得以保留。

### 7.2.3 维基类网络百科传播及引著规范

#### 7.2.3.1 知识共享的传播原则

维基类网络百科在传播中首先面临的是版权问题。在信息爆炸时代,随着信息呈几何倍数的增长和人类信息传播途径日益畅通,互联网信息是进行过度保护还是无偿共享,一直是互联网信息传播的热点。与目前热门的电子书、在线应用相比,维基类网络百科在这个问题上显然宽容许多。

目前无论是国内还是国外的维基类网络百科平台,对其内容都是无条件开放的,无论是注册用户还是匿名用户,都可以浏览并复制词条内容。对此,维基百科有一个被引为蓝本的做法:在开放之初,维基百科所有的文本内容均是在GNU 自由文档协议证书(GNU Free Documentation License,简称 GFDL)下发布的。GFDL 既是一个反版权的内容开放协议,又是一种公共版权(copyleft)许可证。维基百科还允许第三方在不侵犯知识产权的前提下自由修改和发布修改版本的作品。从某种意义上说,目前国内的所有维基类网络百科也是在类似GNU 自由文档协议证书的反版权规则下传播的。以互动百科为例,为了便于传播和避免今后的版权纠纷,互动百科在编辑原则中明确注明,要求词条内容"不是个人原创"作品。MBA 智库百科则在版权规则中指明,遵循由自由软件

---

① 温宝.维基百科出版研究[D].武汉:武汉大学,2011.

② 沙勇忠,阎劲松.维基百科:一种网络环境下的新型知识生产方式及其价值意蕴[J].情报资料工作,2006(4):20-24.

基金会(Free Software Foundation)所公开发行的 GNU 自由文档协议证书。MBA 智库百科允许任何人自由访问其内容,换句话说,MBA 智库百科的内容可以被复制、修改和再发布,只要新的版本也同样遵循 GNU 自由文档协议证书,并且注明来自于 MBA 智库百科即可。百度百科除了遵循GNU 自由文档协议证书之外,还参照 CC 协议("知识共享"协议,经本地化的中国大陆版许可协议的中文名称为"知识共享 2.5 中国大陆版协议"),内容涉及署名、非商业性使用、禁止演绎等。国内其他维基类网络百科也允许用户复制、转载百科的内容,出于对知识的尊重,有的维基类网络百科要求用户在复制、转载时注明内容的来源。

为避免版权纠纷,对于用户编创百科内容时引用他人文章的情况,即维基类网络百科的参考文献引著,维基类网络百科也做了细致的规定。

### 7.2.3.2 参考文献的引著

维基类网络百科参考文献的引著问题包括两个方面:一是词条或其他内容中参考文献的著录形式。这个问题相对简单,在维基类网络百科的编辑指导中,大都做了详细的说明,对不同类型的参考源,如期刊、报纸、专著、其他网站等,也都有相应的格式范例,在此不再赘述。二是对参考文献的来源,特别是版权归属问题所做的说明。

参考文献的标注除了起到规范百科词条、便于用户扩展阅读的作用以外,很大原因是考虑版权问题。我国维基类网络百科对参考文献的相关规定包括:

① 如果使用有版权的内容,即词条内容包括了部分受相关版权法保护的作品,即使维基类网络百科用户取得了版权所有人的特殊许可,维基类网络百科也要求用户在条目的对话页或图像的描述页上注明该项事实。因为维基类网络百科的目的就是让尽可能多的人共享知识、尊重知识。

② 维基类网络百科提倡用户尽量使用基于 GNU 自由文档协议证书的作品,而不是有版权的材料(即使是在取得授权的情况下)。有的维基类网络百科不允许用户使用原创内容,一些维基类网络百科则允许用户在明确 GNU 自由文档协议证书的基础上,尽量使用自己的原创内容。需要注意的是,版权法所保护的只是一种想法的创造性表达方式(creative expression of ideas),而不是想法或信息本身。因此,国内大多数维基类网络百科鼓励的方式是,阅读传统百科全书的词条或其他著作后,再使用自己的语言表达出来。如果不可避免地引用他人的原著,则参考上一条规定。

③ 当维客发现或怀疑词条当中存在版权侵犯行为时,首先应当在相关的对话页上指出,同时要求其出具一个包括了 URL 或其用户认为是文字来源的参考出处。管理员会对举报进行核实并采取行动,如果确实构成侵犯,那么有关内

容将会被删除。一些维基类网络百科在删除具有版权争议内容的同时,会在对话页上注明删除行为,并附带原先的文本。

### 7.2.4 维基类网络百科内容的特色和优势

维基类网络百科在国内取得的成功有赖于维基类网络百科内容的不断丰富和完善,发展至今,维基类网络百科的内容从无到有,数量和质量都在不断提高。与其他出版物(特别是数字出版物)相比,维基类网络百科的内容有一定的优势和特色。

#### 7.2.4.1 内容的开放性和交互性

维基类网络百科内容的开放性和交互性具体表现如下。

(1) 内容公开和免费

传统百科全书卷帙浩繁,购买成本较高,传统百科的数字集成版或其他非开放型网络百科都需要付费使用,其他形式的数字出版物如电子期刊、电子书等都会涉及资费问题。而到目前为止,国内维基类网络百科的内容对所有用户都是公开、免费的。与美国维基百科的基金会运作方式不同,我国的维基类网络百科一直在探索属于自己的可持续发展道路,在此过程中,各网络百科平台依然坚持一个原则,即作为其核心业务的百科内容始终保持公开、免费。任何用户只要遵守维基类网络百科的知识共享协议和传播规范,就可以免费地获取百科内容。

(2) 公众参与创作编辑

公众参与创作编辑是指维基类网络百科的创作平台是公开的,用户在使用百科的同时,也获得了平等的编写百科的权利。传统百科、电子书、数字期刊等出版物都是由特定组织或个人出版的,使用者通常还扮演着信息接受者的角色,能参与编辑的内容非常有限;Web 2.0环境下的其他媒介,如博客、微博等,往往是个人创作的产物,虽然众多用户创作的作品构成了庞大的内容集合,但是它并未体现互联网的协作性。维基类网络百科则是 Web 2.0环境下最为典型的众包案例,所有网络百科的编写者都遵守一定的写作规范,任何一个百科词条都是由许多用户贡献自己的智慧合作编写而成的。维基类网络百科要求每一个志愿者在贡献个人智慧的基础上形成客观、中立的集体作品,同时赋予用户开放的编辑环境。不同的维基类网络百科编辑环境也有所不同,表 7-1 为部分维基类网络百科编辑环境比较。

表 7-1　　　　　　　　　　部分维基类网络百科编辑环境比较①

| | 维基百科 | 百度百科 | 互动百科 |
|---|---|---|---|
| 页间/页内链接 | 支持 | 支持 | 支持 |
| 同义词 | 支持 | 支持 | 支持 |
| 开放分类 | 支持 | 支持 | 支持 |
| 插入图片 | 支持 | 支持 | 支持 |
| 插入表格 | 支持 | 不支持 | 支持 |
| 插入公式 | 支持 | 不支持 | 不支持 |
| 使用模板 | 支持 | 不支持 | 不支持 |
| 讨论页面 | 支持 | 支持 | 支持 |
| 历史版本比较 | 支持 | 不支持 | 支持 |
| 匿名创建条目 | 支持 | 不支持 | 不支持 |
| 匿名编辑条目 | 不支持 | 不支持 | 不支持 |
| 条目编辑审核 | 不需要 | 需要 | 不需要 |
| 在线编辑功能 | 复杂标记语言 | 简单标记语言 | HTML 在线编辑器 |

### 7.2.4.2　内容的整合性和即时性

维基类网络百科的内容远远超出了传统意义上"百科"的范畴,它实现了对网络信息资源的高度整合。

首先,维基类网络百科灵活地整合了字词典、年鉴、图表等其他工具书的内容。百度百科、互动百科等都允许将单一汉字定义为一个词条,这实际上就具有字典的性质,且内容更加丰富。在百度百科词条搜索栏中输入"我",就会出现该字的读音、笔画、词性及使用方法、例句等。由于互联网的信息容量大,每一个字词的解释都会非常详尽,甚至比传统的字词典做得更好。相比较而言,一些付费的网络工具书反而没有对字典或词典的内容进行精编。百科词条还包含人物年表、发展历程、学科图表等内容,不仅是对词条本身的丰富,在一定程度上还是对其他工具书的整合。

其次,维基类网络百科吸收了新闻等网络信息元素,实时更新热点词条,关注网络热词、社会新闻,以百科的形式对其进行诠释。最具代表性的是互动公司的"词媒体"服务,它以"词"为载体,对社会热点进行提炼,定时进行 in 词推送服务。不仅如此,百科词条还具有即时性,堪比文字直播的更新速度。以人物词条为例,每当某一人物的相关信息发生变更时,百科词条也会在很短的时间内更新对应内容。

从维基类网络百科的内容组织、质量控制和传播规范中不难发现,维基类网

---

① 罗志成,关婉湫,张勤.维基百科与百度百科比较分析[J].情报理论与实践,2009,32(4):71-74.

络百科质量的保证和维基类网络百科网站秩序的维持不但是维基类网络百科运营者的责任,而且需要每一个参与维基类网络百科的用户用自己的实际行动来达成。用户是维基类网络百科内容的源泉和生命力之所在,下面将着重对维基类网络百科的用户群体进行研究。

# 7.3　维基类网络百科用户研究

随着网络的普及和不断发展,我国的维基类网络百科已经成为目前使用率较高的信息参考来源,百科用户群体不断壮大。截至 2012 年 10 月,我国百度百科注册用户已经超过 2767900 人,互动百科的用户也超过了 4840000 人,国内经管类百科 MBA 智库百科也有超过 121990 名的网友参与编辑,中文维基百科的注册用户也达到了 1310000 人以上,其中活跃用户有 7000 多名……维基类网络百科的出现使用户由信息的"接受者"向"参与者"转换,实际上是把维基类网络百科从"结果导向"的参考型百科,转化成了"过程导向"的知识发现、学习和探索平台,维基类网络百科的创作者也成为内容的分享者和传播者。此外,维基类网络百科的用户不仅包括那些参与内容编写、传播的维客群体,还包括更多匿名使用、查询百科的用户。因此,维基类网络百科的受众群体十分庞大,结构也较为复杂。

基于维基类网络百科受众群体基数庞大、成分复杂、行为特征各异等特点,本节将对维基类网络百科用户的构成、行为及其特点进行细致分析,并着重研究目前我国维基类网络百科的用户管理和传播激励机制。

## 7.3.1　维基类网络百科用户类型分析

维基类网络百科的用户划分有不同的标准,根据其在百科网站的身份、在编创活动中的角色、活跃程度、包容程度,可以把他们划分成不同类型。

### 7.3.1.1　不同身份的用户

维基类网络百科的用户按身份划分包括注册用户和非注册用户两大类。其中注册用户是编写和传播网络百科的主要力量,又被划分成不同的等级,享有不同的编辑和管理权限。非注册用户参与百科编创的程度较低,但依然是维基类网络百科不可忽视的受众群体。

尹开国在《维基百科社群发展策略研究》中指出:事实上,围绕社群内容的创建、监督与评估机制,维基类网络百科已经建立了较为成熟的基于多层级权限分配机制的志愿者管理策略。① 依次包括:底层的匿名用户、普通注册用户、管理员、可任命管理员的管事员、监管员、开发人员、仲裁委员会、领导者。在我国,维基类网络百科的管理层级较为简单,不同的百科划分也会有所差异,按用户的身份划分,大体包括以下几种。

(1)普通注册用户

普通注册用户是指已注册了百科账户,以自己的 ID 参与百科行为的用户。他们有一般的编辑、创建词条等权限,可以参加百科内容的讨论、词条活动等,也拥有被选为管理员或其他行政成员,并得到更多权限的机会。

(2)百科管理员

百科管理员是注册用户中因表现出色而得到晋升的成员,不同的维基类网络百科对管理员的划分和评选标准都不同。他们拥有部分特殊的系统操作员的权限,例如,可以对首页及受保护页面进行编辑、对词条进行保护、删除文章和封杀不良用户等。②

(3)分类管理员

为了方便内容管理,百度百科和互动百科还会从普通注册用户中招募和选拔分类管理员,他们需要对该分类或领域有相当的了解或浓厚的兴趣。分类管理员负责维基类网络百科中某一分类的建设和管理,包括筛选词条、优化词条内容;将该分类的优质内容推荐到焦点区、管理公告和相关任务等。

(4)蝌蚪团

蝌蚪团是百度百科专有的管理沟通团队,他们是由一些表现优异、有能力、热衷于百科的用户组成的。"蝌蚪团成员拥有比一般用户更多的编辑、监督等权限,以协助管理员完成部分日常百科建设工作。蝌蚪团成员还参与关于百科发展的讨论,是普通用户与百科官方沟通的桥梁"。③

(5)匿名用户

匿名用户是指没有在维基类网络百科上进行注册的用户,他们只能浏览百科内容、参与有限的百科编写评论活动。

### 7.3.1.2 不同编创角色的用户

根据用户在维基类网络百科内容创建过程中所作贡献的不同,又可以将他们划分为以下几种角色。

① 尹开国.维基百科社群发展策略研究[J].图书情报知识,2007(3):95-98.
② 温宝.维基百科出版研究[D].武汉:武汉大学,2011.
③ 百度百科.词条——百度百科.http://baike.baidu.com/view/1.htm#5.

（1）内容编创者

维基类网络百科的用户中，真正参与内容编创的只占较少数。内容编创者是指在维基类网络百科中创建新条目、参与已有条目的编写或修改的维客们，还包括对内容进行管理和优化的管理员。内容编创者的工作包括：对百科内容，特别是主体词条进行创建、编写；对词条内容进行修订、完善；对图片、表格、词条分类、词条历史版本等进行管理等，权限较高的百科管理员负责的内容更加广泛。维基类网络百科的内容编创者往往对维基精神有较高的认同感，在维基类网络百科中属于行动派，他们对某一领域或某一学科的知识有相当的了解，对互联网创作有较高的热情。通常来说，内容编创者一旦在百科网站中获得正面的编辑体验或是得到鼓励，就会更加投入百科创作，对网站的忠诚度也会提高。对此，国内大多数维基类网络百科对贡献内容的用户都采取了积极鼓励的政策。例如，百度百科的用户编辑词条可以获得一定的积分，积分累积到一定程度后用户会获得相应的荣誉，编辑权限也会得到提升，如表 7-2 所示。

表 7-2 　　　　　　　　　　百度百科对用户荣誉的等级划分①

| 等级 | 积分/分 | 百科头衔 |
| --- | --- | --- |
| 一级 | 0～100 | 实习小编 |
| 二级 | 101～500 | 助理小编 |
| 三级 | 501～1200 | 初级编辑 |
| 四级 | 1201～2500 | 中级编辑 |
| 五级 | 2501～5000 | 高级编辑 |
| 六级 | 5001～8000 | 责任编辑 |
| 七级 | 8001～12000 | 执行编辑 |
| 八级 | 12001～20000 | 副主编 |
| 九级 | 20001～30000 | 主编 |
| 十级 | 30001～50000 | 资深主编 |
| 十一级 | 50001～80000 | 执行总编 |
| 十二级 | 80001～120000 | 副总编 |
| 十三级 | 120001～200000 | 总编 |
| 十四级 | 200001～300000 | 资深总编 |
| 十五级 | ≥300001 | 编委会主席 |

---

① 百度百科. 词条——百度百科. http://baike. baidu. com/view/1. htm＃5.

（2）信息接收者

维基类网络百科的信息接收者有两种身份：一种是维基类网络百科的注册用户中，较少参与百科编写，但是有稳定的浏览百科页面、关注某些百科内容习惯的用户。另一种是未注册维基类网络百科的匿名用户，他们浏览维基类网络百科是进行有目的的信息咨询，平时对维基类网络百科的关注较少。尽管信息接收者很少参与百科创作，但他们对维基类网络百科内容的评价和反馈也非常重要，培养并不断发展稳定的信息接收群体，是维基类网络百科聚集人气、扩大受众规模、挖掘盈利点的基础。

（3）信息破坏者

信息破坏者是指在维基类网络百科中创建内容错误的条目，或对已有的条目进行恶意篡改，故意损害条目质量的用户。他们在维基类网络百科社区中通过制造负面信息或恶意篡改、删除条目来干扰社区其他用户，有的用户则是挑选人们关注的热门百科条目，擅自发布带有广告性质或带主观色彩的负面信息。

7.3.1.3 不同传播角色的用户

我国的维基类网络百科正在从内容为主导的信息提供者向维基类网络百科社区发展，百科的用户也由编写和使用百科的零散个体逐渐形成了百科社群，在传播过程中，用户分化出了不同的类型。

（1）把关人

在维基类网络百科社群中，把关人主要是指维基类网络百科的管理员，除了管理百科的词条及其他内容外，社群中还有负责管理用户，对用户的行为进行监管的成员。

（2）意见领袖

"二级传播"理论中，意见领袖是指在人际传播网络中经常为他人提供信息，同时对他人施加影响的"活跃分子"。在维基类网络百科社群中，同样有一些知识广博，创建了大量的高质量或热点词条的用户，他们精通某一领域的知识，在交流中，他们的意见更容易影响别人。意见领袖能够吸引众多社区成员参与协作，有一定数量的追随者。

（3）追随者

追随者是那些经常对其他成员的观点表示赞同和跟踪的维基人，他们通过积极地参与词条协作来建立自己在社区中的关系。[①] 追随者对维基类网络百科通常有较高的热情，他们渴望通过参与维基类网络百科活动及百科社交提升自

---

① 温宝.维基百科出版研究[D].武汉：武汉大学，2011.

己,同时得到他人的认可,属于忠诚度高、学习热情也高的维基类网络百科用户。

(4) 批判者

批判者是指那些经常对百科内容提出异议,或是在维基类网络百科社区交往中发表不同观点的用户。维基类网络百科开放、自由的理念使不同观点的碰撞经常发生,大多数情况下,批判者对词条或其他内容提出的质疑对百科质量的提高是有积极作用的。

#### 7.3.1.4 不同包容程度的用户

维基类网络百科用户对维基类网络百科的包容程度一直是个备受争议的问题,即使是同样参与维基类网络百科编撰的用户,也会对维基类网络百科的编辑方针、内容的规范程度和质量抱有不同的看法。从维基百科开始,抱有不同理念的用户就分化成了两个著名的派别:包容主义派和严格主义派。国内的其他网络百科也是如此。

(1) 包容主义派

顾名思义,包容主义派是指对维基类网络百科的内容质量或用户行为持包容态度的人群。他们更注重自由、开放的维基精神及其带来的优势,同时意识到维基人的编创水平不一,但仍然认为多人协作的模式会使百科内容趋于完善。因此,包容主义派对维基类网络百科的质量标准和编辑制度要求并不严格。

(2) 严格主义派

严格主义派认为在激烈的竞争中维基类网络百科如果想要保持优势,就必须对词条的质量进行保障。目前,我国也有一些百科用户或学者,习惯于拿维基类网络百科的内容与精细编辑的传统百科比较,即用专业、严谨的标准来要求维基类网络百科。

## 7.3.2 维基类网络百科用户特点

#### 7.3.2.1 匿名性

匿名性(anonymity)是互联网最重要的情境特点之一,也是影响互联网上用户行为的重要因素。它是指在一定的情境下,"行为者对于自身是否被他人所知觉情况的感知"。[①] 维基类网络百科的用户也具有匿名性,这一特点从不同角度影响着维基类网络百科。

---

① 王卫东.互联网的匿名性(一)[EB/OL].[2003-06-15].http://allenwang.blogchina.com/9433.html.

第一，互联网上的交流是一种虚拟的沟通，它具有不可知性——"别人不知道我是谁"；不可见性——"没有人知道我是什么样"；行为的非同步性——"没有人看见我做了这件事"，事后人们只是知道有一个代号为某某的人做了什么。维基类网络百科也是如此，匿名性首先打破了用户的心理防线，任何学历、背景的人，只要有热情都可以参与维基类网络百科创作。一方面，维基类网络百科不对任何用户的身份进行审查，这吸引了大量匿名用户前来，一定程度上促进了维基类网络百科的发展。另一方面，匿名性也使恶意破坏维基类网络百科秩序的人有机可乘，扰乱了百科秩序。

第二，匿名性使维基类网络百科用户能够以一个自己喜欢的身份参与沟通。关于维基百科，有一个有趣的比喻：使用维基百科就好像你向一个在酒吧里遇见的人请教问题，他可能是一个核物理学家，也可能是一个疯子。① 维基类网络百科中编写词条的用户并不一定是某一领域的专家或权威，他/她可以是一名业余爱好者。匿名性让那些平日不善言辞、怯于表达的热心人有了发挥的平台。

随着维基类网络百科向社交化发展，维基类网络百科用户的匿名性又呈现出"半匿名性"的发展趋势。用户之间逐渐形成了不同形式的社群，他们以小组、SNS网站、即时通信等方式交流沟通，一定程度上削弱了匿名性。但是，用户之间的交流大多数还是基于对方在维基类网络百科中扮演的角色，互联网屏障也决定了用户的匿名性是普遍存在的。

#### 7.3.2.2 自组织性

维基类网络百科全书是一部由全体网民志愿创作的百科全书，创作者可能来自全国各地甚至世界各地。从某种意义上说，他们都是零散的用户，而维基类网络百科也只是由这些用户构成的松散组织。维基类网络百科中也不存在传统百科全书或普通网站那样的编辑制度和管理体系，而是实现了用户自组织模式下的自治管理，用户们依靠相互监督和自我约束共同构成了有序的信息组织结构。

目前，国内一些学者也从自组织理论的角度对维基类网络百科用户进行了研究。一般来说，组织是指系统内的有序结构或这种有序结构的形成过程。如果不需要外部指令或单独的管理机制，系统会按照相互默契的某种规则，各尽其责而又协调地自动形成有序结构，即自组织。在维基类网络百科中，用户不仅自发地进行编创活动，还自发地进行信息监管、条目动态跟踪，同时负责制止和修复破坏分子、狂热分子等在网站上进行的破坏互动。维基类网络百科与其他网站不同，它拥有独特的自组织和有序化机制，因此尽管其用户、编辑者和词条的

---

① 郝永华.论 Wiki 百科的去精英化路线［J］.新闻知识，2009(11)：97-99.

数量都越来越多,维基类百科网站却依然井然有序,其影响力和用户创造的总价值也在不断增加。

马费成教授在讨论情报学的理论体系构建时提出:"情报结构的有序性来源于科学体系的有序性和人的创造过程的有序性;情报结构的有序性充分体现了情报生产过程中的自组织机理;知识体系(知识结构)的自组织功能和情报的有序性使其在长期的累积中形成了一个有规则的系统。"①维基类网络百科对内容科学体系的建立自不用说,用户之间形成的自主管理、有序组织的形式,也是维基类网络百科能有效发展的基础。

### 7.3.2.3　社会化

维基类网络百科的用户从匿名单一的个体向社会化发展,这是我国维基市场较为明显的特征。这一特征出现的基础是我国的维基类网络百科从内容主导向社交网络延伸,究其根本原因,在于用户不断成熟,而社会化是个人发展的必然趋势。社会化涉及两个方面:一是社会对个体进行教化的过程;二是与其他社会成员互动,成为合格的社会成员的过程,维基类网络百科也是如此。维基类网络百科有目的地对用户进行社交性教化,涉及维基类网络百科对用户的管理,详见7.3.3节。维基类网络百科成员之间的社会互动频繁,维客成员社会化,表现在:

① 从个人角度说,维基类网络百科的用户通过参与行为,逐渐形成了对维基价值观、行为准则的认知和认同,并以实际行动维护这种价值。用户参与维基类网络百科,同样是基于一定的社会心理,如认知的需要、情感的需要、以学习为目的、为获得他人的认可等。

② 从维基类社会(或称社群)角度说,目前大多数用户的行为都推动、维持了维基类网络百科的发展,而这正是维基类社会对用户的期待,而用户也满足了这种期待。

维基类网络百科的用户共有的价值观、行为准则,也体现了目前我国维基类网络百科的发展现状。随着维基类网络百科的发展,用户规模不断扩大,这种价值观和行为准则也能通过用户之间的社会交往得到传承。

## 7.3.3　维基类网络百科用户管理及传播激励机制

《2009 中国维基发展报告》指出,维基社会具有相应的组织对"社会"进行管理,同时为"居民"提供服务,以满足"居民"的基本需要。② 我国维基类网络百科

① 马费成.论情报学的基本原理及理论体系构建[J].情报学报,2007,26(1):3-13.
② 互联网实验室.2009 中国维基发展报告[R].北京:中国互联网实验室,2009.

同样突破了传统网站对用户的单一管理模式,将用户视为完整发展的重要资源。其管理机制包括基本管理、激励管理和社交服务三个方面。

### 7.3.3.1 基本管理

维基类网络百科虽然是一个自由、开放的百科,用户的行为在某些方面仍然会受到约束。维基类网络百科允许任何人参与编辑活动,但倘若出现了破坏者、恶作剧者,维基类网络百科会对其行为进行记录,并对该账号提出相应的惩罚或警告,甚至封锁该账号。中文维基百科还可以将那些恶意参与者的 IP 记录备案或是在一定时限内禁止其进行编辑和创建活动,使其不能继续"胡作非为"。为了倡导健康的编辑习惯,维基类网络百科并不鼓励用户为了编辑和创建词条而牺牲正常的休息,在深夜进行百科创作。因此,针对大多数中文用户的生活规律,百度百科设置了夜间编辑提示系统,提醒用户合理安排编辑和创建词条的时间,尽量避开夜间段操作。每天的夜间段从晚 23:00 起,延续到次日 8:30 为止。除特殊紧急情况,维基类网络百科系统将停止更新在这期间提交的词条版本。

维基类网络百科对用户的管理还包括用户成长管理。其会根据用户编辑词条的数量、质量,给予用户不同的"头衔"或等级,如互动百科的助理编辑、编辑、助理主编等,百度百科则将用户的积分与等级对应。大多数维基类网络百科中,用户都可以通过参与百科编写、评论等活动获得经验,继而得到等级的提升。维基类网络百科对贡献优秀内容的用户、活跃用户也会给予相应的鼓励。考虑这些志愿者已经在百科平台上形成了社群,存在求知、分享、赢得尊重、交友等多种心理需求,目前国内的维基类网络百科已经把对用户的激励、社交服务做得更加细致,下文中会单独加以叙述。

只要是维基类网络百科的注册用户,在符合要求的情况下(具备相应等级、经验、无恶意操作行为,熟悉某一领域的知识,作出某些贡献,等等),都可以平等地参与维基类网络百科的普通管理员、分类管理员、突出贡献者等的评选。维基类网络百科力求打造一个公开、平等的维基社区,因此在用户管理上力求一视同仁。

### 7.3.3.2 激励管理

国内大多数维基类网络百科都会以积分和等级制度鼓励用户。例如,在百度百科中规定了用户积分增加或降低的原则,用户可以通过创建和编辑词条获得积分,积分与词条的质量也有密切的关系。相反,如果用户在编辑中有违规行为,则会受到积分降低的处罚。百度百科还将编辑用户定为十五个等级,从最低的实习小编到最高的编委会主席。用户的等级是由其积分决定的,不同等级享有不同的权限。对大多数用户来说,获取积分和更高等级是维基类网络百科成员参与贡献的重要动机。

由于维基类网络百科系统中的积分和等级制度对于成员有着重要激励作用,积分和等级制度的公正、合理及正确实施会促进成员的社区认同感和义务感,从而促使他们自觉和自愿地为维基类网络百科的编写贡献知识。①

维基类网络百科会长期进行各种主题的常规任务,号召志愿者不断完善百科词条。任务通过完成任务包的形式进行,用户可以在首页、词条页面、个人页面了解任务信息,然后进入具体的任务页面领取任务,按照任务包内提示完成任务,即可获得任务积分,还可以根据任务积分获得徽章、积分、实物礼品等奖励。

另外,百度百科还利用积分鼓励用户参与编辑,编辑次数和质量最高的参与者还能获得百度百科发出的礼物,这些特性能够从最大程度上激发人们的创作欲望,同时使页面的内容日趋丰富和完善,从而大大加快了百科全书的编辑速度。②

除了虚拟积分、等级形式的鼓励,互动百科、百度百科还搭建了在线商城,用户通过参与百科活动获得的积分、金币等虚拟值,可以在商城中兑换相应的物品。物品包括虚拟物品和实物:虚拟物品如头像、徽章、百科道具等,实物包括文具、电子产品、图书等。为促进百科用户交流,一些物品可以交换赠送,"由于成员和社区之间社会交换的存在,成员会产生类似于传统组织中的对于社区的认同感,而认同感的产生会促进成员对网络百科系统积极的自觉的知识贡献和参与"。③

### 7.3.3.3 社交服务

自我决定论认为,人们在生命全程中存在一种来自于人际关系方面的动力,它是驱动人类行为的三大需要之一。④ 在维基社会中,用户参与百科的行为动机也与用户的人际交往需求关系密切。随着维基类网络百科的社交化,很多用户开始从最初的编辑个体变为某个百科用户群体中的一员。维基类网络百科作为一项大众生产项目,其最终产品的生成有赖于对参与者各自贡献的整合。生产者经常会就某些问题进行在线互动和讨论,在讨论过程中人们实现了知识共享和交往。因此,维基类网络百科网站的社交服务是用户越来越关注的使用体验之一。

---

① 许博.网络百科全书管理机制与公众参与行为研究[J].图书情报知识,2011(3):10-15.
② 何宇杰.开放的百科全书——百度百科评价[J].科技信息,2010(31):379.
③ 同①。
④ 常静,杨建梅.百度百科用户参与行为与参与动机关系的实证研究[J].科学学研究,2009,27(8):1213-1219.

为方便用户的交流,百度百科为其用户开辟了交流信息、收集对百度百科意见和建议的贴吧。具体如表 7-3 所示。

表 7-3　　　　　　　　　　百度百科意见和建议贴吧一览

| 百度贴吧 | 功能 |
|---|---|
| 百科优质版本吧 | 负责推荐、投诉优质版本的专用贴吧。用户可以在该吧申请将词条的某个编辑版本评选为高质或优质版本 |
| 百科之星吧 | 推荐、公布百科之星的场所。用户可以在该吧推荐他人或自荐成为百科之星 |
| 百科精彩推荐吧 | 百度百科的官方贴吧之一,成立于 2007 年 11 月 16 日,是用户推荐精彩词条的专用贴吧 |
| 百度百科任务吧 | 讨论百度百科任务的相关贴吧 |
| 百科蝌蚪团吧 | 蝌蚪团成员的专用交流平台,以方便蝌蚪团成员进一步深入、高效地开展建设百科的相关活动。自 2008 年 10 月开始实行会员制管理 |
| 百度百科投诉吧 | 管理百科的网络平台。其职能是受理、管理百度百科中的秩序。2009 年 8 月 11 日被新版的"百度投诉中心"取代 |
| 百科核心用户吧 | 百度的官方贴吧之一,从属于百度百科的辅助贴吧系统。百科核心用户的专用交流平台,以方便核心用户进一步深入、高效地开展建设百科的相关活动 |

与百度百科借助贴吧的形式不同,国内其他一些维基类网络百科参照目前 SNS 网站的做法,将用户以兴趣小组、任务团队、分类专家等形式组织起来。互动百科为用户开辟了名为"新知社"的子网站,为每一个用户提供了个人主页,即新知社会员的展示空间,首页分为"新知社介绍""公告""专家榜""会员展示""热点活动""讨论区"等几个板块。新知社是互动百科用户团队计划中的主体部分,其目的是召集部分精英用户参与互动百科的建设与维护,组成一个齐心协力的团体,更多地发挥网友的集体智慧,建设一个共同探讨、完善和分享知识,传播科学的平台。

社交服务模式能为用户提供更多正面的百科体验,同时为用户提供更丰富的交流平台。在交流的过程中,进一步加强用户的自组织和自我管理,增强用户对百科价值和规则的认知和认同。调查发现,导致维基类网络百科用户参与编写的主要动机包括价值观、社交需要、自身知识水平的提高、对职业的帮助、归属感、个人声望的获取等。[①] 上述动机中,绝大部分都可以从社交服务中得到实现,而获得良性的使用和参与反馈是用户长期参与维基活动的基础。

---

① Nov O. What motivates wikipedians? [J]. Communications of the ACM,2007(11):60-64.

# 7.4 维基类网络百科运营模式研究

维基类网络百科是全世界开放式网络百科全书的蓝本,它采用的是一种非商业化独立运营模式。我国的维基类网络百科必须在开放、自由、免费的基础上,结合自身实际,实现具有中国特色的发展。虽然我国开放型网络百科全书还处在发展的起步阶段,但从总体来说,国内维基类网络网站"利用百科网站构建技术系统,通过内容和形式的品牌效应集聚人气,形成一个完备的社区,最后经过资本运作、宣传及技术能力整合社区,实现商业化运作"[①]的创新理念已经得到初步践行并在不断发展。目前,我国已经形成以互动百科为代表的商业化独立运营模式和以百度百科为代表的商业化附属运营模式。

## 7.4.1 非商业化独立运营模式——维基百科案例分析

### 7.4.1.1 维基百科的发展

2003 年 6 月 20 日,吉米·威尔士正式宣布成立非营利组织维基媒体基金会(Wikimedia Foundation,简称 Wikimedia)负责维基项目的经营。随着维基媒体基金会的成立,威尔士同时将所有维基百科、维基词典等的域名拥有权及这些项目下由 Bomis 雇员或威尔士本人所持有的著作权转让给该基金会。维基媒体基金会旗下的主要项目如表 7-4 所示。

表 7-4 维基媒体基金会旗下的主要项目一览表

| 项目名称 | 网址 | 启用日期 | 描述 |
|---|---|---|---|
| 维基百科 | www.wikipedia.org | 2001-01 | 在线百科全书 |
| 维基语录 | www.wikiquote.org | 2003-07-10 | 自由的名人名言录 |
| 维基词典 | www.wiktionary.org | 2002-12 | 多语言字典和词典 |
| 元维基 | meta.wikimedia.org | 2001-11 | 协调各维基计划 |
| 维基教科书 | www.wikibooks.org | 2003-07 | 教科书和手册 |
| 维基文库 | www.wikisource.org | 2003-11 | 自由的图书馆 |

---

① 互联网实验室. 2009 中国维基发展报告[R].北京:中国互联网实验室,2009.

| 项目名称 | 网址 | 启用日期 | 描述 |
|---|---|---|---|
| 维基共享资源 | commons. wikimedia. org | 2004-09 | 共享的多媒体资料库 |
| 维基孵育场 | incubator. wikimedia. org | 2006-06 | 测试新维基媒体计划 |
| 维基物种 | species. wikimedia. org | 2004-09 | 自由的物种资料库 |
| 维基新闻 | www. wikinews. org | 2004-12 | 自由的新闻资源 |
| 维基学院 | www. wikiversity. org | 2006-08-15 | 自由的研习社区 |
| 维基导游 | www. wikivoyage. org | 2012-08-02 | 自由的世界旅游指南 |

另外,如前文所述,维基百科还发展了多种语言独立运作版本。所有这些项目皆秉承维基精神,实行内容开放,且在非营利的前提下进行。

上述这些活动无疑加强了维基的品牌效应,对维基具有很高商业价值的评估时有出现。在这种前提下,商业化的维基衍生品出现。

Wikia,中文翻译为维卡或维基亚,维基百科业务是协助各种团体建置维基百科式的网站,讨论主题包罗万象,从热门影集、专业保健到旅游,以广告作为收入来源。不过 Wikia 与维基组织之间并无正式的关系。[①]

WikiHow 是一个依靠广告盈利的网站,以建立"怎么做"指南为网站目标,依靠协作式写作建立内容,这也是一个基于 Wiki 技术的社区。但 WikiHow 由 Jack Herrick 和 Josh Hannah 创建,与维基更无联系。

### 7.4.1.2　维基百科运营资金的来源

维基百科坚持中立化道路,以非营利组织的模式运营,多年来运营资金均来自于用户捐款。关于它募集捐款的情况,可从 2011 年维基百科 10 岁前夕,其创始人吉米·威尔士在接受媒体采访时的谈话内容中窥见一斑。威尔士表示,尽管维基百科已是全球第五大网站,但他并不准备将维基百科变成商业化公司,而是坚持非营利模式,依靠用户的捐款运营。2013 年,维基百科以每年 2000 多万美元的资金运营着一家访客达 4.08 亿人的网站,是一家效率极高的网站。[②]

为募集资金,2008 年底,威尔士在维基百科网站上亲自致信求捐。这一举动引发了在全球金融危机背景下,维基百科是否将因为财务问题破产倒闭的担

---

① 维基百科创始人:公司 Wikia 拟推新搜索挑战 Google[EB/OL].[2007-08-02]. http://www. cnetnews. com. cn/2007/0802/443146. shtml.

② 维基百科创始人:坚持非盈利模式[EB/OL].[2011-01-14]. http://tech. sina. com. cn/i/2011-01-14/09405094410. shtml.

忧。<sup>①</sup> 但很快传来消息,维基媒体基金会在威尔士求捐信后短短一天之内收到的捐款暴涨 892%,达到 28.3 万美元<sup>②</sup>。在 8 周时间内就成功募集到了2009 年的目标运营数额 750 万美元<sup>③</sup>。2011 年的 1 月 14 日,维基 10 岁生日前夕,这一年才伊始,维基筹资款就达到了 1600 万美元,比以往任何时候都多<sup>④</sup>。

除了在维基百科网站募集资金外,维基媒体基金会也计划在 Facebook、Twitter 等社交网站设置维基百科捐款渠道,在这些网站投放维基百科募集资金的广告,个人或机构点击该广告后,就能找到捐款账号等详细信息。维基百科还会采用手机捐款方式,以方便个人向该基金会捐款<sup>⑤</sup>。截至 2007 年,维基百科只有 3 名拿薪水的全职雇员——2 名助手和 1 名软件工程师,维基百科的运营和维护主要由热心的网络用户志愿完成<sup>⑥</sup>。依靠这种方式,维基百科 10 年间成长为世界网站流量排名第六大网站(数据采集时间 2013 年 6 月 5 日)与世界第一大无广告网站<sup>⑦</sup>。

### 7.4.1.3　维基百科的发展模式

维基百科的发展模式,如图 7-9 所示。

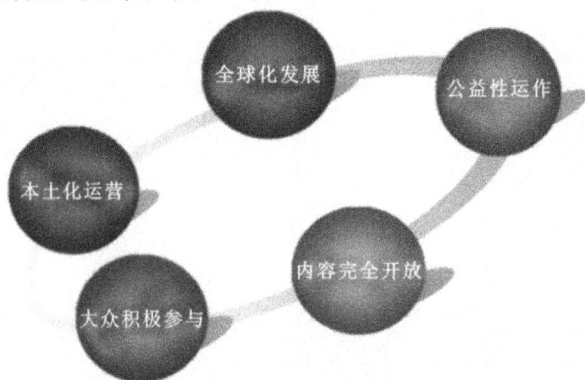

**图 7-9　维基百科发展模式**<sup>⑧</sup>

① 维基百科创始人亲自致信求捐　引发网站破产隐忧[EB/OL].[2008-12-24]. http://it. sohu. com/20081224/n261386809. shtml.
② 维基百科创始人出手　捐款数量一日内暴涨 892%[EB/OL].[2008-12-24]. http://www. cnbeta. com/articles/73184. htm.
③ 蔡钰.维基百科之父:我把宝押在大众身上[J].中国企业家,2010(2):17.
④ 维基百科创始人:坚持非盈利模式[EB/OL].[2011-01-14]. http://tech. sina. com. cn/i/2011-01-14/09405094410. shtml.
⑤ 温宝.维基百科出版研究[D].武汉:武汉大学,2011.
⑥ 周庆山,王京山.维基百科信息自组织模式探析[J].情报资料工作,2007(2):29-32.
⑦ 维基百科 ALEXA 排名[EB/OL].[2013-06-05]. http://cn. alexa. com/siteinfo/wikipedia. org.
⑧ 互联网实验室.2009 中国维基发展报告[R].北京:中国互联网实验室,2009.

维基百科发展的基本特点是网站核心团队在美国本土运营,全球化发展,以公益性组织机构维持运作,内容向全球开放,以吸引大众协作参与。另外,维基扩张发展和衍生发展的情况,虽然并未将维基百科带入商业化运营,但无疑一直在启发着模仿者思考商业化运营的可能性。我国的案例显然与维基品牌的发展及衍生有关。

## 7.4.2  商业化定位的独立运营模式——互动百科案例分析

互动百科集团(以下简称"互动")创立于 2005 年,旗下互动百科网是全球最大中文百科网站,创建于 2005 年 7 月 18 日。公司的愿景是"用创新的网络技术改变全球中文用户分享知识的方式"。数年来致力于发展百科服务、HDWiki 技术服务和移动互联网业务,并在其业务的基础上探索商业化道路。

### 7.4.2.1  互动业务模式

经过多年的发展,互动目前已形成了互动百科网站、HDWiki（www.kaiyuan.hudong.cn)开源平台、移动互联网业务三大业务模块。

其中互动百科是互动重要的互联网业务。它致力于为数亿中文用户免费提供百科信息,用维基的精神改变全球中文用户分享知识的方式。此外,"词媒体"服务、企业百科等元素也是互动百科的创新。

HDWiki 是全球首个开源中文维基建站系统,自 2006 年发布以来充分满足了中国数百万家中小网站的建站需求。HDWiki 的推出,填补了中文维基建站系统的空白,构建起了一个最大的社会化知识生态系统。目前,HDWiki 已占据国内 95％的市场份额。

依托互动百科的优质内容平台,互动创造性地将网络百科转移到移动互联网领域,通过客户端、手机网站、移动增值服务、内容开放服务等诸多形式,全面覆盖了 IOS、Android、Windows Phone、Symbian 各大移动平台,以此满足用户随时随地地获取百科信息的需求。

### 7.4.2.2  产品多样化发展

互动百科以百科作为核心产品,形成了以互动百科网为主打,小百科网为企业合作平台,HDWiki 开源系统为技术支持,词媒体服务为新定位,结合新知社、WE 公益频道的多元发展模式。

（1）互动百科主网——互动主体平台及核心百科业务

互动百科主网是一个通过全新的维基平台建立的网民协作式网络百科。它以词条为核心,与图片、文章甚至新闻等其他要素共同构筑一个完整的知识搜索体系。任何用户都可以免费、自由地访问该网站的所有内容,互动百科的注册用户可以依照编辑规则参与内容的编写。互动百科本着网络面前人人平等的原则,提倡所有人共同协作,编写一部完整而完善的百科全书,让知识在一定的技术规则和文化脉络下得以不断组合和拓展。

互动百科是互动的主体业务,简而言之,就是互动体系中维基类网络百科的运作平台。它是互动的用户参与创作编辑或检索百科词条、图片等内容的板块,与百度旗下的百度百科、中文维基百科或其他维基类网络百科品牌类似。

(2)互动合作百科平台——行业百科及企业词条

行业百科(http://hangye.baike.com/)是互动基于各行业无限细分的知识体系建设的百科开放平台。该平台借助各领域领袖企业、行业专家的力量,通过合作运营的"新维基"方式,为用户提供比传统百科更深入、更贴近生活的知识信息。

企业百科(http://qiye.baike.com/)则是让企业在互动网站上建立自己的企业词条,提高企业曝光率,同时向公众提供信息的形式。企业可以创建以企业名称定义的词条,犹如一个"网络名片",同时可以建立自己的 Web 站点,进行移动营销。

值得一提的是,在 2012 年 12 月改版之前,互动的企业合作平台是以"百科网"的形式运作的(于 2011 年 4 月正式上线)。互动为合作企业提供独立二级域名(×.baike.com),合作企业则负责提供专业知识介绍及详尽的问题讲解,同时起到宣传自身的作用。截至 2012 年 5 月,"百科网"已经打造了 21895 个百科站点。[①]

(3)HDWiki

HDWiki 是互动在线推出的我国第一个拥有自主知识产权的中文维基系统。它是一个免费开源的百科网站建站工具,维基爱好者或其他集体可以利用这个软件在很短的时间内建立自己的维基百科站点。HDWiki 不仅帮助中小网站及维基爱好者搭建百科网站平台,更是将系统应用延伸至政府、大型企业及大型网站的频道建设,目前已经与新浪网、上海热线、悦己杂志社及多家政府机构和企业形成建站合作。[②] HDWiki 成功案例如图 7-10 所示。

---

① 互动百科公布伦敦奥运会趣词榜[EB/OL].[2012-08-17].http://tech.hexun.com/2012-08-17/144878254.html.

② 互联网实验室.2009 中国维基发展报告[R].北京:中国互联网实验室,2009.

| 金库百科（财经） | http://baike.jinku.com/ |
| 财道百科（财经） | http://wiki.icaidao.com |
| 艺龙百科（旅游） | http://trip.elong.com/ |
| 地质百科（地理） | http://www.sinodz.com/wiki/ |
| 新浪房产百科（门户） | http://supports.house.sina.com.cn/wiki/index.php |
| AA百科（综合） | http://www.aa81.com/ |
| 互联网百科全书（综合） | http://wiki.chinalabs.com/ |

**图 7-10　HDWiki 成功案例**

（4）词媒体服务

　　词媒体是指以词作为核心传播内容的全新媒体形态,其利用"词"具有的对特定时间、地点、人物、事件进行超浓缩、利于口口相传的优势,最大限度地加快媒体信息的传播和记忆速度。[①] 2010 年 5 月,互动正式对外公布了其"词媒体"的全新定位。为此,互动百科对网站进行改版,实行每日推送热词的服务,同时成立了"知识媒体联盟",每天准时地把当天最新、最热的锐词发给近万名媒体工作者,帮助媒体更好地解读并传播"词新闻",满足大众在快节奏生活下的阅读习惯与求知需求。同时,互动推出《词立方》《冷知识》《微百科》《锐词报》《互动词海》等词条聚合类维基网络刊物,为词媒体的快速、准确、纵深传播起到了积极的推动作用。目前,互动百科再次对首页做出调整,以 in 词[②]页面的形式单独将词媒体服务列出,内容包含热词[③]、双语 in 词、漫画图说热词、热门人物等。表 7-5是词媒体刊物的具体介绍。

表 7-5　　　　　　　　　　　**词媒体刊物一览**

| 词媒体刊物名称 | 内容描述 |
| --- | --- |
| 词立方 | 词立方是指词与词之间通过某种关系联系起来形成一个整体。互动百科《词立方》是词条聚合类网络刊物,它通过一条主线,将相互之间有关系的词组合在一起,帮助读者全方位、立体化解读知识点 |

　　① 互动百科词条:词媒体[EB/OL].[2012-11-05].http://www.hudong.com/wiki/%E8%AF%8D%E5%AA%92%E4%BD%93&prd=button_doc_jinru.

　　② in 词,即流行语或者网络潮语,通常是对一类现象的总结。所谓 in 是 in fashion 的简称,即处于时尚潮流尖端的意思。反义词则是 out,即 out of fashion 的简称,就是落伍的意思。

　　③ 热词即热门词汇,它反映了一个国家或地区在一个时期人们普遍关注的问题和事物。

续表

| 词媒体刊物名称 | 内容描述 |
|---|---|
| 冷知识 | 《冷知识》是互动百科以词条聚合类网络刊物形式,将生活中常见却不被关注的知识点汇聚为百科文章特色专栏——冷知识。冷知识(trivia)指的是琐碎的、庞杂的事情或知识等 |
| 微百科 | "微百科"是"微型百科"的缩略语,是互动百科 2010 年 3 月创建的词条聚合类文化产品。微百科是一个全新知识分享平台,以最精简的方式介绍某一门类知识,供检查所需知识和事实资料之用。网民只要登录互动百科,任何时候都能够温习这些内容,如"世界杯百科" |
| 锐词报 | 《锐词报》以词条聚合类网络刊物形式向网友、媒体集中展示网络新锐热词,盘点一段时间内的新闻背景知识、网络流行文化 |
| 互动词海 | 《互动词海》于 2009 年 12 月 1 日创刊,月刊。《互动词海》是以公益、环保、知识为主题,以互联网新锐热词为核心的全新直投词媒体杂志,目前是我国唯一一本全部内容由网友协作完成的月刊。《互动词海》每一期包含:词立方、科学技术篇、社会新知篇、网络人文篇、小百科、冷知识、wiki资讯、新知社新鲜事、互动读书等栏目 |

(5) 新知社和 WE 公益频道

新知社是一个基于互动百科维基编辑的网络公益组织,其组织形式与 SNS 网站类似。百科用户以自己的互动 ID 参与新知社,参与词条编创、词条任务活动等,形成一个齐心协力的团体,更多地发挥网友集体智慧,建设一个共同探讨、完善和分享知识,传播科学的平台,弘扬百科平等、协作和共享的精神。新知社为用户提供了一个创造性的网络平台,强调用户的参与和奉献精神,充分调动草根的力量,汇聚上亿网民的智慧,不断累积成全人类共同的开放知识库。

WE 公益频道是互动下设的一个致力于公益、慈善事业的开放式公益平台。它号召我国更多的公益慈善组织与热心公益的网民简单行善,相互帮助,需要帮助的人与热心公益的组织和个人能够在这一平台上协作、互助,像运用维基分享知识一样分享爱心。目前,WE 公益频道已收录了千家以上 NGO(non-governmental organization,非政府组织)和基金会词条信息,建立起了完备的公益百科体系。

总结互动百科的运作模式不难发现,作为一个独立的商业性百科网站,互动对百科、用户、技术等资源进行了深入的挖掘。互动的业务模式以百科为主,向多元化发展,在坚守维基理念的同时,互动也在不断尝试通过资源的整合营销达到盈利的目的。

### 7.4.2.3 互动百科盈利模式

关于互动百科的盈利问题一直为行业所关注。近年来,从媒介报道中可以获悉互动的资金来源主要是风险投资。据报道,互动百科在 2008 年、2009 年连续两年获得风险投资。2009 年初获得 DCM 的风险投资是 3000 万美元[①]。2012 年 6 月又有报道称,互动百科正通过 C 轮融资募集 5000 万美元风险投资[②]。风险投资看好互动百科,说明他们对其盈利有信心。正如互动风险投资平台 Xpert Financial 的董事长蒂姆·德拉普(Tim Draper)称:"互动百科是中国领先的营利性社交知识平台,通过内容吸引广告而获得收入。中国当前移动市场和网络市场的发展速度及规模都位居世界前列。"[③]目前,互动百科的盈利模式主要有以下三种。

(1)面向互联网用户的传统广告模式

互动企业发言人曾宣布"网络广告是我们盈利模式的主流",并称通过"与中小站长建立了广告联盟"[④]。要实现广告盈利,必须要加大"流量"和"点击率",互动百科近年来推出"小百科"及词媒体服务等,可以卓有成效地提高点击率,从而为广告盈利打下基础。

目前,互动百科已经在词条页面中设置了广告栏,包括词条顶部的横通广告、词条右侧的推荐广告和视频广告、词条底部的嵌套广告。具体设置情况如表 7-6 所示。

表 7-6　　　　　　　　互动百科词条浏览页的广告项目及其尺寸

| 位置 | 尺寸/像素 | 类型 |
| --- | --- | --- |
| 词条顶部 | 730×90 | 静态横通广告 |
| 词条右侧 | 300×90 | 静态图片广告 |
| | 300×250 | 静态图片广告 |
| | 300×250 | 视频窗广告 |
| 词条底部 | 640×300 | 嵌套广告 |

---

① 互动百科进军海外市场　盈利模式渐显清晰[EB/OL].[2010-08-11].http://tech.sina.com.cn/i/2010-08-11/14174533343.shtml.

② 传互动百科正进行 5000 万美元 C 轮融资[EB/OL].[2012-06-13].http://www.chinaz.com/start/2012/0613/257384.shtml.

③ 同②。

④ 同①。

（2）百科合作平台

维基类网络百科的合作平台是指由维基类网络百科提供百科编辑的平台，由企业或权威机构对某一主题或词条进行编辑、完善活动，在给用户带来更加专业、权威、可信的信息的同时，维基类网络百科平台从中获取一定的收益。2011 年初，互动百科在行业内首创了与企业合作的平台，小百科 Beta 版上线；4 月，互动百科正式宣布旗下的商业化战略平台"小百科"投入使用。截至2012 年 11 月，已经有近万名行家在互动百科打造了 42689 个小百科站点。

互动百科还为合作的企业提供了独立的二级域名，合作用户享有独家冠名权，这样更有利于企业品牌、文化的营销。互动提供的合作方案包括：

① 标准服务——49000 元/年。企业享有独立二级域名，要求有 30 篇以上的内容建设。互动百科提供该百科的顶部冠名广告和自定义推广位，并在小百科首页进行 7 天的推荐。

② 金牌服务——98000 元/年。包括 100 篇文章以上的内容建设，30 天以上的小百科首页推荐。此外，还为企业提供页面美化、SEO 优化、开发智能手机App（for Android）等服务。

百科合作平台突破了传统百科在用户使用、企业营销上的固有模式，可以满足企业和用户的双向市场需求。由于维基类网络百科属于知识创作分享型网站，具有用户信任度高、有效流量高、停留时间长、内容传播迅速等优势，因此能够带动百科合作平台的信息传播效率。对于企业和其他机构来说，合作平台的营销面对的是经常浏览百科的网络用户，这些用户对信息的理解能力较强，关注百科也具有一定的目的性，因此百科合作平台的营销效率会比较高，内容也能直达目标群体。

（3）提供增值服务

目前，包括 Facebook、Twitter、腾讯等采用的都是基于增值服务盈利的商业模式，即基础服务一定是免费的，在此基础上有针对性地为少数、特殊群体提供收费服务。此前，互动百科已明确了在未来处于主要地位的三种盈利模式，分别是为企业级用户提供基于维基技术的产品和服务的 SaaS 模式，开源软件的软件免费、服务收费模式，以及面向互联网用户的传统广告模式[①]，其中大部分盈利是依靠提供增值服务获得的。

早在互动百科网成立之初，为了适应中国市场，互动百科就开发了国内第一家拥有自主知识产权的中文维基系统——HDWiki。它是专为中文用户设

---

① 国内维基行业推进本土化进程 盈利模式逐步清晰［EB/OL］.［2009-08-19］. http://it. sohu. com/20090819/n266064144. shtml.

计和开发的、程序源代码完全开放的建站系统,在易用性和功能可操控性等方面都获得了很多维基爱好者的喜爱。未来,互动百科将为一些有内容需求的客户提供并推送相关的百科知识,对于企业用户而言,建站软件势必需要定时更新、升级,一些企业可能有个性化需求,这些将成为互动百科依靠 HDWiki 盈利的方式。

此外,互动百科也大力打造词媒体,并推出多种网络期刊,这些出版物也有可能成为盈利点。

### 7.4.2.4 互动模式的特点归纳

互动百科建站虽然仅有十年,目前尚在投资阶段。但通过几年的发展,互动百科已经形成了一些特色,有了自己独特的发展方式。

① 着力打造内容品牌,通过内容聚集人气。互动百科在内容上有几个特点:首先,强力打造知识库。目前,首页上显示词条数为 4896375 个,其中 7952373 个词条经过专业认证志愿者编辑,突出其权威性和专业性(数据采集时间是 2013 年 6 月 8 日)。其次,知识架构全面,知识组织清晰。内容覆盖自然、文化、人物、历史、生活、社会、艺术、地理、经济、科学、体育、技术等各个领域,分类详尽,且页面展示清晰。最后,建立多元化平台,内容相互帮衬,突出热点问题、亲民问题,拉拢人气。关于这一点,除了互动百科主网外,互动还通过小百科、词媒体等实现。

② 在传播上有一定的特点和优势。首先,建立知识社区,加强互动传播。互动百科已形成基于用户,以小组向导为核心,维吧、论坛、小组、智愿者群组、知识社区多层次立体的中文知识社区。这些社区是专业社区,具有明确的内容导向和主题联系,与普通 SNS 网络社区相比,互动知识社区能发挥更大的商业价值潜力[①]。其次,充分利用手机平台传播内容。互动自称:"创造性地将传统网络百科转移到移动互联网领域,通过客户端、手机网站、移动增值服务、内容开放服务等诸多形式,全面覆盖 IOS、Android、Windows Phone、Symbian 各大移动平台,为 4.5 亿移动互联网用户提供更全面、客观、及时的百科知识服务,满足用户随时随地的知识获取需求"[②]。最后,互动百科打造了一系列网络刊物,全面营销互动词媒体服务,不但形成了其在传播上的特点,而且未来可能发挥出出版物的商业价值。

③ 展现了技术上的优势。HDWiki 是全球首个开源中文维基建站系统,专

---

① 互联网实验室.2009 中国维基发展报告[R].北京:中国互联网实验室,2009.

② "互动百科"[EB/OL].[2013-06-05].http://www.baike.com/wiki/%E4%BA%92%E5%8A%A8%E7%99%BE%E7%A7%91.

为国内站长建站习惯开发,能充分满足我国数百万家中小网站的建站需求,推动了维基在我国的发展。HDWiki 目前已占据国内 95％的市场份额①。

### 7.4.3 以搜索引擎为依托的多平台结合模式——百度百科案例分析

本模式即 7.1.3 节中提到的附属运营模式。百度百科是国内搜索引擎龙头百度公司旗下的百科产品,百度公司推出维基类网络百科平台,原因主要有两点:其一是维基百科的成功在国内掀起了维基热潮,维基类百科网站依靠开放、自由的理念能够在较短时间内聚拢人气;其二是百度公司作为一个搜索引擎的行业先锋,一直以来都在通过丰富产品类型实现信息服务的增值。因此,百度百科实际上是百度公司的附属经营产品,从运行经费和技术上来说都依靠百度公司主体。对于大多数维基类网络百科而言,维基的理念和模式体现在整个社区的价值观,旨在为社区创造更多的价值。而对于百度百科而言,维基的理念和模式服务于百度公司的搜索引擎发展战略。百度产品组合如图 7-11 所示。

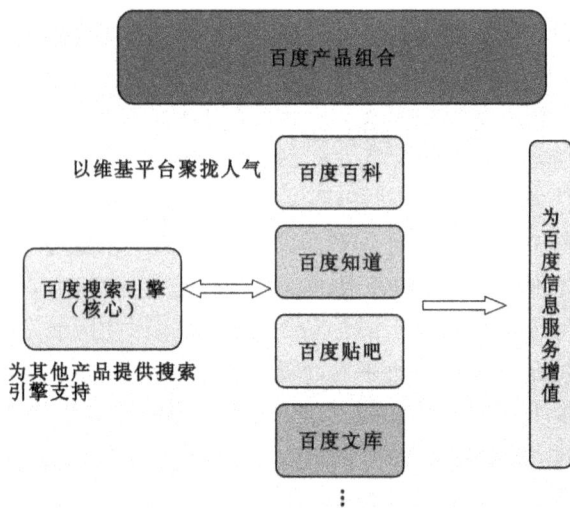

**图 7-11　百度产品组合示意图**

百度搜索引擎带给百度百科的另一大益处在于百度百科的内容(主要是词条)具有很强的搜索引擎优势。在百度百科之前,百度已经推出了百度贴吧、百度知道等信息服务产品,百度百科与这些产品是相通的。首先,百度百科的注册

---

① "互动百科"[EB/OL].[2013-06-05].http://www.baike.com/wiki/%E4%BA%92%E5%8A%A8%E7%99%BE%E7%A7%91.

账号是通用账号,无论是在百度百科、百度贴吧,还是百度知道中注册的账号,都可以在其他平台上通行。而用户参与内容所获得的积分和等级,在这些平台中也是被认可的。其次,部分百度贴吧的吧主可以在其主管贴吧添加百度百科模块,加入百度贴吧的一条相关词条的链接;在百度知道中查找关键词时,若百度百科存在以关键词为名称的词条,则标注该词条首段文字、部分目录及首张插图的百科词条概述会放在搜索结果首位。百度公司创始人李彦宏曾说,互联网的第四代必定是搜索社区化时代。① 相应地,目前百度公司已形成由百度百科、百度知道、百度贴吧三位一体,联合构建"知识互动社区三驾马车"的初步框架,如图 7-12 所示。

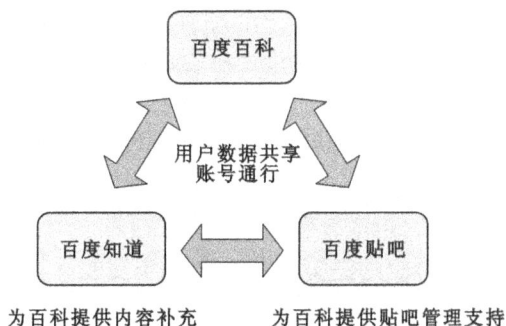

图 7-12　百度百科、百度知道、百度贴吧三位一体模式

随着维基类网络百科社区化色彩的不断加强,百度公司也开始尝试改变相对单一的竞价排名模式,推出了"百度金币"等系列产品,以建立面向社区用户的消费和商务平台雏形。② 百度社区和百度搜索紧密相连:百度社区依托于百度搜索的巨大流量和技术优势;而百度百科一方面丰富了百度社区的内容,另一方面积累了大量个性化的用户数据,使得精确定位广告成为可能,这也给百度公司带来了丰厚的广告利润。

大多数行家认为国内搜索引擎巨头百度公司经营百度百科具备天然优势,因已有的平台基础,使百度百科投入相对不大,但带来的回报很丰厚,除了广告收入外,信息服务的品牌形象也能得到提升。但百度百科也存在先天不足,也就是难以"中立"和"客观"。另外,百度百科虽发展迅速,其内容质量却堪忧,较之维基百科和互动百科,似有很多不足。

---

① 罗志成,关婉湫,张勤.维基百科与百度百科比较分析[J].情报理论与实践,2009,32(4):71-74.
② 同①。

# 7.5 维基类网络百科评价及发展趋势研究

维基类网络百科是不是比传统的纸质百科好,它能否取代纸质百科,它存在哪些缺点和不足,要怎样才能让维基类网络百科变得和传统百科一样严谨、精确……这些是很多人关注的问题。可是,一个自由的用户可参与编辑的百科全书是否优于一个专业的百科全书,这个问题太过于宽泛了。它们是两种截然不同的产品,其中的一个是否"好于"另一个,主要取决于你要拿它来干什么①。因此,与其在研究的最后讨论维基类网络百科的缺陷与不足,笔者更愿意从不同维度对它进行中肯的评价,这其中既包含肯定的一面,又不会回避它目前的不足。

我国的维基类网络百科发展到现在,形成的影响和取得的成功是毋庸置疑的,但是和国外的维基市场相比,它还有很长的路要走。结合我国国情,维基类网络百科更需要不断探索,走适合我国的发展和改革之路。正如前文所述,我国的维基类网络百科在现阶段已经实现了一些创新发展,同时呈现出一些新的发展趋势。

## 7.5.1 维基类网络百科评价

### 7.5.1.1 维基类网络百科弥补了信息传播的不对称

维基类网络百科自出现至今不过 10 余年的时间,但它的出现改变了互联网的知识创作和分享模式,也丰富了人们对信息的获取方式。可见,维基类网络百科具有其独特的存在价值。

从广泛的意义上来说,人类社会的信息是不对称的,由此产生了信息交换的需求。互联网为人们提供了一个极为快速、便捷、廉价的信息沟通方式,也催生了信息的爆发式增长。尽管互联网让草根阶层得以自由地发表意见,但是和传统媒介类似,门户网站和社会精英的声音总是较强,因此,很多信息没有被有效传播和利用,形成了一座座信息孤岛。维基类网络百科的思想正是通过技术手段将这些信息孤岛连接成一片知识大陆。它采取众包的手段,提供开放的平台,让许多孤立的个人参与到百科的创作中。维基类网络百科的内容不是来自社会

---

① 是维基百科击败《大英百科全书》吗? [EB/OL]. [2012-03-21]. http://www.bookdao.com/article/36570/.

精英或权威,而是源于千千万万的普通网民,维基类网络百科用户都有一个共同的目标——分享知识、体现个人的价值观、获得个人成就感。维基类网络百科开放、自由、平等、互动频率高、具有协作性等特点恰恰为网民提供了实现该目标的契机,也避免了让来自零星个体的信息变成孤岛。到目前为止,我国已有超过484万的网友参与互动百科的编辑,超过280万的科友参与百度百科的创作,有12万多网友参与 MBA 智库百科的编辑。

### 7.5.1.2　维基类网络百科实现了信息传播模式的创新

维基类网络百科以 Web 2.0 为特色,不仅实现了网络话语权的转移,还改变了互联网的信息传播模式。

（1）信息传播动机

传统网站的传播模式通常是由信息的生产者通过一定的传播媒介向信息的消费者发布、传播相关的知识。其模式运作的根本目的就是实现知识的线性传播。然而,在维基类网络百科的网站上,用户可以实时在线与来自全球的互联网用户共同就感兴趣的内容进行创作、协作、编辑和发布,每一个参与维基类网络百科建设过程中的用户既是信息的生产者,又是信息的消费者。维基类网络百科互动的模式体现了一种新的趋势,即信息传播从"结果导向"转向了"过程导向",从注重信息知识的传播,发展为强调学习、发现、探索的过程。

（2）传播主体的多元化

传统的网站通常只是一个信息发布的平台,专业领域的权威人士往往以意见领袖的身份出现其中,公众只是信息的被动接受者。维基类网络百科恰恰弥补了这种缺陷。在这样一个平台上,不同的主体共同参与,改变了以往单向度的信息传播模式,构建了一个网络化的公共空间。不同的主体以各自的特长作为依托,在自己所擅长的领域扮演着信息生产者的角色,最终实现了一种优势的互补。

（3）信息组织方式的变化

由于维基类网络百科参与者所涉及的领域较广,他们所传递信息的内容组织方式以综合型为主。维基类网络百科也由"单一领域知识"转向"以热点问题、事件为选题的跨学科、多领域的知识"。

（4）传播形式的转变

维基类网络百科融合了不同的传播媒介,并且结合了公众最熟悉的元素,可以让公众更形象、更具体、更直观地理解较为专业的科学技术知识,从而有效地跨越了专家与公众之间的"知沟",使得二者之间的断层转变为一个缓坡,更有利于二者的沟通与互动。

（5）传播路径的转变

在维基类网络百科上,每个参与其中的人不仅是作者,还是编辑,随着时间的变化,任何人都可以在前人编辑过的内容上再次对词条进行编辑、修订和加工。在这样一个网络中,形成了一种多向交互式传播的模式。

### 7.5.1.3 维基类网络百科内容质量尚待提高

维基类网络百科自出现至今,其内容质量和秩序一直备受争议,争议的核心主要在于其内容的规范性和权威性,以及协作性创作的秩序问题。而关于百科内容的引用资料和版权问题,虽然也有不少人存在疑问,但是维基类网络百科对参考文献的著录规范做了严格的规定,对各种不同资料的引用及引用格式设定了标准,在版权问题上,维基类网络百科又遵守 GNU 自由文档协议证书的有关规定及其他一些单独的版权条例,因此很少有引著和版权方面的纠纷。总的说来,人们基于自由、开放的维基精神,对维基类网络百科抱有比较宽容的态度,不过维基类网络百科内容质量参差不齐,管理秩序混乱的问题仍然局部存在,也阻碍它的发展。

一方面,赋予外行知识以价值,不应该以贬低科学知识的价值为代价。维基类网络百科坚信大众的创作也能保证百科内容的质量,但并不总是如此。前任《大不列颠百科全书》主编罗伯特·麦克亨利对维基的内容质量表示怀疑,同时对维基的权威性提出了质疑。维客社群是一个隐性、庞杂的队伍,不像传统百科全书的作者都是社会精英,维客社群发布的词条有时候在可读性及权威性上会不及传统百科全书。[①] 虽然目前我国的维基类网络百科会通过权威认证、专家评审等制度进行专业审核,但常常难以完全保证词条的质量。

另一方面,网络的丰富性决定了维基类网络百科的内容始终无法尽善尽美。与其说维基类网络百科是"百科全书",不如说它是包罗万象的知识库。目前我国的维基类网络百科在内容上远远超出了百科的范畴,涉及热词、新闻、图片等,而词条的收录标准也很宽松。同时做到内容全面和内容精粹需要用户不断地加工和整合,尽管精彩词条、优质词条不断,目前仍然有不少维基类网络百科的词条还仅限于定义解释,没有更多的延伸。

即使是知识水平较高、写作能力强的编写者,也可能由于文化背景的不同、写作立场的不同,在相同的问题上产生一些不同的看法。有的维基类网络百科允许作者就相同的问题发表不同的看法甚至争论,一些维基类网络百科则要求其内容避免主观的陈述。因此,维基类网络百科的词条在陈述上会出现语气、立场不一,规范程度不同的情况。在维基社会中,一直存在包容主义派和严格主义

---

① 于嘉.网络时代的百科全书——维基百科[J].图书馆论坛,2005,25(4):247-248.

派之争,因此,维基类网络百科的内容也会因标准的不同而有好坏之分。

可以肯定的是,我国维基类网络百科的内容质量一直在不断提高,这是广大网民集体智慧的结晶,也是各个百科平台不断去粗取精、努力提高质量的结果。

## 7.5.2  维基类网络百科发展趋势

结合国内外来看,维基的应用和发展出现了三个层次:以知识为核心的维基百科全书、大众参与的维基社区及维基思维更广泛的社会实践。[①] 我国维基产业的发展比较滞后,产业核心仍处于维基百科全书为主的第一层:基于维基技术及维基理念构建维基百科全书。自 2003 年维基的概念进入我国以来,我国的维基行业经历了多个发展阶段,维基的用户规模迅速扩大,这种增长态势还在持续,我国维基行业正从快速发展向成熟的阶段转变,如图 7-13 所示。

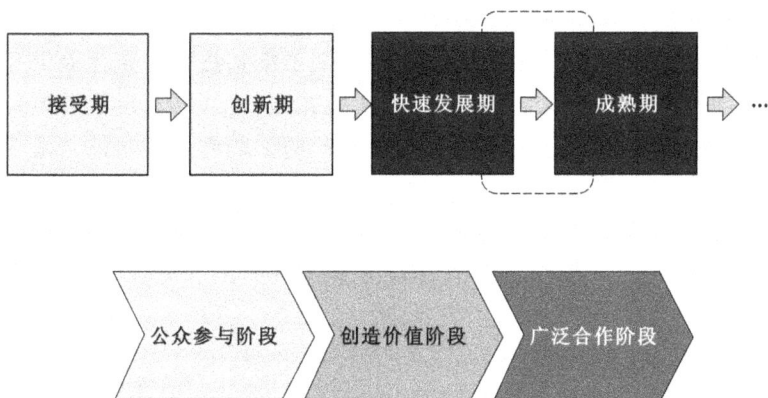

图 7-13  我国维基类网络百科的发展阶段[②]

近年来,我国维基行业也逐渐形成了独具特色的发展路径,分化出综合维基类网络百科全书以及专业性、行业性维基类网络百科全书两条发展路径。从运营模式来说,我国维基已经开始步入广泛合作阶段,如互动百科的企业合作平台"百科网"、WE 公益平台及百度百科的权威合作平台等。我国的维基类网络百科正在从内容为主的百科全书和大众社区向社会化应用转变,社会影响力也在不断提升。目前我国的维基类网络百科主要呈现出以下几方面的发展趋势。

---

① 互联网实验室.2009 中国维基发展报告[R].北京:中国互联网实验室,2009.
② 同①。

### 7.5.2.1 平台化

我国维基类网络百科已由早期的百科全书产品发展成了全方位的维基类网络平台。维基类网络百科具有资源可信度高、用户集中等特点,因此其成为集知识传播、社交、商业合作为一体的平台。

目前,我国互动百科通过自主研发的 HDWiki 百科建站开源软件建立了百科联盟。这个联盟的盟员之间互相贡献知识。盟员为各地中小网站(或综合型网站的重要频道),通过大规模盟员的协作,以实现知识的规模生产和消费。互动百科联盟是互动百科主站与 HDWiki 站点的数据交互中心,互动百科主站的300 多万词条与基于 HDWiki 建设的维基站点创建的词条实现了知识实时分享。互动主网站的内容也影响了更为广泛的人群,同时这些众多的维基站点所进行的知识生产汇入互动百科的知识库,形成新一轮的知识共享、创造、创新。知识的再扩散一方面有助于维基理念在我国的普及;另一方面百科联盟网站通过贡献优质知识,实现了网站自身的推广。

出于维基思维在企业当中的应用前景,基于维基技术为企业提供开放式平台的企业级服务将是未来维基的重要商业模式之一。另外,对于需要发展互联网用户的企业而言,维基站点作为其附加服务的扩展和延伸则是维基与企业合作的另一条思路。在国外,维基传媒基金会已经与法国电信旗下电信品牌Orange 建立了内容合作关系,允许 Orange 在其下的手机和网络门户中打造共有品牌的维基频道。双方还将围绕着维基百科的内容开发新闻服务和相关功能。

### 7.5.2.2 社交化

互联网的开放互联是其重要属性,我国不少维基类网络百科都在向社交化发展。如互动百科已形成基于用户,以小组向导为核心,小组、智愿者群组、维吧、论坛、知识社区多层次立体的中文知识社区。百度百科、搜搜百科等也为用户提供了社交互动的平台。维基社区作为专业社区,具有明确的内容导向和主题联系,用户之间基于共同的认知进行团体协作与分享,对共同的主题进行扩展或探讨,并使网民们能更好地分享、沟通知识,实现情感交流与宣泄。

维基类网络百科网站通过大规模国际协作,创造并传播社会化知识。目前维基类网络百科网站的社区化运作模式依然非常明显,但是正呈现新的社交化发展趋势,未来会具有更多 SNS 特性。与社交网站不同,百科网站的社交化不在于交友,而是能充分发挥其协作共享的特性,提升用户的互动性、活跃性,以用户黏性为目的,提升持续关注度。在此基础上,维基类网络百科将焕发出比普通SNS 网站更大的活力与商业价值潜力。

### 7.5.2.3 本土化和全球化

维基的概念虽然诞生于美国,但随着我国维基市场的不断发展,国内不少维基类网络百科平台也越来越注重内容和知识结构的本土化。百度百科和互动百科已经在内容中添加了数字博物馆栏目,以弘扬民族文化。本土知识是一个民族的共同精神财富,是由本土人民在自己长期的生活和发展过程中所生产、享用和传递的所有知识,与本土人民的生存和发展环境及其历史密不可分。①

随着 wikipedia 网站全球化发展进程的加速,或许将导致一种知识霸权主义产生。维基类网络百科正致力于将世界的不同知识汇集到一个地方来建立一个全球知识档案。可问题是,这种知识取舍的标准只能是由网站自身来做最终决定。作为外来的参与者,必须接受网站的领导。这种行为,实际上是一种对本土知识领导"权"的争夺。

维基类网络百科所呈现的本土知识以英文知识为代表,正在形成一种全球化发展的趋势。在我国,以互动百科为代表的维基类百科网站正在努力发展本土知识,同时探索对中文本土知识进行全新定义和诠释的路径。互动百科的知识框架覆盖自然、文化、人物、历史、生活、社会、艺术、地理、经济、科学、体育、技术等各个领域,近 4 万个分类,几乎覆盖人类知识所有领域。技术程度与国外技术保持着基本相同的水准,在某些重要的指标上已经超过了国外技术,与英文维基百科相比,网站发展潜力巨大。

从全球范围来看,维基类网络百科的存在意味着从知识阶层、专业人士到大众,都成为网络信息源,这将使不同的价值观之间的碰撞更加剧烈。这种碰撞,一方面提高了知识层次与知识交流的质量,另一方面进一步打破了本土与全球之间的知识疆界。某个国家的重要知识信息,会随时成为全球公民关注的焦点。虽然这还不具备说服政府的能力,但意见的全球化,已经提高了政府对意见的关注度。另外,由于人人都能在网上发言,各种各样的思想和观点才有可能被表达与展示,百花齐放、百家争鸣的景象才有可能真正出现。

无论从现在还是从长远看,维基类网络百科都是本土知识和异土知识不同价值观念进行交战的重要场所。而在未来不断的发展过程中,这种本土化和国际化并存的趋势会愈演愈烈。

---

① 胡立耘.本土知识数字化的伦理考量及建设原则[J].宁夏社会科学,2009(1):148-150.

# 7.6 本章小结

维基类网络百科全书是数字出版模式中的一种,针对工具书出版领域。虽然其诞生的时间不长,但是产生了极其广泛的影响,有效地克服了传统百科全书更新慢、词条局限、检索不便和获取不易等弱点。维基百科本是非营利性的,但我国互动百科等已经对其进行了商业化探索,形成了一些新的做法。本章针对维基类网络百科全书出版的特点,研究了维基类网络百科全书的内容组织、用户情况及运营模式等。笔者认为,维基类网络百科的协同编辑制度是非常突出的贡献,能将网络中极度的自由和协作融为一体。维基类网络百科全书的产生已经改变传统百科全书的出版方式,例如,有 200 多年出版历史的《不列颠百科全书》等已经在 2012 年宣布停止纸版,全面转向数字版。

# 8 数字内容包形态及其出版研究
## ——从数字教育出版说起

前面各章中阐述的各种形态中,数据库出版物是出版物的一种集成形态,电纸书是传统纸书的电子版形态,第4章"手机出版研究"中讨论的增强型出版物是一种动态的多媒体型出版物,网络原生电子书是网络上原生的形态,开放存取出版物是作者付费读者免费使用的开放式出版物,维基类网络百科全书是以开放和协同编辑为特点的在线百科全书。但本章要论述的是数字内容形态的产品及其出版活动,其具有以下特点:① 内容产品以内容包的形式出现,是一种主体内容+辅助内容模式,既不是数据库式的集成出版形态,又不是简单的从纸质教材到电子教材的转换,也不仅像增强型出版物一样以多媒体表现形式为特点,或者说兼具这三种出版的一些特点。② 出版发行方式特殊,销售时一般附带平台销售。数字内容包形态构成较为复杂,使用者一般会反复阅读使用,为更好地组织材料和提供服务,生产者一般连带平台一起销售。这种形态的产品主要是传统教育出版数字化后形成的,但本章标题采用的是"数字内容包",并未采用"电子教材包",这是考虑到这种形态在教育出版中较为典型,但并不见得只出现在教育出版之中。一些在线工具书,有类似的结构,如《有道词典》。但最典型案例仍然多见于数字教材出版,因此,下面首先从数字教育出版说起。

## 8.1 数字教育出版概述

### 8.1.1 数字教育出版相关概念

业界一般认为现代出版业由教育出版、专业出版和大众出版三大板块构成。教育出版是指与学习、教育及培训有关的出版。它是一种产品最模式化、标准化,而过程最复杂、计划性最强的出版。① 数字教育出版简单地说,就是将教育出版物数字化的出版活动。具体来说,是指在数字出版和数字教学及学习逐渐兴起的过程中,为适应新时代用户的需求,将传统教育出版物加工成电子教材,提供知识增值服务,并借助网络传播,或借助传统出版物的渠道发行(如电子教材光盘版必须借助传统出版渠道发行),用户使用个人计算机或移动终端阅读设备使用的出版活动。

数字教育出版的产品可以统称为电子教材(e-textbook),也可称电子教科书,泛义上的电子教材包含两种:一种是传统纸质教材的电子版(或称电纸教材),另一种是增强型电子教材。

(1)电纸教材

电纸教材是指将纸质教材数字化后尽量保持印本原貌,甚至页码等与纸质教材完全一致的数字化教材。应当指出,先进的电纸教材并不是一种简单的数字化,它与纸质教材一样可以进行标注,并有目录链接搜索等功能。电纸教材是纸质教材的另一种形式,价格相对较低。

(2)增强型电子教材

增强型电子教材一般内嵌有音频、视频、动画,可非线性阅读,有的还提供互动活动供学生练习与实践,甚至有 3D 化的增强型电子教材。例如,有报道称一家叫作 Kno 的专注于平板电脑教材的多媒体公司新近展示了其推出的化学课本,文本上的化学分子结构用 3D 上的模型来表达。② 总之,这种产品是在基础性电子教材的基础上,经过复杂加工而形成的多媒体化电子教材。它属于增强型电子图书的一种。目前,增强型大众电子图书和大众娱乐界限比较模糊,产品价格不菲,市场前景不明朗。增强型电子教材正好适合教学的特点,有助于教学效果的加强。

关于电子教材包,国内也有学者称之为"立体化教材",或"一体化教材""多元化教材",它除电子教材主体外,还提供多种教学资源和学习资源,将电子教材立体化,以最大限度地满足教师教学需要和学生学习需要。它包括主体教材、教学课件、网络课程、测试题库、教师参考书、学生指导书等。电纸教材和增强型电子教材都可以包含在电子教材包内。并且,为了更好地实现电子教材包的功能,出版商还搭建了网络平台,提供在线知识服务。

数字技术应用于教育出版后,教育出版提出了一些新的理念和目标,主要

---

① 刘灿姣.我国教育出版发展现状与趋势[J].出版与印刷,2007(1):7-9.

② Erick Schonfeld. Kno turns textbooks 3D[EB/OL].[2011-07-21]. http://techcrunch.com/2011/08/22/kno-turns-textbooks-3d-video/.

有:① 数字化的教育出版理念突破传统,实现从注重产品向注重服务转变,从"站在出版的立场看教育"向"站在教育的立场看出版"转变。这一理念的转变,使得传统的教育出版也逐渐基于信息技术等方法,以"知识服务"为目标,在为客户提供知识需求的整体解决方案、提供经过多样化加工整合的新的知识服务产品方面,尽可能地实现出版增值。② 数字化之后的教材是对知识结构下信息资源的整合。教材也逐渐摆脱传统单纯的知识内容提供者的角色,而是集应用性和系统性于一身,既重视知识的系统传授,又注重学生综合能力素质的培养训练。③ 数字化的教育出版必须有助于实现个性化服务。数字技术和内容迅速融合,使得教育出版行业有可能提供充分的个性化服务。而就市场来讲,用户终身都在学习,目标读者群划分越来越细化,目标市场也更加分众化、个性化。因此,根据他们的个性化需求,在与用户双向沟通的基础上,有针对性地开发、制作、整合产品与服务,并通过多样化的渠道提供给用户,这逐渐成为教育出版者开拓市场的新策略。④ 借助数字化技术,最大限度地实现对知识结构、理论概念等的直观化、形象化、生动化表达和传播。例如,会更多地利用到多媒体技术,用形象生动的图表、视频、画面等来说明定理、定律在实践中的实际运用,或是使某些理论知识能够有更生动、更充分的论据展现。⑤ 实现电子教材内容的随时更新。相比之下,传统教科书变化缓慢。新教材经常是在利润最大的情况下才能得到出版和发行。电子教材可以在新教学内容刚一出来就能实现普遍更新。可仅仅更新部分教材内容,而不是全部推倒重来。⑥ 电子教材可使教师根据教学资源调整和构架课程体系。单一的教材架构,并不是对每个课堂都有效的,而让教师拥有更多的权利和灵活性,能充分发挥教师的能力。

归纳之,数字时代的教育出版并不是简单地将纸质教材电子化,也并不是将电子教材包简单地一次发行到用户手中,而是一种"产品＋服务"模式。为了实现上述目标和理念,与电子教材包密切配合的平台也成为产品的一部分,这正是数字内容包这种产品出版的主要特征。

## 8.1.2　电子教材包的阅读终端

电子教材包多含有多媒体内容,因此一般要求有液晶显示屏终端。最常见的是个人电脑,此外,下列终端在电子教材包的发展过程中起着重要作用。

（1）平板电脑

各品牌平板电脑中影响最大的是 iPad,其他还有亚马逊的 Kindle Fire、巴诺的 Nook Color 及我国的联想等。众多厂家进入这一领域意味着平板电脑时代的到来,而这类硬件设备特别适合媒体播放,是可移动的理想的电子教材阅读终端。

（2）上网本

上网本是无线上网设备，具备上网、收发邮件及即时信息（IM）等功能，并可以实现流畅播放流媒体和音乐功能。上网本其实就是一台配置简单的笔记本电脑。正因为配置简单、体积小、重量轻、价格低廉，其更多地被我国用户使用。

（3）智能手机

手机方便性胜过其他终端，且现在手机屏幕越来越大，也就越来越适合学习。另外，HTML5 技术促进网站手机化成为一个趋势，这将给内容平台和用户带来影响。对内容商来说，HTML5 的采用，意味着"每一种手机定制相应程序"成为过去。而这也将方便用户使用手机，从而给数字出版带来机会。

此外，我国电子教育产品如学习机等，也是一种绑定内容产品的移动学习终端，详细内容见后述。至于专用电子书阅读器，也是电子教材的阅读工具。如亚马逊与三家主要教科书出版商——培生集团（Pearson）、圣智学习出版公司（Cengage Learning）和威利高等教育（Wiley Higher Education）达成了合作协议，后三者允许其教科书以电子版的形式在亚马逊的 Kindle Store 销售。虽然专用电子阅读器不能播放多媒体的电子教材，对很多电子教材包来说不是理想的展现平台，但它有利于视力保护。

# 8.2 教育出版数字化发展概况

教育出版的数字化发展实际上反映了数字内容包形态及其出版活动的发展，而以美国为代表的西方各国在发展道路上和我国有较大的差异，以下分述之。

## 8.2.1 美国教材出版数字化发展概述

数字教育出版首先在美国等西方发达国家发展起来。美国电子教材产生的行业背景主要有：① 西方高昂的教材价格。其一，在以美国为代表的西方国家，教材商为推广教材，一般会为教师提供若干免费的资料及服务，这就加大了教材成本，而这些成本最终都要摊在每本教材中，导致教材涨价。其二，教材的涨价导致教材旧书市场形成，而旧书市场更使教材利润摊薄。出版商为了应对旧书市场的威胁，仍不断更新教材版本，更使教材成本增长，形成恶性循环。其三，西方教材出版在一定程度上形成了垄断，而垄断也是导致教材价格高居不下的原因之一。② 对教师来说,纸本教材难以满足个性化教学和定制需要,教材更新也比较慢。虽然出版商不断更新版本,但对教师来说,教材需要更频繁的更新,或插入新内容。纸质教材虽然也有一定的版本更新,但毕竟周期比较长,流程复杂,很难达到教学需求。③ 对学生来说,纸质教材难以满足学生对参考资料和辅助工具的需要。虽然这些资料在传统的出版系统中可以满足,但需要学生另外去购买或者借阅,还是不甚方便。而电子教材则可以采用链接等方式,直接满足学生的这些需求。而且,纸质教材互动性较差,而电子教材则可以帮助学生在在线的条件下达到交流的目的。

当然,电子教材的发展背景还包括:数字阅读逐渐形成氛围、远程教育和在线学习日益成熟和普及、学习模式和习惯的改变等。对于美国电子教材的发展历程,罗伯·雷诺兹将其发展划分成五次发展浪潮①。

第一阶段:实验(2000—2003 年)。这一阶段,美国大型教材出版社都对电子教材持乐观态度,与一批新兴的电子书制作商开展合作,从而形成第一个电子书教材技术发展浪潮。当时的产品格式多样化。但出版商很快发现,电子书教材并没有市场,这些电子书教材最终沦落为成本高昂的营销工具,产生了打开市场的效果,但并没有占领市场。

第二阶段:早期的市场发育(2004—2006 年)。2005 年,出版商总结经验教训,选择了廉价的 PDF 作为电子书教材格式。电子教材在某些学科领域(如外语等)率先突破。这一阶段依旧缺乏行业标准。

第三阶段:繁荣与整合(2007—2008 年)。在第三次浪潮中,出版社将电子书与家庭作业管理解决方案结合在一起,开始捆绑销售教材"解决方案"(solution)。大型教材出版社还联合起来,组建 CourseSmart 平台,以便于提供教育服务。XML 开始崭露头角,首次成为重要的制作技术,然而,行业标准尚未形成。

第四阶段:盈利性与互动式学习。到 2009 年,电子书教材市场才开始变得成熟起来。这次浪潮受到传统大学开展的商业化远程教育的推动,另外,移动技术的普及及电子书和平板电脑的出现,也推动出版社出版更多品种的电子书教材。对于电子书教材产品来说,传统上的要求——在线/线下的、多媒体增效的、与其他技术实现整合的——已经变得不够了,产品设计的重点落在互动式学习和设备上的移动性。

第五阶段:标准的建立与发行体系的分崩离析。第一,电子书教材的 XML

① 美国电子书教材的五次浪潮[EB/OL].[2010-10-07]. http://www.bookdao.com/article/10328/? type=23.

制作技术将会成为一个行业的行业标准。第二,商业化电子书教材制作流程,从原来的"由印刷版到电子书版"向"由电子书版向印刷版"的转变。第三,教材将从单一的、内在连贯的产品,转变为一组可以任意组合的内容资产,既可以拆解,又可以重新组合,方便与其他电子书产品相结合。这次浪潮还包括发行方面的变革,阅读终端转变为平板电脑和智能手机。开放的电子书教材,还具有突出的重要性,电子书教材的互动学习性能,继续得到普及。

上述划分过细,但清楚地反映出了教材数字化发展的轮廓。其中,从第三阶段"繁荣与整合"开始,电子教材逐渐形成了"内容包+平台"模式,"内容包"包括主教材及辅助学习资料和辅助教学资料,而平台的完整功能包括互动、教材更新及重新组合、测试、个性化服务和定制服务等。而教材制作的过程中,XML 成为行业推崇的标准,以适应多载体的阅读。纸质教材的重要性逐渐减退。

### 8.2.2　我国电子教材包发展概况

在我国,电子教材包发展主要以电子教育产品(electronic learning products,简称 ELP)的发展为主线。我国教育电子行业的发展起源于 20 世纪 80 年代,经历了从单一功能到复合功能的发展历程。[①]

(1)单一功能阶段

电子教育产品最早是从电子词典开始发展的。电子词典也称电子辞典,早期由台湾和香港的企业传入大陆。1989 年,全球首部中英文电子辞典"快译通"EC1000(香港)在香港问世,随后进入内地市场销售。电子辞典由于使用便捷,一直是学生不可缺少的英语学习工具,其一直保持着相当稳定的市场份额,多年来,快译通、好易通和文曲星始终占据着主导地位。[②]

随着电子辞典功能的演化,PDA(personal digital assistant,掌上电脑)产生,它是辅助个人工作的数字工具,其功能综合化,远较电子辞典复杂,它为电子教育产品的后续发展开辟了良好的产品平台。

在电子教育产品的发展过程中,我国还出现了复读机,复读机主要用于语言学习,针对性强。但复读机只有听没有读,功能单一。

---

① ELP 的前世今生[EB/OL].[2009-03-25]. http://www.bokee.net/company/note_view Note/72070.html.

② ELP 的前世今生　ELP 不会重蹈 PDA 覆辙[EB/OL].[2008-11-11]. http://info.edu.hc360.com/2008/11/111035157613.shtml.

（2）复合功能阶段

随着数码技术的进步，具有复合功能的学习机诞生了。其内置课堂同步辅导材料、全真题库、多国语言辅助学习工具、标准专业词典等，并兼具个人信息管理功能。因它能满足消费者全方位的学习需求，学习机品牌在电子教育产品市场上迅速蹿红。随着产业的发展，2008 年，电子教育产品市场上又出现了学生电脑，它采用 7～9 寸液晶显示屏及标准键盘，但其实质内容还是学习机的内容，包括全面整合电子词典功能，全科教材同步更新，中考、高考名师辅导等。总的来说，学习机市场针对的是 15 岁以下的学生。

复合功能的电子教育产品市场在 2004 年、2005 年实现了爆发式的增长，市场规模迅速膨胀到接近 100 亿元。但是在 2006 年，市场上出现了严重的产品同质化现象，年末市场开始下滑。2007 年大陆电子教育产品市场呈现明显的调整姿态。2008 年，针对低龄儿童或学龄前儿童的点读机市场异军突起。[①]

电子书包诞生的历程与电子纸阅读器类似。1999 年，新加坡政府在一所名为德明的中学内实施了 163 个电子书包。此后马来西亚教育部在 2001 年，在吉隆坡及周边地区的 200 所中小学试验推广电子书包。我国政府在"十二五"期间（2011—2015 年），教育信息化的核心目标是建设"三通两平台"，其中电子书包正是优质资源班班通、网络学习空间人人通的实践样板。在我国实践方面，第一批实施的电子书包在北京、上海等 4 个城市试用。另外，香港与台湾地区也在随后几年内实施了电子书包的试用、推广计划。以上电子书包的硬件平台，初期基本上是基于 PDA 平台的，香港与台湾地区实施的电子书包，以平板电脑为主，但是，以上电子书包的推广都以失败告终。2009 年 7 月，由出版单位牵头的电子书包项目在全国数字出版会议上亮相。7 月下旬，汉王科技与英特尔联合推出的"汉王电纸书"诞生。[②] 2012 年，号称"国内最专业的数字教育整体解决方案供应商"的天闻数媒科技（北京）有限公司（简称天闻数媒）开始推广其电子书包产品，到 2013 年其已拿到上海、厦门等地 209 所学校电子书包试点的订单。诺亚舟"优学派"电子书包也在成都、青岛、深圳等地渐次开花。[③]

总结我国电子教育产品的发展，可以归纳出下列特点：① 内容主要包括教材教辅内容、测试及学习工具等，是典型的如前文所称"电子教材内容包"。

① 中国教育电子发展现状，规模达数十亿元［EB/OL］.［2012-01-31］. http://www. suborchina. com/Article/zhongguojiaoyudianzi_1. html.

② 电子书包的现状与发展中面临的问题［EB/OL］.［2011-06-02］. http://www. 360doc. com/content/11/0602/17/13372_121241305. shtml.

③ 天闻数媒科技有限公司  http://www. twsm. com. cn/Home/Index/tw_xw_xwx9/id/430/cate_id/70/pid/41. html.

② 硬件与内容绑定销售。无论是好记星、诺亚舟,还是其他电子教育产品都有自己的学习终端,都使用自己开发内容产品的格式。③ 平台功能单一。各种品牌的电子教育产品都有内容下载平台,承担内容产品下载的任务,功能单一。

另外,在高等教育方面,我国高等教育出版社比较早地在"立体化"教材出版上付出了努力。高等教育出版社实现立体化数字出版的探索过程,不仅在于搭建成熟有效的出版社信息化 ERP(enterprise resources planning)平台,更在于对内容生产平台的建设和网络教学平台的发展上。基于同一标准的数字化资源数据库的积累,是发展网络平台和跨媒体复合出版系统的基础。高等教育出版社已在过去的 10 多年中大致完成数据库的建设。在这个基础上,高等教育出版社搭建"高等教育出版社立体化教学网"[①],其中 4A,即 Anyone, Anytime, Anywhere, Anything。该平台教学中动态形成电子教材、网络课程、资源库等,或部分课程,提供立体化教学包。一般购买纸质教材,即可通过主教材所附赠的学习卡,获得登录高等教育出版社立体化教材网的密码和口令,免费享用丰富的资源。网上还有课件等资源可供任何读者随时免费下载。

# 8.3　电子教材包出版原理分析

## 8.3.1　电子教材包"一体多翼"的制作方式

国内外都有"一体双翼"(one body, two wings)的说法,就电子教材包来说,应为"一体多翼"(one main body, many wings),笔者认为这其中包含两层含义。

第一,电子教材包的结构是"一体多翼",即"主教材+多元的辅导资料"。国内称这种教材为立体化教材(也有学者称之为"一体化教材"或"多元化教材"),其目的是通过提供多种教学资源,将教材立体化,以最大限度地满足教师教学需要和学生学习需要。它不仅包括纸质的教材教辅,还包括数字化的电子教案、教学课件、网络课程等,从而实现教材、教师参考书、学生指导书等不同内容出版物的横向立体化配套,以及纸质、音像、电子、网络等多种媒体出版物的纵向立体化

---

① 高等教育出版社立体化教学网官网　http://4a.hep.com.cn/.

配套①。图 8-1 是北京师范大学现代教育技术研究所的余胜泉提出的立体化教材结构图。从图 8-1 中可以看出,这种教材包是一种"复合出版"模式,这就是"一体多翼"的第二层含义,即跨媒体的、多目的出版,包括纸媒体、网络媒体、移动媒体等方式出版发布,以满足不同用户的需要。

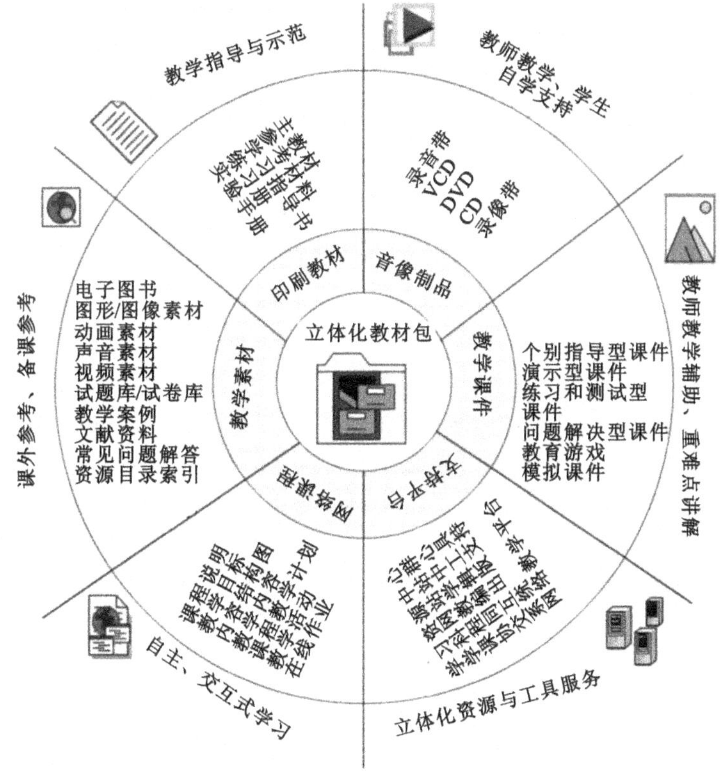

**图 8-1 立体化教材结构②**

无论是立体化出版、复合出版,还是跨媒体出版都是基于一个共同的技术基础——XML 技术。最早出现的是双轨出版系统,它采用 XML 语言编写内容,以 XSL 方式设计输出样式,将 XML 语言处理结果进行排版印刷处理。同一文件可产生两种产品,而且先有数字版,后有印刷版。③随着复合出版技术的不断进步,精选的内容经一次编辑加工后,就可根据需要以不同的载体格式、不同的媒体形式在多媒体的终端(包括手机)上自动按适当的格式和版式展现给读者。

---

① 禹天安.应对网络出版新对策——构建立体化教育出版体系[J].印刷技术,2007(4):29-30.

② 资料来源:北京师范大学现代教育技术研究所的余胜泉《立体化教材》PPT。

③ 左健,孙辉.复合出版与传统出版社数字化转型[J].中国出版,2010(8):44-48.

实现此意义上的立体化出版,达到了同一内容经过结构化加工,然后分层次归类储存的目的,其最终价值在于出版资源在一次制作后能够在多种媒体上同时发布,即实现多样化表达、多媒体发布。例如,工具书《大不列颠百科全书》经过XML 技术的结构化处理后可实现:① 生成多种不同版式的排版文件,这样就方便日后以各种版本、开本或版式印刷输出,可以是精装版,可以是便携本,也可以是插图版等。② 生成含有图片、音频、视频格式的数字版,这种数据格式就可以成为网络版或单机发布版的电子书。③ 生成适合于各种移动设备如手机等的格式。④ 截取其中的部分内容,再结合其他门类或科目的内容知识(如英语词汇等),这样就可以根据不同读者的不同要求,以不同的内容版本打包发行。

国外培生集团和麦格劳·希尔(McGraw-Hill,简称 MHE)集团等,以及我国的高等教育出版社等都进行了立体化教材的探索。MHE 的基本做法是,在编校时放弃 Word 软件,采用模板下的编辑器;然后外包给技术公司生成 XML;最后,从 XML 格式转换成 EPUB、PDF 等格式,以便于多渠道发行和多渠道传播。编辑阶段的早期采用 XML 格式,可以极大地节约成本,降低前一环节遗留下来的质量问题,而且对于后来的多渠道发行非常有利。但目前,我国很多出版社都还是围绕着传统出版流程考虑数字化问题,以出版纸书为主,在生成印刷版排版文件流程后才开始考虑数字化问题。而我国的排版文件多是采用北大方正系统,从这种格式转换成 XML 格式的成本很高,这就使得格式转换问题变得复杂。因此,MHE 的做法对我们确实有很大的启发作用。

### 8.3.2 电子教材包的支持平台

电子教材包需要网络支持平台。教育出版数字化发展的目的之一在于更好地满足课程学习的需要,而仅仅提供教材包,难以满足教学和学习的需要,因此支持平台成了数字教育产品的一部分。支持平台一般有以下几种类型:

① 课程学习平台。如培生集团为各门课程搭建的 MyLab & Mastering 平台。[①] 它领先于在线学习产品,可提供定制化和个性化学习途径、快速学习工具和实时评估。

② 教育技术商提供的网络教学平台。如美国的 Blackboard,它是网络教学管理系统,同时是教师教学平台和学生学习平台。Blackboard 在内容组织上采用文件夹和子文件夹形式,层次清晰。教师可导入数字教材,学生可以选择性购买。

---

① 参见 http://pearsonmylabandmastering.com.

③ 在线学习平台。如我国的高等教育出版社打造的"数字化教学资源体验中心"。其数字化资源尚难以独立盈利,平台的目的主要是配合纸质教材的销售。

④ 内容资源下载平台。如我国电子教育产品商家搭建的教材相关资源下载平台。

上述四种平台中,前两种是典型的电子教材包的支持平台。第三种是在线教育平台,电子教材包在产品中充当配角。第四种仅仅提供下载服务,而缺乏互动等功能。应该说,我国电子教育产品本身并不是一种先进的电子教材包出版模式。

### 8.3.3 电子教材包产业链

电子教材包产业链由专家创造群体、传统出版商、技术服务商、支持平台商、移动运营商、终端商和用户组成。如图 8-2 所示。

图 8-2 电子教材包产业链

① 专家创造群体。专家创造群体的任务主要是编写教材及相关学习资料。② 传统出版商。在电子教材包产业链中,由于教材出版的特殊性,基本上只有传统出版商才有资质提供内容,其教材编写队伍由传统出版商出面组织。③ 技术服务商。在数字教育出版生态系统中,技术服务商不可或缺。即使是上文提到的国外教育出版巨商,在技术上也是外包给服务商。教材数字化加工工作主要包括解决格式问题,以及制作增强型教材教辅,以多媒体形式展现电子教材内容。④ 支持平台商。支持平台的功能主要是提供教师和学生管理服务、互动服务、个性化及定制化服务、测试及声频视频服务等。另外,支持平台还将实现发行功能,从这个意义上讲,支持平台也是发行平台。教师注册支持平台后,可以在支持平台上推荐教材及其相关材料,学生注册支持平台后,可以灵活购买,甚至按章购买及按页购买。支持平台商可以是产业链中的传统出版商、移动运营商、终端商等,也可以是第三方,如 Blackboard 的生产商家为教育技术商。⑤ 移动运营商。移动运营商在产业链中本来只应起到"物流"的作用,但中国移动等大公司已介入电子书包产业链,搭建支持平台,进军教育出版行业。⑥ 终端商。

终端商包括 8.1.2 节中所述所有商家。与移动运营商一样,终端商也涉足教育出版。⑦ 用户。用户包括教师和学生。虽然产业链中收入主要来自学生购买教材,但教师是学生购买教材的主要推荐者。

另外,教育政策、教育行政机构在电子教材包产业链中起着至关重要的作用。尤其是在教材载体从纸质走向电子化载体的今天,"是否试点、采用和推广"等问题,都是教育行政机构无数次会议商议的结果。此外,家长虽然不直接使用产品,但家长对电子教材包的推广也起着巨大的作用。

### 8.3.4　电子教材包出版的运营模式

常见的电子教材包出版的运营模式有四种,即"产品＋平台"模式、"产品＋第三方平台"模式、"产品＋硬件"模式,以及"产品＋平台＋硬件"模式。其中产品是指电子教材包,而四种模式中的服务平台的作用和功能大小则有所不同。

#### 8.3.4.1　"产品＋平台"模式及其案例

"产品＋平台"模式是指电子教材包的生产商家搭建平台,将二者一同提供给用户。这种模式准确地说是一种"课程服务模式",国外一般称为"课程学习解决方案"。实际上商家提供的是一种在线教育平台,它是一套完整的网络化教学体系,包括在线课堂教学、教学互动、课下辅助系统、课后成绩测评等一系列教学环节;它是一种师生相长的教学活动。当这种教学方式达到较为完善的程度之后,它从某种意义上说就可以相当于同等存在的实体教学机构,能将教学资源、教学管理等融为一体。由于传统出版商很大程度上掌控了教材的生产,故这种模式由传统出版商牵头。国外教育出版巨头培生集团生产的 MyLab 就是领先的"产品＋平台"模式产品。培生集团在数字化转型过程中,适时发展在线教育培训服务,向用户提供教学和学习解决方案,打造多样化、全方位的需求配套产品,为打破传统出版社狭隘的"数字"瓶颈做了切实、有效的尝试。

(1) 培生集团 MyLab 案例①②③

培生集团(Pearson Public Limited Company,简称 Pearson PLC)是国际出版界的巨头,在教育、商业信息、消费出版等方面,处于国际领先地位。培生集团

---

① 培生集团(Pearson PLC)简介[EB/OL]. [2009-04-21]. http://edu. qq. com/a/20090421/000148. htm.

② 培生集团官网　http://www. pearson. com/.

③ 培生教育集团:培训出版助推数字化产品入华[EB/OL]. [2010-09-06]. http://www. bookdao. com/article/9302.

由三个集团架构而成:培生教育集团(Pearson Education Group)、金融时报集团
(Financial Times Group)、企鹅出版集团(Penguin Group)。2013 年 7 月,培生
下属的企鹅和兰登书屋合并,形成企鹅兰登书屋。三足鼎立中,教育出版为重。
1998 年 5 月,培生集团斥资 46 亿美元购买了西蒙·舒斯特出版社教育出版部、
参考书出版部、商业及专业类图书出版部。培生集团只保留了教育出版部,而将
其他部分出售。年底将西蒙与舒斯特出版社的教育出版部与艾迪逊·维斯利·
朗文集团合并成立了培生教育公司,从而成为世界上最大的教育出版商。

　　培生教育集团在学前及中小学教育、高等教育、专业及职业教育、英语教学
(ELT)等教材出版领域,占有主导地位,如图 8-3 所示。从学龄前幼儿园一直到
博士后,一个人一生的学习用培生的教材就足够了。培生教育集团还为满足各
国市场需求而出版本土教材。培生教育集团也是领先的教育技术和测评测试服
务机构。

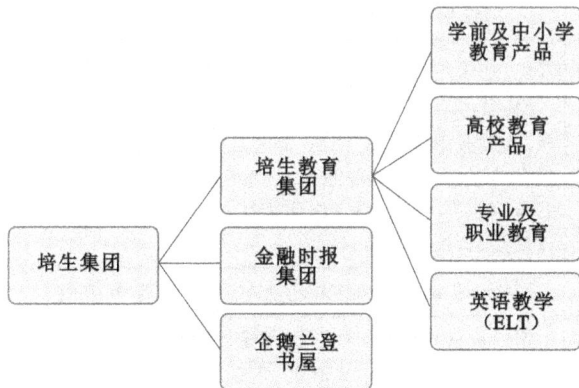

图 8-3　培生集团组织机构及教育产品结构图

　　早在 2007 年,培生教育集团已经开发了家庭作业在线及评估体系 MyLab,
并扩大到高校 22 个新学科领域。其推出的商业图书《公司财务》(*Corporate
Finance*)与金融学在线产品 MyFinanceLab 一起使用,以及历史类新书《世界
史》(*The World of History*)与 MyHistoryLab 配套使用,大大提升了培生教育
集团在英美相关学科教材市场的所占份额,使 2007 年培生教育集团的盈利增长
9%。[①] MyLab 现已在世界各地 160 多个国家应用,覆盖高等教育中最常见的
40 门课程。全世界超过 23 万学生使用这些课程。

　　MyLab 是培生教育集团最畅销的革命性在线数字课程学习方案,可提供定

---

　　①　从国外传媒巨头 07 年报管窥欧美书业[EB/OL].[2011-07-13].http://www.ttrnet.com/main/
newsdetail.cfm? iCntno=1941.

制化和个性化学习途径、快速学习工具和实时评估。学生通过 MyLab,能使学习更加有效,而教师通过 MyLab 能及时追踪学生的学习情况,做到有针对性教学。

　　MyMathLab(数学课程)是典型的 MyLab 项目,自 2001 年以来已经成功帮助过 1900 所高校的 900 万学生。教师使用 MyMathLab 提供的课程管理工具,方便自己的教学,需要同意 MyMathLab 的使用许可协议,并向培生工作组咨询教师专用的访问码。培生工作组会在最短的时间内处理请求,批准后会将访问码等重要信息发送到教师的邮箱。学生登录 MyMathLab 进行课程学习时,必须拥有有效的邮箱地址、课程编号、学生访问号(student access code)或者有效的证件(valid credit card)号。[①] MyMathLab 在线学习平台能让学生主动学习,并适应每个学生的学习风格,教师能定制 MyMathLab,以更好地满足学生的需要。该平台的系列产品如表 8-1 所示。

表 8-1　　　　　　　　**培生教育集团的 MyMathLab 系列产品**

| 产品 | 功能 |
| --- | --- |
| MyMathLab | MyMathLab 是针对培生数学教材开发的可定制的在线课程学习平台;为教师和学生提供所需的工具和课程资源,以及在线家庭作业、测验和考试等。其作业系统是交互式的;更提供视频讲座、增强版电子图书等多媒体学习资料;在线成绩单自动跟踪学生学习结果,并为教师计算最后成绩 |
| MyStatLab | MyStatLab(统计课程)功能与 MyMathLab 类似 |
| MyLabsPlus | MyLabsPlus 是一个动态的网上教学和学习系统,教师和学生可以访问培生公司丰富的、包括互动和评估等多种工具的学习套餐;此外,MyLabsPlus 旨在为大规模使用培生 MyLab 产品的用户提供先进的管理和报告工具 |
| MathXL | MathXL 是培生数学和统计教材设计的在线家庭作业、家庭辅导及评估系统。通过使用 MathXL,教师可以创建、编辑、布置在线家庭作业,并依靠算法产生与目标教材水平相当的测试;学生在 MathXL 的在线成绩单将被跟踪。学生能选择测试的章节,接受基于测试结果的个性化学习计划 |
| MathXL for School | 中学版 MathXL 是为初中和高中的培生数学与统计教科书设计的在线家庭作业、家庭辅导及评估系统。通过使用中学版 MathXL,教师可以创建、编辑、布置在线家庭作业。与教科书相关的练习题和复习题由算法产生。学生在 MathXL 在线成绩单将被跟踪 |

---

　　① 吴永和,姜鑫,于洁. MyMathLab 与 Sakai、Moodle 的比较研究[J]. 中国电化教育,2011(10):132-136.

续表

| 产品 | 功能 |
|---|---|
| MyMathTest | 教师使用 MyMathTest 可以评估学生的数学能力,准确地为他们选择恰当的课程;学校使用 MyMathTest 创造短期进修课程,帮助学生快速提高数学技能。学生利用 MyMathTest 进行练习和考试或参加短期进修课程,以提高其数学技能 |
| StatCrunch | StatCrunch 是一个在线的统计软件包,可利用它进行复杂的分析 |
| MathXL 教程光盘 | 每本书的 CD-ROM 提供所有 MathXL 算法生成的离线练习 |

培生教育集团每年在全球范围内投资在技术和研发上的费用大约是 5 亿美元,占培生教育集团全年总投入的 8% 左右。培生教育集团亚太区总裁 Dugie Cameron 指出:技术使得教育历来面临的铁三角难题(质量、成本和受教育的机会三方面难以兼顾)得以解决。以往,如果要改变这个三角中的任何一边,另外两边都会跟着变:若想降低教育成本,就会牺牲教育质量,受教育的人群和产品被使用的机会减少;若想提高教育质量,成本又会攀升,因此要想兼顾教育的质量、成本和受教育的机会是不可能的,但技术使得不可能变成了可能。以前有些做不到的事情,比如在一些偏远地区的儿童,可能他过去学习的成本很高,很难接受到好的师资教育,但现在可以通过远程教学来听到其他地方优秀教师的授课。还有一些接受英语语言培训的儿童,可以通过网络结识全国范围内学习英语的学生。此外,有一些家庭困难的孩子可能很早就辍学出来打工,现在借助高科技的力量,他们可以在下班回家后通过在线的学习方式来继续学业,从而增加了他们受教育的机会。培生教育集团无论是在高等教育、基础教育领域,还是语言培训学校领域,都十分重视对技术的投入。在教师培训方面,培生也做了很大的科技投入,如对教师进行在线培训,来提高教师的素质和教学水平。[①] 这些都成为培生教育集团发展数字出版的经验。

在美国软件与信息产业协会年度大会上,培生教育集团的 MyMathLab 及 eCollege、PowerSchool 等 13 项级高等教育及中小学在线教学产品,都被提名美国最佳教育软件。2009 年度培生教育集团的年度财报显示,该集团数字化的收入已占整个集团的 31%。由于培生教育集团成功地将学生信息、评价、授课和成绩整合成一体化的学习环境,因此,这些在线产品及平台的使用人数和市场占有率都飞速增长。

培生教育集团模式的特色可归纳如下:① 提供整体解决方案和考试测评服

---

① 培生教育集团:培训出版助推数字化产品入华[EB/OL].[2010-09-06]. http://www.bookdao. com/article/9302.

务,并着力打造支持平台,强调整体解决方案。其课程服务从教材学习出发,却不仅仅是提供教材。而目前大部分出版集团的做法是:只要购买出版社出版的图书就免费提供网上服务。但培生教育集团认为这样做会让客户怀疑这些数字化产品没有什么价值。因此,培生教育集团在不同的市场针对不同的产品有多种不同的收费模式,其中一种是把数字产品和印刷产品捆绑在一起销售,在印刷产品的原有价格上提高一定的百分比,让客户多花一点钱享受到比购买纯纸质产品更多的增值服务。② 强调产品质量及资源整合。从 MyMathLab 系列产品表中可以看出,仅这个产品,培生教育集团就整合了多方资源,并利用多年从事教育的经验,为教师和学生提供了优质的课程学习方案。③ 强调个性化学习服务。学生学习测试被及时跟踪,针对不同的测试结果,教师可针对性教学,学生可个性化学习。

(2) 国内"产品＋平台"模式相关实践活动

目前国内这方面的实践活动已经展开,表 8-2 列举了我国部分教材出版社推出的在线教育服务平台。

表 8-2　　　　　　国内部分教材出版社推出的在线教育服务平台

| 出版社 | 在线教育服务平台 | 内容产品 | 用户 |
| --- | --- | --- | --- |
| 人民教育出版社 | 人教学习网<br>http://www.gopep.cn | 针对学生:网络电子课本、特级教师同步辅导、中高考好帮手、名师指导拓展学习;<br>针对教师:课件资源,教学研究平台<br>针对家长:以多种形式就家长关心的、与孩子全面发展相关的话题进行视频解答和在线探讨 | 小学生、初高中学生、教师及家长 |
| 江西教育出版社 | 我乐学习网<br>http://www.ooloo.com.cn/ | 名师教案、中考高考辅导、在线测试、作文天地、同步指导、题库、学习资料下载等 | 中小学生及教师 |
| 安徽出版集团 | 时代教育在线<br>http://www.timeep.com | 视频讲座、在线同步辅导、教学资源下载、职业考试专栏等 | 中小学生及职业考试 |
| 高等教育出版社 | 数字化教学资源体验中心<br>http://html.hep.com.cn/digital/ | 题库、学习系统、教学系统、课件、视频教学资源等 | 大学生和职教学生 |
| 清华大学出版社 | 《新时代交互英语》<br>在线学习网<br>http://www.neie.edu.cn/ | "视听说"和"读写译"网络课程;<br>测试系统:为新生进行英语实际水平级测试,并为制订个人学习方案提出建议;<br>学习资源库:为培养学生扩大学习范围,提供基本的学习援助而设计;<br>网络平台服务:学籍管理、教学管理、教学评估、信息查询、网上提交与批改作业和信息反馈 | 高校非英语专业大学生 |

　　国内大多数在线教育服务平台主要依靠出售传统纸质教材盈利,而平台只是配合印本提供教育服务。高等教育出版社的"数字化教学资源体验中心"资源丰富,清华大学出版社的"《新时代交互英语》在线学习网"功能比较全面,与培生集团的 MyLab 功能相对接近,在教材数字化道路上更向前迈进了一步。但总体来说,我国"产品＋平台"模式远不及培生集团成熟。

### 8.3.4.2 "产品＋第三方平台"模式

　　"产品＋第三方平台"模式与其他三种模式相比,又可以简称为"产品模式"。出版商在其中的作用主要是尽力生产出高质量的电子教材包,并利用第三方平台推广及销售,自身不打造平台。培生集团的 MyLab 模式虽然得到肯定,但对大多数课程来说,开发电子教材包及平台成本高,而一旦课程注册人数不足,则很难收回成本。而就其他规模较小的课程来说,教师和学生对电子教材包的需求依然存在,针对这种情况,产生了"产品＋第三方平台"模式。

　　所谓第三方平台,是指由教育技术公司开发的在线教学管理系统。早在20 世纪末,美国致力于发展远程教学,以实现高等教育的大众化、开放性和终身学习为宗旨。远程教育对技术的依赖性为 IT 公司提供了机会,它们着力于提供课程管理软件。美国的 Blackboard 公司开发的课程管理系统 Blackboard 就是其中之一。Blackboard 由 Blackboard 教学管理平台、Blackboard 门户社区平台、Blackboard 资源管理平台三部分构成,在功能上支持多种类型文件的导入、导出,具备强大的交流功能、完善的测验功能及定期的统计功能(主要是对学生成绩的统计)等,从而形成一个互联互动的网络学习环境。利用 Blackboard,教师能够在网络上主持整个一门课程,包括在 Blackboard 上提供学习资料、课堂讨论和在线测验。

　　由于 Blackboard 功能全面,美国高校纷纷采用。很多高校会购买 Blackboard 或类似的系统,已注册的学生都可登录这个系统,这就为教育内容提供商们提供了一个良好的平台分销电子教材。当教师将教材"张贴"于 Blackboard 之上时,学生可以选择性购买。而教师往往可以提供多份教材,在使用时,可以灵活"拼装"教材,也可以链接其他参考资料。Blackboard 满足教学的灵活性和互动性需求,并且在这种模式之下,产业链上各方可以专注于自身特长,提供高质量产品。就出版业来说,并不是每一个公司都具备开发平台的实力,第三方平台的采用,为小众教材和中小教育出版商提供了机会。

　　目前国际上比较流行的网络教学平台除 Blackboard 外,还有 WebCT、Angel、LearningSpace、Moodle、Sakai、Atutor、eCollege、Eledge、Virtual-U 等多种,我国亦生产有清华教育在线、科建脉望网络学习平台、南京易学的天空教室和北京网梯多媒体网络教学系统等。WebCT 由英属哥伦比亚大学计算机科学系开发,与 Blackboard 共同占有很高的市场份额,它们都支持百万级用户,为教师和学生提供了强大而全面的授课、管理和交流工具,目前国内少数高校已经引进这两种系统。

### 8.3.4.3 "产品＋硬件"模式

我国是采用"产品＋硬件"模式的主要国家,该模式又称作"电子教育产品模式"。电子教育产品是指在便携式的电子阅读终端内嵌入电子教材包,辅助消费者进行学习的电子设备。电子教育产品是组合概念的产品,其阅读终端是专用的,与内容捆绑在一起,成为不可分割的整体产品。电子教育产品包含点读机、学习机、学生电脑等。电子书包也是电子教育产品的一种,不过电子书包功能十分强大,定位于纸质教材的替代品,与定位于教育辅助产品的其他电子教育产品不同。

我国电子教育产品的主要厂家是好记星、步步高、诺亚舟、文曲星和快译通等。这类厂家基本采用一种运营模式,即在产业链上游获得传统教材出版社的授权(如人民教育出版社),然后进行多媒体加工,并进行数字版权加密。为加强数字版权管理,厂家一般开发自有的数字出版物格式;厂家还进行阅读终端的研发,并将阅读终端与数字出版物捆绑在一起。用户在购买了阅读终端后,可在厂家官网的下载平台上下载选定的内容,通过 USB 接口复制至阅读终端,然后使用。

电子教育产品采用购买阅读终端而赠送数字出版物,并向上游传统教材出版社缴纳一定的版权使用费的盈利模式。除最上游外,产业链各个环节全部包含在公司内部,厂家通过对传统教材进行多媒体加工、阅读终端分销、下载平台服务等实现产品增值并获利。

（1）电子教育产品的主要类型

电子教育产品主要有点读机/点读笔、电子词典、学习机、学生电脑四大类型。表 8-3 反映电子教育产品的主要类型。

表 8-3 　　　　　　　　　　　　**电子教育产品的主要类型**

| 产品类目 | 国内主要品牌 | 特色功能 | 目标客户 | 资源发布平台 |
|---|---|---|---|---|
| 点读机/点读笔 | 诺亚舟、爱学宝、万虹、纽曼、易读宝、步步高、诺亚舟、好记星、读书郎、爱学宝、小霸王、北大青鸟、文曲星等品牌较为有名 | 通过电磁感应定位系统与无线传感点击技术等科技手段,将文字化的书本教材变成能按学习需要任意发声的有声教材 | 低龄儿童 | 销售网点 |

续表

| 产品类目 | 国内主要品牌 | 特色功能 | 目标客户 | 资源发布平台 |
|---|---|---|---|---|
| 电子词典 | 步步高、诺亚舟、好记星、读书郎、小霸王、启雅、万虹、纽曼、名人、快易典、卡西欧、爱国者、文曲星、方正文房、万利达。常见品牌15个 | 英语词典应用,多国外语学习应用 | 外语学习者 | 网络下载 |
| 学习机 | 诺亚舟、步步高、好记星、读书郎、爱学宝等品牌较为有名 | 具有课堂同步辅导 | 中小学生和自学者 | 网络下载 |
| 学生电脑 | 诺亚舟等品牌 | 与笔记本电脑的外观相似,但学生电脑系统是厂家自主研发的、比较低端的系统,功能类似学习机 | 中学生 | 网络下载 |

表 8-3 中点读机/点读笔是早教产品,针对低龄儿童。电子词典是一种将传统的印刷词典转成数码方式、进行快速查询的数字学习工具。主要有五大板块功能,分别为:辞典查询学习功能、电子记事功能、计算功能、参考资料功能及数据传输功能。学习机较其他移动终端更注重学习资源和教学策略的应用。从2005 年下半年开始,课堂同步辅导、全科辅学功能、多国语言学习、标准专业词典及内存自由扩充等功能已开始成为学习机的主流竞争手段,越来越多的学习机产品全面兼容网络学习、情境学习、随身外教、单词联想记忆、同步教材讲解、互动全真题库、权威词典、在线图书馆等多种模式,以及大内存和 SD/MMC 卡内存自由扩充功能。学生电脑是为中学生设计的专业化学习工具,在硬件上类似于笔记本电脑,在内容资源上比学习机更为丰富,是学习机的加强产品。

(2)电子教育产品模式的特点

① 属于硬件绑定内容模式,支持平台功能很弱小。该模式的产生与我国的国情有关,一则我国的考试制度促成学校教育以考试为中心。而学习机等的内容多以中小学考试为目标,也就不需要像"课程服务模式"和"产品模式"中那样要求内容的灵活性等,因此支持平台功能弱小,仅仅提供下载即可。二则我国有一个特殊的礼品市场,硬件绑定内容适合送礼。② 出版业在这种模式中话语权弱小。学习机等电子教育产品虽然和上游签约使用教材版权,但盗版等活动无不存在。由于这种产品只是学习的辅助产品,并不影响传统教材的销售,故我国出版业也不甚追究。③ 缺乏互动、沟通管理及学生管理等功能,而这些功能正是教材数字化的动因。总的来看,笔者认为电子教育产品如学习机等是一种过

渡性产品,模式上也并不具备先进性。

### 8.3.4.4 "产品＋平台＋硬件"模式

"产品＋平台＋硬件"模式又可称作"电子书包模式"。电子书包(electronic schoolbag)是一个组合产品,它包含三个方面的内容:其一,阅读终端。电子书包外形多如笔记本电脑式或平板电脑式,具有读写功能。其二,在内容上电子书包提供丰富的数字化教育资源(如涵盖了高中三年全套最新人民教育出版社出版教材的全部知识点和测试题库等)。其三,提供网络支持平台。这个平台为学生提供数字资源并对学生进行管理,促进家庭和学校、学生和老师、学生和学生之间的沟通。与学习机等电子教育产品相比,电子书包是一款致力于加强我国教育信息化、提高家庭和学校配合效率的产品,目前瞄准的主要消费者是中小学学生。电子书包不但是一个真正的"书包",而且是一个数字化的课堂,它代表着电子教育产品的发展方向。

电子书包是纸质教材的替代产品。来自教育部的统计数据显示,我国在校生达 3.2 亿人,平均每个学生的课本为 20 本,每学期总印数将超过 60 亿册,每学年达到 120 亿册,而学生所用的作业本是课本的数倍,每学期每门课按 6 本计算,将达到 240 亿册,课本和作业本加起来将达到 360 亿册,其总价值超过 1000 亿元。这意味着,电子书包取代传统书包,至少有 1000 亿的大市场。[①] 姑且不论 1000 亿市场数据是否准确,但电子书包潜在市场相当可观是毫无疑问的。而且,电子书包如果真正替代了纸本教材,则对环保意义重大。

### (1) 我国电子书包实践活动

我国已经对电子书包进行了一些尝试。2010 年 11 月 8 日,中国电信上海公司与上海市虹口区教育局、英特尔(中国)公司和微创公司签订共建"基础教育电子书包"项目协议,首期覆盖 8 所幼儿园和中小学校,涵盖 760 余名学生。该电子书包是以学生为主体,基于网络学习资源,以 PC/智能手机/Pad 等终端为载体,覆盖备课、上课、辅导、测试和作业五大环节的教育系统平台。上海市虹口区目前已初步建设了电子书包的网络、内容和终端服务平台,并规划了电子书包的云平台及数字内容资源蓝图。除网络外,优质的内容资源和终端选择对于电子书包的推广至关重要。2011 年,包括 20 家数字资源供应商在内的虹口区电子书包产业联盟正式成立,这些供应商将为电子书包提供丰富的数字化教育资源。同时,在终端方面,专家预计未来电子书包终端的价格有望降至 2000 元以下。中国电信上海公司在现阶段确立了项目定制型和平台租用型两种推广模

---

① 电子书包谁主沉浮 1000 亿商机归何处[EB/OL]. [2010-07-20]. http://tech.sina.com.cn/b/2010-07-20/11321425951.shtml.

式。项目定制型适用于信息化建设较好且资金预算较多的学校,由其自身投入系统设备、系统软件及数据库费用和定制开发费用,而中国电信上海公司则为其量身定制解决方案。平台租用型适用于资金预算不多,不希望投入额外人力成本的学校,由中国电信上海公司承担建设标准版电子书包系统软硬件及维护成本,通过账号隔离方式,多个学校共用一个通用平台。①

广东也进行了电子书包试点。2011 年,广东佛山三中(高中部)等四所佛山市禅城区"智慧校园"示范学校采购了 597 个电子书包供学生使用,电子书包的费用将全部由政府"埋单"。该批电子书包为教育部门联手佛山科学技术学院及一家科技公司开发,其功能强大。电子书包通过触摸实现滑屏、锁屏和自动翻页功能;自带 WiFi 无线上网,支持 3G 网络,播放方便,学习时可随时上网利用电子教育资源;学生在课堂上通过电子书包阅读教材,教材的翻页由教师集中控制,实现同步教学;该电子书包还拥有电子笔记功能,学生可通过电子书包把教师讲的重点和要点记录下来;而教师和学生之间也可以实现互动练习,在教师端发送练习题给学生,学生在接收后,可以答题并回送答案。电子书包及时把学生的学习状况,练习、作业的答题记录,考试成绩等进行自动统计并上传,进行智能跟踪及评价。②

在市场上,已经有多款电子书包产品问世。不过这些电子书包产品并未获教育部门推广,也没有教育部门的信息化平台支持,功能不尽健全,严格意义上讲,是向电子书包过渡的产品。但不排除其中会产生成熟产品,最终被教育机构引进。表 8-4 是网络上常见的电子书包产品。

表 8-4　　　　　　　　　　　国内主要电子书包一览表

| 产品及发布时间 | 商家 | 主要功能及资源发布平台 |
| --- | --- | --- |
| 盈动电子书包③<br>2010 年 7 月发布 | 盈动锐智(北京)<br>国际科技有限公司 | 主要针对初中、高中教育。提供数字化教育资源、名师讲解和辅导,以及家校沟通服务 |
| 汉王电子书包<br>2009 年 4 月发布 | 汉王科技<br>(联手英特尔) | 内置学习软件,具有触摸和手写功能;整合了丰富的学习资源和优秀的学习软件,配合名师讲解和辅导及名校题库 |

---

① 上海虹口八所学校试点电子书包[EB/OL].[2011-06-01]. http://info. edu. hc360. com/2011/06/011030385201-2. shtml.

② 电子书包将很快走进佛山校园[EB/OL].[2011-07-28]. http://www. bookdao. com/article/24757/.

③ 盈动电子书包助力教育行业信息化发展[EB/OL].[2010-07-20]. http://cio. it168. com/a2010/0720/1079/000001079665. shtml.

| 产品及发布时间 | 商家 | 主要功能及资源发布平台 |
|---|---|---|
| 智学宝<br>2009 年发布 | 北京凌鸿智业<br>教育科技有限公司 | 全科资源同步学习,智能评测系统,针对性的教育服务,家校沟通,等等 |
| 五好学生电子书包<br>2009 年 11 月发布 | 中国协同教学<br>(集团)有限公司 | 九门学科同步教材、丰富的动漫教材和视频学习资源 |
| 翼书包<br>2011 年 7 月发布 | 中国电信 | 提供测试题库、自动判分及学生学习情况统计、班级学习情况的统计。教师根据这些信息有针对性地进行教学。学生可以通过组卷功能根据知识点、易错试题统计等信息为自己组卷,辅助学生学习;家长可以通过短信的方式获取孩子的学习统计信息 |
| 双博士电子书包<br>2010 年 12 月发布 | 双博士与<br>韩国现代 | 一款集多种功能于一身的电子书包产品,将娱乐、学习、掌上影院、音乐播放等多种功能集于一身。售价最低仅为 528 元 |
| 艾壳 5·3 电子书包 | 深圳市鸣初电子<br>有限公司 | 提供 5·3 高考及中考等系列教辅、同步助学、智能搜学、视频教学、数字书房、单词记忆、主流英语等系列优质教育教辅资源 |

在硬件商、软件商、互联网企业、电信运营商大举进入电子书包的潮流中,作为中南传媒集团和华为公司共同投资建立的天闻数媒于 2012 年开始推出电子书包产品,直接向教育部门或学校销售(B2B 模式)。天闻数媒电子书包产品服务对象是义务教育阶段的师生,因此,先由教育部门或学校买单(B2B),而向学生直接销售内容(B2C)则仅仅限于个性化和增值服务。

(2) 电子书包发展的阻碍因素

电子书包诞生的直接理由较为简单,即减轻孩子书包重量。同时与所有数字出版产品一样,电子书包的发展还可减少对树木的砍伐,以促进环保。电子书包的功能设计也显示,其目的还在于加强学习效果,增加师生和家长的沟通等。尽管有诸多的优点,但电子书包的发展仍存在着较强的阻碍因素。

第一,发展电子书包意味着教学模式和学习方法的改革。尽管学生有可能喜欢拎着一个比书本略大的笔记本电脑走进教室,但过去由教师主讲的课堂,在电子书包模式下,变成了互动学习课堂,教师和学生的角色有所变化。而在升学率指挥棒挥舞下的我国中小学,任何教育模式的变革都是需要勇气和时间的。

第二,学校要有支持电子书包使用的信息化教学环境,教育部门需要搭建教育信息化平台。教室需要多媒体授课设备;需要网络平台,以便于管理学生,并提供丰富的教育资源下载;需要网络接入,而网络接入还关系国家 4G 网络和

WiFi 网络的发展。

电子书包对基础设施的需求,使教育出版数字化成为悖论。一方面,对于偏远地区青少年,网络教学平台可以为他们带来其他地方优秀教师的授课,带来优质的教学资源;另一方面,贫困地区却并不容易普及这些基础设施。因此,要想真正发挥教育数字化的优势,国家必须大力扶持。

第三,价格也是电子书包发展的一个阻碍因素。如果使用 Pad 类平板电脑作为电子教材的阅读终端,仅仅是硬件设施就得花费数千元,对于大多数家庭来说,这个价格实在不是轻易能承受的。而且,在教育模式变革的过程中,家长往往需要既购买纸质教材,又购买电子书包,这样家庭负担就更加沉重。

第四,数字化教学资源问题。推广数字化教学,必须要有丰富、优质的资源库。同时,为了满足现代化的教育需求,还要提供可定制的、学科针对性较强的资源。但是,目前国家数字资源库的建设还存在很多问题,重复的资源建设现象突出,真正优质的、有针对性的资源屈指可数,因此,教学资源库的建设也是面临的一大挑战。[①]

第五,行业标准未形成,技术平台难统一。电子书包的硬件、操作界面、信息平台等都应针对教育的特点而设计,教育需求可以完全体现在技术层面。如果市面上电子书包的技术不统一规划,则电子书包产品会良莠不齐,造成师生的反感。

其他阻碍因素也不可忽视:如家长可能会怀疑,电子书包的应用,会不会培养学生上网玩游戏的习惯,会不会让学生的书写能力退化,会不会让学生的视力每况愈下。有一些 e-ink 电子阅读器对学生视力的负面影响不大,而且这类阅读器的厂商也热衷于电子教材的开发。但在目前 e-ink 技术条件下,对多媒体显示是不可能与液晶显示屏性能相比的。目前推动数字教育出版的是 PC 机及上网本[②],未来趋势是 Pad 类平板电脑,而这种学习方式对学生的视力是有影响的。

---

① 专访天闻数媒:电子书包应用到教学面临的十大挑战[EB/OL].[2012-12-14].http://www.ceiea.com/html/201212/201212141122417614.shtml.

② 在电子教材上,iPad 和阅读器都干不过 PC[EB/OL].[2010-10-07].http://www.bookdao.com/article/10323/.

# 8.4 本章小结

本章以数字内容包及其出版活动为主题,由于数字内容包主要出现于教育出版之中,故本章内容多集中在对数字教育出版的讨论上,但电子教材包仅仅是电子教材的一种主要形式,并不是全部,因此本章并不反映数字教育出版的全部模式。另外,数字内容包也并不仅仅存在于教育出版中,如《有道词典》等在线工具书,已经形成了"数字内容包+平台"模式。

另外,就电子教材包出版模式来说,电子教材产生的缘由之一是西方教材的昂贵,但电子教材的制作和经营成本并不低,兼之还要使用硬件及网络基础设备,使得用户的使用条件大大提高,这无疑形成了悖论。就我国电子教材包的经营模式看,无论电子教育产品还是电子书包模式都要求用户经济条件良好,而我国纸本教材并不昂贵,这就更加大了悖论。因此,要想推广电子教材,适合国情是很重要的考量。集中优势生产高质量的内容产品,发展第三方平台,尽量不要采用绑定模式等策略都是适合我国国情的。而对成本高昂的电子书包的推广则需慎重和通盘考虑。

数字内容包出版中存在的传统出版商转型缓慢,数字阅读习惯有待培养,格式问题、盗版问题、基础设施问题等,属于数字出版的共性问题,在此不再赘述。

# 9  影响数字出版发展的关键因素分析

前几章论述中指出了数字出版发展的背景、不同形态的数字出版物、不同的数字出版商业模式。本章中,让我们透过现象,越过那些不同出版形态,用审视的目光来看待影响它们发展的共同因素,并通过对影响因素的研究,探索数字出版发展规律,从而找出存在问题的解决方向。在讨论影响数字出版发展的因素时,第一,考虑宏观环境的影响。宏观环境主要包括政策和法律环境、技术环境、经济环境和消费环境。一方面,宏观环境变化使出版商的产品和生产经营模式不再适应新的环境,促使出版机构的变革和外来企业的加入,并创新产品和服务,改变生产和经营模式。另一方面,当数字出版业初步形成时,又会对宏观环境产生反作用,要求环境也做相应的变化。第二,数字出版还是一种出版业态,因此,也受出版业自身发展规律的影响。出版业是一种内容产业,在数字环境下,"内容为王"是否仍然行之有效?另外,数字出版业兴起的过程中,诸多科技公司、网络服务公司及移动终端公司进入该行业,那么传统出版商在行业中是否存在优势?诸如此类问题也是我们应该讨论的。

以下首先讨论宏观环境因素。

## 9.1  政策是数字出版健康发展的指引

政治环境是指一个国家或地区的政治制度、体制、方针政策等方面。对数字出版来说,主要是指与出版和网络传播等方面相关的政策。政策因素对数字出版作用主要体现在:指导产业布局及制定宏观发展战略,指导和规划企业的定位,激励企业参与新产业链,订立公平契约,指导产业链之间的利益分配等。政府一般还会在不同时期采用不同的产业政策,对比较重要的产业政策及资金等方面进行扶持,以促进其获得优先发展。

近年来,我国政府部门颁布的指导数字出版发展的相关政策较多,具体内容

见 1.2.1.3 节。尽管我国已经颁布了较多的数字出版相关政策,但仍然存在一些问题,主要有:

① 政策应协调数字出版各子行业的发展。如手机出版、游戏等占数字出版总收入比例较高,而数据库出版、数字教育出版、电子书等行业所占比例较低。

② 由于数字出版涉及文化、软件、新闻出版等多种产业,它们各自的主管部门不同,出台政策也不尽相同,相互间缺乏系统性、协调性。如在我国游戏产业的监管上,文化部、新闻出版广电总局甚至工业和信息化部都具有不同环节的监管权力,因此在管理过程中往往会形成政策制约方面的矛盾,造成一些不必要的管理冲突。

③ 政府行政干预较重,实行出版行政许可制,数字出版企业进入壁垒高。较高的准入机制造成许多具有优秀技术的技术提供商及具有优秀数字内容资源的网络文学公司无法进入数字出版合法经营领域,阻碍了数字出版产业的发展和繁荣。

④ 政府政策执行能力不强,如在《关于进一步推动新闻出版产业发展的指导意见》中提出的制定手机出版、网络文学出版、数据库出版等行业的管理办法,政策提出 3 年后法规依然没有制定出来。

⑤ 数字出版相关行业协会较少,现有协会未能发挥其行业监管和行业自律的作用。我国数字出版方面相关的行业协会"中国音像与数字出版协会"(China Audio-video and Digital Publishing Association,简称 CADPA),原名"中国音像协会",成立于 1994 年 4 月,2013 年 3 月,经原新闻出版总署和民政部批准更名为中国音像与数字出版协会,该协会是由全国从事音像与数字出版行业生产经营的企事业单位及个人自愿结成的、具有独立法人资格的非营利社会团体,是中华人民共和国唯一的全国性音像与数字出版行业组织①。但该协会成立时间较短,目前还没有发挥像发达国家中行业协会应具备的引导和规范作用。

⑥ 政府对中小型企业支持政策较少,大型企业占据绝大部分市场,中小型企业进入难,进入后生存困难,市场份额狭小,企业竞争力不足。目前我国数字出版产业大型企业占据了半壁江山,如北大方正、盛大文学、汉王科技等公司几乎覆盖了数字出版产业链的所有环节,从内容资源到数字出版技术,再到终端阅读设备生产等。这些公司凭借强大的数字出版实力,再加上政府的鼓励性政策,在业内占据垄断地位。而一些中小型数字出版企业在市场竞争上无法与这些大型企业相抗衡,发展空间越来越小,企业生存艰难。因此,政府应该加大对中小型数字出版企业的扶持力度,在信贷、融资、税收等方面给予经济扶持,鼓励中小

---

① 中国音像与数字出版协会网站　http://www.chinaav.org/org/1/1.

型数字出版企业蓬勃发展。

⑦ 指导产业布局和产业链建设是最为迫切的问题。目前,我国电纸书行业存在产业链狭小,定位模糊,手机出版中存在产业链利益分配不均,自助出版行业存在垄断嫌疑等问题,另外,传统出版业转型缓慢也影响产业链的健康发展。这些都需要政策指导、调控和支持。

针对上述问题,管理部门应发挥对数字出版保驾护航的作用。

首先,要健全数字出版政策体系。如在政策指导数字出版区域布局方面,国家将数字出版基地建设主要集中于经济发达的东部沿海地区,西部地区数字出版产业与东部发达地区差距还很大,产业布局政策力度仍需进一步跟进和加强;另外,政府应在数字出版产业技术政策上,加大对数字出版技术研发的资金投入,制定政策鼓励数字出版技术创新,进一步推进数字出版标准化建设,使我国数字出版与国际化标准接轨;政府也应积极鼓励行业协会等的建立;制定相关措施鼓励较弱的子行业和中小型企业,等等。

其次,政府可根据国外先进经验,结合我国实际情况,制定相关产业政策,指导产业链的建设,其目的在于理顺产业链,除去行业障碍,构建更好的产业生态环境,促使行业实现更加健康、有序的可持续发展。主管部门还应该对利益分配进行指导。传统出版的付费机制比较成熟,标准较为统一,而数字出版发展的一个重要问题是利益分配,其中手机出版尤为严重,影响了内容提供商加入数字出版的积极性。

再次,适当实行特殊政策,适当提供免税减税等优惠政策及资金扶持等。特别要指出的是,在政策上尤其要扶持内容分销平台的建设,因为国内网络内容分销平台存在发展无序、规模偏小和定位模糊等问题,这些已经严重阻碍了产业的发展。原新闻出版总署制定的《数字出版“十二五”发展规划》中明确提出,到“十二五”期末,建成5~8家集书报刊和音像电子出版物于一体的海量数字内容投送平台。但仅仅有规划是不够的,对于分销平台在布局方面应有所指导,并实行特殊的支持政策,以促进其建设。

最后,政府在制定数字出版产业政策时,还应提高政策的科学性和合理性。目前,我国的数字出版产业政策在制定时大多参考了传统出版产业政策的范例,按照传统出版产业政策的框架对数字出版产业进行政策扶持。但实际上,数字出版产业对数字技术、互联网等依赖性非常强,在生产、发行过程中的许多方面已经脱离了传统出版所定义的范畴。而当前政策制定者没有充分考虑数字出版产业自身的特点,制定的政策不是建立在数字出版产业实际发展状况的基础上,而是经验主义论者从传统出版产业政策基础上着手调整和改进的,因此造成了数字出版产业政策的指导性不足等问题。在提高政策执行的可行性方面,政府应该制定可操作性强的数字出版产业政策,政策条文要明晰,不能太过宏观和笼统,不能模棱两可和含糊不清。

在当前我国数字出版实践的基础上,借鉴国外数字出版产业政策的监督体系,笔者认为我国应建立数字出版政策制定的监督体系。首先在制定政策时,应由一个政府部门统一领导,并根据数字出版发展战略和指导方针制定相应的政策,改变我国目前数字出版政出多门的状况。同时要建立相应的政策协调监督委员会,负责对数字出版产业政策的决策、制定、实施等整个过程进行协调并实施监督。数字出版产业政策的制定、实施、评价与修订是一个动态的过程,必须根据数字出版环境的发展变化进行不断的调整,因此应该建立一套科学合理的监督体系对其进行管理。

# 9.2　法律是数字出版健康发展的保障

到目前为止,我国已有《互联网出版管理暂行规定》《信息网络传播权保护条例》等相关法律法规出台,但总的来讲,我国对数字出版的法律管理尚待完善,其主要问题如下。

① 版权问题一直阻碍了数字出版产业的前进。当前版权方面的主要问题是:数字作品的版权不能得到有效保护,著作权人的权益得不到保障,盗版现象严重;网络服务商没有取得足够丰富的版权出版物的合法网络传播权;广大网络用户缺乏良好的版权保护意识及正确的数字消费观等,这些问题都导致相关产业链建设乏力,严重制约了数字出版的发展。

② 法律对数字出版物的内容监管方面还存在许多问题,如内容资源鱼龙混杂,垃圾信息充斥网络;暴力、黄色、低俗的内容泛滥;此外,以手机阅读下载量排名前两位的玄幻、穿越题材小说为例,大多内容为不切实际的幻想,对阅读者没有任何的教育和帮助作用,许多不良内容对于我国未成年人的身心发展起到危害作用。

③ 我国数字出版现有法律法规还存在原则性指导多、可操作性不强的问题。例如,《信息网络传播权保护条例》中规定了"避风港"规则,对其的理解一直都存在着争议。如"明知则侵权,反之,不明知则可以豁免",对于网站到底是明知还是不明知,则缺乏一定的判断方法。由于取证难,在具体的司法实践中可操

作性不强①。2012 年,知名作家韩寒曾起诉百度文库多篇文档侵犯其著作权,起诉要求法院判令百度关闭百度文库,赔礼道歉及赔偿经济损失。此案判决结果是被告百度赔偿原告韩寒经济损失 39800 元及合理开支 4000 元,驳回原告韩寒要求关闭百度文库诉讼请求②。此案宣判后,尘埃并未落定,对此案的争议一直存在。韩寒状告百度侵权得到了法庭支持,但 4 万元左右的赔款是否能阻止类似的行为再次发生? 答案不言而喻。

当前虽然诸如"数字版权保护技术研发工程"之类的重要项目在不断推进,但监管不力及相关法律的不完善致使许多传统出版单位和作者不敢轻易进入这个行业,由此而来的内容短缺必将影响数字出版的长远发展。以电子图书为例,有关部门公布的调查显示,电子图书收入规模 2006 年为 1.5 亿元,2007 年为 2 亿元,2008 年为 3 亿元,2009 年为 4 亿元,2010 年为 5 亿元,2011 年 为 7 亿元,2012 年为 31 亿元,2013 年电子图书总收入则达 38 亿元③,呈现稳步增长态势,但其收入总量与纸质图书销售收入相比,所占比例依然较少④。而我国数字出版总收入从 2006 年的 213 亿元,上升到 2013 年的 2540.35 亿元,每年大幅增加,但以 2012 年为例,其中网络游戏收入高达 718.4 亿元,互联网广告收入为 1100 亿元,两项即超过了总收入的 71%,从严格意义上来讲,数字出版的业绩并不像媒体公布和预测的那样可观。如果以数字图书、报纸、期刊这些严格意义上的出版业务来衡量的话,我国数字出版的产值其实是很小的⑤。究其原因,其一是国内电子图书市场的很大一部分收入仍然来自于机构用户,但机构用户的覆盖率已经较高,增长空间呈现不足;其二就是盗版问题,严重的盗版活动使得个人电子图书市场的增长远不及预期。电子图书市场的萎靡不振,直接影响整个产业的发展。盗版吞噬了消费需求,个人用户的消费市场无法启动。

为应对数字出版中的法律问题,首先应尽快完善法律法规体系,尽快堵住法律法规漏洞,并解决无法可依和法律适用尺度弹性过大的问题,如在规避设备禁止的技术措施、控制访问的技术措施保护等方面。在美国和德国,对于上述两类行为是采取"帮助性侵权"的规则来处理的,而在美国的跨世纪数字化版权法和欧盟委员会关于技术措施保护的建议中,对这两类行为规定有刑事责任。国外

---

① 我国数字出版法律制度的现状、问题及对策研究 [EB/OL]. [2012-05-15]. http://www.jxcb. com/Education/201205/15-3148.html.

② 韩寒状告百度一审宣判 法院驳回关闭百度文库诉求[EB/OL]. [2012-09-17]. http://legal. people.com.cn/n/2012/0917/c42510-19027615.html.

③ 郝振省.2013—2014 中国数字出版产业年度报告[M].北京:中国书籍出版社,2013.

④ 郝振省.2012—2013 中国数字出版产业年度报告[M].北京:中国书籍出版社,2012.

⑤ 左文.文化全球化视野下的中国数字出版业[M].北京:清华大学出版社,2012.

的做法对我们应有一定的参考意义。又如,我国现行版权法律制度中没有关于数字出版物权利管理信息的内容及相关概念和条款,而只是用行政管理信息加以约束。既无对权利管理信息行为的处罚规定,又比较概括化,同时没有规定权利管理信息保护的免责条款。

总体来说,网络环境下版权保护难度大,现阶段法律法规存在较大漏洞,这就要求我们制定能适应发展的数字版权法规,加大对知识产权的保护力度。对于涉及盗版侵权案件,仲裁机构也应当认真严肃处理,而不是睁一只眼闭一只眼走走过场。这也要求司法队伍中应配备相应的数字版权方面的专业人才,可以在司法审判和执法中正确地理解和利用法律解决纠纷。

还有,数字出版商在获得著作权人授权时也面临困难。是一对一地与著作权人进行谈判,还是与著作权管理组织商定一个双方都能接受的标准,这仍在摸索过程中。当前,数字出版业存在大量无视著作权人权益的现象,其中一个重要原因是版权谈判工作海量而且复杂,操作起来非常困难。主管部门应出台相关政策,指导版权问题的解决,进而保障内容提供商的利益。

此外,出版机构应将版权运营专业化。将版权资源作为核心资源,明确其在内容管理中的核心地位,同时提高操作和谈判的专业化程度。尤其是合同签订环节至关重要,要尽量细化,尽可能涵盖将来可能遇到的任何问题。

针对内容问题,政府应进一步加强对内容的监管力度,加快制定相关法律法规,严厉查处和惩治网络文学、网络游戏,以及手机出版中的暴力、色情、低俗内容。

应当说,在我国,新的数字出版版权制度在实践尚不充分的情况下,需要一个不断发展、总结、制定、实践、完善的过程。笔者乐观地坚信,即使是习惯了使用免费资源的大众,在潜意识里对版权读物也存在更大的信任与支持。免费资源常伴随着信息表达的错误和检索使用的不便利,需要付出更多的机会成本。随着阅读需求层次的提高,人们必然会从单纯地获取信息上升到对阅读设计的美感诉求及其他相关服务的体验需求,最终会在服务、便利性与支付成本中找到一个平衡点,版权的实现形式也将伴随这个平衡点产生。

## 9.3 完善的行业标准是行业成熟的标志

一个产业要想立于不败之地,必须有完善的标准。标准从性质上看,是规范市场经济客体的"法律"。市场经济包含主体和客体。主体是人,包括市场上从事交易活动的所有组织和个人,他们的行为靠法律来规范和约束;客体是物,包括市场上经营和交换的成千上万种产品与服务,它们则依靠标准来规范。因此,标准自身就是一种技术上的法规。一旦标准被采用,就会成为各方必须共同遵守的技术依据,也具有法律上的约束性①。数字出版的主要技术标准尚在形成过程中,这也是产业尚未真正成熟的标志。下文以最引人瞩目的电子书格式为例,以窥数字出版产业标准发展一斑。

电子书问世以来,一直为文件格式不能相互兼容的问题所困扰。许多读者都碰到过这样的尴尬局面,好不容易找到自己想看的书,下载后却发现格式不能被识别。虽然网上的电子书有很多种不同的格式,总的来说可以分成两大类:一是适合各种移动阅读器或者不同数据库的专属格式,二是电脑终端支持的格式。目前常见的电子书格式如表 9-1 所示。

表 9-1 **常见电子书格式一览表**

| 格式 | 注释 |
| --- | --- |
| EXE | 电脑阅读,不需要安装专门软件,下载后就可以直接打开 |
| TXT | 文本文件,可在电脑上直接打开 |
| HTML | 网页格式,可用网页浏览器直接打开 |
| HLP | 帮助文件格式,在电脑上可直接打开 |
| CHM | 同 HLP 文件格式一样,也是帮助文件,但其支持多种视音频格式,让电子书显得更加生动、美观。可在电脑上直接打开 |
| LIT | 微软的文件格式,需下载 Microsoft Reader 软件来阅读 |
| PDF | PDF 是 Adobe 公司开发的电子读物文件格式,是目前使用最普遍的电子书格式,它可以真实地反映出原文档中的格式、字体、版式和图片,并能确保文档打印出来的效果不失真 |
| WDL | 北京华康公司的文件格式,使用也很普遍。用 DynaDoc 免费阅读软件即可打开 WDL 和 WDF 格式 |
| CEB | CEB 是由北大方正公司独立开发的电子书格式,由于在文档转换过程中采用了"高保真"技术,从而可以使 CEB 格式的电子书最大限度地保持原来的样式 |
| ABM | 一种全新的数码出版物格式,这种格式最大的优点就是能把文字内容与图片、音频甚至是视频动画结合为一个有机的整体。在阅读时,能带来视觉、听觉上全方位的享受 |
| PDG | 适用于超星阅览器(Superstar Reader)软件 |
| Htxt | 汉王电纸书专属格式 |

---

① 浅谈标准的重要性[EB/OL].[2008-09-11].http://www.cqn.com.cn/news/zjpd/zjlw/221786.html.

| 格式 | 注释 |
|------|------|
| UMD | 原先为诺基亚手机操作系统支持的一种电子书的格式,现在主要是掌上书院的专利 |
| JAR | 手机电子书的格式一般为 JAR 和 JAD,其中 JAD 文件是一个说明文件,描述 JAR 文件的信息。部分手机不支持直接读取 JAR(这是手机安全策略引起的),这时则需要 JAD 文件 |
| WOL | 翰林电子阅读器的专用格式 |
| EBA、EBAML | 易博士电子阅读器的专用格式 |
| EBK | 博朗电子阅读器的专用格式 |
| STK | 宜锐 STAREBOOK 电子阅读器的专用格式 |
| XEB、CEB、CEBX | 方正电子书专属格式。方正有两套技术标准,一套是 CEB,适用于电脑阅读;一套是 XEB,适用于手机阅读。CEBX 致力于统一电脑及手持终端阅读 |
| DOC | Word 文件格式 |
| JAVA | 一种程序的名称,用于制作手机上面可以使用的文件 |
| AZW | 亚马逊旗下 Kindle 的专用格式 |
| NLC | NLC 格式是中国国家图书馆的电子图书格式 |
| CAJ | CAJ 全文浏览器是中国知网的专用全文格式阅读器,它支持知网的 CAJ、NH、KDH 和 PDF 格式文件 |
| SWB | 软件 WinEbookCompiler 的一种专有的文件格式 |
| RTF | 丰富文本格式文件,以纯文本描述内容,能够保存各种格式信息,可以用写字板、Word 等创建 |
| EPUB | 目前最受认同的电子书通用格式 |

表 9-1 列出的仅仅是一部分电子书格式。由表 9-1 可以看出,目前的电子书格式确实颇为混乱。对用户来讲,购买任何一家的产品都要下载与之相应的阅读格式,或购买支持该格式的阅读器,用户使用起来极为不方便,阅读成本也相应增加。厂家研发阅读器和阅读软件的成本,最终也会转嫁到用户的头上。同时,格式之争对各个厂家的发展也造成了阻碍。厂家制作属于自己的封闭式的专属格式,相当于只做自己的蛋糕,不能与他人共享,这最终会阻碍了整个出版产业的发展。此外,每个厂家在获得纸本书资源后都必须从排版文件开始投入大量的人力、技术和资金进行数据的加工,这实际上是典型的重复建设。为此,必须制定标准化的格式。

目前,电子书格式的技术标准正在形成过程中。针对格式问题,业界成立了两大主流组织,即 OEBF(Open eBook Forum)和 EBX(The Electronic Book Exchange)。由 SoftBookPress、NuvoMedia 和 Microsoft 公司主导的 OEBF 影响力最大。它于 1999 年公布 OEB 1.0 电子书标准。此标准的主要文件格式和架构基于 HTML 和 XML,适用于万维网。EBX 也在同一年制定了 EBX015 标准(EBX System Specification-Draft015),其内容主要是建立保护知识产权的标准,以及规范电子书的出版商、经销商、零售商、图书馆和消费者之间的行为关系。两个组织为原本混乱的电子书产业带来格式标准和稳定的力量。

目前最受认可的国际通用格式是 EPUB 格式。它是一个自由开放的标准,属于一种可以自动重新编排的内容,也就是文字内容可以根据阅读设备的特性,以最适于阅读的方式显示。EPUB 档案内部使用了 XHTML 或 DTBook(一种由 DAISY Consortium 提出的 XML 标准)来展现文字,并以 ZIP 压缩格式来包裹档案内容。EPUB 格式中包含了数字版权管理相关功能可供选用。EPUB 包括三项主要规格:开放出版结构(open publication structure,简称 OPS)2.0,以定义内容的版面;开放包裹格式(open packaging format,简称 OPF)2.0,以定义 XML 为基础的 epub 档案结构;OEBPS 容纳格式(OEBPS container format,简称 OCF)1.0,将所有相关文件收集至 ZIP 压缩档案之中。EPUB 于 2007 年 9 月成为国际数字出版论坛(International Digital Publishing Forum,简称 IDPF)的正式标准,以取代旧的 Open eBook 电子书标准。2011 年,国际数字出版论坛又发布了 EPUB 3 格式标准细则。EPUB 3 格式标准基于 HTML5 技术,具有互动、富媒体和多种语言支持等功能①。

我国数字出版商家对 EPUB 格式的认同处于这样一种状态,即大多专用电子阅读器都能识读 EPUB 格式的图书,但同时开发自己的专属格式。说到底是一种"骑墙"状态,既考虑到 EPUB 可能成为标准格式,同时保留自身的"自留地"。国外电子书巨商如谷歌、巴诺书店及索尼生产的电子阅读器等都做出姿态认同 EPUB 格式。但 EPUB 难以攻克的堡垒是电子书巨商亚马逊公司。在过去的几年时间里,亚马逊生产的 Kindle 只能从亚马逊书店买进其专属电子书格式(MOBI/AZW)图书。亚马逊也为主流的平台如 Android、IOS、PC、黑莓、Windows Phone 7 开发了应用。但这些措施的最终目的是将 Kindle 用户锁定在亚马逊的生态圈里。不过,有评论称 MOBI/AZW 格式在数据结构上已经与 EPUB 格式很接近了,而且已经移植了 EPUB 格式大多数的代码,亚马逊也宣

---

① Epub3 格式标准最终版出炉[EB/OL].[2011-10-17]. http://www.dajianet.com/digital/2011/1017/172344.shtml.

布 Kindle 将接受该格式①。如果 EPUB 攻下亚马逊 Kindle 这个堡垒,那么我们或许可以说,电子书的国际标准有望达成。

与数字出版相关的标准还远远不止格式标准。行业未达成统一的标准是行业不成熟的标志。从市场上看,标准就是规范市场的技术法规,具有强制作用。从我国的现状看,即使国际标准达成,要想推行也不仅仅是一个简单的技术问题,是需要相关部门达成一致和主管部门大力推动的。为此,管理部门及相关企业应竭力促进基础性的、核心的行业标准体系的形成,以实现数字出版的标准化。尽量遏制一些商家凭借自身技术力量,单独建立格式或规范。从整个行业来说,只有建立标准,规模化生产的市场才能出现。

# 9.4 技术是数字出版发展的重要动因

科学技术的发展毋庸置疑是数字出版产业形成、发展的动因。从产业本身的变化过程看,是一个从产生、发展到衰退的演化过程。在产业的产生阶段,其主要特征之一是技术的不成熟或不确定性。当产业进入形成阶段,其主要特征是技术的稳定,主要标志是技术标准的形成②。目前,我国乃至世界发达国家,数字出版都不能说到了成熟阶段,其主要特征就是技术上的不成熟,行业标准尚未形成。也正因为如此,在现阶段技术创新的作用就更大。技术不但是数字出版产业形成的动因,而且是其继续发展的直接推动力量。上文已经论述了技术标准问题,就数字出版产业来说,技术问题远远不止标准问题,因此下文对技术问题继续做一些阐述。

在数字出版发展的里程碑上以下几种技术起了决定性作用:① Web 技术。数字出版的发展首先缘于网络的发展。网络技术中,与数字出版形态发展最为密切的是 Web 技术,Web 的发展经历了 Web 1.0 阶段,直到今天的 Web 1.0 和 Web 2.0 并存阶段。在 Web 2.0 技术条件下,互联网可成为一种开放的平台,它能集编辑、传播和发行于一体。Web 2.0 为网络带来了一个人人都是作者,同时人人都是读者的时代。Web 2.0 和学术出版相结合,产生了开放存取出版模

① 亚马逊可能计划在 Kindle 上支持 EPUB 格式[EB/OL].[2011-05-20].http://www.bookdao.com/article/21164/.

② 张鸿,张利,杨润,等.产业价值链整合视角下电信商业运营模式创新[M].北京:科学出版社,2010.

式。Web 2.0 和大众出版相结合产生了网络自助出版模式。Web 2.0 和移动出版相结合,有望使微出版物成为一种影响深远的出版物。② 移动终端技术也是推动数字出版的重要动因。当网络上内容产品越来越多的时候,人们最终认识到借助电脑阅读是极其不方便的,移动阅读终端因此诞生,其主要包括专用电子阅读器、智能手机及平板电脑。最早诞生的是液晶显示屏的专用电子阅读器,而手机最初也只是通信工具。当电子纸技术及手机智能化逐渐成熟时,移动阅读就变得越来越普及。2007 年平板电脑 iPad 的成功上市更为移动阅读器增添了一员猛将。在移动阅读终端不断成熟的前提下,移动阅读也越来越普及,手机出版物和电纸书就是在此背景下日益得到发展的。③ 无线网络技术。当每个人都能拥有一部甚至是几部移动设备时,人们就不再仅仅满足于将数字出版物"复制"进移动阅读终端,因此发展无线网络技术的话题就无法绕开。移动技术中,最能促进数字出版发展的,当属 4G 技术。可以设想,当 4G 技术应用真正普及之时,之前困扰移动出版形态的问题,如短信容量小、WAP 浏览速度慢等将会一扫而空。届时,通过 4G 移动设备作为移动平台来开拓移动出版形态必将是市场的亮点。

虽然技术在数字出版发展上功不可没,但当前数字出版技术尚有很多不成熟之处。以专用电子阅读器为例,其功能尚需进一步得到提升。它虽然能够模仿传统图书读书的感觉,但也仅仅能满足一般大众阅读功能,而对于沉浸式深阅读,需要更完善的标注功能,而专用电子阅读器在这方面远远不能和传统纸书相比。又如,手机出版业的发展必须依赖手机终端这一载体。手机作为阅读终端仍然不能达到手机出版的要求,存在着内存有限、持续供电时间不长、不利于视力保护等不利因素,以及上网速度较慢、偏远地区网络覆盖面不足等问题,它们都较大程度地影响数字出版的发展速度。

9.2 节从法律的角度提到了版权问题,其实版权管理也是技术难点,以下从技术的角度展开探讨数字版权保护技术之争,此问题也是影响数字出版发展的重大问题之一。

数字版权管理的技术之争。数字版权管理(digital rights management,简称 DRM)旨在阻止最终使用者未经许可使用、复制和转换其版本格式,使数字内容只在指定的授权范围内使用。

数字版权保护方法主要有两类:一类是采用数字水印技术,另一类是以数据加密和防复制为核心的 DRM 技术。数字水印(digital watermark)技术是在数字内容中嵌入隐蔽的标记,这种标记通常是不可见的,只有通过专用的检测工具才能提取。数字水印技术可以用于图片、音乐和电影的版权保护,在基本不损害原作品质量的情况下,把著作权相关的信息,隐藏在图片、音乐或电影中,而产生的变化通过人的视觉或听觉是发现不了的。但是,目前市场上的数字水印产品在应用方面还不成熟,容易被破坏或破解,而且数字水印技术,只能在发现盗版后用于取证或追踪,不能在事前防止盗版。以数据加密和防复制为核心的DRM技术,是对数字内容进行加密,只有授权用户才能得到解密的密钥,而且密钥是与用户的硬件信息绑定的。加密技术加上硬件绑定技术,防止了非法复制,这种技术能有效地达到版权保护的目的,当前国内外大部分计算机公司和研究机构的DRM技术采用这种方法。以电子书为例,为了保护出版各方合法利益,DRM技术至少要在以下四个方面体现对电子书的版权控制:

① DRM技术要保证电子书不能被复制,电子书与阅读器是绑定的,计算机文件复制到别的阅读器无法阅读。

② DRM技术要保证数字出版物不能被篡改,包括电子书的内容、定价、出版社名称等信息。

③ DRM技术要保证数字出版物可以计数。可计数性包含两层含义:第一,读者购买数字出版物,按"本"购买;网络电子书站卖书,按"本"卖;数字图书馆按"本"买电子书,一本一本地借给读者。第二,出版社能知道网络书店卖了几本书、图书馆买了几本书,该统计数据通过技术保证其公正和不可篡改。

④ DRM技术可以控制电子书的二次传播。例如,图书馆购买的书,可以借给读者阅读,读者的电子书到了借期后不能继续阅读等。

目前,针对电子书的DRM技术,有Microsoft DAS、Adobe Content Server,以及国内的方正Apabi和中文在线的数字版权保护技术。只有方正Apabi和部分国外的电子书DRM技术,采用了EBX[①]的技术框架,在这四个方面实现了对电子书的版权保护。当然,实现这几个方面保护时,需要用到对称加密技术、非对称加密技术(PKI)、数据通信安全技术、版式文件的数据加密及XML等多种技术,在这些技术的基础上,才能构成完整的DRM系统。

DRM技术作为信息化时代诞生的一种技术,目前的研究与应用领域非常广泛。如图9-1所示,从应用环境看,在移动网络、互联网络和数字电视网络都有大规模的研究或应用;从应用媒介看,(电子)图书、报刊、文档、知识库、图片、软件、影视多媒体和音乐都有DRM的实际应用或潜在需求;从应用模式看,数

---

① EBX是在电子书应用中使用最为广泛的权利描述语言,是electronic book exchange的简称,最初是由十几家公司参与制定的标准,后EBX组织并入著名的OEBF(Open eBook Forum)组织,成为OEB标准的一部分,并逐渐发展为如今数字出版行业最为著名的国际标准化组织IDPF。目前在电子书领域比较著名的DRM系统多遵循EBX的协议和权利描述。

码印刷应用、数字化阅读应用、查询检索应用、安装运行应用和影音娱乐应用都会涉及 DRM 技术的应用。[①]

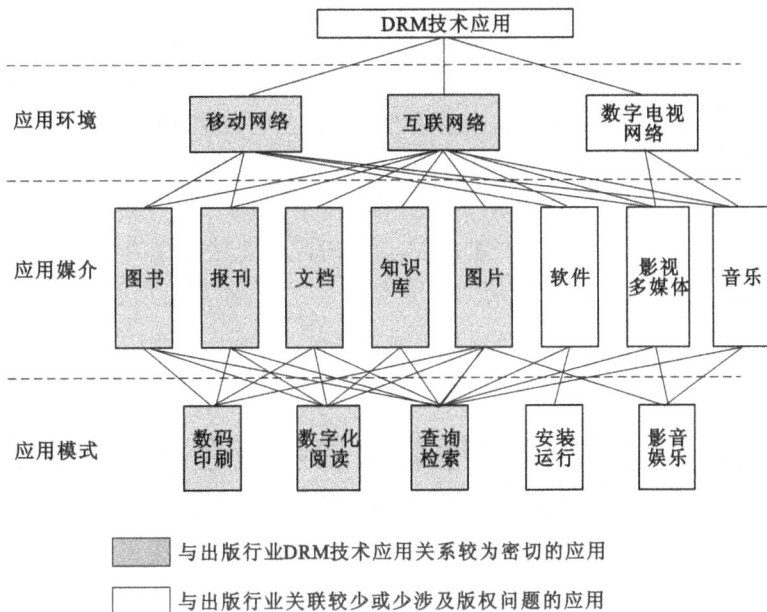

**图 9-1    DRM 技术的应用划分示意图**

对 DRM 技术,业界并不是一致地加以赞赏。由于 DRM 是通过对数字内容进行加密和附加使用规则从而对数字内容进行保护,PDF、EPUB 等通用格式都支持 DRM 技术的应用,但由于加密算法各自为政,就导致了电子书即便格式相同,在不同的阅读器之间也可能无法通用,因此这项技术受到的批评和抵制要远远多于赞许和接受[②]。对于亚马逊这样的市场主导者,以及 Adobe 这样的技术主导者,DRM 是其保持垄断优势的重要一环。据称在 2011 年 2 月,法国有100 多个出版商已经停止使用 DRM,而法国还有一些出版商从未使用过 DRM,由这些出版商出版的超过 2.1 万册的图书目前已做成电子书,这一数量接近目前法国电子书的一半[③]。强化版权保护和强调使用便利是两派之间争论的焦点,而后者提议应给消费者以充分的信任。但笔者认为 DRM 技术是有利于数

---

① 数字出版编辑实务教程(三十九)[EB/OL]. [2010-03-04]. http://blog. sina. com. cn/s/blog_4b0920d60100i6hb. html.

② EPUB 与 DRM:两个技术热词的不同境遇[EB/OL]. [2012-01-11]. http://tech. 163. com/12/0111/08/7NFNSCNA000915BF. html.

③ 100 位法国出版商对 DRM 说"不"[EB/OL]. [2011-02-21]. http://www. bookdao. com/article/14736/.

字出版产业发展的,无论怎样,我们不可否认,采用 DRM 技术的亚马逊几年来所占有的电子书份额一直高居不下。在数字化出版和传播中,短期看终端、中期看平台、长期看内容①,在我国阅读终端产业风生水起之时,只有内容保护得到保证,才能有力地促进产业进一步发展,否则阅读终端产业也是没有前途的。值得欣慰的是,数字版权保护技术研发工程是列入《国家"十一五"时期文化发展规划纲要》的国家重点工程,也是原新闻出版总署四大数字出版工程中第一个正式启动的工程。相信随着时间的推移,有效的版权保护机制终将建立起来。

总而言之,技术对数字出版的促进作用是巨大的。当然新技术对传统出版业则意味着"破坏"。对旧的产业来说,过往辉煌的业绩往往使企业固守陈规,因而会对技术的变化反应迟钝。因此,要想产业发展,不断创新技术,并在行业内努力推广技术是必需的。

## 9.5 经济环境和行业环境是数字出版发展的促进因素

经济环境的影响包括宏观经济环境的影响和行业内经济行情的变化。对数字出版来说,经济总产值的增长和包括新闻出版业在内的第三产业的增长是其发展的经济基础。而在出版和传媒行业内部,经济结构则发生了较大的变化,传统媒介在近年来迅速下滑,而数字媒介则迅速兴起。目前,从总体来看,无论宏观经济环境还是行业内经济环境,对数字出版的影响都很大。

就宏观经济增长来说,据国家统计局发布的《中华人民共和国 2011 年国民经济和社会发展统计公报》②初步核算,2011 年全年国内生产总值 471564 亿元,比 2010 年增长 9.2%。其中,第一产业增加值 47712 亿元,增长 4.5%;第二产业增加值 220592 亿元,增长 10.6%;第三产业增加值 203260 亿元,增长 8.9%。第一产业增加值占国内生产总值的比重为 10.1%,第二产业增加值比重为 46.8%,第三产业增加值比重为 43.1%。据《中华人民共和国 2013 年国民经济和社会发展统计公报》初步核算,全年国内生产总值为 568845 亿元,比 2012 年

---

① 国家数字版权保护启动 中文在线"先授权后传播"[EB/OL].[2011-08-29]. http://it. people. com. cn/h/2011/0829/c227888-3051568546. html.

② 中华人民共和国国家统计局. 中华人民共和国 2011 年国民经济和社会发展统计公报[EB/OL].[2012-02-22]. http://news. xinhuanet. com/fortune/2012-02/22/c_122737952. htm.

增长 7.7%。其中,第一产业增加值为 56957 亿元,增长 4.0%;第二产业增加值为 249684 亿元,增长 7.8%;第三产业增加值为 262204 亿元,增长 8.3%。第一产业增加值占国内生产总值的比重为 10.0%,第二产业增加值比重为 43.9%,第三产业增加值比重为 46.1%,第三产业增加值占比首次超过第二产业。据《中华人民共和国 2014 年国民经济和社会发展统计公报》初步核算,全年国内生产总值为 636463 亿元,比 2013 年增长 11.9%。其中,第一产业增加值为 58332 亿元,增长 4.1%;第二产业增加值为 271392 亿元,增长 7.3%;第三产业增加值为 306739 亿元,增长 8.1%。第一产业增加值占国内生产总值的比重为 9.2%,第二产业增加值比重为 42.6%,第三产业增加值比重为 48.2%。

根据连续多年的统计公报,我们可以看出宏观经济环境发展势头良好,总产值呈现持续增长趋势,且第三产业也呈现增长趋势,而第三产业则包括新闻出版业、IT 技术、信息服务业在内,这其中也包括数字出版产业。

与总体经济环境发展趋势相反的是世界性传统出版业的窘迫状况。在美国,近年来,传统报刊业深陷危机。《洛杉矶时报》(*Los Angeles Times*)是美国大都会著名报纸之一,也是一家闻名全球的国际性大报,创办于 1881 年 12 月 4 日,迄今有 130 多年的历史。1990 年 4 月的统计显示,该报每日发行量超过 122 万份,是当时全美发行量最大的都市日报。然而自 20 世纪 90 年代中期以来,《洛杉矶时报》开始走下坡路。采编人员从 2001 年的 1200 人之多,裁减到 2013 年的 550 人,发行量也跌破 60 万份[①]。从 2009 年开始,有 80 余年历史的美国著名杂志《读者文摘》(*Reader's Digest*)也传来申请破产保护的消息。而这家杂志曾经拥有 1700 万的发行量,截至 2008 年,发行量已经萎缩至 820 万[②]。西方其他国家传统媒介也有类似的危机。在我国,由于经营体制的原因,报刊所遇困难相对比美国缓和,但我国发行业市场化程度最高,因而首先遭遇寒流。在北京,2010 年 1 月 20 日,北京第三极书局正式停止营业;2011 年 6 月,拥有 16 年历史的民营学术书店"风入松"书店暂停业。在成都,2009 年底,成都规模最大、投资过亿元的民营书店——经典书城倒闭,几乎同一时间,成都经典书城在重庆投资的经典概念书城也遭到了倒闭的命运。在沈阳,2004 年,沈阳市总共有 1057 家出版物发行单位;但到了 2010 年底,全市出版物批发、零售单位数量已减至 729 家[③]。而据北京新华书店首席执行官刘建华介绍,2007—2010 年,

---

① 从《洛杉矶时报》看美国报业兴衰[EB/OL].[2012-08-19]. http://bookdao.com/article/45097/.

② 美国读者文摘破产对我国期刊业发展的启示[EB/OL].[2009-10-29]. http://finance.sina.com.cn/chanjing/yjsy/20091029/17186900632.shtml.

③ 部分地区实体书店生存状况:北京"风入松"等停业[EB/OL].[2011-10-31]. http://www.chinanews.com/cul/2011/10-31/3426354.shtml.

我国民营书店已经锐减了 1 万余家之多①。书店的大量破产,使本来就举步维艰的出版物发行愈加困难,从而使整个产业链危机四起。

造成行业危机的原因固然有经营方面的错误,但就总的情况来看,主因是自20 世纪 90 年代中期就开始的信息多渠道化和数字化浪潮。因此,在此背景下,各国都大兴内容数字化工业。如亚马逊、谷歌、苹果、索尼及我国的汉王科技、三大电信商等都入局出版业,试图在传媒经济结构发生变化时抢入内容产业,从而占据有利地位,而传统出版机构则走上了艰难的数字化变革之路。

# 9.6　消费需求是数字出版发展的拉动因素

任何行业的成长,都与消费需求密切相关。从理论上来说,科学技术可以使媒介变得"无所不能"。但这并不意味着消费者就能接受和使用,并形成规模化的市场②。在数字出版的发展过程中,消费需求是数字出版发展的拉动因素。上文已经提到"娱乐教育文化用品及服务"在居民消费价格上涨中所占比例很小,这固然与我国人民群众固有的消费习惯有关,但也与数字化环境中阅读习惯变化有很大关系。因此,分析消费者在新技术环境中的需求特征就成为最关键的问题之一。

消费需求之所以能从根本上影响数字出版产业的形成与发展,这是由消费心理所决定的:第一,一定消费需求的满足方式具有多变性。也就是说,消费者对某种消费需求的满足,往往喜欢追逐不同的满足方式,这是由人的求新、求异、求变心理决定的。第二,一定消费需求的满足方式具有发展性。这是指消费者对某种消费需求的满足方式并不是处于某一静止状态,而是处于一种发展趋势之中,而且总希望同一种消费需求能有更廉价、更方便、更简单、更先进的满足方式,或者说更高级的满足方式。第三,消费需求满足方式向个性化趋势发展。即消费者越来越偏向于追求一种体现个性特征的满足方式,从众消费现象越来越少。③

---

① 民营书店倒闭存多种因素　不以赚钱为目的才能活[EB/OL].[2011-11-14].http://news.sohu.com/20111114/n325485295.shtml.

② 黄河.手机媒体商业模式研究[M].北京:中国传媒大学出版社,2011.

③ 张鸿,张利,杨洵,等.产业价值链整合视角下电信商业运营模式创新[M].北京:科学出版社,2010.

从消费需求的特点来看,由于网络的出现和普及,消费者求新、求异、求变的心态很容易使他们采用新方式来消费内容产品,而网络又提供了更为廉价、方便、个性化的满足方式,因此,网民拉动数字出版产业成为必然。以下是对数字出版消费者特征分析。

## 9.6.1 数字出版消费者特征分析

连年来互联网网民和手机网民持续增加,为数字出版的市场需求提供了基础。本书第 1 章基于《CNNIC 报告》阐述了网民和手机网民连年大幅增长的问题,在此不再赘述。《CNNIC 报告》还指出:网民中 30～39 岁人群近年来一直徘徊在 23％～26％之间,10～19 岁年龄段比例为 22％～26％,20～29 岁网民比例在 30％左右,这些数据说明网民年龄结构呈现低龄化和年轻化趋势。调查还显示,网民继续向低学历人群扩散。初、高中学历占总网民数量的 65％以上,而大专及大学学历仅在 20％左右。[①]

网民与数字出版消费者并不等同。但无疑网民人数是数字出版消费者的基础,网民数量增加将有利于数字出版的发展。中国出版科学研究所主办、中国出版网承办,联合新浪网读书频道、人民网传媒频道、腾讯网财经频道等于 2008 年共同发布的《首届全国网民阅读与购买出版物状况调查报告》[②]显示,首先,有近七成(69.3％)的网民选择通过网络在线阅读电子书,有近四成(40.1％)的网民通过电子书阅读器来阅读电子书,另外有近三成(29.4％)的网民通过手机来阅读电子书。因此,我们完全有理由将网民视为数字出版的消费者或者潜在的消费者。其次,该组数据显示,网民呈年轻化特征,也就是说,年轻人是网络消费的主流,这一点尤其对未来数字出版走势具有决定意义。随着时间推移,当老的一代退出历史舞台,数字出版必将有更大的消费市场。最后,网络向低学历人群扩散,对未来数字出版产品的内容及形式有可能影响较大,同时意味着对这一部分消费者的引导是一个重要任务。另外,40 岁以上网民增长速度慢、所占比例小,这在很大程度上意味着中年以上人群仍旧对网络阅读不甚适应。

---

① 根据 CNNIC 2011—2015 年报告数据统计。
② 首届全国网民阅读与购买出版物状况调查报告[EB/OL].[2008-12-10].http://www.chuban.cc/yw/200812/t20081210_41690.html.

### 9.6.2 网民对"应用"的消费分析

在网民年轻化,低学历比重大的结构特征下,网民消费需求愈来愈娱乐化。《第 29 次中国互联网络发展状况统计报告》还公布了 2010—2011 年各类网络应用使用率状况,如表 9-2 所示。

表 9-2 　　　　　　2010—2011 年各类网络应用使用率[①]

| 应用 | 2011 年 | | 2010 年 | | 年增长率 |
| --- | --- | --- | --- | --- | --- |
| | 用户规模/万 | 使用率 | 用户规模/万 | 使用率 | |
| 即时通信 | 41510 | 80.9% | 35258 | 77.1% | 17.7% |
| 搜索引擎 | 40740 | 79.4% | 37453 | 81.9% | 8.8% |
| 网络音乐 | 38585 | 75.2% | 36218 | 79.2% | 6.5% |
| 网络新闻 | 36687 | 71.5% | 35304 | 77.2% | 3.0% |
| 网络视频 | 32531 | 63.4% | 28398 | 62.1% | 14.6% |
| 网络游戏 | 32428 | 63.2% | 30410 | 66.5% | 6.6% |
| 博客/个人空间 | 31864 | 62.1% | 29450 | 64.4% | 8.2% |
| 微博 | 24988 | 48.7% | 6311 | 13.8% | 296.0% |
| 电子邮件 | 24577 | 47.9% | 24969 | 54.6% | −1.6% |
| 社交网络 | 24421 | 47.6% | 23505 | 51.4% | 3.9% |
| 网络文学 | 20267 | 39.5% | 19481 | 42.6% | 4.0% |
| 网络购物 | 19395 | 37.0% | 16051 | 35.1% | 20.0% |
| 网上支付 | 16676 | 32.5% | 13719 | 30.0% | 21.6% |
| 网上银行 | 16624 | 32.4% | 13048 | 30.5% | 19.2% |
| 论坛/BBS | 14469 | 28.2% | 14817 | 32.4% | −2.3% |
| 团购 | 6465 | 12.6% | 1875 | 4.1% | 244.8% |
| 旅行预订 | 4207 | 8.2% | 3613 | 7.9% | 16.5% |
| 网络炒股 | 4002 | 7.8% | 7083 | 15.5% | −43.5% |

---

① 表来源于第 29 次 CNNIC 报告第四章:网民互联网应用状况[EB/OL]. [2012-01-16]. http://tech. qq. com/a/20120116/000277. htm.

在表 9-2 中,2011 年我国网络游戏用户规模达到 3.24 亿,较 2010 年同期的 3.04 亿增长 6.6%,网民使用率为 63.2%。我国网络视频用户数量增至 3.25 亿,年增长率达到 14.6%,在网民中的使用率由 2010 年底的 62.1% 提升至 63.4%。2011 年我国网络文学使用率为 39.5%,用户规模达 2.03 亿。这些都是年轻化网民的消费特征,对内容产品的消费具有娱乐化趋势。另外,2011 年底搜索引擎用户规模达到 4.07 亿,在网民中的使用率为 79.4%,使用比例基本保持稳定,是 2011 年仅次于即时通信的第二大网络应用。而微博用户在 2011 年 12 月底达到 2.5 亿,较 2010 年底增长了 296.0%,网民使用率为 48.7%。微博用一年时间发展成为近一半中国网民使用的重要互联网应用。而网络新闻使用率虽然呈现下降的态势,但使用率仍然超过 70%。这组数据显示,通过上网学习或获取信息是网民的重要需求,此外,由于网民对微博的喜爱和手机的方便性,微出版物可能在未来得到较大的发展。

《第 36 次中国互联网发展统计状况报告》显示,2014 年 12 月—2015 年 6 月,即时通信、网络新闻、搜索引擎、网络音乐、博客/个人空间、网络视频、网络游戏、网络购物、微博和网络文学等名列网民互联网应用的前十名,仍然显示了网民对信息沟通、信息获取及内容产品的需要。

另外,根据《首届全国网民阅读与购买出版物状况调查报告》,尽管有 92.7% 的网民在过去一年读过电子书,但有超过七成(72.4%)的网民习惯只看免费电子书。为阅读电子书付过费的网民仅占 27.6%。在付费金额中,年付 11~20 元的网民所占比例最高,达 7.5%;年付费在 50 元以上的网民占 5.7%[1]。该组数据显示,在 2008 年,网民对为电子书等付费大多不太接受。这种情况在随后两年中发生较大变化。2010 年 4 月出台的中国新闻出版研究院的《第七次国民阅读调查报告》显示:在付费阅读方面,我国国民每年手机阅读的花费为 15.03 元。在接触过数字化阅读方式的国民中,52.1% 的读者表示能够接受付费下载阅读,能够接受的一本电子图书的平均价格为 3.45 元[2]。连续多年的《CNNIC 报告》也显示,网上电子商务方面的应用增长较快,如网上支付、网上购物等增长较快。虽然网上支付并不一定是为图书、报纸、期刊等内容产品而支付,但毕竟网上付费习惯的养成将有助于消费者对数字出版产品的付费习惯的形成。

---

① 首届全国网民阅读与购买出版物状况调查报告[EB/OL].[2008-12-10]. http://www.chuban. cc/yw/200812/t20081210_41690.html.

② 第七次全国国民阅读调查结果显示:中国人越来越爱读书了[EB/OL].[2010-04-20]. http:// theory. people. com. cn/GB/41038/11411612.html.

但是,我们在看到数字出版需求持续增加的时候,也应注意阅读习惯依然是数字出版遭遇的困境之一。其一,40岁以上人群仍然不甚接纳网络阅读。统计指出"过去五年内10~29岁群体互联网使用率保持高速增长,目前已接近高位,未来在这一人群的提升空间有限;而50岁以上人群的互联网使用率变化幅度很小;30~39岁群体的互联网使用率逐步攀升"[①]。50岁以上人群对网络抱着一种不甚接纳的态度,其中一个重要原因是阅读习惯问题。人类的阅读习惯已经延续了千年之久,阅读纸质书籍对许多人来说不仅仅是为了获取知识,更是一种对生活的享受和态度。一本书,可以在不同的时间、不同的地点被阅读,而且可以赠送给朋友。但是以数字化形态出现的数字出版物就不具备这些功能,数字出版物不仅需要特定的阅读设备对内容进行还原,还需要电源。通过屏幕阅读的舒适度也远远比不上纸质出版物,而且长期接触计算机或者其他带有无线信号的设备有可能对健康造成损害。其二,已经习惯网络阅读的人群趋向于娱乐式阅读和跳跃式阅读,而传统阅读中的沉浸式阅读在网络阅读中难以流行。究其原因,习惯沉浸式阅读的读者习惯批注、圈点,而即使是专用电子阅读器也难以达到纸质书批注、圈点的效果。

综上所述,数字出版的消费者具有的特征有:消费者或潜在消费者数量连年持续增长;年龄和学历向低扩散;对于学习、搜索信息及交流的需求居于前列;对游戏和网络视频、网络文学等娱乐型内容产品的消费持续增长;网民付费习惯有望形成;网络阅读仍然是数字出版的一大困境,一则部分资深读者不接纳网络阅读,二则年轻人群喜欢浮光掠影式的阅读。从长期来看,肤浅化、娱乐化的阅读对一个民族的素质提高不利。因此,对网络阅读习惯不但需要培养,而且必须引导和改善。

# 9.7 内容为王道,分销为法宝

以上内容都是从宏观环境因素来考虑数字出版的发展。但从出版行业来说,数字出版也受行业内部规律的影响,不过,数字出版同时修正行业内部规律。

行业产品的独特性是行业存在的必要条件。出版行业的独特产品是内容,围绕内容的生产而形成了作者资源、编辑队伍、版权资源、读者及品牌等,通过几

---

① 《CNNIC报告》第二章:网民规模与结构特征[EB/OL].[2012-01-16].http://tech.qq.com/a/20120116/000276.htm.

十年的经营,传统出版业积累了大量的有形和无形资源。"内容为王"是这个行业的经营理念。但是,自信息技术对出版业产生影响以来,传统出版业对技术的陌生,致使掌握技术和市场先机的服务商、硬件商和网络公司"闯入"出版业,主导数字出版的产业链。文章前面中所述的汉王科技、谷歌、索尼、盛大文学及亚马逊等,都属于这类公司。其中,亚马逊等在数字出版方面获得了巨大的成功,成为行业楷模。在这种形势下,一时间掌握内容的传统出版业可谓万马齐喑。那么,作为出版业的数字出版,是否遵循内容为王? 内容、技术和分销究竟孰为王道?

根据产业发展理论,在产业发展过程中,产业链最初往往由优先掌握新技术的企业主导,从而形成技术主导型产业价值链。随着产业的发展,新技术逐渐稳定,成为一种行业普遍掌握的技术,这时如何把技术变成生产能力,满足市场需要就显得尤为重要。产业生命周期便进入了一个比较成熟的阶段,这一阶段生产企业居于主导地位。当生产和技术都比较成熟时,产业链就成为经营管理型产业链,经营管理成为推动企业发展的主要力量。用这个理论来分析数字出版业的发展,便可得出以下结论:

① 技术不是数字出版的"王道",技术只是数字出版的工具。以技术抢占先机的企业,如果不能较快地掌握核心产品,则在整个产业中的地位很可能是不稳固的。国内做阅读器起家的汉王科技的发展正好说明了这个问题。在国外,日本索尼虽然是最早抢滩的企业,但它在今天的数字出版行业中的业绩并不突出,这也与它虽抢占技术先机但不能迅速进入内容经营有关。

② 分销制胜。这里的"分销"是指将数字出版物通过内容分销平台进行销售的活动。与传统发行不同,数字出版物分销的最大特点是载体的分销和内容的分销是可分离的。也就是说,阅读终端和数字内容分别进行销售,这就更加凸显了分销的重要性。与传统出版产业链不同的是,数字出版产业链主要由内容提供商、分销平台商、终端商和用户构成。其中,分销平台商是产业链中非常重要的一环,连接着上游内容提供商和下游终端商。没有分销平台商,整个产业链就会支离破碎。迄今为止的数字出版实践活动都证明了分销平台商的重要性。

分销平台制胜的主要法宝是聚货能力、产品的推广能力和聚客能力。聚货能力,是指对内容产品的聚集能力,对数字出版分销平台来说,能为读者提供的内容产品越多,聚货能力就越强。其中内容产品尤指具有商业价值的版权产品,如果一个分销平台仅仅以公版书见长,那这并不代表聚货能力。另外,对这些产品的推广、揭示、购买及相关服务也就很重要。传统出版活动也非常推崇服务的作用,数字出版时代尤其如此。聚客能力,是指用户的数量和黏度。一个分销网站,没有相当的人气,也就缺乏聚客能力,这个平台也就不可能取得成功。

③ 内容仍然为王道。"内容为王"是传媒界最为人熟知的经营理念之一。其提出者维亚康姆公司(Viacom)总裁雷石东是这样阐述的:"传媒企业的基石必须而且绝对必须是内容,内容就是一切!"当新技术进入稳定阶段,分销平台也形成了一定的格局后,硬件盈利就会因行业竞争而摊薄甚至不盈利,则企业的持续盈利需依靠内容产品的售卖。因此,数字出版终将遵循内容为王的发展规律。亚马逊和苹果公司的业绩就说明了这个结论。事实上,以内容为根本的战术早就被多家企业验证过。不管是风靡一时的 PSP、XBOX 等掌上游戏机,还是多媒体播放器的领军人物 iPod,它们企业最大的利润来源从来都不是硬件本身,而是运行于硬件上的内容。唯有内容才是出版业持续盈利的根本。

# 9.8 传统出版业不可自失优势

坚持内容为王,那么数字出版业内容来源于何处?通过分析,我们可以发现它们主要来自以下三个方面:一是传统图书、报纸、期刊,其版权多为传统出版商掌握;二是网络原生读物(如网络原生电子书),在我国多为网络原创文学作品和微小说类作品,由网络服务商经营;三是多媒体型产品,即 App 产品,包括游戏、声频、视频及在文字、图片等基础上创新的增强型出版物(如增强型电子书),由应用商店经营。这三种产品并不全来源于传统出版商,但传统出版物仍然是最优质的内容产品。

那么近年来传统出版商所遇到的困境有哪些?分析这三类产品中,首先,数字出版概念的泛化让传统出版商感到新兴行业与自己的关系若即若离。上文提到的多媒体型产品中,声频、视频和游戏等产品以数字出版的面目出现,产生"乱花渐欲迷人眼"的炫目景色,使传统出版商深感自身的落后。其次,网络原生电子书出版模式的出现,绕开了传统出版环节,使传统出版商有大难临头的感觉。最后,即使是对已有版权资源的数字化出版,传统出版商也面临着若干问题:版权状况复杂;对作品数字化后的版权保护信心不足;传统出版商数字人才资源的缺乏;传统出版商面对电商平台惊慌失措,难以适应大数据时代的内容销售;传统出版流程的再造困难,传统出版商从事数字出版后在产业链中话语权低下。

面对这些问题,传统出版商应正确认识自己的优势:其一,在优质版权资源上传统出版商的优势不可比拟。据初步统计,我国古代典籍保存至今的有近 20万种。新中国成立以来,我国共出版新书 255 万种。这些都是重要的出版资源和内容优势,是向数字出版转型有待开发的金矿①。目前,来自 IT 行业、通信行业、移动终端行业和网络服务行业的商家,在大举进入数字出版行业后,都认识到优质的内容资源正是他们所缺乏的,因此,这些商家纷纷向传统出版商抛出橄榄枝。出版行业内容产品的特色性在于,一次内容的发布后,可以进行多平台的再加工、改编和发布。无论是增强型电子书,游戏改编,声频、视频生产等,都可能与图书版权息息相关。另外,优秀的网络原生电子书也多有"下线"出版的现象,这是阅读需求多样化的表现。

其二,人才和制度上的优势。传统出版商集中了优质的编辑加工队伍,并多年贯彻严格的质量管理制度,以保证传统出版的高质量生产,形成了人才上和制度上的优势。相比之下,在新兴的网络自助出版模式中,由于编审的简化,大多数网络原生读物一般被认为属于快餐式消费品,更有甚者被认为是垃圾内容产品。据报道,著名的亚马逊自助出版已遭遇大量垃圾内容。垃圾信息传播者购买一种名为 Autopilot Kindle Cash 的工具,号称不用写一个字就能每天发布 10~20 本新 Kindle 电子书。这种垃圾内容充塞的情况,至少"也迫使读者浏览更多书目才能找到想要的内容"②。因此,有相当多的行家认为自助出版的前景并不乐观。在这种情况下,自助出版商的解决办法无非是适当采用传统的质量保障方法,进行一些筛选;另一个结果可能就是直接导致读者的回归,重新回到有质量控制体系的制度中。无论怎样,优质的编审人员与行之有效的质量控制方法都是行业的宝贵资源。但无论如何,传统出版业走向数字化乃是大势所趋。

近年来,传统出版商在转型中举步缓慢也是不争的事实。究其原因,第一,思想观念比较落后,其起因与多年来计划经济体制不无关系。近年来,虽一直在进行体制改革,但大多传统出版商行动仍然迟缓,思想观念陈旧。第二,传统出版商对新技术掌握不够,与技术公司的合作也处于松散状态,这给数字化转型带来难度。第三,数字出版短期内难以获利,且投入较大,这也使传统出版商转型的决心被打压。此外,传统出版商和作者在向数字出版转型的过程中犹豫不决的一个重要原因是数字版权保护不力。无论是从技术上还是从管理上和法律上,数字版权的保护都存在问题。数字化的文献容易导致第二次传播。传统出版商转型不力,其结果是优质资源在数字出版产业链中的缺乏,最终必将严重阻碍数字出版产业的发展。

---

① 林发源. 我国传统出版业需加快数字化转型[J/OL]. 红旗文稿[2011-06-28]. http://theory. people. com. cn/GB/82288/143843/143844/15020980. html.

② 亚马逊 Kindle 自助出版业务遭遇垃圾内容[EB/OL]. [2011-06-17]. http://tech. sina. com. cn/ it/2011-06-17/11045660697. shtml.

要解决传统出版商的困境,第一,必须转变观念。国内出版社存在体制上的优势,尤其是有些出版社认为自己是经过国家正式批准的出版机构,且有或长或短的出版历史与一定的文化资源积累,掌握着内容的话语权。虽然近年来多数出版社走向企业化,但多年形成的观念难以更改,在热热闹闹的数字出版革命中,传统出版社也进行了一些革新,但多数仍然停留在建网站或与运营商签订各种委托数字化协议的阶段。与国外出版商相比,国内传统出版社在产业链中地位较低,数字化出版的成果极不丰富。

第二,改革人才培育体系,培育数字出版需要的复合型人才。目前,输送人才的主要机构是高校。而我国高校对数字出版的发展把握还不够,在专业设置及核心课程等方面给予的重视度不够,师资也需进修学习相关理论及知识。我国职业资格考试中,也缺乏相应的制度。虽然有"网络编辑"职业资格考试,但并没有得到很好的推行。另外,在实践界,对数字出版的人才队伍建设也不够重视,人才引进乏力,相关培训并没有开展起来。总之,数字出版人才还处于极度缺乏状况,需要各方的努力来改变这一现状。

第三,探索符合数字出版行业规律的管理模式。我国出版业产业集中度不高,这是迈向数字出版的巨大不利因素。国外传统出版产业的集中度很高,如美国六大大众出版商——哈珀·林斯、阿歇特、西蒙与舒斯特、企鹅、麦克米伦及兰登书屋在纸书市场上虚构类图书占据一半以上份额,非虚构类占据四分之三以上份额[①]。又如,美国《出版商周刊》(*Publishers Weekly*)在 2011 年 7 月公布的 2010 年全球出版业 50 强榜单中,培生集团以近 81 亿美元的总收入再次荣登 2010 年全球出版业 50 强榜单榜首;第二名的爱思唯尔总收入在 71.4712 亿美元;第三名汤姆森路透(Thomson Reuters)总收入在 56.37 亿美元,而我国只有高等教育出版社以 3.9215 亿美元的总收入位列榜单第 40 名[②]。2014 年公布的全球出版业 50 强榜单继续显示出培生集团、爱思唯尔和汤森路透的前三名实力,其业务收入分别为 93.3 亿美元、72.88 亿美元、55.76 亿美元,而中国入榜的中国出版集团、中国教育出版传媒集团收入分别为 14.99 亿美元和 11.52 亿美元,虽然产业集中度有相当改善,但毕竟属于凤毛麟角,大批出版社集中度仍然较低。[③]

---

① 拨开电子书代理制定价模式的迷雾[EB/OL].[2011-03-12].http://www.bookdao.com/article/15956/.

② 2010 年全球出版业 50 强榜单出炉　高教社列第 40 位[EB/OL].[2011-07-12].http://www.dajianet.com/world/2011/0712/165537.shtml.

③ 2014 年全球出版业 50 强出炉　两家中国企业进入榜单[EB/OL].[2014-07-04].http://news.xinhuanet.com/book/2014-07/04/c_126709221.htm.

　　国外排行榜说明了世界顶尖出版商的生产规模,也从侧面衬托出了我国出版行业规模小、资源分散的状况。而数字出版是一种规模性产业,在我国中小型出版社为主的情况下,很难形成海量信息库,从而制约传统出版社的转型。当然近年来,国内出版社也在进行合并,但要形成形神合一的集团化,还有待进一步调整。对比国内外出版集团的重组,我们还应看到,国外比较重视通过收购、合并等方式向跨媒体领域进发。如亚马逊公司,通过多次收购电子书及有声读物等公司扩展业务,从一家美国的网络书店,在几年内就发展成为数字出版巨擘。另外,国外即使是大型出版商也注重联合行动,上文提到的美国六大大众出版商与亚马逊谈判电子书定价制度,就是联合行动,结果迫使亚马逊最终接受出版商的条件(见"电纸书的定价制度"一节)。

　　有鉴于国外经验和我国自身的情况,我国出版商一则是走集团化道路,加强产业集中度;二则是寻求跨媒体发展。目前,我国内容生产行业分属于国家新闻出版广电总局及文化部等,按照产业发展规律来讲,行政划分将内容行业割裂开来是不合理的,跨行业跨部门兼并是迟早要发生的,国家管理部门应该及时建立相关管理政策,为数字出版的健康发展清除行政管理方面的障碍。另外,在现有条件下,出版社之间也应加强合作,以整合资源和加强与网络平台商的谈判筹码。

　　第四,传统出版流程必须再造。传统出版商应将自身定位于为多平台生产内容的厂家,为此,原来只生产纸本书刊的思维模式必须转变。目前,数字出版本来就处于一个行业标准尚未形成的阶段,由于阅读终端系统复杂,一种书往往要转换为好几种格式。而在我国的出版流程中,一本书一般先要做成纸书,再从印刷纸书的方正飞腾格式进行 XML 化,这样才能方便转化成为 EPUB 等各种格式,再从 EPUB 格式,向不同的终端系统分发。从技术来讲,方正格式转换成本较高。国外传统出版商在进行图书编辑时,就考虑到数字化的问题,对编辑流程进行了再造,事先将格式 XML 化,这就方便转化为 EPUB 等各种格式,或做成 PDF 格式然后印刷为纸书。这样就大大节约了成本。图 9-2 展现的是未经再造的出版流程。从图 9-2 中我们可以看出,我国现阶段出版商以纸本书生产为主,需要电子版时,再从方正飞腾等格式转换为 EPUB 或其他格式。因 CEB 格式转换为 EPUB 耗时耗力,所以成本高居不下。

　　图 9-3 展现的是再造的出版流程,编辑早期就考虑到将电子文件做成 XML 格式,而这个格式是各种格式的过渡。从 XML 格式可以方便地转换成印刷纸书需要的 PDF 格式,以及转换成 EPUB 格式。虽然仅仅是早期实现了 XML 格式,但这将免去飞腾格式转换的麻烦。飞腾文件已经不适合传统出版业的数字化转型。

纸质版图书出版流程

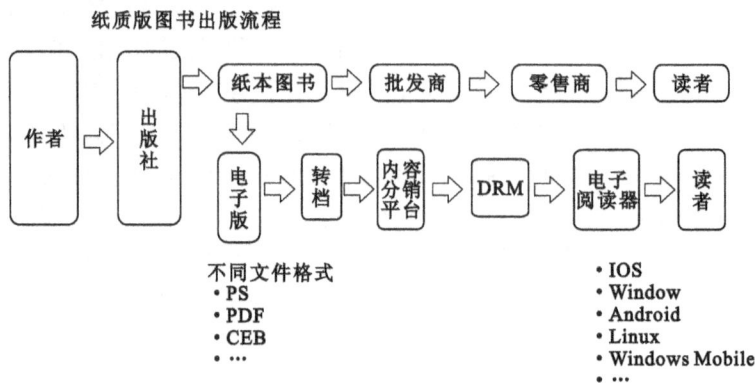

图 9-2　纸质版图书出版流程与电子图书出版流程比较

纸质版图书出版流程

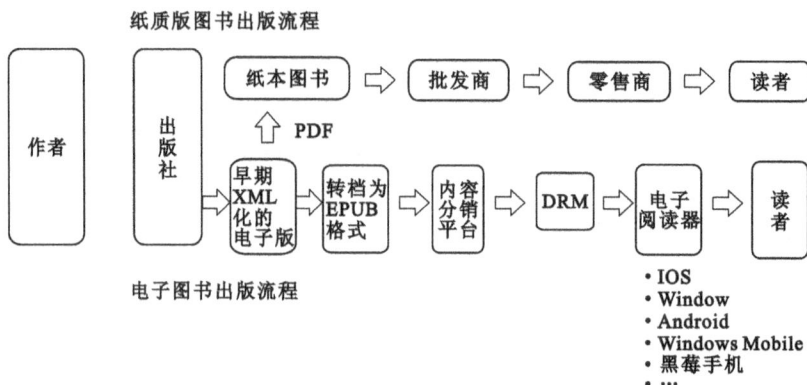

图 9-3　再造后纸质版图书与电子图书出版流程比较

从图 9-3 中可总结出,应及时进行出版流程再造,建立标准的出版生产线,开发设计格式转换软件是当务之急。国外麦格劳·希尔等出版商已经在这方面取得了长足进步,我国出版商可以借鉴和学习。

在我国,传统出版商之所以转型缓慢与思想观念有关。较多的出版工作者认为谈数字出版为时尚早,而且未来纸书市场不会消失,因而纸书出版业也难以消失。因此,在我国科技企业、网络服务企业及电信商等虽然不断"闯入"出版业,进行数字出版活动,但较多的传统出版商仍犹如隔岸观火一般。笔者认为,传统出版与数字出版的关系未来并不是并存的关系,而是升级的关系,即未来传统出版业必将升级为数字出版业;未来纸书形态仍将存在,但纸书将仅仅是内容产品的一种小众化的载体。笔者同时认为,传统出版商仍然掌握着出版业的核心资源——内容产品、编辑人才及作者队伍,数字出版企业要想获得持续的发展，必须获取传统出版业的优势资源。因此，传统出版商迟迟不愿入局数字出版，必将影响我国数字出版产业的发展。

# 9.9 长尾是目标，服务是核心

"长尾"是美国著名 IT 杂志主编克里斯·安德森用来描绘网络经济现象所用的一个专有名词。笔者研究发现，"长尾"理论不但能合理地解释互联网上的经济现象，而且能解释依附于网络的数字出版现象。那么，什么是长尾？长尾是如何解释数字出版的发展的？从克里斯·安德森所著的《长尾理论》①一书中所描述的现象来看，长尾是某种类别的产品按销量、流行度、下载量或者其他度量值依照大小排列成的一个类似尾巴的形状，如图 9-4 所示。类似一个畅销排行榜的曲线图，销售量越多，排得越前；销售量越少，排得越后。根据经验，无论任何行业，都是 20% 的商品撑起 80% 的利润，这就是我们俗称的"二八法则"或"帕累托法则"。那 20% 畅销的商品，称为"头部"，而后面受关注较小的 80%，因为数量众多，在曲线图上的表现形式像尾巴一样，所以将这一部分产品称为"长尾"。"长尾现象"虽然在网络出现之前就存在，但是网络让这个现象凸显出来，并成为洞悉数字出版发展的一把钥匙，就让我们用这把钥匙打开数字出版的大门。

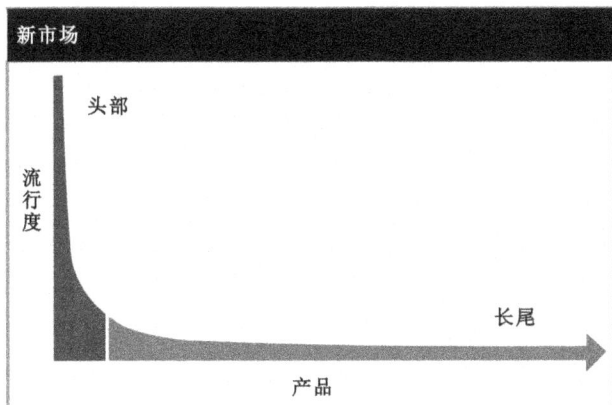

图 9-4　长尾现象概念图

---

① ［美］克里斯·安德森. 长尾理论［M］. 乔江涛，译. 北京：中信出版社，2006.

　　"长尾"理论揭示数字出版发展的规律,显示了数字出版的优越性。在传统出版业中,畅销的20%的出版物给出版商与经销商带来了80%的利润。但受到店面、柜台、库存的限制,不可能对剩下80%不畅销的出版物投入更多的人力、物力。但在数字出版世界中,没有物理意义上的"店面""柜台""库存"限制,所有的产品无论畅销与否,永远不会被"撤柜",永远不会被"回收"。只要你愿意,它们永远在网络的某个角落等着你。这样一来,传统意义上不畅销的80%就可以被利用起来,去产生应该产生的利润,这只要我们在技术上进行某种改进。从这种意义上来讲,"长尾"不仅是传统出版的补充,更是数字出版应该去追求的目标。

　　当然,数字出版要实现"长尾",并不能仅仅是内容产品的堆积。因为网店没有传统书店的实体感受,所以对用户提供的服务就变得非常重要。这些服务包括搜索服务、体验服务、数据服务、推荐服务等。亚马逊首席执行官贝佐斯在第一代Kindle产品发布时就宣称Kindle卖的是"服务而非产品"。简言之,亚马逊的最终目的仍是向读者出售电子书,而Kindle只是一个辅助销售并成为帮助用户在互联网时代更好地实现阅读的媒介。贝佐斯强调的服务理念可以立为数字出版发展的核心标杆。

　　"以服务为核心",简单说来就是让用户不受时空的限制,能在阅读欲望的支配下随时随地以最便捷的方式阅读。关于内容建设的重要性,笔者在前面已经强调,在此不再赘述。而要实现内容资源效用,则必须很大程度地依赖服务。"体验"是揭示数字出版服务活动的一个关键词。1998年,美国俄亥俄奥罗拉战略地平线LLP公司创始人约瑟夫·派恩和詹姆斯·吉尔摩提出"体验经济"这一词,并且解释体验是消费者对特定的刺激物所产生的心理感受,体验在本质上是个人的,事实上是当个人的情绪、体力、智力,甚至是精神达到某种特定水平时,在其意识中所产生的美好感觉。周荣庭在其专著《网络出版》中说:"网络出版可以同时给人上述四类体验,网络出版物就是一种'体验产品'(或'经验产品')。网络出版物往往要经过用户尝试应用以后才能做出评价,这是'体验产品'的特性。网络出版物的价值和质量只有用户用过以后或者在应用过程中才能评出来,而且在每次被消费的时候都是'体验产品'。"[①]这说明,数字出版以其独到的"体验"特性吸引了越来越多的用户来体验,从而使数字出版走向了大众化,引起了使用者数量的增长,这从前几章介绍的各种数字出版形态近些年用户数值增长中就能得知。

　　搜索服务也是数字出版服务的重要手段,不然面对浩瀚如烟的数字出版物,

---

　　①　周荣庭.网络出版[M].北京:科学出版社,2004.

将如大海捞针。搜索服务的手段多种多样,包括全文搜索、目录搜索、书内搜索、可视化搜索等。与搜索服务类似的服务还包括数字出版分类目录、畅销书排行榜、推荐等,这些都是帮助用户找到目标书籍的办法。搜索服务于数字出版之重要,以至于拥有这方面先进技术的一些公司能借此优势大步涉足数字出版。世界头号搜索大鳄谷歌就同时是电子书的巨头。而国内搜索巨擘百度公司也推出"百度阅读"(http://yuedu.baidu.com/),成为国内市场的强有力竞争者。

与阅读终端相关的服务也是要重点考虑的。业界常常将对阅读器普及的期望值定在"第四屏"上,即除了电视、电脑和手机外的第四个走进大众生活的屏幕。如何将移动阅读器的功能进行整合,使用户能够"一机在手、万事无忧"成为许多移动阅读器制造商的目标。这是综合性的服务路线,一般由 iPad 为代表的平板电脑担纲。但也有商家认为第四屏以专用电子阅读器更具有特色,主要针对"书"的爱好者,虽然小众一些,但与手机及电脑等比较,功能专深。针对这种深度阅读,应提供深度式的服务。

服务的检验还以付费模式为标准。谈到付费问题,美国 CNN 新闻集团前任董事长兼首席执行官沃尔特·艾萨克森提出的"微支付"得到普遍认同。艾萨克森认为:"一种界面极为简单的一键式支付系统,会让读者产生购买报纸的冲动。"虽然艾萨克森的"微支付"理论针对的是报业,但同样适用于其他数字出版行业。"微支付"更容易让消费者因为其便捷产生冲动,能方便地完成流程,并且由此形成一个消费群体。值得指出的是,"微支付"虽然在西方提出,但在我国较早获得了实践上的肯定。在我国,起点中文网是第一个大规模践行"微支付"的企业。"微支付"的主要模式依靠内容支撑。起点中文网采取了一次性会员充值的方式,将连载小说分为几十个章节分别收费,读者只需要付出区区一两元钱,就可以任意选择自己有兴趣的章节进行阅读。最成功的例证还包括从搜狐分拆出去的畅游,这家拥有"微支付"模式的公司提供免费的网络游戏,通过销售虚拟商品赚钱一跃成为 2009 年上市的为数不多的互联网企业之一。"微支付"令人无法抗拒,它是互联网商业"长尾理论"的运用。《长尾理论》的作者安德森就如何抓住长尾市场提出了三项法则:让所有的东西都可以获得;将价格减半,现在让它更低;帮我找到它!"微支付"则让数量众多的小企业和个人通过它的平台进行小件商品的销售互动,从而创造了惊人的交易量和利润。它的成功让人们看到,只要将尾巴拖得足够长,就会聚沙成塔,产生意想不到的惊人效果。

# 参 考 文 献

[1]  郝振省.2009—2010 中国数字出版产业年度报告[M].北京:中国书籍出版社,2011.

[2]  [美]迈克尔·辛格尔特里.大众传播研究——现代方法与应用[M].刘燕南,和轶红,译.北京:华夏出版社,2000.

[3]  徐昌权.电子出版原理及应用[M].北京:印刷工业出版社,1997.

[4]  姚海根,孔玲君,滕莉.电子出版概论[M].北京:印刷工业出版社,2003.

[5]  谢新洲.电子出版技术[M].北京:北京大学出版社,2006.

[6]  匡文波.电子与网络出版教程[M].北京:中国人民大学出版社,2008.

[7]  周荣庭.网络出版[M].北京:科学出版社,2004.

[8]  刘锦宏.网络科技出版模式研究[M].武汉:武汉理工大学出版社,2010.

[9]  王洪建,周澍民.一种全新的电子书商业合作模式[A]//黄先蓉,罗紫初.数字出版与出版教育:"第二届数字时代出版产业发展与人才培养学术研讨会"论文集[C].北京:高等教育出版社,2009.

[10]  朱兰.数字出版时代电子书章节出版的现象分析[A]//黄先蓉,罗紫初.数字出版与出版教育:"第二届数字时代出版产业发展与人才培养学术研讨会"论文集[C].北京:高等教育出版社,2009.

[11]  匡文波.手机媒体概论[M].北京:中国人民大学出版社,2006.

[12]  郝振省.2005—2006 中国数字出版产业年度报告[M].北京:中国书籍出版社,2007.

[13]  张志林.印刷传播知识管理[M].北京:中国书籍出版社,2004.

[14]  郭亚军.基于用户信息需求的数字出版模式[M].上海:世界图书出版公司,2010.

[15]  黄河.手机媒体商业模式研究[M].北京:中国传媒大学出版社,2011.

[16]  李丹丹.手机新媒体概论[M].北京:中国电影出版社,2010.

[17]　陈生明.数字出版概论[M].南京:南京大学出版社,2011.

[18]　徐静蕾.老徐的博客[M].北京:中信出版社,2006.

[19]　潘石屹.潘石屹的博客[M].武汉:长江文艺出版社,2006.

[20]　北京女病人.病忘书[M].天津:天津人民出版社,2004.

[21]　王小峰.不许联想:一个无聊人和他的无聊博客[M].上海:上海人民出版社,2006.

[22]　王亚平.数据库系统工程师教程[M].北京:清华大学出版社,2004.

[23]　寿步.计算机知识产权法[M].上海:上海大学出版社,1999.

[24]　[美]罗杰·菲德勒.媒介形态变化:认识新媒介[M].明安香,译.北京:华夏出版社,2000.

[25]　[美]C.亚历山大.建筑的永恒之道[M].赵冰,译.北京:知识产权出版社,2004.

[26]　李振勇.商业模式:企业竞争的最高形态[M].北京:新华出版社,2006.

[27]　中国科技信息研究所.我国科技电子信息资源的开发和利用研究[M].北京:北京图书馆出版社,1999.

[28]　中国出版科学研究所.编辑实用百科全书[M].北京:中国书籍出版社,1994.

[29]　罗紫初.出版学基础研究[M].太原:山西人民出版社,2005.

[30]　郝振省.2008中国数字版权保护研究报告[M].北京:中国书籍出版社,2008.

[31]　宫承波.新媒体概论[M].4版.北京:中国广播电视出版社,2012.

[32]　张文俊.数字新媒体概论[M].上海:复旦大学出版社,2009.

[33]　张鸿,张利,杨洵,等.产业价值链整合视角下电信商业运营模式创新[M].北京:科学出版社,2010.

[34]　左文.文化全球化视野下的中国数字出版业[M].北京:清华大学出版社,2012.

[35]　中国科学技术协会学会学术部.数字环境下的学术出版[M].北京:中国科学技术出版社,2007.

[36]　中国科学技术协会.中国科协科技期刊发展报告(2008)[R].北京:中国科学技术出版社,2008.

[37]　[美]克里斯·安德森.长尾理论[M].乔江涛,译.北京:中信出版社,2006.

[38]　Langschied L. The changing shape of the electronic journal[J]. Serial Review,1991,17(3):7-14.

[39]　Woll T. Publishing for profit: successful bottom-line management for book publishers[M]. 4th ed. Chicago: Cross River Publishing,2009.

[40]　Miha Kovacv. Never mind the web, here comes the book[M]. Oxford: Chandos Publishing,2008.

[41]　罗丁瑞. 网络出版新形态研究[D]. 武汉:武汉理工大学,2008.

[42]　闻华舰. 微博写作让自己"沉淀"[N]. 黑龙江晨报,2011-05-29.

[43]　王丹红. 爱思唯尔期刊总监马丁·唐柯:品牌源于品质[N]. 科学时报,2007-07-03.

[44]　孟婧. 国内首家无线新闻网站开通 手机全方位介入"两会"报道[N]. 中国教育报,2005-02-28.

[45]　夏兴通. 我国电子书出版产业标准化现状与思考[J]. 编辑之友,2009(8):61-62.

[46]　马海群,孙凡,路云强. 实现电子书统一标准的全新思路——基于接口的解决方案[J]. 出版发行研究,2008(11):62-65.

[47]　郭晓琳. 电子阅读器驱动程序设计与实现[D]. 成都:电子科技大学,2006.

[48]　何肇雄. 基于"银河飞腾"-DSP 的嵌入式移动电子阅读器的设计与实现[D]. 长沙:国防科学技术大学,2006.

[49]　陈波. 基于 uC/OS-Ⅱ的电子书阅读器的设计与实现[D]. 武汉:华中科技大学,2007.

[50]　王淑霞. 基于 C♯. Net 的电子图书在线出版系统[D]. 长春:吉林大学,2006.

[51]　张建华. 网络电子书的数字版权管理技术[J]. 科技与出版,2006(2):62-63.

[52]　周倩. 电子书的发展及版权问题[J]. 编辑之友,2009(5):62-63.

[53]　秦波涛. CX 数字图书网市场营销策略研究[D]. 西安:西北大学,2007.

[54]　王德忠. 数字图书的价值再创造策略研究[J]. 中国出版,2008(1):54-56.

[55]　徐丽芳. 浮现中的大众消费类数字出版产业链[J]. 出版广角,2008(12).

[56] 陆颖,唐雷.从创新散布理论看如何提高 eBook 的市场扩散力[J].出版发行研究,2006(7):19-23.

[57] 史蓉蓉.电子书传播中的阻力研究[D].南京:南京师范大学,2008.

[58] 曾建勋,张满年,屈海燕.精品科技期刊数据库的建设方略[J].编辑学报,2006,18(2):87-89.

[59] 吴巧红.学术期刊网络出版模式探讨[J].编辑之友,2007(1):68-70.

[60] 曾建勋,赵捷,屈海燕,等.科技期刊网络化合作模式及其发展态势[J].中国科技期刊研究,2008,19(2):167-170.

[61] 徐丽芳,刘锦宏.数字学术出版经济问题研究综述[J].出版科学,2006(6):62-66.

[62] 郝捷.重构中国的 STM 在线出版:中华医学期刊(系列)与万方数据"基因重组"——万方数据股份有限公司市场总监张秀梅访谈[J].出版发行研究,2008(7):5-10.

[63] 陈恩满.中国期刊网阵免费主页利用情况调查研究[J].编辑学报,2007,19(1):39-41.

[64] 刘虓,冯金东,刘飚.我国科技期刊的网站建设调查[J].编辑学报,2006(S1):170-171.

[65] 王兆璟.学术期刊网上运营的问题与对策[J].科技与出版,2006(3):60-61.

[66] 张带荣,胡家胜.《医药导报》网络出版的实践与展望[J].编辑学报,2007,19(5):356-357.

[67] 谭辉.我国高校学报英文版在线状况简析[J].科技与出版,2007(2):21-23.

[68] 骆瑾,王昕,方立国.湖北省高校科技期刊网络化现状分析与思考[J].编辑学报,2009(2):153-155.

[69] 赵军平,姚远.高校科技期刊信息化建设现状调查[J].编辑学报,2007,19(2):116-118.

[70] 黄仲一.利用学校资源建设学报经济型网站[J].出版广角,2008(8):51-52.

[71] 郑筱梅,杨小玲.期刊网络化趋势及科技期刊应对策略[J].编辑学报,2009,21(1):64-66.

[72] 张植禾,相春艳,张晓青.我国网络电子期刊的发展现状研究[J].现代传播:中国传媒大学学报,2007(2):121-123.

[73] 吕靖.纯网络版科技期刊亟待解决的几个问题[J].科技与出版,2008 (7):16-18.

[74] 陈祖权.传统期刊与数字化期刊的有机整合是科技期刊发展的必然 要求[J].中国科技期刊研究,2007,18(1):11-14.

[75] 马智峰.基于 UML 数字科技期刊管理信息系统的需求分析[J].科 技与出版,2007(8):71-74.

[76] 张科,王景发.基于 ASP 的期刊稿件采编系统结构整合与功能优 化——以《图书与情报》网络采编系统为例[J].出版科学,2008,16(4):71-75.

[77] 孙慧兰,张冰,王晓鹰,等.医学科技期刊网上审稿系统新模式的建 立[J].编辑学报,2010,22(1):66-67.

[78] 陈海清,吴悦,王毅俊,等.基于层次分析法的科技期刊审稿专家信息 管理系统[J].编辑学报,2008,20(4):356-358.

[79] 刘冰,游苏宁,范洪涛,等.集群化科技期刊稿件远程管理系统的开发 和建设[J].编辑学报,2010,22(1):54-57.

[80] 魏亚芹.网络编辑岗位设置在科技期刊网络化进程中的重要性[J]. 赤子:上中旬,2015(3):33.

[81] 郭伟.科技期刊网络编辑部探析[J].出版科学,2008(1):68-73.

[82] 王红.关于开放存取期刊的调查与分析[J].农业图书情报学刊, 2010,22(3):74-76.

[83] 黄颖,刘万国.ISI 数据库收录的开放存取期刊现状分析[J].图书馆 学研究,2009(3):37-40.

[84] 谭晓华,赵蕊菡,黄如花.Elsevier 收录医学期刊可开放存取情况的 调查与分析[J].湖北经济学院学报:人文社会科学版,2009(12):205-208.

[85] 欧阳雪梅,张苹,廖光珍,等.OA 知识库和 OA 期刊的对比分析[J]. 编辑学报,2007,19(4):294-296.

[86] 沈锡宾,王爱华,汪谋岳,等.开放存取——《中华医学杂志(英文版)》 之实践[J].中国科技期刊研究,2007,18(3):460-462.

[87] 董丽波,马爱芳.我国高校学报网络化现状及开放存取出版问题探 讨[J].中国科技期刊研究,2008,19(1):89-91.

[88] 王应宽.中国科技界对开放存取期刊认知度与认可度调查分析[J]. 中国科技期刊研究,2008,19(5):753-762.

[89] 欧红叶,黄颖,游中胜,等.学术期刊编辑对开放获取认识的调查与分 析[J].编辑学报,2008,20(6):547-549.

［90］ 范贤容,韩欢.论开放存取期刊的知识产权保护[J].图书与情报,2009(6):78-82.

［91］ 马海群,王英.开放存取期刊中的版权问题分析及解决策略[J].国家图书馆学刊,2010(10):33-35.

［92］ 陈光祚.电子出版物的特征与范围[J].图书馆工作与研究,1995(3):13-16.

［93］ 黄少卿.电子出版物与电子编辑[J].编辑学刊,1997(5):12-14.

［94］ 叶敢,倪波.世纪之交的编辑出版[J].编辑学刊,1997(5):2-5.

［95］ 高朝阳.关于网络出版中几个基本问题的探讨[J].现代出版,2000(4):31-33.

［96］ 匡文波.网络出版论[J].中国出版,1999(2):53-55.

［97］ 徐丽芳.数字出版:概念与形态[J].出版发行研究,2005(7):5-12.

［98］ 葛存山,张志林,黄孝章.数字出版的概念和运作模式分析[J].北京印刷学院学报,2008,16(5):1-4.

［99］ 张志林,黄孝章,彭文波.数字出版新业态呼唤出版复合型人才培养创新[J].2007中国出版学科建设高层论坛,2007:140-149.

［100］ 张立.数字出版相关概念的比较分析[J].中国出版,2006（12）:11-14.

［101］ 祁庭林.传统出版该如何应对数字出版的挑战[J].编辑之友,2007(4):4-6.

［102］ 赵锦英,芦茉莉.国内外电子出版物的发展[J].中国信息导报,1997(5):10-11.

［103］ 一木.中国数据库产业的开路先锋——纪念万方数据公司成立六周年[J].中国信息导报,1999(2):14-15.

［104］ 赵蓉英,邱均平.CNKI发展研究[J].情报科学,2005(4):626-634.

［105］ 黄铭锋.浅谈网络电子期刊的发展[J].情报探索,2004(1):28-29.

［106］ 孔薇.期刊网络出版的优势及持续发展的对策[J].电子出版,2005(2):6-8.

［107］ 杨开显.论发展中的网络期刊[J].重庆交通学院学报:社会科学版,2004,4(1):140-142.

［108］ 代杨,俞欣.施普林格:从传统出版向数字出版跨越的策略分析[J].出版发行研究,2008(10):11-14.

［109］ 王伟.数据库的法律保护问题研究[D].成都:西南财经大学,2009.

[110]　杨晋萍.话说网络的著作权[J].中国青年科技,1999(11):33-35.

[111]　李敏.数据库与知识产权保护[J].现代图书情报技术,1998(5):79-80.

[112]　邓婷,沈波.纸质数据库和数字化数据库出版模型的对比[J].科技与出版,2007(10):46-48.

[113]　徐菊.商业性文献数据库的营销策略研究[D].上海:华东师范大学,2008.

[114]　谢新洲.数字出版技术[M].北京:北京大学出版社,2002.

[115]　张文毅.关于数据库发展史的回顾与思考[J].图书与情报,1989(3):47-50.

[116]　刘冬亮.我国数据库产业发展与战略研究[D].长春:东北师范大学,2009.

[117]　林佳,杨毅.文摘索引型数据库检索系统的现状与发展趋势[J].图书情报工作,2007:68-73.

[118]　谢新洲,一凡.欧美数据库产业的发展现状[J].情报学报,1997,16(6):434-442.

[119]　董小英.国际数据库产业发展:历史与现实[J].计算机世界,1991(3):15.

[120]　范晓虹.新时期美国政府的信息资源开发战略[J].中国信息导报,1999(3):16-17.

[121]　匡文波,孙燕清.数字出版商业模式的国际经验及其启示[J].重庆社会科学,2010(6):67-72.

[122]　程三国.期刊经营的商业模式[N].中国图书商报,2001-11-13.

[123]　肖叶飞,王业明.数字出版的商业模式与产业链重构[J].编辑之友,2011(7):67-70.

[124]　徐丽芳.网络科技期刊发行模式研究[J].出版科学,2009,17(6):79-85.

[125]　王轶帅,陆思霖.国外综合性网络全文数据库的特点及其对图书馆的启示[J].科技情报开发与经济,2009,19(30):5-7.

[126]　方卿,王清越.关于数字出版模式的思考(一)——内容资源主导模式[J].中国出版,2011(17):35-37.

[127]　练小川.专业出版的三个阶段[J].出版参考,2008,16(24):36.

[128]　刘益,马长云.励德·爱思唯尔集团的经营概况分析[J].科技与出版,2011(2):27-30.

[129]　任殿顺.对当前出版业多元化经营的再思考——几位集团老总观点的启示[J].出版发行研究,2009(3):21-24.

[130]　赵翊.中外数据库产业发展阶段及特点[J].现代情报,2001(5):18-19.

[131]　尚海永.网络环境下高校图书馆资源共建共享的实现[J].图书馆学刊,2006(1):47-48.

[132]　谢琳惠.我国数据库产业的现状、问题及对策[J].中国图书馆学报,2007,33(5):93-94.

[133]　季星,丁胜.我国商业数据库产业发展状况分析[J].科技情报开发与经济,2007,17(22):109-111.

[134]　周益.亚马逊的成功之道[J].现代出版,2011(2):62-65.

[135]　刘勇.亚马逊:现金奶牛的商业模式创新[J].软件与信息服务,2010(4):59-62.

[136]　赵亮.电子书阅读器,现在与未来的桥梁——2009年电子书阅读器产业的发展与影响述评[J].数字图书馆论坛,2010(6):1-19.

[137]　张玉良,钟致民,杨广龙.3G手机报业务发展前景研究[J].移动通信,2007,31(10):47-50.

[138]　贺子岳,朱东方.原创文学网站如何控制作品质量[J].编辑学刊,2012(6):76-79.

[139]　庞春燕.《扬子晚报》:吃螃蟹的感觉不错[J].传媒,2006(9):48-49.

[140]　新华社向中国联通供稿业务正式启动　强强联手"新华手机报"绽放联通平台[J].中国传媒科技,2006(12):5.

[141]　闻思颖,侯晓玲.手机报短暂编年史[J].新闻战线,2009(2):20-23.

[142]　耿蕊.基于媒介战略联盟的手机报发展模式[J].财经理论与实践,2010(1):116-119.

[143]　周凯.三网融合背景下的传统纸媒的移动客户端发展路径研究——以《现代快报》客户端"掌上快报"为例[J].中国出版,2012(15):46-49.

[144]　于本杰.移动客户端为平面媒体运营带来新机遇[J].出版广角,2012(4):74-75.

[145]　刘学义.移动终端的杂志"客户端模式"[J].北京理工大学学报:社会科学版,2012(1):125-129.

[146] 强明,任殿顺.电信运营商阅读基地模式研究[J].中国出版,2011(6):53-55.

[147] 楼方芳.手机阅读:数字出版业的春天[J].浙商,2011(9):116-118.

[148] 黄放.浅谈"App Store"商业模式[J].价值工程,2011,30(14):144-145.

[149] 方亮,彭清.手机应用商店模式发展趋势分析[J].移动通信,2010,34(1):66-71.

[150] 李军晶,刘章宇.互联网个体出版初探[J].零陵学院学报,2003,24(5):168-172.

[151] 贺子岳,郭凌辉.互联网个人出版模式初探[J].情报科学,2006,24(8):1206-1209.

[152] 姚辉.自助出版羽翼渐丰[N].中国图书商报,2000-11-10.

[153] 魏龙泉.自助出版风靡美国的7个理由[J].出版参考,2005(06X):35.

[154] 刘肖.网络自助出版模式研究——基于"长尾理论"的分析视角[J].出版发行研究,2007(11):42-45.

[155] 郑一卉.美国自助出版热潮评析[J].中国出版,2008(5):68-70.

[156] 陆云.美国传统出版社纸本书品种微增[N].中国图书商报,2011-05-20.

[157] 欧阳友权.网络文学本体论纲[J].文学评论,2004(6):69-74.

[158] 贺子岳,邹燕.盛大文学发展研究[J].编辑之友,2010(11):75-77.

[159] 谢有顺.通向网络文学的途中[N].文艺报,2001-07-24.

[160] 燕斌.盛大文学重拳打击"三俗",成果显著[J].出版参考,2011(7):19.

[161] 刘兵.关于中国互联网内容管制理论研究[D].北京:北京邮电大学,2007.

[162] 李舒,季明.知识产权"瓶颈"[J].瞭望,2009(7):25-26.

[163] 隋秀芝.我国开放存取研究述评[J].情报科学,2008(12):1896-1901.

[164] 李武,刘兹恒.一种全新的学术出版模式:开放存取出版模式探析[J].中国图书馆学报,2004,30(6):66-69.

[165] 陈净,王凯.沃商店正式上市　三大运营商竞争再起[N].国际金融报,2010-11-11.

[166] 吴文婷.电子书自助出版 小成本大生意[N].出版商务周报,2012-06-03.

[167] 冯蓓.开放存取期刊质量控制研究[D].武汉:武汉大学,2010.

[168] 方卿.中国学术期刊同行评审的实践与研究[J].图书情报知识,2007(6):89-92.

[169] 黄晓鹂,郑志军.科技期刊审稿人的由来和发展[J].编辑学报,1997(2):99-101.

[170] 黄劲松,杨兵.单盲法审稿的缺失与优化[J].编辑学报,2004,16(3):178-179.

[171] 万群.试论同行评议中存在的问题及改进措施[J].学会,2006(2):43-45.

[172] 刘锦宏.网络科技出版模式研究[M].武汉:武汉理工大学出版社,2010.

[173] 邱炯友.学术电子期刊同侪评阅之探析[J].教育资料与图书馆学,2003(3):309-323.

[174] 方卿.我国学术期刊同行评审现状分析[J].中国编辑,2006(6):57-61.

[175] 樊国萍,喻战书.网络百科全书的发展趋势[J].新世纪图书馆,2009(4):63-65.

[176] 温宝.维基百科出版研究[D].武汉:武汉大学,2011.

[177] 贺子岳,平悦.电子阅读器产业运作模式分析[J].出版科学,2010,18(4):85-89.

[178] 贺子岳,张天竹.电子书发行模式研究[J].科技与出版,2012(10):76-79.

[179] 郑文婷,文震宇.从维基百科看工具书的变迁与发展[J].内蒙古科技与经济,2009(10):132-134.

[180] 尹开国.自由人的自由联合:维基百科评介[J].图书情报工作,2007,51(2):142-144.

[181] 许博.网络百科全书管理机制与公众参与行为研究[J].图书情报知识,2011(3):10-15.

[182] 贺子岳,陈文倩,丁嘉佳.数字教育出版模式综论[J].出版科学,2013,21(2):77-80.

[183] 沙勇忠,闫劲松.维基百科:一种网络环境下的新型知识生产方式及其价值意蕴[J].情报资料工作,2006(4):20-24.

[184] 贺子岳,杜娟.移动内容产业商业模式创新案例评介[J].学习与实践,2013(12):46-49.

[185] 罗志成,关婉湫,张勤.维基百科与百度百科比较分析[J].情报理论与实践,2009,32(4):71-74.

[186] 尹开国.维基百科社群发展策略研究[J].图书情报知识,2007(3):95-98.

[187] 郝永华.论 Wiki 百科的去精英化路线[J].新闻知识,2009(11):97-99.

[188] 马费成.论情报学的基本原理及理论体系构建[J].情报学报,2007,26(1):3-13.

[189] 互联网实验室.2009中国维基发展报告[R].北京:中国互联网实验室,2009.

[190] 何宇杰.开放的百科全书——百度百科评价[J].科技信息,2010(31):379.

[191] 常静,杨建梅.百度百科用户参与行为与参与动机关系的实证研究[J].科学学研究,2009,27(8):1213-1219.

[192] 蔡钰.维基百科之父:我把宝押在大众身上[J].中国企业家,2010(2):17.

[193] 周庆山,王京山.维基百科信息自组织模式探析[J].情报资料工作,2007(2):29-32.

[194] 于嘉.网络时代的百科全书——维基百科[J].图书馆论坛,2005,25(4):247-248.

[195] 胡立耘.本土知识数字化的伦理考量及建设原则[J].宁夏社会科学,2009(1):148-150.

[196] 刘灿姣.我国教育出版发展现状与趋势[J].出版与印刷,2007(1):7-9.

[197] 禹天安.应对网络出版新对策——构建立体化教育出版体系[J].印刷技术,2007(4):29-30.

[198] 左健,孙辉.复合出版与传统出版社数字化转型[J].中国出版,2010(8):44-48.

[199] 林发源.我国传统出版业需加快数字化转型[J].红旗文稿,2011(12):18-20.

[200] Davis P M. How the Media Frames "Open Access" [J/OL]. The Journal of Electronic Publishing, 2009, 12 (1) [2010-05-06]. http://dx. doi. org/10.3998/3336451.0012.101.

[201] Gamson W A, Modigliani A. Media discourse and public opinion on nuclear power: a constructionist approach [J]. American Journal of Sociology, 1989, 95(1).

[202] Weiss R. Open access to research funded by U. S. [N]. The Washington Post, 2007-11-01.

[203] The journal of electronic publishing[EB/OL]. 2008,11(2)[2009/07/28]. http://dx.doi.org/10.3998/3336451.0011.203.

[204] Claire B. Oxford journals' adventures in open access [J]. Learned Publishing, 2008, 21(3):200-208.

[205] Bird C. Oxford Journals' adventures in open access[J]. Learned Publishing, 2008, 21(3).

[206] Regazzi J. The shifting sands of open access publishing, a publisher's view [J]. Serials, 2004(30).

[207] Osterwalder A, Pigneur Y. An e-business model ontology for modeling e-business [J]. In the Proceedings of the 15th Bled Electronic Commerce Conference-reality: Constructing the Economy, Bled, Slovenia, 2002(6):75-91.

[208] Creech. "Chasing after Advances":Diderot's Article"Encyclopedia"[J]. Yale French Studies,1982(63).

[209] Nov O. What motivates wikipedians? [J]. Communications of the ACM,2007(11):60-64.

# 后　记

2003年,我从武汉大学信息管理学院博士毕业,之后回到我的工作单位——武汉理工大学。由于工作需要,来到刚刚建立的编辑出版专业任教。适逢出版业步入转型时期,不但计划经济体制下的出版业已经在向市场经济过渡,而且数字出版有如早春孕育的蓓蕾,期待着繁花似锦的那一天。当时已有较成熟的数字出版模式——数据库出版,而我在武汉大学学习的专业是图书情报学,先前从事的工作也正是数据库参考咨询一类,自认为能理解数字出版,因此毫不犹豫地担任这门课程的教学。接下来的教学活动,是一个极大的挑战。我不但需要恶补种种数字出版技术知识,而且日新月异的数字出版实践活动常常让我对教学惴惴不安,唯恐误人子弟,落后于出版业的实践活动。

从2010年开始,我在对数字出版活动有了较充分的认识后,先后主持了国家社会科学基金、教育部人文社会科学基金和湖北省社会科学基金,以及参与了其他一些重要的数字出版科研项目。为了完成这些科研任务,我和研究生们查找了大量资料,运用多种理论,实地调研和网络调研了多个案例,走访了许多实业界人士,在此基础上,对数字出版产业实践历程进行了梳理,并创新性地对数字出版物的形态进行了归类,并在归类的基础上,借助产业链理论及商业模式理论对其运行模式逐一进行了分析。本书非常注重对实践活动的理论探索,并试图指出数字出版业发展中的关键因素,意图对实业界的发展有指导意义。需要指出的是,本书综合了国家社会科学基金"基于互联网的一体化出版模式研究"、教育部人文社会科学基金"数字出版发展历程及经验研究"和湖北省社会科学基金"网络出版新形态研究"的一些研究成果。由于工作量大,本人学术水平有限,问题和错误在所难免,希望读者能互动反馈。

在本书的写作过程中,为了能了解和掌握更加先进的数字出版发展活动,我于2012—2013年,到美国的佩斯大学访学。在美国的学习经历,丰富了本书的内容。在此感谢佩斯大学的拉斯金教授和练小川教授,以及我的房东莎拉和迈克夫妻,他们的友谊和支持,令我难忘。

本书还集成了我和多位研究生的心血。第1章罗丁瑞和陈文倩参与执笔;第2章罗曼参与执笔;第3章平悦参与执笔;第4章洪璇、刘羽、张天竹和姚平参与执笔;第5章邹燕和朱东方参与执笔;第6章许金平参与执笔;第7章由杨欣执笔;第 8 章丁嘉佳参与执笔。其他如白立华、唐新红、兰芳、湛青、郁聪、杜娟、陈燚和杨沁雯等也曾帮助收集资料、调研及校对。谢谢同学们几年来的辛勤努力。

感谢我的家人！感谢我远在蜀中的高龄父母的理解,一生辛勤养育女儿,换来的却是女儿不能"常回家看看"。感谢姐姐们承担照顾父母的任务,使我没有后顾之忧。感谢我的丈夫和儿子,没有他们的帮助和鼓励,恐不能承担繁重的教学与科研任务,追求平生所愿!

**贺子岳**
2015 年 10 月 7 日深夜于武汉